중학교

사회 ②
평가문제집

이진석 교과서편

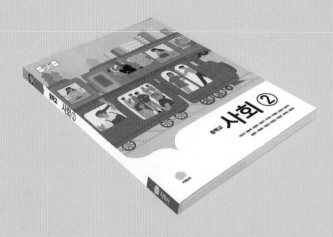

KB121566

구성과 특징

중단원 내용 이해하기 교과서의 내용을 한눈에 파악할 수 있도록 핵심 개념을 쏙쏙 뽑아 정리하였습니다.

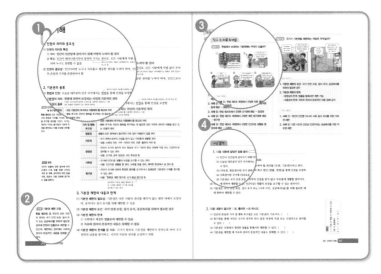

❶ **내용 정리**
교과서의 기본 개념과 핵심 내용을 쉽게 이해할 수 있도록 정리하였습니다.

❷ 용어 / 사례 / 보충
내용을 이해하는 데 도움이 되도록 용어 풀이와 관련 사례, 보충 자료를 제시하였습니다.

❸ **탐구 속 자료 & 개념**
교과서 탐구하기에 제시된 자료를 꼼꼼하게 분석하고, 관련된 개념을 정리하였습니다.

❹ **개념 꿀꺽**
다양한 개념 문제를 풀어 봄으로써 배운 내용을 확인해 볼 수 있습니다.

문제로 실력 다지기 기본문제와 실전문제를 통해 실력을 다지고, 단원에 대한 이해가 제대로 되었는지 점검해 볼 수 있습니다.

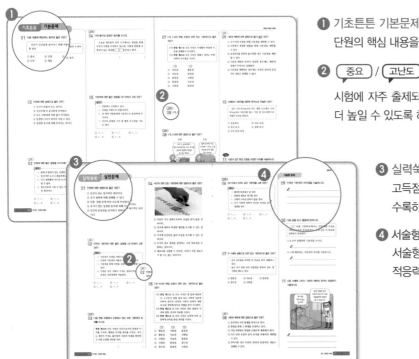

❶ **기초튼튼 기본문제**
단원의 핵심 내용을 중심으로 기본문제를 구성하였습니다.

❷ 중요 / 고난도
시험에 자주 출제되는 '중요' 문제, '고난도' 문제를 제시하여 실력을 더 높일 수 있도록 하였습니다.

❸ **실력쑥쑥 실전문제**
고득점을 위해 반드시 풀어봐야 할 문제들을 풍부하게 수록하였습니다.

❹ **서술형 문제**
서술형 문제를 별도의 코너로 마련하여 서술형에 대한 적응력을 높일 수 있습니다.

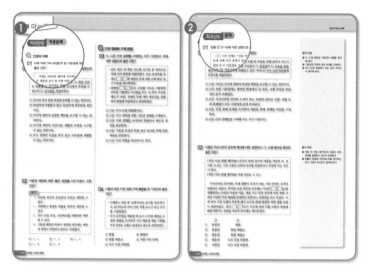

대단원의 학습 내용을 문제를 통해 종합적으로 확인해 볼 수 있습니다.

1 자신만만 적중문제
대단원을 종합적으로 점검해 볼 수 있도록 중단원 순서에 맞추어 핵심 문제를 수록하였습니다.

2 최고난도 문제
대단원별로 난이도가 높은 문제들을 선별하여 풀이 비법과 함께 제공하였습니다.

**핵심 내용
다시 보기**

대단원별로 핵심 내용만 뽑아 도표로 정리하여 학습 내용을 다시 한번 확인할 수 있습니다.

1 핵심 내용 정리
대단원의 주요 내용을 중단원별로 간략히 요약하여 정리하였습니다.

**정답과 해설로
문제 되짚기**

정답과 자세한 해설을 통해 문제를 제대로 풀었는지 확인할 수 있습니다.

1 채점 기준
서술형 문제에 대한 채점 기준을 제시하였습니다.

2 오답 피하기
옳지 않은 선택지를 바로잡아 틀린 부분을 쉽게 이해할 수 있습니다.

차례

1

인권과 헌법

01

인권의 이해

1. 인권의 의미와 중요성

보충 천부 인권 사상

인간은 태어날 때부터 하늘에서 부여한 생명, 자유, 재산 등에 대한 권리를 가지고 있으며 국가는 이러한 천부 인권을 보장해야 한다는 사상이다.

(1) 인권의 의미와 특징

① **의미**: 인간이 인간답게 살아가기 위해 마땅히 누려야 할 권리

② **특징**: 인간이 태어나면서부터 당연히 가지는 권리로, 모든 사람에게 차별 없이 부여되며 누구도 침범할 수 없음 ┈ 태어나면서부터 하늘이 부여해준다는 뜻에서 천부 인권이라고도 함

(2) 인권의 중요성: 인간이라면 누구나 자유롭고 평등한 권리를 누려야 하며, 인간으로서의 존엄과 가치를 존중받아야 함

2. 기본권의 종류

보충 인간의 존엄과 가치 및 행복 추구권 규정

헌법 제10조 모든 국민은 인간으로서의 존엄과 가치를 가지며, 행복을 추구할 권리를 가진다. 국가는 개인이 가지는 불가침의 기본적 인권을 확인하고 이를 보장할 의무를 진다.

(1) 헌법과 인권: 오늘날 대부분의 민주 국가에서는 헌법을 통해 인권을 보장함 ┈ 국민의 자유와 권리를 보장하는 국가의 최고 법

(2) 기본권의 의미: 헌법에 의하여 보장되는 국민의 기본적인 권리

(3) 기본권의 종류 ┈ 인권은 인간이라면 당연히 누려야 할 기본적인 권리이고, 기본권은 헌법에 규정되어 있는 국민의 권리임

인간의 존엄과 가치 및 행복 추구권	• 모든 기본권이 추구하고 지향해야 할 최고의 가치 • 행복 추구권: 국민이 행복을 추구하는 데 필요한 모든 자유와 권리의 내용을 담고 있는 포괄적 권리
평등권	생활의 모든 영역에서 합리적인 이유 없이 차별받지 않을 권리
자유권	• 국가 권력으로부터 간섭을 받지 않고 자유롭게 생활할 권리 • 내용: 신체의 자유, 거주·이전의 자유, 언론·출판의 자유 등
참정권	• 국민이 국가의 정치적 의사 형성과 국가 기관의 형성 과정에 직접 또는 간접적으로 참여할 수 있는 권리 • 내용: 선거권, 공무 담임권, 국민 투표권 등
사회권	• 국가에 인간다운 생활의 보장을 요구할 수 있는 권리 • 내용: 인간다운 생활을 할 권리, 교육을 받을 권리, 쾌적한 환경에서 살 권리 등
청구권	• 국민이 국가에 대하여 특정한 행위를 요구하거나 침해당한 기본권의 구제를 청구할 수 있는 권리 • 내용: *청원권, 재판 청구권, 국가 배상 청구권 등

용어 청원

국민이 법률에 정한 절차에 따라 손해의 구제, 법률·명령·규칙의 개정 및 개폐, 공무원의 파면 등을 국회, 관공서, 지방 의회에 청구하는 일을 말한다.

┈ 공무원의 직무상 불법 행위로 입은 손해에 대하여 국가에 배상을 청구할 수 있는 권리

3. 기본권 제한의 내용과 한계

(1) 기본권 제한의 필요성: 기본권은 다른 사람의 권리를 해치지 않는 범위 내에서 보장되며, 공익이나 질서 유지를 위해 제한할 수 있음

(2) 기본권 제한의 요건: 국가 안전 보장, 질서 유지, 공공복리를 위하여 필요한 경우

(3) 기본권 제한의 한계

① 국회에서 제정한 법률로써 제한할 수 있음

② 자유와 권리의 본질적인 내용은 침해할 수 없음

보충 기본권 제한 규정

헌법 제37조 ② 국민의 모든 자유와 권리는 국가 안전 보장·질서 유지 또는 공공복리를 위하여 필요한 경우에 한하여 법률로써 제한할 수 있으며, 제한하는 경우에도 자유와 권리의 본질적인 내용을 침해할 수 없다.

(4) 기본권 제한의 한계를 둔 이유: 국가가 함부로 기본권을 제한하지 못하도록 하여 국가 권력의 남용을 방지하고, 국민의 자유와 권리를 보장하기 위함

탐구 속 자료 & 개념

탐구 1 헌법에서 보장하는 기본권에는 무엇이 있을까?

[자료 해설]

1. **사례 ①:** 헌법 제21조 제1항에서 규정한 언론·출판의 자유에 해당 → 자유권

2. **사례 ②:** 헌법 제11조 제1항에서 규정한 평등권에 따른 남녀평등에 해당 → 평등권

3. **사례 ③:** 헌법 제24조에서 규정한 선거권에 해당 → 참정권

4. **사례 ④:** 헌법 제27조 제1항에서 규정한 재판 청구권에 해당 → 청구권

5. **사례 ⑤:** 헌법 제34조 제1항에서 규정한 인간다운 생활을 할 권리에 해당 → 사회권

탐구 2 국가가 기본권을 제한하는 까닭은 무엇일까?

[개념 쏙쏙]

1. **기본권 제한의 요건:** 국가 안전 보장, 질서 유지, 공공복리를 위하여 필요한 경우

2. **기본권 제한의 한계**
   • 방법상의 한계: 법률을 통해서만 제한 가능
   • 내용상의 한계: 자유와 권리의 본질적인 내용 침해 금지

[자료 해설]

1. **사례 ①:** 개인의 안전뿐 아니라 사회 질서 유지를 위한 자유권 제한

2. **사례 ②:** 다른 시민의 건강상 안전이라는 공공복리를 위한 자유권 제한

개념 꿀꺽

1. 다음 내용에 알맞은 말을 골라 ◯표 하시오.

(1) 인간이 인간답게 살아가기 위해 마땅히 누려야 할 권리를 (인권, 기본권)이라고 한다.

(2) 오늘날 대부분의 민주 국가에서는 국가의 최고 법인 (법률, 헌법)을 통해 인권을 보장하고 있다.

(3) (자유권, 평등권)이란 국가 권력으로부터 간섭을 받지 않고 자유롭게 생활할 권리이다.

(4) 사회권이란 국가에 (자유로운, 인간다운) 생활의 보장을 요구할 수 있는 권리이다.

(5) 기본권은 국가 안전 보장, 질서 유지 또는 (사적 이익, 공공복리)을/를 위해 필요한 때에 한하여 제한할 수 있다.

2. 다음 내용이 옳으면 ◯표, 틀리면 ×표 하시오.

(1) 인간의 존엄과 가치 및 행복 추구권은 모든 기본권의 기초이다. (   )

(2) 청구권을 통해 국민은 국가의 정치적 의사 결정 과정에 직접 또는 간접적으로 참여할 수 있다. (   )

(3) 기본권은 국회에서 제정한 법률을 통해서만 제한할 수 있다. (   )

(4) 기본권을 제한할 때 자유와 권리의 본질적인 내용도 침해할 수 있다. (   )

정답 1. (1) 인권 (2) 헌법 (3) 자유권 (4) 인간다운 (5) 공공복리 2. (1) ◯ (2) × (3) ◯ (4) ×

01 다음 내용에 해당하는 용어로 옳은 것은?

> 인간이 인간답게 살아가기 위해 마땅히 누려야 할 권리

① 종교   ② 인권   ③ 정치
④ 도덕   ⑤ 예술

02 인권에 대한 설명으로 옳은 것은?

① 국가가 만들어 주는 것이다.
② 선진국에 더 유리하게 부여된다.
③ 모든 사람에게 차별 없이 부여된다.
④ 일정한 나이가 되어야 가질 수 있다.
⑤ 일정한 문서에 의해 주어지는 것이다.

중요
03 인권에 대한 옳은 설명을 〈보기〉에서 고른 것은?

보기
> ㄱ. 법에 규정되어 있는 인권만 보장된다.
> ㄴ. 인간이면 누구나 평등하게 갖는 권리이다.
> ㄷ. 국가 권력뿐만 아니라 누구에게도 결코 침해될 수 없다.
> ㄹ. 청소년부터 가질 수 있는 기본적이고 보편적인 권리이다.

① ㄱ, ㄴ   ② ㄱ, ㄷ   ③ ㄴ, ㄷ
④ ㄴ, ㄹ   ⑤ ㄷ, ㄹ

단답형
04 ㉠에 들어갈 알맞은 용어를 쓰시오.

> 오늘날 대부분의 민주 국가에서는 헌법을 통해 국민의 인권을 보장하고 있는데, 이렇게 헌법에 규정되어 있는 권리를 ㉠ (이)라고 한다.

(   )

05 기본권에 대한 옳은 설명을 〈보기〉에서 고른 것은?

보기
> ㄱ. 민법에서 규정하고 있다.
> ㄴ. 인권을 바탕으로 만들어진다.
> ㄷ. 전 세계 사람들에게 기본적으로 동일하게 주어진다.
> ㄹ. 인간의 존엄과 가치 및 행복 추구권을 기초로 한다.

① ㄱ, ㄴ   ② ㄱ, ㄷ   ③ ㄴ, ㄷ
④ ㄴ, ㄹ   ⑤ ㄷ, ㄹ

06 다음 내용에 해당하는 기본권으로 옳은 것은?

> 모든 국민이 성별, 인종, 종교, 신분 등에 의해 차별받지 않고, 법 앞에서 동등하게 대우받을 권리

① 자유권   ② 평등권
③ 참정권   ④ 사회권
⑤ 청구권

07 (가), (나)의 헌법 조항과 관련 있는 기본권으로 옳은 것은?

> (가) **헌법 제17조** 모든 국민은 사생활의 비밀과 자유를 침해받지 아니한다.
> (나) **헌법 제24조** 모든 국민은 법률이 정하는 바에 의하여 선거권을 가진다.

	(가)	(나)
①	자유권	평등권
②	자유권	참정권
③	참정권	사회권
④	참정권	자유권
⑤	사회권	참정권

고난도

08 (가), (나)에 대한 설명으로 옳은 것은?

(가)

버스가 급정차해서 팔이 부러졌어요. 버스 회사를 상대로 법원에 재판을 청구할 거예요.

(나)

올해 80세인 저는 국가에서 나오는 노령 연금을 받아 생활하고 있어요.

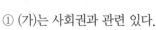

① (가)는 사회권과 관련 있다.
② (가)에 나타난 기본권에는 공무 담임권이 포함된다.
③ (나)의 할머니는 국가로부터 인간다운 생활을 보장받고 있다.
④ (나)와 관련 있는 기본권을 통해 국가의 의사 결정 과정에 참여할 수 있다.
⑤ (가)와 달리 (나)에 나타난 기본권은 모든 기본권이 궁극적으로 지향하는 것이다.

중요

09 기본권 제한에 대한 설명으로 옳지 <u>않은</u> 것은?

① 국가 안전 보장을 위해 기본권을 제한할 수 있다.
② 국회에서 제정한 법률을 통해 기본권을 제한할 수 있다.
③ 공공복리를 위하여 불가피한 경우 기본권을 제한할 수 있다.
④ 기본권 제한의 목적이 정당한 경우에는 제한의 방법이 무엇이든 상관없다.
⑤ 기본권을 제한하는 경우에도 자유와 권리의 본질적인 내용은 침해할 수 없다.

10 사례에서 기본권을 제한한 목적으로 적절한 것은?

> 갑은 시속 60 km/h의 속도 제한 도로에서 시속 80 km/h로 자동차를 몰고 가던 중 속도위반으로 경찰의 단속을 받았다.

① 공공복리　　　　② 자유 보장
③ 질서 유지　　　　④ 권력 유지
⑤ 국가 안전 보장

서술형

11 다음과 같은 헌법 조항을 규정한 이유를 서술하시오.

> **헌법 제37조** ② 국민의 모든 자유와 권리는 국가 안전 보장·질서 유지 또는 공공복리를 위하여 필요한 경우에 한하여 법률로써 제한할 수 있으며, 제한하는 경우에도 자유와 권리의 본질적인 내용을 침해할 수 없다.

01 인권에 대한 설명으로 옳은 것은?

① 인간이 갖는 일시적인 권리이다.
② 국가 권력에 의해 침해될 수 있다.
③ 인종·성별 등에 따라 다르게 부여된다.
④ 국가가 만든 일정한 문서에 의해 주어진다.
⑤ 인간의 존엄성을 유지하기 위하여 필수적인 권리이다.

(중요)
02 인권과 기본권에 대한 옳은 설명을 〈보기〉에서 고른 것은?

보기
ㄱ. 기본권은 인권을 바탕으로 만들어진다.
ㄴ. 인권과 기본권의 내용은 모든 국가가 같다.
ㄷ. 기본권을 통해 인권을 실질적으로 보장할 수 있다.
ㄹ. 인권은 모든 사람이 가지는 권리이지만, 기본권은 성인에게만 적용된다.

① ㄱ, ㄴ
② ㄱ, ㄷ
③ ㄴ, ㄷ
④ ㄴ, ㄹ
⑤ ㄷ, ㄹ

(단답형)
03 다음 헌법 조항에서 규정하고 있는 모든 기본권의 토대를 쓰시오.

> **헌법 제10조** 모든 국민은 인간으로서의 존엄과 가치를 가지며, 행복을 추구할 권리를 가진다. 국가는 개인이 가지는 불가침의 기본적 인권을 확인하고 이를 보장할 의무를 진다.

(   )

04 사진과 관련 있는 기본권에 대한 설명으로 옳은 것은?

① 국민이 국가 권력으로부터 간섭을 받지 않을 권리이다.
② 국가에 대하여 특정한 행위를 요구할 수 있는 권리이다.
③ 국가에 인간다운 삶의 보장을 요구할 수 있는 권리이다.
④ 국가의 중요 정책을 결정하는 국민 투표권을 포함하는 권리이다.
⑤ 대표자를 선출할 수 있지만, 국민이 직접 대표자가 될 수는 없는 권리이다.

05 (가)~(다)의 헌법 조항과 관련 있는 기본권으로 옳은 것은?

> (가) **헌법 제11조** ① 모든 국민은 법 앞에 평등하다. 누구든지 성별·종교 또는 사회적 신분에 의하여 정치적·경제적·사회적·문화적 생활의 모든 영역에 있어서 차별을 받지 아니한다.
> (나) **헌법 제21조** ① 모든 국민은 언론·출판의 자유와 집회·결사의 자유를 가진다.
> (다) **헌법 제31조** ① 모든 국민은 능력에 따라 균등하게 교육을 받을 권리를 가진다.

	(가)	(나)	(다)
①	평등권	사회권	참정권
②	평등권	자유권	사회권
③	사회권	자유권	참정권
④	사회권	참정권	청구권
⑤	청구권	참정권	사회권

고난도

06 〈보기〉에서 성격이 같은 기본권을 고른 것은?

보기

ㄱ. 쾌적한 환경에서 살 권리
ㄴ. 법원에 재판을 청구할 권리
ㄷ. 신체적 구속을 당하지 않을 권리
ㄹ. 국가 기관에 대하여 자신의 의견을 문서로 청원할 권리

① ㄱ, ㄴ   ② ㄱ, ㄷ   ③ ㄴ, ㄷ
④ ㄴ, ㄹ   ⑤ ㄷ, ㄹ

07 두 사례와 공통으로 관련 있는 기본권으로 옳은 것은?

• 갑은 공무원을 퇴직한 후 연금을 받아 생활하고 있다.
• 을은 국가 평생 교육 진흥원을 통하여 정보·통신학을 배우고 있다.

① 평등권   ② 자유권   ③ 참정권
④ 청구권   ⑤ 사회권

중요

08 기본권 제한에 대한 설명으로 옳은 것은?

① 효과적인 국민 통제를 목적으로 한다.
② 헌법을 통해 그 한계를 규정하고 있다.
③ 지방 의회에서 제정한 조례로써 제한해야 한다.
④ 국가 안전 보장과 질서 유지를 위해서만 제한할 수 있다.
⑤ 부득이한 경우 자유와 권리의 본질적인 내용도 침해할 수 있다.

서술형 문제

09 인권과 기본권의 차이점을 서술하시오.

_____

_____

10 다음 글을 읽고 물음에 답하시오.

○○ 미용 고등학교에서는 신입생 지원 자격을 여학생으로만 한정하였다. 이에 B 군은 이 학교에 입학하지 못하였다.

(1) B 군이 침해당한 기본권을 쓰시오.

_____

(2) (1)에 해당하는 기본권의 의미를 서술하시오.

_____

11 다음 사례에 나타난 기본권 제한의 목적이 정당한지 서술하시오.

_____

_____

02/03 인권 침해와 구제 방법 / 근로자의 권리와 노동권 침해의 구제

1. 일상생활 속 인권 침해

(1) **인권 침해:** 인간으로서 가진 권리 혹은 기본권을 존중받지 못하는 것

(2) **인권 침해의 예:** 장애를 이유로 한 차별, 특정 성별에 유리한 취업 기준, 학교 폭력 등

2. 국가 기관을 통한 인권 침해 구제 방법

(1) **법원**
① 각종 분쟁 해결 및 국민의 권리 보호를 위하여 재판하는 기관
② 방법: 인권 침해 당사자의 소장 제출 → 재판을 통해 침해된 권리 구제

(2) **헌법재판소**
① 국민의 기본권 보장과 헌법 질서 유지를 위해 헌법 재판을 하는 기관
② 방법 ── 재판의 전제가 되는 법률이 헌법에 위반된다고 판단될 때 이루어짐

위헌 법률 심판	헌법에 어긋나는 법률에 의해 기본권을 침해당한 경우, 헌법재판소를 통해 해당 법률이 헌법에 위반되는지를 가려 그 효력을 잃게 할 수 있음
헌법 소원 심판	국가 권력에 의해 기본권을 침해당한 경우, 헌법재판소를 통해 해당 국가 작용이 헌법에 위반되는지를 가려 구제받을 수 있음

(3) **국가 인권 위원회**
① 인권 침해를 조사하여 법령이나 제도의 개선을 권고하는 기관
② 방법: 인권 침해 당사자의 진정 → 조사를 통해 개선이 필요한 사항 권고

3. 근로자의 권리

(1) **노동권:** 근로자가 쾌적한 환경에서 합당한 대우를 받으며 일할 권리

(2) **헌법에 보장된 노동권:** 근로의 권리, 노동 삼권, 최저 임금제 시행 등

(3) **근로 기준법:** 헌법에 따라 근로 조건의 기준을 정한 법률 → 근로자의 기본적 생활 보장

(4) **노동 삼권** ── 노동자는 단결권에 따라 노동조합을 조직하고 운영할 수 있으며, 이때 노동조합의 설립과 가입은 근로자만이 할 수 있음

단결권	근로자가 근로 조건의 향상을 위해 노동조합 등의 단체를 결성하고 가입하여 활동할 수 있는 권리
단체 교섭권	노동조합이 근로 조건 등에 관해 사용자와 의논하고 절충할 수 있는 권리
단체 행동권	사용자와 의견이 일치하지 않으면, 노동조합이 이에 대항하여 일정한 절차를 거쳐 쟁의 행위를 할 수 있는 권리

── 사용자는 정당한 이유 없이 교섭을 거부할 수 없음

4. 노동권의 침해와 구제 방법

(1) **노동권 침해의 종류:** 부당 해고, *부당 노동 행위, 인권 침해 등
── 부당 해고는 민사 소송을 통해 해고의 무효를 확인받아 구제받을 수도 있음

(2) **노동권 침해 구제 방법**

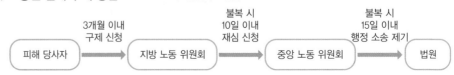

피해 당사자 ──3개월 이내 구제 신청→ 지방 노동 위원회 ──불복 시 10일 이내 재심 신청→ 중앙 노동 위원회 ──불복 시 15일 이내 행정 소송 제기→ 법원

[보충] 상황별 법원을 통한 구제 방법
· 타인의 불법 행위로 인한 인권 침해: 손해 배상 청구 소송 제기
· 타인의 형사상 범죄 행위로 인한 인권 침해: 손해 배상 청구 소송 제기, 형사 재판을 통한 처벌
· 행정 기관의 법 집행 과정에서의 인권 침해: 행정 소송 제기

[사례] 국가 인권 위원회의 활동 사례
호주제 폐지 의견 표명, 비정규직 근로자 차별 대우 개선 의견 표명, 외국인 근로자 고용 관련 법률 개선 권고, 크레파스 색상의 피부색 차별 시정, 공무원 채용 시험 나이 제한 개선 등

[보충] 노동 삼권 규정
헌법 제33조 ① 근로자는 근로 조건의 향상을 위하여 자주적인 단결권·단체 교섭권 및 단체 행동권을 가진다.

[용어] 부당 노동 행위
부당 노동 행위에는 사용자가 근로자에게 노동조합을 조직, 가입, 활동했다는 이유로 불이익을 주는 행위와 노동조합 가입 또는 탈퇴를 고용 조건으로 하는 경우, 노동조합과 단체 교섭을 정당한 이유 없이 거부하는 경우 등이 포함된다.

탐구 속 자료 & 개념

탐구 1 인권 침해란 무엇일까?

 연예인 △△ 씨는 사람들이 자신의 사진을 몰래 찍어 대는 통에 밖으로 나가는 것이 괴롭다. 친구를 만나거나 물건을 사러 갈 때도 누군가 몰래 자신의 사진을 찍고 있는 것 같아 일상생활을 제대로 하기 어렵다.

 얼마 전부터 ○○ 씨의 집 맞은편에 높은 빌딩이 새로 지어지고 있다. 그런데 이 빌딩은 ○○ 씨의 집보다 너무 높고, 지나치게 가깝다. 이런 탓에 ○○ 씨의 집에는 햇빛이 들지 않아 대낮에도 전등을 계속 켜 놓아야 한다.

 몸이 불편한 □□ 씨는 ◎◎대학교의 학생이다. 학교에 가면 수업을 듣기 위해 강의실을 이리저리 옮겨 다녀야 하는데, 학교에 계단이 많아 휠체어로 이동하는 데 어려움을 겪고 있다.

[자료 해설]

1. 인권 침해: 인권을 존중받지 못하고 타인이나 국가 등에 의해 침해당하는 것

2. 인권 침해의 사례
- 사례 ①: 파파라치로 인해 연예인 △△ 씨의 사생활이 침해되고 있음
- 사례 ②: 높은 빌딩으로 인해 ○○ 씨의 햇빛을 받을 권리가 침해되고 있음 → 햇빛을 받을 권리인 일조권도 인간답게 살 권리에 해당함
- 사례 ③: 장애인 이동 시설의 부족으로 휠체어를 이용하는 □□ 씨의 자유롭게 이동할 수 있는 신체의 자유와 평등권이 침해되고 있음

탐구 2 노동 삼권은 무엇일까?

┌ 교섭의 결과는 단체 협약으로 체결되어 법률적 효력을 가짐

자료 ❶ △△시멘트, 노동조합 설립

△△ 시멘트 노동조합 결성

└ 노동 삼권의 주체

△△시멘트 직원들이 고용 안정과 임금의 보장을 위해 최근 노동조합을 결성하였다. △△시멘트 관계자는 근로자가 근로 조건의 향상을 위해 노동조합을 결성하고, 이에 가입하여 활동할 수 있는 권리를 행사한 것이라고 말했다.

자료 ❷ ○○중공업, 교섭 전격 합의

교섭·처리 참의서 체결

○○중공업은 직원들의 근무 조건 개선 요구에 따라 노동조합과 함께 협의회를 열어 의견을 절충하였다. 관계자는 "노동조합이 근로 조건 등에 관해 사용자와 의논하고 절충할 수 있는 권리가 원만히 행사되어 기쁘다."라고 밝혔다.

자료 ❸ □□항공, 파업 결의

임금 인상, 이행하라!
□□항공 노동조합

□□항공 조종사들이 임금 인상안 협상 결렬로 파업에 돌입했다. □□항공 노동조합은 사용자와 의견이 일치하지 않으면, 이에 대항하여 자신들의 주장을 관철하기 위해 일정한 절차를 거쳐 쟁의 행위를 할 수 있는 권리가 있다고 주장하였다.

└ 목적이나 방법, 절차에서 법령 기타 사회 질서를 위반해서는 안 됨

[개념 쏙쏙]

1. 단결권: 근로자가 노동조합 등을 결성하고 가입하여 활동할 수 있는 권리

2. 단체 교섭권: 노동조합이 근로 조건 등에 관해 사용자와 교섭할 수 있는 권리

3. 단체 행동권: 사용자와 의견이 일치하지 않을 때, 이에 대항하여 쟁의 행위를 할 수 있는 권리

개념 꿀꺽

1. 다음 설명에 해당하는 국가 기관을 〈보기〉에서 찾아 기호로 쓰시오.

보기
ㄱ. 법원　　　　　　ㄴ. 헌법재판소　　　　ㄷ. 국가 인권 위원회

(1) 재판을 통해 침해된 권리를 구제한다. (　　)
(2) 인권과 관련된 문제를 조사하여 개선을 권고한다. (　　)
(3) 헌법 재판을 통해 국가 권력에 의해 침해당한 기본권을 구제한다. (　　)

2. 다음 내용이 옳으면 ○표, 틀리면 ×표 하시오.

(1) 노동조합은 단결권을 통해 사용자에 대항하여 쟁의 행위를 할 수 있다. (　　)
(2) 단체 교섭권이란 노동조합이 사용자와 근로 조건의 유지·개선에 관하여 의논하고 절충할 수 있는 권리를 의미한다. (　　)
(3) 언어 폭력, 성희롱 등의 직장 내 인권 침해는 노동권 침해에 해당하지 않는다. (　　)
(4) 근로자는 노동권 침해를 당했을 때 지방 노동 위원회에 구제 신청을 할 수 있다. (　　)

정답 1. (1) ㄱ (2) ㄷ (3) ㄴ　2. (1) × (2) ○ (3) × (4) ○

01 인권 침해에 대한 옳은 설명을 〈보기〉에서 고른 것은?

<보기>
ㄱ. 전문가들만이 해결해야 할 문제이다.
ㄴ. 인간다운 삶의 보장을 위하여 구제가 필요하다.
ㄷ. 헌법에서 보장하는 기본권의 침해만을 의미한다.
ㄹ. 개인뿐만 아니라 국가 기관에 의해서도 발생한다.

① ㄱ, ㄴ　　② ㄱ, ㄷ　　③ ㄴ, ㄷ
④ ㄴ, ㄹ　　⑤ ㄷ, ㄹ

중요
02 인권 침해의 사례로 옳지 <u>않은</u> 것은?

① 친구들에 의한 괴롭힘
② 남녀 구분이 없는 장애인 화장실
③ 나이 제한을 둔 공무원 시험 규정
④ 임신을 이유로 한 회사의 퇴사 권고
⑤ 운전 중 안전띠 미착용에 대한 범칙금 부과

단답형
03 ㉠에 들어갈 알맞은 용어를 쓰시오.

인권 보장을 위한 국가 기관 중 　㉠　은/는 재판을 통해 각종 분쟁을 해결하고 침해받은 국민의 권리를 구제한다.

(　　　　　　)

04 사례에서 명우가 침해된 권리를 구제받기 위해 찾아가야 할 국가 기관으로 옳은 것은?

명우는 대통령 선거철에 손수 제작물(UCC)을 만들어 특정 후보를 추천했다는 이유로 공직 선거법 위반 통보를 받았다. 하지만 명우는 이 법이 자신의 자유를 침해한다고 생각하였다.

① 국회　　　　　　② 행정부
③ 헌법재판소　　　④ 중앙 선거 위원회
⑤ 국가 인권 위원회

05 국가 인권 위원회의 역할로 옳은 것은?

① 인권과 관련된 정책 수립
② 재판을 통한 각종 분쟁 해결
③ 인권 문제 해결을 위한 법률 제정
④ 열악한 인권 실태에 대한 개선 권고
⑤ 인권을 침해하는 법률에 대한 헌법 재판

06 ㉠, ㉡에 들어갈 말로 옳은 것은?

　㉠　은/는 쾌적한 환경에서 합당한 대우를 받으며 일할 권리이다. 우리 헌법에서는 이러한 권리로 단결권, 단체 교섭권, 단체 행동권을 보장하고 있는데, 이를 　㉡　(이)라고 한다.

	㉠	㉡
①	노동권	사회권
②	노동권	노동 삼권
③	사회권	노동 삼권
④	사회권	기본권
⑤	기본권	노동 삼권

07 다음 글과 관련 있는 노동 삼권의 종류로 옳은 것은?

> ○○ 항공 조종사들이 임금 인상안 협상 결렬로 파업에 돌입했다. ○○ 항공 노동조합은 사용자와 의견이 일치하지 않으면, 이에 대항하여 자신들의 주장을 관철하기 위해 일정한 절차를 거쳐 쟁의 행위를 할 수 있는 권리가 있다고 주장하였다.

① 단결권
② 단체 교섭권
③ 단체 행동권
④ 근로의 권리
⑤ 직업 선택의 자유

08 노동권 침해에 해당하는 사례를 〈보기〉에서 고른 것은?

> **보기**
> ㄱ. 임신한 근로자를 승진 대상에서 제외하였다.
> ㄴ. 휴일에 일한 근로자에게 50 %의 가산 임금을 주었다.
> ㄷ. 노동조합에 가입하지 않을 조건으로 근로자를 고용하였다.
> ㄹ. 회사의 문을 닫게 되어 근로자에게 한 달 전 퇴사를 통보하였다.

① ㄱ, ㄴ
② ㄱ, ㄷ
③ ㄴ, ㄷ
④ ㄴ, ㄹ
⑤ ㄷ, ㄹ

09 노동권 침해를 당했을 때 가장 먼저 구제 신청을 하는 곳으로 옳은 것은?

① 대법원
② 고등 법원
③ 행정 법원
④ 지방 노동 위원회
⑤ 중앙 노동 위원회

중요

10 노동권 침해 구제 절차에 대한 설명으로 옳은 것은?

① 중앙 노동 위원회에서 재심을 받을 수 있다.
② 중앙 노동 위원회의 판정에는 불복할 수 없다.
③ 2개월 이내에 지방 노동 위원회에 구제 신청을 할 수 있다.
④ 노동 위원회를 거치지 않고 바로 행정 소송을 제기할 수 있다.
⑤ 지방 노동 위원회의 판정에 불복 시 행정 소송을 제기할 수 있다.

서술형

11 다음 사례를 읽고 물음에 답하시오.

> 갑은 어린이집을 운영하며, 월 급여 120만 원을 주는 조건으로 을을 고용하였다. 하지만 얼마 후 갑은 경영상의 어려움을 이유로 급여를 80만 원으로 줄이는 대신 근무 시간을 줄여 주겠다고 제안하였다. 을이 이를 거절하자 갑은 을에게 한 달 안으로 그만두라고 하였다.

(1) 사례에 나타난 문제점을 서술하시오.

(2) 을이 문제를 해결할 수 있는 방법을 서술하시오.

01 인권 침해에 대한 설명으로 옳은 것은?

① 후진국에서만 발생한다.
② 범죄 행위와 관련이 없다.
③ 국가 권력에 의해서만 발생한다.
④ 국가 기관을 통해 구제받을 수 있다.
⑤ 헌법에 규정된 기본권에 대해서는 발생하지 않는다.

02 인권 침해 구제 기관에 대한 설명으로 옳은 것은?

① 헌법재판소는 형사 재판을 담당한다.
② 법원은 법률이 헌법에 위반되는지를 가린다.
③ 국가 인권 위원회는 인권을 보호하는 민간 기관이다.
④ 법원은 인권과 관련된 정책을 조사하여 개선을 권고한다.
⑤ 헌법재판소는 국가 권력에 의한 기본권 침해를 구제한다.

중요
03 (가), (나)의 인권 침해를 해결할 수 있는 기관으로 옳은 것은?

> (가) 갑은 자신의 동의 없이 촬영한 사진을 병원 홍보에 이용한 △△ 피부과 원장에게 손해 배상을 받고자 한다.
> (나) 을은 인터넷 이용자의 실명과 주민 등록 번호를 확인해야만 인터넷 게시판에 글을 올릴 수 있도록 규정한 법 조항이 헌법에서 보장하고 있는 표현의 자유를 침해한다고 생각하였다.

	(가)	(나)
①	법원	헌법재판소
②	법원	국가 인권 위원회
③	헌법재판소	법원
④	헌법재판소	국가 인권 위원회
⑤	국가 인권 위원회	법원

04 사례에서 하니가 할 수 있는 인권 침해 구제 방법으로 가장 적절한 것은?

> 방송인 하니는 얼마 전 한 팬으로부터 자신의 휴대 전화가 해킹당한 사실을 알게 되었다. 팬이 공개하지 않은 자신의 사진들을 인터넷에 올렸기 때문이다. 이로 인해 하니는 광고 계약이 취소되는 등 금전적·정신적 손해를 입었다.

① 국가 인권 위원회에 진정을 낸다.
② 법원에 헌법 소원 심판을 청구한다.
③ 법원에 손해 배상 청구 소장을 제출한다.
④ 헌법재판소에 위헌 법률 심판을 청구한다.
⑤ 국가 인권 위원회에 행정 소송을 제기한다.

05 국가 인권 위원회에 대한 옳은 설명을 〈보기〉에서 고른 것은?

보기
> ㄱ. 인권 교육을 통해 인권 의식을 향상한다.
> ㄴ. 인권 침해와 관련된 민원을 받아 상담한다.
> ㄷ. 인권 침해를 해결하기 위한 법률을 제정한다.
> ㄹ. 국가 권력에 의한 인권 침해에 대해 헌법 재판을 한다.

① ㄱ, ㄴ   ② ㄱ, ㄷ   ③ ㄴ, ㄷ
④ ㄴ, ㄹ   ⑤ ㄷ, ㄹ

06 노동권에 대한 설명으로 옳지 <u>않은</u> 것은?

① 헌법에서 규정하고 있다.
② 근로자가 쾌적한 환경에서 일할 권리이다.
③ 근로자가 합당한 대우를 받으며 일할 권리이다.
④ 구체적으로 단결권, 단체 교섭권, 단체 행동권 등이 있다.
⑤ 사용자가 근로자보다 불리한 위치에 있으므로 보장이 필요하다.

고난도

07 사례에 대한 설명으로 옳은 것은?

> 갑은 ○○ 연구소에서 일하며 노동조합에 가입하여 활동하고 있었다. 이 사실을 알게 된 ○○ 연구소는 갑에게 노동조합을 탈퇴할 것을 강요하였다. 갑이 이를 따르지 않자 ○○ 연구소는 갑에게 개인 종합 결과 평가에서 낮은 등급을 주었다.

① 노동권 침해에 해당하지 않는다.
② 연구소의 행위는 부당 노동 행위이다.
③ 연구소의 노동조합 탈퇴 강요는 적법하다.
④ 갑의 노동조합 활동은 법으로 보장받지 못한다.
⑤ 갑은 지방 노동 위원회에 구제 신청을 할 수 없다.

단답형

08 밑줄 친 ㉠에 해당하는 노동 삼권의 종류를 쓰시오.

> ○○ 기업은 직원들의 근무 조건 개선 요구에 따라 노동조합과 함께 협의회를 열어 의견을 절충하였다. 관계자는 "㉠ 노동조합이 근로 조건 등에 관해 사용자와 의논하고 절충할 수 있는 권리가 원만히 행사되어 기쁘다."라고 밝혔다.

(   )

중요

09 노동권 침해 구제 절차에 대한 옳은 설명을 〈보기〉에서 고른 것은?

> **보기**
> ㄱ. 중앙 노동 위원회의 판정에는 불복할 수 없다.
> ㄴ. 재심 신청은 초심 판정 후 10일 이내에 해야 한다.
> ㄷ. 침해 발생 후 3개월 이내에 지방 노동 위원회에 구제 신청을 할 수 있다.
> ㄹ. 지방 노동 위원회의 판정에 불만이 있을 때는 법원에 재심 신청을 할 수 있다.

① ㄱ, ㄴ   ② ㄱ, ㄷ   ③ ㄴ, ㄷ
④ ㄴ, ㄹ   ⑤ ㄷ, ㄹ .

서술형 문제

10 다음 사례를 읽고 물음에 답하시오.

> 얼마 전부터 연우 씨의 집 맞은편에 높은 빌딩이 새로 지어지고 있다. 그런데 이 빌딩은 연우 씨의 집보다 너무 높고, 지나치게 가깝다. 이런 탓에 연우 씨의 집에는 햇빛이 들지 않아 대낮에도 전등을 계속 켜 놓아야 한다.

(1) 연우 씨가 처한 상황이 인권 침해에 해당하는지 서술하시오.

🖉 _____

(2) 연우 씨가 침해당한 권리를 구제받을 수 있는 방법을 서술하시오.

🖉 _____

11 다음과 같은 헌법 조항을 규정한 이유를 서술하시오.

> **헌법 제33조** ① 근로자는 근로 조건의 향상을 위하여 자주적인 단결권·단체 교섭권 및 단체 행동권을 가진다.

🖉 _____

_____

_____

자신만만 **적중문제**

01 인권의 이해

01 ⓒ에 의해 ⑤이 보장받게 된 기본권에 대한 설명으로 옳은 것은?

> 국회는 2009년 해외에 거주하는 ⑤ 재외 국민도 대통령 선거 및 국회 의원 선거에서 투표할 수 있도록 ⓒ 선거법을 개정하였다.

① 국가의 의사 결정 과정에 참여할 수 있는 권리이다.
② 부당하게 차별받지 않고 동등하게 대우받을 권리이다.
③ 국가에 대하여 일정한 행위를 요구할 수 있는 권리이다.
④ 국가에 대하여 인간다운 생활의 보장을 요구할 수 있는 권리이다.
⑤ 국가 권력의 간섭을 받지 않고 자유롭게 생활할 수 있는 권리이다.

02 기본권 제한에 대한 옳은 설명을 〈보기〉에서 고른 것은?

> **보기**
> ㄱ. 자유와 권리의 본질적인 부분은 제한할 수 없다.
> ㄴ. 국회에서 제정한 법률을 통하여 제한할 수 있다.
> ㄷ. 국가 안전 보장, 공공복리를 위해서만 제한할 수 있다.
> ㄹ. 기본권 제한의 목적이 정당한 경우에는 제한의 방법이 적절하지 않아도 상관없다.

① ㄱ, ㄴ   ② ㄱ, ㄷ   ③ ㄴ, ㄷ
④ ㄴ, ㄹ   ⑤ ㄷ, ㄹ

02 인권 침해와 구제 방법

03 ⑤, ⓒ은 인권 침해를 구제하는 국가 기관이다. 이에 대한 설명으로 옳은 것은?

> • 갑은 얼마 전 횡단 보도를 건너던 중 달려오던 차에 치여 병원에 입원하였다. 갑은 운전자를 상대로 ⑤ 에 병원비 등에 대한 손해 배상 청구 소송을 제기하였다.
> • 1999년 ⓒ 은/는 군대를 다녀온 사람에게 공무원 시험에서 가산점을 주는 '군 복무 가산점 제도'가 여성, 장애인 등에 대한 평등권을 침해하여 헌법에 위반된다고 결정하였다.

① ⑤은 국가 인권 위원회이다.
② ⑤은 국가 권력에 의한 기본권 침해를 구제한다.
③ ⓒ은 인권 침해를 조사하여 법령이나 제도의 개선을 권고한다.
④ ⓒ은 기본권 보장과 헌법 질서 유지를 위해 헌법 재판을 담당한다.
⑤ ⓒ은 ⑤의 역할을 대신하기도 한다.

04 다음과 같은 인권 침해 구제 활동을 한 기관으로 옳은 것은?

> • 크레파스 색상 중 '살색'이라는 표기를 '살구색'으로 표기하도록 하여 인종 차별 요소가 담긴 단어를 시정하였다.
> • 국가 공무원을 채용할 때 응시 나이에 제한을 두었던 법령을 조사하여 나이 때문에 채용 기회를 얻지 못하는 상황이 발생하지 않도록 개선하였다.

① 법원   ② 행정부
③ 헌법재판소   ④ 지방 자치 단체
⑤ 국가 인권 위원회

03 근로자의 권리와 노동권 침해의 구제

05 노동권에 대한 옳은 설명을 〈보기〉에서 고른 것은?

> **보기**
> ㄱ. 최저 임금제와는 관련이 없다.
> ㄴ. 헌법에 규정하여 보장하고 있다.
> ㄷ. 특정 근로자만을 대상으로 하는 권리이다.
> ㄹ. 쾌적한 환경에서 합당한 대우를 받으며 일할
>   권리이다.

① ㄱ, ㄴ　　② ㄱ, ㄷ　　③ ㄴ, ㄷ
④ ㄴ, ㄹ　　⑤ ㄷ, ㄹ

단답형

06 빈칸에 들어갈 알맞은 말을 세 가지 쓰시오.

> 우리 헌법에서는 근로자의 근로 조건 향상을 위하
> 여 [   ]을/를 노동 삼권으로 보장
> 하고 있다.

(　　　　　　　　　)

07 다음은 노동권 침해 구제 절차를 나타낸 것이다. ㉠~㉢
에 들어갈 용어로 옳은 것은?

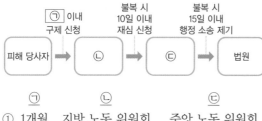

	㉠	㉡	㉢
①	1개월	지방 노동 위원회	중앙 노동 위원회
②	2개월	지방 노동 위원회	중앙 노동 위원회
③	2개월	중앙 노동 위원회	지방 노동 위원회
④	3개월	지방 노동 위원회	중앙 노동 위원회
⑤	3개월	중앙 노동 위원회	지방 노동 위원회

서술형 문제

08 다음 사례를 보고 물음에 답하시오.

(1) 사례에서 제한하고 있는 기본권과 그 의미를 서
술하시오.

✏

(2) 사례에서 기본권을 제한하는 목적이 정당한지 서
술하시오.

✏

09 다음 사례가 노동권 침해에 해당하는지 서술하시오.

> ▲▲ 건설 회사의 노동조합은 임금 인상 문제를
> 두고 사용자에게 교섭할 것을 요청하였다. 하지만
> 사용자는 임금을 인상해 줄 생각이 없다며 교섭을
> 거부하였다.

✏

최고난도 문제

01 밑줄 친 ㉠∼㉣에 대한 설명으로 옳은 것은?

> ○○ 시민 단체는 "신용 카드와 은행 빚 독촉을 피해 살다가 카드사 등에 의해 주민 등록이 말소된 주민들이 ㉠ 참정권과 ㉡ 교육을 받을 권리 등 ㉢ 기본권을 크게 침해받고 있다."라며 ㉣ 국가 인권 위원회에 진정서를 제출하였다.

① ㉠은 국민이 국가에 대하여 특정한 행위를 요구할 수 있는 권리이다.
② ㉡이 속한 기본권에는 쾌적한 환경에서 살 권리, 사회 보장을 받을 권리 등이 포함된다.
③ ㉢은 인간이라면 당연히 누려야 하는 보편적 권리로 인종·성별 등과 관계없이 모든 사람에게 같게 부여된다.
④ ㉣은 인권 침해 문제를 조사하여 재판을 통해 침해된 권리를 구제한다.
⑤ ㉣은 ㉢의 침해만을 구제해 주는 국가 기관이다.

풀이 비법
❶ ㉠, ㉡과 관련된 기본권의 내용을 생각해 본다.
❷ 기본권과 인권의 의미 차이를 고려한다.
❸ 국가 인권 위원회가 하는 일이 무엇인지 생각해 본다.

02 다음은 우리나라의 호주제 폐지에 대한 설명이다. ㉠, ㉡에 들어갈 용어로 옳은 것은?

> [개정 이전] **민법 제778조** (호주의 정의) 일가의 계통을 계승한 자, 분가한 자 또는 기타 사유로 인하여 일가를 창립하거나 부흥한 자는 호주가 된다.
> [개정 이후] **민법 제778조** 삭제 〈2005. 3. 31.〉
>
> 우리나라의 호주제는 부계 혈통이 호주가 되는 가족 단위로 호적이 편제되어 있었다. 하지만 남성 위주의 호주제는 여성의 [㉠]을/를 침해한다는 논란과 아울러 이혼, 재혼 가구 등의 증가에 따른 현대 사회의 다양한 가족 형태를 반영하지 못한다는 문제점을 안고 있었다. 이에 따라 시민 단체의 호주제 폐지 요구와 함께 법원의 위헌 법률 심판이 제청되었고, 결국 [㉡]이/가 호주제 관련 민법 조항이 헌법에 불합치한다는 결정을 내리며 호주제는 폐지되었다.

	㉠	㉡
①	참정권	법원
②	참정권	헌법재판소
③	평등권	헌법재판소
④	평등권	국가 인권 위원회
⑤	사회권	국가 인권 위원회

풀이 비법
❶ 개정 전 민법 제778조의 내용이 어떤 권리를 침해하고 있는지 살펴본다.
❷ 법률이 헌법에 위반되는지를 판단하는 국가 기관이 어디인지 생각해 본다.

2

헌법과 국가 기관

01 국회의 위상과 역할

1. 국민의 대표 기관 국회

(1) 대의 민주제

보충 **대의 민주제의 등장**

고대 아테네에서는 직접 민주 정치가 시행되었으나, 근대 시민 혁명 이후에는 시민의 대표로 구성된 의회를 중심으로 한 대의 민주제가 등장하였다.

① 배경: 오늘날 대다수 국가는 영토가 넓고 인구가 많아서 모든 국민이 정치에 직접 참여하기 어려움

② 대의 민주제: 국민이 선출한 대표가 정치를 담당하는 제도
└─ 간접 민주 정치, 의회 정치라고도 함

(2) 국회

① 국민이 선출한 사람들로 구성된 **국민의 대표 기관**

② 국민의 의사를 반영한 **법률을 만드는 입법 기관**

> **헌법에 명시된 국회의 위상**
> 제40조 입법권은 국회에 속한다.
> 제41조 ① 국회는 국민의 보통·평등·직접·비밀 선거에 의하여 선출된 국회 의원으로 구성한다.

2. 국회의 구성

보충 **국회 의원의 특권과 의무**

• 면책 특권: 국회에서 직무상 행한 발언과 표결에 대하여 국회 외에서 책임을 지지 않을 권리
• 불체포 특권: 현행범인 경우를 제외하고 회기 중에 국회의 동의 없이 체포·구금되지 않을 권리
• 의무: 헌법상 겸직 금지 의무, 청렴 의무, 국익 우선 의무, 지위 남용 금지 의무 등

(1) 국회 의원 ─ 우리나라 국회 의원의 임기는 4년임

① 지역구 국회 의원: 국민이 각 지역에서 선거로 선출

② 비례 대표 국회 의원: 정당별 득표율에 따라 비례하여 선출

(2) 국회 의장 1명, 부의장 2명 ─ 대내적으로는 국회의 질서 유지·의사 정리·사무 감독을 담당하며, 대외적으로는 국회를 대표함

(3) 상임 위원회: 효율적 의사 진행을 위해 17개 분야로 나뉘어 각 분야에 전문성을 가진 의원들이 관련된 안건을 심사함
└─ 국회 운영 위원회, 법제 사법 위원회, 보건 복지 위원회, 환경 노동 위원회 등이 있음

(4) 교섭 단체: 국회에 20인 이상의 소속 의원을 가진 정당이 하나의 교섭 단체가 되며, 국회 운영 일정을 비롯하여 중요한 사안에 대해 소속 의원들의 의사를 사전에 통합·조정함

보충 **탄핵 소추권**

대통령, 국무총리 등의 고위 공직자가 직무 집행에 있어서 헌법이나 법률을 위반한 경우 국회가 헌법재판소에 탄핵 심판을 요청할 수 있는 권리이다.

3. 국회의 기능

(1) 입법에 관한 권한 ─ 국회 의원 10인 이상 또는 정부가 법률안을 제출할 수 있음

① 법률의 제정 및 개정

② 국민의 대표 기관으로서 국회가 가지는 가장 대표적 기능

(2) 재정에 관한 권한 ─ 정부의 1년간 수입과 지출을 계획한 것

① 행정부가 제출한 **예산안 심의·확정**

② 정부가 1년 동안 예산을 제대로 집행하였는지 심사

(3) 일반 국정에 관한 권한 ─ 국정을 감시하고 통제함

① 국정 감사권: 매년 국정 전반에 대하여 점검

② 국정 조사권: 특별한 사안에 대한 조사 시행

③ 대통령의 국무총리, 대법원장, 헌법재판소장 등 임명에 대한 동의권 행사

사례 **국회의 예산안 심의·확정**

국회는 2017년 12월 6일 일자리 안정 자금, 아동 수당, 국방 예산 등을 포함한 428조 8,626억 원 규모의 2018년도 예산안을 의결하였다.

탐구 1 국회는 어떤 일을 할까?

국가 기관, 지방 자치 단체, 정부 투자 기관, 국회 본회의 ─
에서 국정 감사가 필요하다고 의결한 기관 등

자료 ❶ 청소년 복지 지원법 개정안 국회 통과

「청소년 복지 지원법」 개정 법률안이 국회 본회의에 상정되어 통과되었다. 개정안의 주요 내용은 소년법상 1호 처분을 받은 보호 청소년들을 위탁·보호하는 대안 가정인 청소년 회복 센터에 관한 국비 지원이다. 이는 청소년 회복 센터를 기획하고 설립한 이래 6년 만의 결실이다.
─ 『국민일보』, 2016. 5. 19.

자료 ❷ 국회, 26일부터 국정 감사 시작

국회의 국정 감사가 9월 26일부터 시작된다. 상임 위원회별로 진행되는 이번 국정 감사의 대상 기관은 총 691개이다. 국회는 국정 감사를 통해 국가 안보, 국민 안전 등 올해의 국정 전반을 조사할 예정이다.
─ 『국민일보』, 2016. 9. 25.

자료 ❸ 2016년 예산안, 국회 본회의 통과

국회에서 국회 의원 모두가 참여하는 회의로, 국회의 의사를 최종적으로 결정함

최근 국회는 386조 3,997억 원 규모의 2016년도 예산안을 의결했다. 이는 정부가 제출한 예산안에서 3조 8,281억 원을 삭감한 대신, 지역구 민원과 가뭄 예산 등을 증액해 최종적으로 3,062억 원을 줄인 규모다.
─ 『중앙일보』, 2015. 12. 3.

헌법 또는 국회법에 특별한 규정이 없는 한 재적 의원 과반수의 출석과 출석 의원 과반수의 찬성으로 의결함

[자료 해설]

1. **자료 ①**
   • 「청소년 복지 지원법」의 개정은 국회의 가장 대표적인 기능인 입법의 사례임
   • 국회의 입법권에는 법률의 제·개정뿐만 아니라 헌법 개정에 관한 권한, 조약 체결 및 비준에 대한 동의권도 포함됨

2. **자료 ②**: 국정 감사의 사례로, 국회는 매년 정기적으로 국정 전반에 대하여 감사를 진행함

3. **자료 ③**: 예산안 심의·확정의 사례로, 국회는 정부가 제출한 1년 동안의 예산 계획인 예산안에 대하여 심의하고 확정함

개념 꿀꺽

1. 다음 내용에 알맞은 말을 골라 ◯표 하시오.

(1) 국회는 (직접 민주제, 대의 민주제)에서 국민이 선출한 사람들로 구성된 국민의 대표 기관이다.

(2) 국회는 국민의 의사를 반영하여 법률을 만드는 (입법, 행정) 기관이다.

(3) (지역구, 비례 대표) 국회 의원은 각 정당이 득표한 비율에 따라 의석수가 할당되는 국회 의원이다.

(4) 국회는 효율적인 의사 진행을 위해 각 분야의 전문성을 지닌 위원들이 안건을 심사하는 (상임 위원회, 교섭 단체)를 두고 있다.

2. 다음 설명에 해당하는 국회의 기능을 바르게 연결하시오.

(1) 법률을 제정하거나 개정함 •   • 입법 기능

(2) 국정 감사와 국정 조사를 실시함 •   • 재정에 관한 기능

(3) 국가의 예산안을 심의·확정함 •   • 국정 감시 및 통제 기능

정답 1. (1) 대의 민주제 (2) 입법 (3) 비례 대표 (4) 상임 위원회 2. (1) 입법 기능 (2) 국정 감사 및 통제 기능 (3) 재정에 관한 기능

01 다음과 같은 위상을 가지는 국가 기관으로 옳은 것은?

> • 입법 기관
> • 국민의 대표 기관

① 법원   ② 국회   ③ 정부
④ 감사원   ⑤ 헌법재판소

중요
02 사진의 국가 기관에 대한 설명으로 옳은 것은?

① 법을 적용하여 재판하는 기관이다.
② 법을 바탕으로 정책을 세우는 기관이다.
③ 직접 민주제에서 국민을 대표하는 기관이다.
④ 국민의 의사를 반영하여 법을 제정하는 기관이다.
⑤ 대통령이 임명한 국회 의원으로 구성된 기관이다.

단답형
03 ㉠에 들어갈 알맞은 용어를 쓰시오.

> ㉠ 은/는 국민이 각 지역에서 선거로 선출하기도 하지만, 정당별 득표율에 따라 선출되기도 한다.

(   )

04 밑줄 친 '이곳'에 해당하는 기관으로 옳은 것은?

> 이곳은 국회를 구성하는 기관 중 하나이다. 국회의 효율적인 의사 진행을 위해 17개의 분야로 나뉘어 각 분야에 전문성을 가진 의원들이 관련된 안건을 심사한다.

① 본회의   ② 교섭 단체
③ 국회 의장   ④ 국회 부의장
⑤ 상임 위원회

05 교섭 단체에 대한 옳은 설명을 〈보기〉에서 고른 것은?

보기
> ㄱ. 국회를 대표한다.
> ㄴ. 국회의 원활한 의사 진행을 돕는다.
> ㄷ. 국회의 의사를 최종적으로 결정한다.
> ㄹ. 소속 의원들의 의사를 사전에 통합·조정한다.

① ㄱ, ㄴ   ② ㄱ, ㄷ   ③ ㄴ, ㄷ
④ ㄴ, ㄹ   ⑤ ㄷ, ㄹ

06 국회의 기능으로 옳지 <u>않은</u> 것은?

① 법률을 제정하고 개정한다.
② 법률을 목적에 맞게 집행한다.
③ 행정부의 예산안을 심의·확정한다.
④ 특별한 사안에 대하여 국정 조사를 한다.
⑤ 대통령의 국무총리 등 임명에 대하여 동의권을 행사한다.

중요

07 신문 기사에 나타난 국회의 기능으로 옳은 것은?

청소년 복지 지원법 개정안 국회 통과

「청소년 복지 지원법」 개정 법률안이 국회 본회의에 상정되어 통과되었다. 개정안의 주요 내용은 소년법상 1호 처분을 받은 보호 청소년들을 위탁·보호하는 대안 가정인 청소년 회복 센터에 관한 국비 지원이다. 이는 청소년 회복 센터를 기획하고 설립한 이래 6년 만의 결실이다.

– 『국민일보』, 2016. 5. 19.

① 국정 감사
② 국정 조사
③ 예산안 심의·확정
④ 법률 제정 및 개정
⑤ 국무총리 등의 임명에 대한 동의

08 다음 글에 대한 설명으로 옳은 것은?

2017년 9월 21일 국회는 본회의를 개최하여 인사 청문회를 거친 대법원장 후보자의 임명 동의안을 통과시켰다.

① 국회가 입법권을 행사하였다.
② 국회가 국정 감사를 시행하였다.
③ 대법원장은 국회 의장에 의해 임명된다.
④ 국회의 일반 국정에 관한 권한과 관련 있다.
⑤ 대법원장은 국회의 동의 없이도 임명할 수 있다.

09 국회의 재정에 관한 기능을 〈보기〉에서 고른 것은?

보기

ㄱ. 중요한 사건에 관해 국정 조사를 한다.
ㄴ. 행정부가 제출한 예산안을 심의·확정한다.
ㄷ. 매년 국정을 제대로 운영하고 있는지 점검한다.
ㄹ. 정부가 1년 동안 예산을 제대로 집행하였는지 심사한다.

① ㄱ, ㄴ   ② ㄱ, ㄷ   ③ ㄴ, ㄷ
④ ㄴ, ㄹ   ⑤ ㄷ, ㄹ

단답형

10 빈칸에 공통으로 들어갈 알맞은 용어를 쓰시오.

국회는 이번 달 말부터 약 3주간 상임 위원회별로 [   ]을/를 실시한다. [   ]을/를 통해 국회는 올해의 국정 전반을 조사할 예정이다.

(   )

서술형

11 다음 헌법 조항을 참고하여 국회의 위상을 서술하시오.

헌법 제40조 입법권은 국회에 속한다.
제41조 ① 국회는 국민의 보통·평등·직접·비밀 선거에 의하여 선출된 국회 의원으로 구성한다.

✎ _____

_____

중요

01 국회에 대한 설명으로 옳은 것은?

① 정책을 수립하여 국정을 운영한다.
② 국민의 선거로 선출된 장관으로 구성된다.
③ 국민의 요구와 의사를 반영하여 법률을 집행한다.
④ 대표적인 사법 기관으로서 각종 분쟁을 해결한다.
⑤ 정부를 감시하고 통제함으로써 국가 권력의 남용을 막는다.

02 국회의 구성에 대한 설명으로 옳은 것은?

① 국회 의장은 2명 선출된다.
② 국회 의원은 대통령이 임명한다.
③ 교섭 단체는 17개의 분야로 나누어져 있다.
④ 상임 위원회는 각종 안건을 전문적으로 심사한다.
⑤ 비례 대표 국회 의원은 선거를 통해 지역별로 선출된다.

03 ㉠에 들어갈 기관에 대한 설명으로 옳지 <u>않은</u> 것은?

> 아동 학대가 심해지자 아동 학대 범죄의 처벌에 관한 법률안이 제출되었다. 제출된 법안을 관련 ㉠ 인 여성 가족 위원회에서 심사하였다.

① 각 분야와 관련된 안건을 심사한다.
② 국회의 효율적인 의사 진행을 돕는다.
③ 전문성을 가진 의원들로 이루어져 있다.
④ 재정, 통일, 외교 등 16개 분야로 나뉘어 있다.
⑤ 20인 이상의 소속 의원을 가진 정당이 구성한다.

단답형

04 ㉠, ㉡에 들어갈 알맞은 용어를 쓰시오.

> 국회는 일정한 단위의 선거구에서 지역 주민들의 선거를 통해 뽑히는 ㉠ 국회 의원과 정당별 득표율에 비례해서 선출하는 ㉡ 국회 의원으로 구성된다.

㉠ (   )
㉡ (   )

05 교섭 단체에 대한 설명으로 옳은 것을 〈보기〉에서 고른 것은?

보기

ㄱ. 국회 의장 1명과 부의장 2명으로 구성된다.
ㄴ. 분야별로 전문성을 가진 의원들이 모여 안건을 심사한다.
ㄷ. 사안에 대해 소속 의원들의 의사를 사전에 통합·조정한다.
ㄹ. 국회에 20인 이상의 소속 의원을 가진 정당이 구성할 수 있다.

① ㄱ, ㄴ   ② ㄱ, ㄷ   ③ ㄴ, ㄷ
④ ㄴ, ㄹ   ⑤ ㄷ, ㄹ

06 다음 설명에 해당하는 국회의 기능으로 적절한 것은?

> 국회는 국민을 대신해서 국정을 감시하고 통제하는 역할을 한다. 국정 전반에 대하여 잘잘못을 되짚어 봄으로써 국정의 잘못된 부분을 찾아 시정하게 한다.

① 헌법 개정
② 국정 감사
③ 예산안 심의·확정
④ 법률 제정 및 개정
⑤ 국무총리 등의 임명에 대한 동의

07 다음은 국회 의원 선거에 출마한 어느 후보의 연설문 중 일부이다. 이에서 찾아볼 수 있는 국회의 기능을 〈보기〉에서 고른 것은?

> 국민 여러분! 저를 뽑아 주신다면 앞으로 4년 동안 다음 공약들을 지켜 여러분의 뜻을 국정에 반영하도록 힘쓰겠습니다.
> 첫째, 사교육비를 줄이기 위한 교육 특별법을 만들겠습니다.
> 둘째, 국민의 세금 부담을 낮추기 위해 불필요한 예산을 줄이겠습니다.

보기
ㄱ. 예산안 심의·확정
ㄴ. 국정 감사 및 조사
ㄷ. 법률 제정 및 개정
ㄹ. 국무총리 등의 임명에 대한 동의

① ㄱ, ㄴ   ② ㄱ, ㄷ   ③ ㄴ, ㄷ
④ ㄴ, ㄹ   ⑤ ㄷ, ㄹ

고난도
08 (가), (나)와 관련 있는 국회의 기능에 대한 설명으로 옳은 것은?

> (가) 2017년 11월 9일 「학교 폭력 예방 및 대책에 관한 법률」 일부 개정안이 국회 본회의에서 통과되었다. 이로써 학교 전담 경찰관 제도의 운영을 위한 법적 근거가 마련되었다.
> (나) 대통령이 국무총리 후보자 임명 동의안을 국회에 제출하였다. 국회는 임명 동의안이 제출된 날부터 20일 이내에 인사 청문회를 하고, 본회의를 열어 동의안에 대해 표결한다.

① (가)는 국회의 부수적인 기능이다.
② (가)는 국민의 의사를 반영하여 이루어진다.
③ (나)를 통해 국회는 국정 전반을 감시한다.
④ (나)에는 예산 집행에 대한 심사가 포함된다.
⑤ (나)는 (가)보다 대표적인 국회의 기능이다.

서술형 문제

09 다음 글을 읽고 물음에 답하시오.

> 일정 수 이상의 국회 의석을 가진 정당에 소속된 의원들로 구성되는 국회 내의 정파로, 현재 국회법에서는 20인 이상의 소속 의원을 가진 정당은 하나의 <u>이것</u>이 된다고 규정하고 있다.

(1) 밑줄 친 '이것'에 해당하는 용어를 쓰시오.

(2) 밑줄 친 '이것'이 국회에서 하는 역할을 서술하시오.

10 다음 글에서 알 수 있는 국회의 기능을 서술하시오.

> 국회의 국정 감사가 9월 26일부터 시작된다. 상임위원회별로 진행되는 이번 국정 감사의 대상 기관은 총 691개이다. 국회는 국정 감사를 통해 국가 안보, 국민 안전 등 올해의 국정 전반을 조사할 예정이다.

02 대통령과 행정부의 역할

1. 대통령의 지위와 권한

(1) **대통령**: 국민의 직접 선거로 선출하며, 임기는 5년임
　　　┗ 만 40세 이상의 대한민국 국민은 대통령 후보로 출마할 수 있음
　　　　　　　　　　　　　　　　　　　　　┗ 평화적으로 정권을 교체하고 대통령의 장기 집권
　　　　　　　　　　　　　　　　　　　　　　에 따른 독재를 막기 위해서 중임은 금지됨

(2) **대통령의 지위**

① 행정부의 수반

② 국가를 대표하는 국가 원수

> **헌법에 명시된 대통령의 지위**
>
> 헌법 제66조 ① 대통령은 국가의 원수이며, 외국에 대하여 국가를 대표한다.
> ④ 행정권은 대통령을 수반으로 하는 정부에 속한다.

(3) **대통령의 권한**

① 행정부 수반으로서 권한

- 행정부를 지휘·감독함
- 공무원을 임명하거나 해임할 수 있음
- 국군을 통솔하고 지휘함
- 국무 회의 의장으로서 중요한 정책에 관해 심의함
　　　　　　　　　　　　　┗ 대통령이 최종적으로 결정하며,
　　　　　　　　　　　　　　 결정에 책임을 짐

② 국가 원수로서 권한

- 외국과의 조약 체결 등 외교에 관한 권한을 행사함
- 대법원장, 헌법재판소장 등을 임명하여 헌법 기관을 구성함
- 국가가 위급한 상황에 놓였을 때 *긴급 명령권을 행사하거나 *계엄을 선포할 수 있음
　　┗ 중대한 위기 상황이나 국가 비상사태에서 국가의 계속성을 확보하고,
　　　 민주적 기본 질서를 수호하기 위해 행사할 수 있음

2. 행정부의 조직과 기능

(1) **행정부**: 국회에서 제정한 법률을 집행하고, 정책을 수립·실행하는 국가 기관

(2) **행정부의 기능**

① 법률을 집행함으로써 국민의 생활에 필요한 법을 실행에 옮김

② 공익 실현과 국민 보호, 국민 복지 증진을 위한 여러 가지 정책을 세우고 수행함

(3) **행정부의 조직**

대통령	행정부의 수반으로서 행정부 지휘·감독
국무총리	• 대통령의 국정 운영 보좌 • 행정 각부 관리·감독
행정 각부	• 구체적인 행정 사무 처리 • 각부 장관은 각부의 행정 사무를 지휘·감독하고, 국무 회의에 참석하여 국정 전반에 관한 의견을 제시함
국무 회의	정부의 중요 정책을 심의하는 행정부 최고의 심의 기관
감사원	• 국민이 낸 세금이 제대로 쓰이고 있는지 검사 • 행정 기관과 공무원의 직무에 대한 감찰·감독

（국회의 동의를 얻어 대통령이 임명）
（구체적인 행정 사무 처리 ― 국무 위원 중에서 국무총리의 제청으로 대통령이 임명）
（대통령 소속의 독립성을 갖는 헌법 기관）

[보충] 법률안 거부권

정부로 이송된 법률안에 대하여 이의가 있을 때 대통령이 그 법률안을 국회로 환부하여 다시 심사하거나 의결하도록 요구할 수 있는 권한이다. 이는 행정부가 입법부의 권한 남용을 견제하는 장치로, 우리 헌법에서는 정부에 법률안 거부권을 부여하여 권력 분립의 원칙에 입각한 견제와 균형을 실현하고 있다.

[용어] 긴급 명령권

국가에 위기가 예상될 때 대통령이 법에 따른 권한에 구애받지 않고, 여러 가지 긴급 조치를 명령할 수 있는 권한이다.

[용어] 계엄

내란, 전쟁 등 국가에 비상사태가 생겼을 때, 군대가 사회 질서를 유지하고자 일정한 지역을 다스리는 것을 말한다.

[보충] 행정부의 비대화

현대 국가에서는 사회가 복잡해지고 국민 복지가 중요해지면서 행정부의 규모가 커지고 전문성이 확대되고 있다.

탐구 속 자료 &개념

탐구 1 우리나라 대통령은 무슨 일을 할까?

❶ 국무 회의 진행

❷ 신임 대법원장 임명

❸ 파병 부대 격려

❹ 한미 정상 회담 참석

자료 해설

1. **자료 ①**: 국무 회의의 의장으로서 국무 회의를 진행하는 모습으로 행정부 수반으로서 권한에 해당함
2. **자료 ②**: 헌법 기관 구성권을 바탕으로 대법원장을 임명하는 모습으로 국가 원수로서 권한에 해당함
3. **자료 ③**: 국군 통수권을 행사하는 모습으로 행정부 수반으로서 권한에 해당함
4. **자료 ④**: 외교에 있어서 국가를 대표하는 모습으로 국가 원수로서 권한에 해당함

탐구 2 행정부의 기관들은 어떤 활동을 할까?

자료 ❶ ○○부 장관 / 자료 ❷ △△부 장관

자료 ❸ 주요 정부 조직

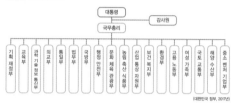

대통령 — 감사원
국무총리

기획재정부 / 교육부 / 과학기술정보통신부 / 외교부 / 통일부 / 법무부 / 국방부 / 행정안전부 / 문화체육관광부 / 농림축산식품부 / 산업통상자원부 / 보건복지부 / 환경부 / 고용노동부 / 여성가족부 / 국토교통부 / 해양수산부 / 중소벤처기업부

(대한민국 정부, 2017년)

개념 쏙쏙

1. **대통령**: 행정부의 최고 책임자로 행정부를 지휘·감독함
2. **국무총리**: 대통령의 국정 운영을 보좌하며 행정 각부를 관리·감독함
3. **행정 각부**: 각 부서가 맡은 구체적인 행정 사무를 처리함
4. **행정 각부의 장**: 각부의 행정 사무를 감독하고, 국무 위원으로서 국무 회의에 참석하여 국정 전반에 대한 의견을 제시함

개념 꿀꺽

1. 다음 내용에 알맞은 말을 골라 ◯표 하시오.

(1) 대통령은 국가의 대표로서 국가 원수이자 (행정부, 사법부)의 수반이다.

(2) 외국과의 조약 체결은 대통령의 (행정부 수반, 국가 원수)(으)로서 권한이다.

(3) 법률을 집행하고, 정책을 수립·실행하는 국가 작용을 (행정, 입법)이라고 한다.

(4) (행정 각부, 감사원)은/는 행정 기관의 사무와 공무원의 직무를 감찰하는 기관이다.

(5) (국무 회의, 국무총리)는 정부의 중요 정책을 심의하는 행정부 최고의 심의 기관이다.

2. 다음 내용이 옳으면 ◯표, 틀리면 ×표 하시오.

(1) 대통령은 국민의 선거로 선출되며 임기는 4년이다. ( )

(2) 대통령은 국가 원수로서 국가가 위기 상황에 놓였을 때 긴급 명령권을 행사하거나 계엄을 선포할 수 있다. ( )

(3) 공무원을 임명하거나 해임할 수 있는 것은 대통령의 국가 원수로서 권한이다. ( )

(4) 대통령은 행정부의 최고 책임자로서 행정부를 지휘·감독하며 모든 행정 작용은 대통령의 책임하에 이루어진다. ( )

(5) 행정 각부 장관은 국무 회의의 의장으로서 국무 회의를 주재한다. ( )

(6) 국무 총리는 대통령을 보좌하며 행정 각부를 관리한다. ( )

정답 1. (1) 행정부 (2) 국가 원수 (3) 행정 (4) 감사원 (5) 국무 회의 2. (1) × (2) ◯ (3) × (4) ◯ (5) × (6) ◯

01 다음과 같은 지위를 가지는 직책으로 옳은 것은?

> • 행정부의 수반
> • 국가를 대표하는 국가 원수

① 검사　　　　② 대통령　　　　③ 국회 의원
④ 국회 의장　　⑤ 헌법재판소장

02 대통령에 대한 설명으로 옳지 <u>않은</u> 것은?

① 법적 분쟁을 해결하고 판결을 내린다.
② 임기는 5년이며 국민의 선거로 선출한다.
③ 국무 회의 의장으로서 중요 정책을 심의한다.
④ 국가 원수로서 국가를 대표할 권한을 갖는다.
⑤ 행정부 수반으로서 행정부를 지휘하고 감독한다.

중요
03 대통령의 행정부 수반으로서 권한을 〈보기〉에서 고른 것은?

> 보기
> ㄱ. 국군 통수권
> ㄴ. 외국과의 조약 체결권
> ㄷ. 공무원 임명 및 해임권
> ㄹ. 긴급 명령권 및 계엄 선포권

① ㄱ, ㄴ　　　② ㄱ, ㄷ　　　③ ㄴ, ㄷ
④ ㄴ, ㄹ　　　⑤ ㄷ, ㄹ

단답형
04 ㉠에 들어갈 알맞은 용어를 쓰시오.

> 대통령은 행정부 최고의 심의 기관인 ┌ ㉠ ┐ 의 의장으로서 중요한 정책에 관해 심의하고, 최종 적으로 결정을 내릴 권한을 가진다.

(　　　　　　　　)

05 대통령의 권한에 대한 설명으로 옳은 것은?

① 사법부를 지휘·감독할 수 있다.
② 국회의 동의 없이 국무총리를 임명할 수 있다.
③ 행정부 수반으로서 외국과 조약을 체결할 수 있다.
④ 공무원을 임명할 수 있지만 물러나게 할 수는 없다.
⑤ 국가 원수로서 비상사태 시 계엄을 선포할 수 있다.

06 ㉠, ㉡에 들어갈 용어로 옳은 것은?

> 대통령은 ┌ ㉠ ┐(으)로서 외교에 관한 권한을 행사하고, 위급한 상황에는 긴급 조치를 명령하는 ┌ ㉡ ┐을/를 행사할 수 있다.

	㉠	㉡
①	국가 원수	조약 체결권
②	국가 원수	긴급 명령권
③	국가 원수	계엄 선포권
④	행정부 수반	긴급 명령권
⑤	행정부 수반	계엄 선포권

07 다음 글을 통해 알 수 있는 행정부의 기능으로 옳은 것은?

> 최근 제정된 「학교 폭력 예방 및 대책에 관한 법률」에 따라 교육부에서는 학교에 전문 상담 교사를 배치하였다.

① 법률을 집행하여 실행에 옮긴다.
② 법률을 적용하여 분쟁을 해결한다.
③ 국회의 권한을 감시하고 통제한다.
④ 개인의 이익을 위한 정책을 수립한다.
⑤ 국민의 의사를 반영하여 법률을 제정한다.

중요
08 (가), (나)에 해당하는 기관으로 옳은 것은?

> (가) 국가의 세입·세출 결산을 검사하고 행정 기관과 공무원의 직무를 감독한다.
> (나) 행정부 최고의 심의 기관으로 정부의 중요 정책을 심의하며 대통령, 국무총리와 국무 위원으로 구성된다.

	(가)	(나)
①	감사원	행정 각부
②	감사원	국무 회의
③	국무총리	감사원
④	국무총리	국무 회의
⑤	국무 회의	감사원

09 국무총리에 대한 설명으로 옳지 <u>않은</u> 것은?

① 행정 각부를 관리한다.
② 행정부에 소속되어 있다.
③ 국민의 직접 선거로 선출된다.
④ 대통령의 명을 받아 국무 회의를 연다.
⑤ 대통령이 없을 때 그 권한을 대행한다.

중요
10 행정부의 조직에 대한 옳은 설명을 〈보기〉에서 고른 것은?

보기
ㄱ. 행정 각부는 구체적인 행정 사무를 처리한다.
ㄴ. 행정 각부의 장은 국무 회의에 참석하지 않는다.
ㄷ. 대통령은 입법부, 사법부와 동등한 지위를 지닌다.
ㄹ. 감사원은 행정 각부에 속해 있는 기관 중 하나이다.

① ㄱ, ㄴ   ② ㄱ, ㄷ   ③ ㄴ, ㄷ
④ ㄴ, ㄹ   ⑤ ㄷ, ㄹ

서술형
11 (가), (나)에 해당하는 대통령의 권한을 대통령의 지위와 관련하여 서술하시오.

(가) 국무 회의 진행

(나) 한미 정상 회담 참석

01 대통령의 권한으로서 나머지 넷과 성격이 <u>다른</u> 것은?

① 국군을 통솔한다.
② 행정부를 지휘·감독한다.
③ 외국과 조약 체결을 맺는다.
④ 공무원을 임명하고 해임한다.
⑤ 국무 회의 의장으로서 중요 정책을 논의한다.

중요
02 다음 헌법 조항과 관련 있는 대통령의 권한을 〈보기〉에서 고른 것은?

> **헌법 제66조** ① 대통령은 국가의 원수이며, 외국에 대하여 국가를 대표한다.

보기
ㄱ. 국군 통솔
ㄴ. 외국과의 조약 체결
ㄷ. 국가 위기 상황 시 긴급 명령권 행사
ㄹ. 국무 회의 의장으로서 국무 회의 진행

① ㄱ, ㄴ   ② ㄱ, ㄷ   ③ ㄴ, ㄷ
④ ㄴ, ㄹ   ⑤ ㄷ, ㄹ

03 다음 글과 관련 있는 대통령의 권한으로 옳은 것은?

대통령이 지난 13일 한미 연합 사령부를 방문하여 부대에 근무하는 한미 장병 및 군무원들을 격려하였다.

① 계엄 선포권   ② 국군 통수권
③ 긴급 명령권   ④ 공무원 임면권
⑤ 행정부 지휘·감독권

04 (가), (나)와 관련 있는 대통령의 지위로 옳은 것은?

(가)

▲ 대통령이 장관을 임명하는 모습

(나)

▲ 대통령이 국가를 대표하여 올림픽 행사에 참석한 외국 정상들을 맞이하는 모습

	(가)	(나)
①	국가 원수	국가 원수
②	국가 원수	행정부 수반
③	행정부 수반	국가 원수
④	행정부 수반	국가 대표
⑤	행정부 수반	행정부 수반

05 행정부에 대한 설명으로 옳지 <u>않은</u> 것은?

① 법률을 기반으로 정책을 수립한다.
② 규모와 전문성이 점점 확대되고 있다.
③ 공익 실현과 국민 보호를 목적으로 한다.
④ 대통령, 국무총리, 감사원 등으로 구성된다.
⑤ 국민의 의견을 반영하여 법을 제정하고 집행한다.

06 밑줄 친 '이것'에 해당하는 기관으로 옳은 것은?

> <u>이것</u>은 행정부 최고의 심의 기관이다. 정부의 권한에 속하는 중요한 정책을 심의하며 대통령, 국무총리, 국무 위원으로 구성되어 있다.

① 감사원   ② 대법원
③ 국무 회의   ④ 행정 각부
⑤ 헌법재판소

중요

07 행정부의 조직에 대한 옳은 설명을 〈보기〉에서 고른 것은?

> **보기**
> ㄱ. 대통령을 수장으로 한다.
> ㄴ. 국무총리는 국무 회의 의장으로서 회의를 주재한다.
> ㄷ. 감사원은 국민이 낸 세금이 제대로 쓰이고 있는지 검사한다.
> ㄹ. 행정 각부 장관은 대통령을 보좌하며 대통령 궐위 시 권한을 대행한다.

① ㄱ, ㄴ   ② ㄱ, ㄷ   ③ ㄴ, ㄷ
④ ㄴ, ㄹ   ⑤ ㄷ, ㄹ

08 감사원에 대한 설명으로 옳지 <u>않은</u> 것은?

① 대통령 직속 헌법 기관이다.
② 공무원의 직무를 감독하는 기관이다.
③ 행정 기관의 사무를 감독하는 기관이다.
④ 구체적인 행정 사무를 처리하는 기관이다.
⑤ 국가의 세입·세출의 결산을 검사하는 기관이다.

서술형 문제

09 밑줄 친 부분에 해당하는 대통령의 권한을 세 가지 서술하시오.

> 우리나라 대통령은 국민의 직접 선거로 선출하며 임기는 5년이다. 우리 헌법에서는 대통령이 국가를 대표하는 <u>국가 원수임</u>을 명시하고 있다.

✎ _____

_____

_____

10 신문 기사를 통해 알 수 있는 행정부의 기능을 서술하시오.

> 정부와 관계 부처가 청년 장병들의 진로 문제를 해결하기 위한 청년 장병 취·창업 활성화 대책을 발표했다. 이번 대책은 청년 실업과 맞물려 전역 후 취업을 고민하는 6만 9천 장병들의 빠른 취업을 돕기 위해 마련되었다. 정부는 군 전투력 유지에 지장이 없는 범위 내에서 전역 후 원활한 사회 진출을 준비할 수 있도록 진로 교육 상담, 직업 훈련 등을 제공할 예정이라고 밝혔다.
> － 『산업일보』, 2018. 3. 22.

✎ _____

_____

_____

11 국무총리의 역할을 <u>두 가지</u> 서술하시오.

✎ _____

_____

_____

03 법원과 헌법재판소의 역할

1. 사법 기관인 법원

(1) **사법(司法)**
  ① 의미: 법을 해석하고 적용하여 분쟁을 해결하는 국가 작용
  ② 역할: 갈등 해결을 통한 법질서 유지, 국민의 권리 보호

(2) **법원:** 재판을 통해 분쟁을 해결하는 사법 기관

(3) **사법권의 독립:** 공정한 재판을 위해 법관이 <u>입법부나 행정부의 간섭 없이 헌법과 법률에 따라 독립하여 심판하는 것</u>
  └ 법관뿐 아니라 법원의 조직·운영도 외부의 간섭이나 영향을 받지 않아야 함

보충 사법(司法)과 사법(私法)

사법(司法)은 법의 의미를 해석하고 적용하는 국가 작용으로, 개인적인 생활 관계를 규율하는 법을 의미하는 사법(私法)과는 서로 다른 개념이다.

2. 법원의 조직과 기능

(1) **심급 제도:** 하급 법원의 판결에 불복할 때 상급 법원에 다시 재판을 청구하는 제도로, 이에 따라 각 법원의 역할이 구분됨

(2) **법원의 조직**
대법원장은 국회의 동의를 거쳐 대통령이 임명하며, 임기는 6년이고 중임할 수 없음

대법원	사법부의 최고 법원으로 최종 재판인 3심 재판을 담당
고등 법원	1심 판결에 대한 항소 사건의 2심 재판을 담당
지방 법원	민사 또는 형사 사건의 1심 재판을 담당

보충 심급 제도

- 3심 재판
- ↑ 상고
- 2심 재판
- ↑ 항소
- 1심 재판

우리나라는 심급 제도에 따라 3심제를 운영하고 있다.

3. 헌법재판소의 위상
헌법재판소의 재판관은 총 9명으로 3명은 대통령이 지명, 3명은 국회가 선출, 3명은 대법원장이 지명하고 대통령이 임명함

(1) **헌법재판소:** <u>헌법 재판을 담당하는 국가 기관</u>
  └ 법률이 헌법에 위반되거나 국가 권력이 국민의 기본권을 침해하는 경우 헌법 재판을 진행함

(2) **헌법재판소의 위상**
  ① **기본권 보장 기관:** 국가의 행위가 국민의 기본권을 침해할 때 헌법 재판을 통해 침해된 기본권을 구제함
  ② **헌법 수호 기관:** 헌법의 해석과 관련된 분쟁을 해결하고 헌법에 위반되는 법률을 판단함으로써 헌법을 수호함

보충 우리나라의 법원 조직도

4. 헌법재판소의 역할
법원은 법률의 위헌 여부가 재판의 전제가 될 때 직권 또는 재판의 대상이 되는 당사자의 신청에 따라 헌법재판소에 위헌 법률 심판 제청을 함

위헌 법률 심판	재판의 전제가 된 법률이 헌법에 위반되는지를 심판함 → 위반된다고 결정할 경우 그 법률은 효력을 잃음
탄핵 심판	헌법이나 법률을 어긴 고위 공직자의 파면 여부를 심판함
정당 해산 심판	정당의 목적이나 활동이 헌법에서 정한 이념에 어긋날 때 정당을 해산시킬지를 심판함
권한 쟁의 심판	국가 기관 사이에서 권한의 내용에 대해 다툼이 생겼을 때 이를 심판하여 해결함
헌법 소원 심판	국가 권력이 국민의 기본권을 침해한 경우 그 침해 여부를 심판하여 구제함

사례 위헌 법률 심판 사례

- 공연 윤리 위원회에 의한 영화 사전 심의 제도를 규정한 「영화 및 비디오물의 진흥에 관한 법률」 제12조 등이 헌법상 표현의 자유와 검열 금지의 원칙을 위반한다고 결정한 사례
- 1심에서 무죄 판결을 받아도 검사가 사형, 무기, 10년 이상의 징역 또는 금고를 구형한 경우 석방할 수 없도록 규정한 「형사 소송법」 제331조가 헌법상 신체의 자유와 적법 절차의 원리를 위반한다고 결정한 사례

탐구 1 사법권의 독립이 필요한 까닭은 무엇일까?

자료 ❶ 현행 헌법 조항

제101조 ① 사법권은 법관으로 구성된 법원에 속한다.
　　　　③ 법관의 자격은 법률로 정한다.
제103조 법관은 헌법과 법률에 의하여 그 양심에 따라 독립하여 심판한다.
제104조 ② 대법원장과 대법관이 아닌 법관은 대법관 회의의 동의를 얻어 대법원장이 임명한다.

자료 ❷ 유신 헌법 조항

제103조 ② 대법원장이 아닌 법관은 대법원장의 제청에 의하여 대통령이 임명한다.

개념 쏙쏙

1. **사법권의 독립**: 입법부와 행정부로부터 법원·법관의 독립
2. **사법권 독립의 필요성**: 공정한 재판을 통해 국민의 기본권을 수호하기 위함
3. **사법권의 독립과 헌법 조항**

법원의 독립	• 헌법 제101조 ① 사법권은 법관으로 구성된 법원에 속한다. → 입법부와 행정부로부터의 독립
법관의 독립	• 헌법 제103조 법관은 헌법과 법률에 의하여 그 양심에 따라 독립하여 심판한다. → 재판상 독립 • 헌법 제106조 ① 법관은 탄핵 또는 금고 이상의 형의 선고에 의하지 아니하고는 파면되지 아니하며, 징계 처분에 의하지 아니하고는 정직·감봉 기타 불리한 처분을 받지 아니한다. → 신분상 독립

탐구 2 헌법재판소는 어떤 일을 할까?

한국은 선거철이구나. 외국에 살지만, 한국인인 나에게 선거권을 주지 않는 것은 말도 안 돼!

그건 「영화 및 비디오물의 진흥에 관한 법률」이 예술의 자유를 침해하는 거예요!

공연 윤리 위원회 심의 없이 직접 만든 영화를 상영하는 것은 「영화 및 비디오물의 진흥에 관한 법률」 위반입니다.

자료 해설

1. **자료 ①**: 헌법재판소 2007. 06. 28. 자 2004헌마644 결정
대한민국의 국민임에도 불구하고 주민 등록법상 주민 등록을 할 수 없는 재외 국민의 선거권 행사를 전면적으로 부정하고 있는 법 제37조 제1항은 어떠한 정당한 목적도 찾기 어려우므로 헌법 제37조 제2항에 위반하여 재외 국민의 선거권과 평등권을 침해하고 보통 선거 원칙에도 위반된다.

2. **자료 ②**: 헌법재판소 1996. 10. 04. 자 93헌가13 결정
영화 및 비디오물의 진흥에 관한 법률 제12조 제1항, 제2항 및 제13조 제1항이 규정하고 있는 영화에 관한 심의제의 내용은 심의 기관인 공연 윤리 위원회가 영화의 상영에 앞서 그 내용을 심사하여 심의 기준에 적합하지 아니한 영화에 관하여는 상영을 금지할 수 있고, 심의를 받지 아니하고 영화를 상영할 때는 형사 처벌까지 가능하도록 한 것이 그 핵심이므로 이는 명백히 헌법 제21조 제1항이 금지한 사전 검열 제도를 채택한 것이다.

개념 꿀꺽

1. 다음 내용에 알맞은 말을 골라 ◯표 하시오.

(1) 분쟁 발생 시, 법을 적용하고 그 내용을 판단하여 분쟁을 해결하는 국가 작용을 (행정, 사법)이라고 한다.
(2) 민사 또는 형사 사건의 1심 재판은 (지방 법원, 고등 법원)에서 담당한다.
(3) 고등 법원은 1심 판결에 대한 (항소, 상고) 사건의 2심 재판을 담당한다.
(4) 사법부의 최고 법원으로서 3심 재판을 담당하는 곳은 (고등 법원, 대법원)이다.

2. 다음 내용이 옳으면 ◯표, 틀리면 ✕표 하시오.

(1) 헌법재판소는 국민의 기본권 보장 기관이자 헌법 수호 기관이다. (　　)
(2) 위헌 법률 심판이란 헌법이나 법률을 어긴 고위 공직자를 파면하는 심판이다. (　　)
(3) 국가 기관 사이에서 발생한 권한 다툼은 정당 해산 심판을 통해 해결할 수 있다. (　　)
(4) 국가 권력으로 인한 기본권 침해는 헌법 소원 심판을 통해 구제받을 수 있다. (　　)
(5) 헌법재판소가 재판의 전제가 된 법률이 헌법에 위반된다고 결정할 경우 그 법률은 효력을 상실한다. (　　)

정답
1. (1) 사법 (2) 지방 법원 (3) 항소
(4) 대법원
2. (1) ◯ (2) ✕ (3) ✕ (4) ◯ (5) ◯

01 다음 내용에 해당하는 용어로 옳은 것은?

> 다툼이나 범죄가 발생했을 때 법을 해석하고 적용하여 분쟁을 해결해 주는 국가 작용

① 집행　　　② 입법　　　③ 행정
④ 사법　　　⑤ 심사

02 사법(司法)의 기능으로 옳지 않은 것은?

① 사회 질서 유지　　② 사회 분쟁 해결
③ 국민 권리 보호　　④ 사회 정의 실현
⑤ 개인적인 생활 관계 규율

(중요)
03 다음 헌법 조항에 대한 설명으로 옳은 것은?

> **헌법 제101조** ① 사법권은 법관으로 구성된 법원에 속한다.
> **제103조** 법관은 헌법과 법률에 의하여 그 양심에 따라 독립하여 심판한다.

① 입법부의 독립을 뒷받침해 준다.
② 사법부에 입법부, 행정부보다 더 많은 권한을 준다.
③ 재판의 독립을 통해 국가 권력을 집중시키고자 한다.
④ 공정하고 객관적인 재판을 보장하기 위한 장치이다.
⑤ 법관이 다른 국가 기관의 간섭을 받으며 재판하도록 한다.

04 밑줄 친 '이 제도'의 목적으로 가장 적절한 것은?

> 우리나라는 같은 사건에 대하여 하급 법원의 판결에 불복할 때 상급 법원에 다시 재판을 청구할 수 있는 제도로 이 제도를 두고 있다.

① 법원 질서 확립　　② 공정한 재판 실현
③ 재판의 독립 보장　　④ 재판의 자율성 보장
⑤ 효율적인 재판 진행

(중요)
05 ㉠, ㉡에 들어갈 용어로 옳은 것은?

> 얼마 전 횡단보도를 건너는 길에 교통사고를 당하여 입원한 민지는 운전자를 상대로 손해 배상 청구 소송을 제기하였다. 하지만 _____㉠_____ 의 1심 판결이 자신이 생각한 배상금보다 적다고 느낀 민지는 고등 법원에 _____㉡_____ 할 뜻을 밝혔다.

	㉠	㉡
①	대법원	항소
②	대법원	상고
③	고등 법원	항소
④	지방 법원	항소
⑤	지방 법원	상고

06 (가)에 들어갈 법원에 대한 설명으로 옳은 것은?

① 행정부의 최고 법원이다.
② 1심 판결의 항소 사건을 재판한다.
③ 최종 재판인 3심 재판을 담당한다.
④ 특허권과 관련된 사건은 담당하지 않는다.
⑤ 민사 또는 형사 사건의 1심 재판을 담당한다.

중요

07 헌법재판소에 대한 옳은 설명을 〈보기〉에서 고른 것은?

> **보기**
> ㄱ. 기본권 보장 기관이자 헌법 수호 기관이다.
> ㄴ. 국회에서 만든 법률이 헌법에 위반되는지 심판한다.
> ㄷ. 헌법 관련 분쟁을 해결하는 입법부 산하 기관이다.
> ㄹ. 고위 공무원에 대한 파면 여부에 대해서는 심판하지 않는다.

① ㄱ, ㄴ   ② ㄱ, ㄷ   ③ ㄴ, ㄷ
④ ㄴ, ㄹ   ⑤ ㄷ, ㄹ

08 ㉠에 들어갈 헌법 재판으로 옳은 것은?

> 1995년 황인선 양과 황민현 군은 결혼하고 싶었지만, 동성동본 간의 결혼을 금지하는 민법 제809조 제1항으로 인해 혼인 신고가 수리되지 않았다. 이에 두 사람은 법원에 불복 신청을 하였고, 법원은 해당 법률 조항의 위헌 여부가 재판의 전제가 된다며 헌법재판소에 ㉠ 제청을 하였다.

① 탄핵 심판   ② 위헌 법률 심판
③ 헌법 소원 심판   ④ 정당 해산 심판
⑤ 권한 쟁의 심판

09 다음 설명에 해당하는 헌법 재판으로 옳은 것은?

> 국가 기관 사이에 권한의 내용에 대한 다툼이 발생했을 때, 이를 심판하여 분쟁을 해결해 준다.

① 탄핵 심판   ② 위헌 법률 심판
③ 헌법 소원 심판   ④ 정당 해산 심판
⑤ 권한 쟁의 심판

10 ㉠, ㉡에 들어갈 용어로 옳은 것은?

> 형사 사건 변호를 맡게 된 변호인 ○○ 씨는 검사에게 수사 기록 열람을 요청하였으나 이를 거부당했다. ○○ 씨는 이러한 거부 행위가 공정한 재판을 받을 권리와 변호인의 조력을 받을 권리를 침해한다고 생각하여 ㉠ 에 ㉡ 을/를 청구하였다.

	㉠	㉡
①	대법원	탄핵 심판
②	고등 법원	위헌 법률 심판
③	헌법재판소	위헌 법률 심판
④	헌법재판소	헌법 소원 심판
⑤	헌법재판소	권한 쟁의 심판

서술형

11 다음 상황에 나타난 문제를 해결하기 위해 헌법재판소에서 하는 일을 서술하시오.

그건 「영화 및 비디오물의 진흥에 관한 법률」이 예술의 자유를 침해하는 거예요!

공연 윤리 위원회 심의 없이 직접 만든 영화를 상영하는 것은 「영화 및 비디오물의 진흥에 관한 법률」 위반입니다.

중요

01 사법부에 대한 설명으로 옳은 것은?

① 대통령을 수장으로 한다.
② 행정부와 입법부의 간섭을 받는다.
③ 제정된 법률을 집행하는 권한을 갖는다.
④ 분쟁 발생 시 법을 만들어 분쟁을 해결한다.
⑤ 법질서를 유지하고 국민의 권리를 보호한다.

04 밑줄 친 ㉠~㉤에 대한 설명으로 옳은 것은?

> 선우 씨는 출근길 복잡한 지하철역에서 성추행 범으로 오해를 받아 형사 재판을 받았다. ㉠ 지방 법원의 1심 재판에서 ㉡ 벌금형을 선고받은 선우 씨는 억울하여 ㉢ 고등 법원에 항소하였지만, 판결은 똑같았다. 이에 선우 씨는 ㉣ 대법원의 ㉤ 3심 재판을 준비하고 있다.

① ㉠은 재판을 위해 법을 만든다.
② ㉡은 최종적인 효력을 가진다.
③ ㉢은 주로 2심 판결에 대한 항소 사건을 담당한다.
④ ㉣은 사법부의 최고 법원이다.
⑤ ㉤에서는 ㉡과 동일한 판결만 내려질 수 있다.

중요

02 사법권의 독립을 위해 필요한 조건을 〈보기〉에서 고른 것은?

보기
ㄱ. 심급 제도
ㄴ. 법원의 독립
ㄷ. 법관의 양심에 따른 재판
ㄹ. 다른 국가 기관의 의견 수용

① ㄱ, ㄴ   ② ㄱ, ㄷ   ③ ㄴ, ㄷ
④ ㄴ, ㄹ   ⑤ ㄷ, ㄹ

중요

05 ㉠~㉢에 들어갈 용어로 옳은 것은?

> 모든 국가 작용은 국민의 기본권과 국가의 기본 원리를 규정한 [㉠]에 어긋나서는 안 된다. 만약 법률이 [㉠]에 위반되거나 국가의 행위로 인해 국민의 기본권이 침해된다면 [㉡]은/는 [㉢]을/를 진행하여 국민의 기본권을 보호한다.

03 법원에 대한 설명으로 옳은 것은?

① 고등 법원은 우리나라의 최고 법원이다.
② 고등 법원의 2심 판결에는 불복할 수 없다.
③ 지방 법원의 판결은 최종적인 효력을 가진다.
④ 지방 법원은 민형사 사건을 가장 먼저 재판한다.
⑤ 대법원은 고위 공무원에 대한 탄핵 심판을 담당한다.

	㉠	㉡	㉢
①	민법	대법원	민사 재판
②	민법	헌법재판소	헌법 재판
③	헌법	대법원	헌법 재판
④	헌법	헌법재판소	헌법 재판
⑤	행정법	헌법재판소	형사 재판

[고난도]

06 (가), (나)에 대한 설명으로 옳은 것은?

> (가) 영우 씨는 대한민국 국적을 가지고 있지만, 재외 국민이라는 이유로 선거권을 부여받지 못했다. 영우 씨는 이로 인해 참정권과 평등권이 침해당했다고 생각했다.
>
> (나) 아들을 둔 선영 씨와 재혼한 민규 씨는 선영 씨 아들의 성(姓)을 자신의 성(姓)으로 바꾸고 싶었다. 하지만 자녀에게 아버지의 성(姓)만을 따르도록 하는 민법 조항으로 인해 바꿀 수 없었다. 민규 씨는 해당 법률 조항이 인간의 존엄성을 침해한다고 생각하였다.

① (가)의 영우 씨는 헌법 소원 심판을 청구할 수 있다.
② (가)에 나타난 문제는 법원을 통해 해결할 수 있다.
③ (나)의 민규 씨는 탄핵 심판을 통해 문제를 해결할 수 있다.
④ (나)의 민법 조항은 헌법재판소에서 위헌 결정을 해도 효력을 잃지 않는다.
⑤ (나)는 (가)와 다른 국가 기관을 통해 침해된 권리를 구제받을 수 있다.

07 빈칸에 들어갈 헌법 재판으로 적절한 것은?

> ○○섬은 지난 1919년 조선 임야령에 의해 △△군에 등록되었지만 □□군이 1979년 옛 내무부의 무인 도서 지침에 의해 다른 명칭으로 등록하면서 관할권 분쟁이 시작되었다. 이에 따라 △△군이 이를 바로 잡기 위해 2005년 11월 □□군수를 피신청인으로 헌법재판소에 □□□□을/를 청구하였다.

① 탄핵 심판
② 위헌 법률 심판
③ 정당 해산 심판
④ 권한 쟁의 심판
⑤ 헌법 소원 심판

서술형 문제

08 다음과 같은 헌법 조항을 규정한 이유를 서술하시오.

> **헌법 제101조** ① 사법권은 법관으로 구성된 법원에 속한다.
> **제103조** 법관은 헌법과 법률에 의하여 그 양심에 따라 독립하여 심판한다.
> **제104조** ③ 대법원장과 대법관이 아닌 법관은 대법관 회의의 동의를 얻어 대법원장이 임명한다.

09 다음 사례를 읽고 물음에 답하시오.

> 시위하던 중 체포되어 경찰서의 유치장에 있던 □□ 씨가 화장실을 가려고 하자 경찰은 문도 없고 고작 60cm 정도의 칸막이만 설치된 화장실을 사용하라고 했다. 이에 □□ 씨는 인간의 존엄과 가치를 침해당했다며 헌법재판소에 ⊙을/를 청구하였다. 헌법재판소는 해당 유치장 화장실을 사용하도록 한 경찰의 행위가 헌법 제10조에서 규정한 인간의 존엄과 가치에서 유래하는 인격권을 침해하였다고 결정하였다.

(1) ⊙에 들어갈 헌법 재판을 쓰시오.

(2) 사례를 통해 알 수 있는 헌법재판소의 위상을 서술하시오

자신만만 **적중문제**

01 국회의 위상과 역할

01 ㉠에 들어갈 국가 기관에 대한 설명으로 옳은 것은?

> 민주 정치의 핵심인 국민의 정치 참여를 위하여 오늘날에는 국민의 대표 기관인 [㉠]을/를 구성하여 정치를 담당하는 대의 민주제를 시행하고 있다.

① 법률을 집행하는 입법 기관이다.
② 국회 의장 1명과 부의장 1명을 선출한다.
③ 대통령이 임명한 국회 의원으로 구성된다.
④ 효율적인 의사 진행을 위해 상임 위원회를 두고 있다.
⑤ 교섭 단체를 통해 전문성을 가진 의원들이 안건을 심사한다.

02 (가), (나)에 나타난 국회의 기능에 대한 설명으로 옳은 것은?

> (가) 국회의 국정 감사가 시작되었다. 국회는 국가 안보, 국민 안전 등 국정 전반을 제대로 운영하고 있는지 점검할 예정이다.
> (나) 국회는 386조 3,997억 원 규모의 내년도 예산안을 의결하였다. 이는 보육·육아 지원과 가뭄 예산 등을 포함한 금액이다.

① (가)는 법률의 제정과 관련 있다.
② (가)는 국정을 감시하고 통제하는 역할을 한다.
③ (나)는 국회의 입법권 행사에 해당한다.
④ (나)는 국회의 가장 대표적인 기능이다.
⑤ (가)와 (나)는 국회의 재정에 관한 권한이다.

02 대통령과 행정부의 역할

03 다음에 제시된 헌법 조항에 해당하는 대통령의 권한을 〈보기〉에서 고른 것은?

> **헌법 제66조** ① 대통령은 국가의 원수이며, 외국에 대하여 국가를 대표한다.
> ④ 행정권은 대통령을 수반으로 하는 정부에 속한다.

보기
ㄱ. 행정부 지휘·감독
ㄴ. 외국과의 조약 체결
ㄷ. 국가 위기 상황 시 긴급 명령권 행사
ㄹ. 국무 회의 의장으로서 국무 회의 주재

	헌법 제66조 ①	헌법 제66조 ④
①	ㄱ, ㄴ	ㄷ, ㄹ
②	ㄱ, ㄷ	ㄴ, ㄹ
③	ㄴ, ㄷ	ㄱ, ㄹ
④	ㄴ, ㄹ	ㄱ, ㄷ
⑤	ㄷ, ㄹ	ㄱ, ㄴ

단답형

04 ㉠, ㉡에 들어갈 알맞은 용어를 쓰시오.

> 국회에서 제정한 법률을 [㉠](하)고, 공익에 맞는 여러 가지 정책을 수립·실행하는 국가 작용을 [㉡](이)라고 한다.

㉠ (   )
㉡ (   )

05 행정부의 조직에 대한 설명으로 옳은 것은?

① 국무총리는 행정부의 수장이다.
② 국무 회의는 행정부 최고 감사 기관이다.
③ 행정 각부의 장은 국무 회의에 참여할 수 없다.
④ 감사원은 행정 기관과 공무원의 직무를 감독한다.
⑤ 행정 각부는 감사원의 지휘 아래 구체적인 행정 사무를 처리한다.

03 법원과 헌법재판소의 역할

06 법원에 대한 설명으로 옳지 <u>않은</u> 것은?

① 대법원은 최고 법원으로서 최종 재판을 담당한다.
② 고등 법원은 1심과 2심을 거친 3심 재판을 담당한다.
③ 지방 법원은 민사 또는 형사 사건의 1심 재판을 담당한다.
④ 심급 제도에 따라 각급 법원이 담당하는 재판이 구분된다.
⑤ 법원의 공정한 재판을 위해서는 사법권의 독립이 보장되어야 한다.

07 ㉠, ㉡에 들어갈 헌법 재판에 대한 설명으로 옳은 것은?

> • 동성동본의 결혼을 금지하는 민법 제809조 제1항이 인간으로서의 존엄과 가치 및 행복 추구권을 침해한다고 판단한 헌법재판소는 ㉠ 에서 해당 법률 조항이 헌법에 어긋난다고 결정했다.
> • □□ 씨는 자신의 땅이 개발 제한 구역으로 지정되어 손해를 부담하게 되었지만, 국가는 아무런 보상을 해 주지 않았다. 이에 □□ 씨는 재산권 침해에 대하여 헌법재판소에 ㉡ 을/를 청구하였다.

① ㉠은 국회의 요청에 의해 이루어진다.
② ㉠에서의 결정으로 민법 제809조 제1항은 효력을 잃는다.
③ ㉡은 국가 기관 사이의 권한 다툼을 해결한다.
④ ㉡으로 헌법의 이념에 어긋나는 정당을 해산시킬 수 있다.
⑤ ㉠과 ㉡은 국가 권력의 유지와 보장을 목적으로 한다.

08 다음 내용에 해당하는 국가 기관의 기능을 <u>세 가지</u> 서술하시오.

> 국민이 선거를 통해 선출한 사람들로 구성된 국민의 대표 기관

09 다음 사례를 통해 알 수 있는 헌법재판소의 위상을 서술하시오.

> 37살 ○○ 씨는 회사를 그만두고 5급 공무원 시험을 준비하려고 했으나 32살의 나이 제한으로 인해 시험에 응시하지 못했다. 헌법재판소는 5급 공무원 시험 나이를 32세로 제한한 것은 헌법에서 보장하고 있는 국민의 공무 담임권을 침해하여 헌법에 어긋난다고 결정하였다.

10 다음 글을 읽고 삼권 분립을 보장하는 목적을 서술하시오.

> 삼권 분립을 통해 법을 만드는 입법부와 법을 집행하는 행정부, 법을 적용하는 사법부가 권한을 나누어 갖는다. 만약 어느 한 기관의 영향력이 세지고 다른 기관의 힘이 약해진다면, 독재 정치나 부정부패가 발생할 수 있다.

최고난도 문제

01 (가), (나)에 대한 옳은 설명을 〈보기〉에서 고른 것은?

> (가) 학생들의 건강한 식사를 위해 민주적인 급식 업체의 선정 과정과 위생적인 조리 환경 등의 내용을 담은 학교 급식법을 제정하였다.
> (나) 학교 급식법을 바탕으로 학교마다 급식 위원회를 설치하고 급식실에 관한 모니터링을 시행하였다.

보기

> ㄱ. (가)의 주체는 사법부이다.
> ㄴ. (가)는 국민의 의견을 반영하며, 다른 국가 작용의 근거가 된다.
> ㄷ. (나)의 주체는 법을 해석하고 적용한다.
> ㄹ. (가)와 (나)는 공익 실현과 국민의 권리 보호를 목적으로 한다.

① ㄱ, ㄴ   ② ㄱ, ㄷ   ③ ㄴ, ㄷ
④ ㄴ, ㄹ   ⑤ ㄷ, ㄹ

풀이 비법

❶ (가)와 (나)에 각각 해당하는 국가 작용이 무엇인지 파악한다.
❷ 두 국가 작용의 목적과 주체를 생각해 본다.

02 다음은 우리나라의 권력 분립을 나타낸 것이다. ㉠~㉤에 대한 설명으로 옳은 것은?

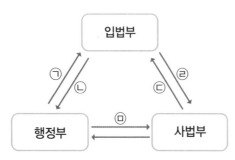

① ㉠은 행정부가 입법부를 견제하기 위한 수단으로 법률안 거부권이 해당한다.
② ㉡은 입법부가 행정부를 견제하기 위한 수단으로 대법관 임명권이 해당한다.
③ ㉢은 사법부가 입법부를 견제하기 위한 수단으로 대법원장 임명 동의권이 해당한다.
④ ㉣은 입법부가 사법부를 견제하기 위한 수단으로 위헌 법률 심사 제청권이 해당한다.
⑤ ㉤은 행정부가 사법부를 견제하기 위한 수단으로 국무총리 임명권이 해당한다.

풀이 비법

❶ 입법부, 행정부, 사법부가 가지고 있는 권한이 무엇인지 생각해 본다.
❷ 어떤 권한을 바탕으로 입법부, 행정부, 사법부가 서로를 견제하는지 분석한다.

경제생활과 선택

3

01 합리적 선택과 경제 체제

3. 경제생활과 선택

1. 경제 활동의 종류

(1) **경제 활동의 의미:** *재화와 서비스의 생산, 분배, 소비와 관련된 모든 활동

(2) **경제 활동의 종류**

생산	• 재화나 서비스를 만들어 내거나 가치를 증대시키는 활동 • 제조·운반·저장·판매 등이 포함됨
분배	생산 요소를 제공한 대가를 받는 활동
소비	• 만족감을 얻기 위해 재화나 서비스를 사용하는 활동 • 분배를 통해 얻은 소득으로 소비 생활이 이루어짐

└─── 기업이 생산 활동을 하는 데 필요한 노동력, 토지, 자본 등

2. 합리적인 선택

(1) **자원의 희소성:** 인간의 욕구에 비해 이를 충족시킬 수 있는 자원이 한정되어 있음 → 선택의 문제 발생

(2) **기회비용:** 어떤 것을 선택함으로써 포기하게 되는 여러 대안이 갖는 가치 중 가장 큰 것

(3) **합리적 선택:** 선택으로 인해 얻는 편익이 선택에 따른 기회비용보다 큰 대안을 선택해야 함

└─── 선택함으로써 얻게 되는 경제적 이익이나 만족감

3. 기본적인 경제 문제

(1) **경제 문제의 유형**

① 무엇을 얼마나 생산할 것인가: 생산물의 종류와 수량의 문제

② 어떻게 생산할 것인가: 생산 방법의 문제

③ 누구를 위해 생산할 것인가: 분배의 문제

└─── 생산물을 누구에게 지급할 것인가를 정하는 문제

(2) **경제 문제의 해결**

① 효율성: 최소의 비용으로 최대의 효과를 얻는 것

② 형평성: 생산물을 생산에 기여한 대로 공정하게 분배하는 것

③ 경제 문제의 해결을 위해서는 **효율성과 형평성을 고려해야 함**

4. 경제 체제의 특징

(1) **경제 체제의 구분 기준:** 경제 문제를 해결하는 방식에 따라 구분됨

(2) **경제 체제의 종류와 특징**

시장 경제 체제는 소득 분배의 불평등, 실업 등의 문제 해결을 위해 정부가 개입하였으며, 계획 경제 체제는 능률적인 성장을 위해 개인과 기업의 자율을 강화함

종류	특징
시장 경제 체제	• 시장의 자율성에 따라 경제 문제 해결 • 어떤 상품을 얼마나 생산하고 어떻게 생산하며 누구에게 분배할지를 개인과 기업이 자율적으로 결정
계획 경제 체제	정부의 계획과 통제에 따라 경제 문제 해결
혼합 경제 체제	시장 경제 체제와 계획 경제 체제가 혼합된 경제 체제로, 오늘날 대부분 국가에서 채택하고 있음

용어 재화와 서비스

• 재화: 인간의 욕구를 충족해 줄 수 있는 유형적인 상품으로, 음식, 옷, 집 등이 해당한다.
• 서비스: 인간의 경제적인 욕구를 충족해 주는 행위로, 의사의 진료, 택배 등이 해당한다.

보충 경제 활동의 순환 과정

소비는 생산의 기초가 되고, 생산은 분배로 이어지며, 분배는 소비의 기반이 된다. 따라서 생산 → 분배 → 소비를 거쳐 다시 생산으로 순환하면서 경제 활동이 이루어진다.

보충 희귀성과 희소성

희귀성은 개체의 수가 절대적으로 적은 것이고, 희소성은 사람들이 원하는 양에 비해 존재량이 상대적으로 부족한 것을 말한다. 경제 문제는 희귀성 때문이 아니라 희소성 때문에 발생한다.

사례 혼합 경제 체제의 모습

• 우리나라: 시장 경제를 바탕으로 경제적 자유를 보장하면서도 국민 건강 보험의 경우는 국가가 가입을 의무화하고 있다.
• 미국: 시장 경제를 추구하지만, 주택 가격 하락으로 인해 많은 은행과 보험 회사가 파산 위기에 처하자 정부가 약 7,000억 달러를 지원했다.

탐구 속 자료 & 개념

탐구 1 기본적인 경제 문제는 무엇일까?

자료 해설

1. 기본적인 경제 문제의 세 가지 유형

생산물의 결정	무엇을 얼마나 생산할 것인가? → 상황 ①
생산 방법의 결정	어떻게 생산할 것인가? → 상황 ②
분배 방식의 결정	누구를 위해 생산할 것인가? → 상황 ③

2. 경제 문제를 해결하는 데 고려해야 할 기준

상황 ①	더 큰 수익을 낼 수 있는 작물
상황 ②	더 큰 수익을 낼 수 있는 방법
상황 ③	상금 획득 과정에서의 기여도나 다음번 상금 획득 가능성을 높일 방법

탐구 2 경제 체제들은 어떤 특징이 있을까?

자료 ① 갑국과 을국의 경제 체제

자료 ② 우리나라 헌법 ─ 시장 경제 체제를 기반으로 함

제119조 ① 대한민국의 경제 질서는 개인과 기업의 경제상의 자유와 창의를 존중함을 기본으로 한다.
② 국가는 균형 있는 국민 경제의 성장 및 안정과 적정한 소득의 분배를 유지하고, 시장의 지배와 경제력의 남용을 방지하며, 경제 주체 간의 조화를 통한 경제의 민주화를 위하여 경제에 관한 규제와 조정을 할 수 있다. ─ 계획 경제 체제의 요소

자료 해설

1. **갑국의 경제 체제:** 시장 경제 체제 – 시장의 자율성에 따라 경제를 운용함
2. **을국의 경제 체제:** 계획 경제 체제 – 정부의 계획과 통제에 따라 경제를 운용함
3. **우리나라의 경제 체제**
   - 헌법 제119조: 제119조 제1항에서는 우리나라가 시장 경제 체제임을 보여 주고, 제2항에서는 정부의 개입을 인정하고 있음을 명시함 → 혼합 경제 체제
   - 혼합 경제 체제: 시장 경제 체제와 계획 경제 체제가 혼합된 형태로 우리나라를 비롯하여 오늘날 세계 여러 국가에서 채택하고 있음

개념 꿀꺽

1. 다음 빈칸에 들어갈 알맞은 말을 쓰시오.

(1) ☐☐ ☐☐은/는 인간이 살아가는 데 필요한 것을 만들어 내고, 나누고, 사용하는 모든 활동이다.

(2) 인간의 욕구는 무한하지만 이를 충족할 수 있는 자원은 한정되어 있는데, 이를 자원의 ☐☐☐(이)라고 한다.

(3) ☐☐☐☐(이)란 어떤 것을 선택함으로써 포기하게 되는 여러 대안이 갖는 가치 중 가장 큰 것을 말한다.

(4) 경제 문제를 해결하는 데 가장 중요한 판단 기준은 효율성과 ☐☐☐(이)다.

2. 다음 설명에 해당하는 용어를 바르게 연결하시오.

(1) 사람들이 생산 요소를 제공하고 그에 대한 대가를 받는 것 •
(2) 사람들이 필요한 재화나 서비스를 구매하여 사용하는 활동 •
(3) 시장의 자율성에 따라 경제 문제를 해결하는 체제 •
(4) 정부의 명령과 계획에 따라 경제 문제를 해결하는 체제 •

• 소비
• 분배
• 계획 경제 체제
• 시장 경제 체제

정답
1. (1) 경제 활동 (2) 희소성 (3) 기회 비용 (4) 형평성
2. (1) 분배 (2) 소비 (3) 시장 경제 체제 (4) 계획 경제 체제

01 다음 내용에 해당하는 용어로 옳은 것은?

> 재화나 서비스를 만들어 내거나 기존에 있던 상품의 가치를 증대시키는 활동

① 소비　　② 분배　　③ 생산
④ 구매　　⑤ 지불

중요

02 (가), (나)에 해당하는 경제 활동으로 옳은 것은?

> (가) 철수는 제과점 제빵사로 근무하며 200만 원의 월급을 받았다.
> (나) 영희는 친구 생일에 제과점에서 2만 원을 지급하고 케이크를 샀다.

	(가)	(나)
①	생산	분배
②	생산	소비
③	분배	생산
④	분배	소비
⑤	소비	분배

03 경제 활동의 종류가 나머지 넷과 다른 것은?

① 스마트폰 제조 공장 직원이 월급을 받았다.
② 스마트폰을 전국으로 운반하는 운송업자가 운송료를 받았다.
③ 스마트폰 제조업자가 신기술을 적용해 스마트폰을 만들었다.
④ 스마트폰 제조업자가 디자이너에게 디자인 비용을 지급하였다.
⑤ 스마트폰 제조업자가 공장 소유주에게 공장을 빌린 것에 대한 임대료를 지급하였다.

04 대화의 밑줄 친 부분과 관련 있는 경제학적 개념으로 옳은 것은?

> 세영: 맛집으로 소문난 이 중국 음식점은 짜장면, 짬뽕, 탕수육 모두 맛있다네.
> 호동: 모두 먹고 싶은 마음은 굴뚝 같지만 지금 가진 돈으로는 짜장면과 짬뽕 중 한 가지만 선택해야 해.

① 상품성　　　　　② 형평성
③ 자원의 희소성　　④ 자원의 희귀성
⑤ 기업의 생산성

단답형

05 ㉠에 들어갈 알맞은 용어를 쓰시오.

> 합리적인 선택을 하려면 어떤 것을 선택해서 얻을 수 있는 편익이 선택에 따른 　㉠　보다 크도록 해야 한다.

　　　　　　　　　　　　(　　　　　　　　　)

중요

06 합리적인 선택으로 볼 수 없는 것은?

① 장기적 관점에서 선택한다.
② 기회비용이 가장 작은 경우를 선택한다.
③ 기회비용과 편익을 동시에 고려하여 선택한다.
④ 편익이 가장 큰 것은 비용을 고려하지 않고 선택한다.
⑤ 최소 비용으로 최대의 편익을 얻을 수 있는 경우를 선택한다.

07 (가), (나)에 해당하는 기본적인 경제 문제로 옳은 것은?

> (가) 어떻게 생산할 것인가?
> (나) 누구를 위하여 생산할 것인가?

	(가)	(나)
①	분배의 문제	생산량의 문제
②	생산량의 문제	분배의 문제
③	생산량의 문제	생산 방법의 문제
④	생산물의 문제	생산량의 문제
⑤	생산 방법의 문제	분배의 문제

08 ㉠에 들어갈 용어로 옳은 것은?

> 철수: 귀농하셔서 올해 처음 토마토 농사를 시작하셨군요. 가장 큰 목표가 무엇인가요?
> 상민: 최소의 비용으로 최대의 효과를 얻는 것입니다.
> 철수: ㉠ 을/를 추구하시는군요. 목표를 제대로 세우셨네요.

① 도덕성
② 윤리성
③ 보편성
④ 효율성
⑤ 형평성

<mark>중요</mark>
09 경제 체제에 대한 설명으로 옳은 것은?

① 경제 체제는 경제 문제의 발생 여부에 따라 구분된다.
② 시장 경제 체제는 어떤 상품을 얼마나 생산할지 정부가 결정한다.
③ 시장 경제 체제는 어떻게 생산하여 누구에게 분배할지 기업이 결정한다.
④ 계획 경제 체제는 시장 경제 체제를 바탕으로 정부의 계획과 통제를 따른다.
⑤ 계획 경제 체제는 개인과 기업이 자율적으로 결정하여 경제 문제를 해결한다.

10 다음 글을 통해 알 수 있는 우리나라의 경제 체제로 옳은 것은?

> 우리나라는 국민의 경제적 의사 결정의 자유를 보장한다. 그런데 국민 건강 보험의 경우는 가입할지 말지를 개인이 선택하게끔 하지 않고, 의무적으로 가입하도록 국가가 강제한다. 국민의 건강 수준을 높이기 위해 정부가 시장에 개입하는 것이다.

① 자본주의 체제
② 시장 경제 체제
③ 자유 경제 체제
④ 계획 경제 체제
⑤ 혼합 경제 체제

<mark>서술형</mark>
11 표는 영수의 선택에 따른 편익을 나타낸 것이다. 영수가 아이스크림을 구매하는 것이 합리적 선택인지 서술하시오. (단, 과자, 초콜릿, 아이스크림 가격은 동일하다.)

선택	편익
과자	10
초콜릿	7
아이스크림	9

✎ _____

_____

_____

01 미나와 지호의 대화에 나타난 경제 활동으로 옳은 것은?

> 나는 방학 동안 아이스크림 가게에서 판매 아르바이트를 했어. 지호야, 너는 방학에 뭘 했니?
>
> 나는 방학 동안 극장에서 영화를 관람했어. 정말 감동적인 영화가 많더라!

	미나	지호		미나	지호
①	생산	소비	②	생산	분배
③	분배	생산	④	분배	소비
⑤	소비	분배			

02 다음 설명에 해당하는 경제 활동의 사례로 적절한 것은?

> 사람들이 기업에 생산 요소를 제공하고 그에 대한 대가를 받는 것이다.

① 연출가가 오페라를 제작하였다.
② 오페라 주연 배우가 월급을 받았다.
③ 오페라 제작사가 오페라 입장권을 판매하였다.
④ 오페라 극장 직원이 연주에 필요한 소품을 만들었다.
⑤ 운전기사가 오페라 연주에 필요한 소품을 운반하였다.

단답형
03 ㉠, ㉡에 들어갈 알맞은 용어를 쓰시오.

> ┌─ ㉠ ─┐은/는 재화나 ┌─ ㉡ ─┐을/를 만들어 내거나 기존에 있던 상품의 가치를 증대시키는 활동을 말한다.

㉠ (   )

㉡ (   )

중요
04 기회비용에 대한 설명으로 옳지 <u>않은</u> 것은?

① 기회비용은 합리적 선택의 기준이 된다.
② 기회비용이 편익보다 작을 때 합리적이다.
③ 기회비용에는 재화뿐만 아니라 시간도 포함된다.
④ 경제 활동에서 선택에 따른 기회비용은 모두 같다.
⑤ 기회비용은 어떤 것을 선택함으로써 포기한 것 중 가장 가치가 큰 것이다.

고난도
05 사례에서 수현이의 선택에 대한 옳은 설명을 〈보기〉에서 고른 것은?

> 학원을 다녀온 수현이는 용돈 8,000원으로 노래방을 갈지 영화를 볼지 고민하였다. 두 가지 모두 하고 싶었지만, 만족감의 크기를 고려하여 이번에는 보고 싶었던 신작 영화를 보기로 하였다.

보기

> ㄱ. 편익을 고려하여 합리적인 선택을 하였다.
> ㄴ. 영화 관람의 편익이 노래방의 편익보다 크다.
> ㄷ. 영화보다 노래방을 더 좋아하는 사람도 수현이와 같은 선택을 했을 것이다.
> ㄹ. 노래방을 선택했다면 기회비용은 영화 관람의 편익과 노래방의 편익을 합한 것이다.

① ㄱ, ㄴ   ② ㄱ, ㄷ   ③ ㄴ, ㄷ
④ ㄴ, ㄹ   ⑤ ㄷ, ㄹ

06 사례에 나타난 기본적인 경제 문제로 옳은 것은?

> □□자동차 회사는 요즘 큰 고민에 빠졌다. 유럽 시장에서 판매량이 급증하면서 생산량을 증가하기로 하였는데, 첨단 기계를 도입하여 자동화 설비를 확대하는 방법과 생산직 근로자를 더 채용하는 방법 중에서 어떤 것을 선택할지 고민이다. 회사는 두 가지 방법 중 무엇을 선택할지 아직 결정하지 못했다.

① 무엇을 생산할 것인가?
② 얼마나 생산할 것인가?
③ 어떻게 생산할 것인가?
④ 어디서 생산할 것인가?
⑤ 누구를 위하여 생산할 것인가?

(중요)
07 갑국과 을국의 경제 체제에 대한 설명으로 옳은 것은?

① 갑국은 계획 경제 체제이다.
② 갑국의 경제 문제는 시장에서 해결한다.
③ 을국은 개인과 기업의 자율성이 강조된다.
④ 을국은 계획 경제 체제와 시장 경제 체제가 혼합되어 있다.
⑤ 을국의 경제 체제는 효율적이지만 빈부 격차, 환경 오염 등의 문제가 발생한다.

서술형 문제

08 사례에서 다현이가 연극 관람을 선택했을 때 발생하는 기회비용을 그 이유와 함께 서술하시오.

> 다현이는 매주 토요일마다 패스트푸드점에서 2시간씩 아르바이트를 하고 있다. 다현이가 토요일에 2시간 일하고 받는 임금은 16,000원이다. 그런데 남자 친구가 어머니로부터 1장에 10,000원인 연극표를 선물 받았으니 같이 가자고 제안하였다. 그런데 하필 연극 관람 시간이 아르바이트 시간과 겹쳐 연극을 보러 가게 되면 아르바이트를 할 수 없게 된다.

🖉 _____

_____

_____

09 다음 헌법 조항을 통해 알 수 있는 우리나라 경제 체제의 특징을 서술하시오.

> **헌법 제119조** ① 대한민국의 경제 질서는 개인과 기업의 경제상의 자유와 창의를 존중함을 기본으로 한다.
> ② 국가는 균형 있는 국민 경제의 성장 및 안정과 적정한 소득의 분배를 유지하고, 시장의 지배와 경제력의 남용을 방지하며, 경제 주체 간의 조화를 통한 경제의 민주화를 위하여 경제에 관한 규제와 조정을 할 수 있다.

🖉 _____

_____

_____

기업의 역할과 사회적 책임 / 바람직한 금융 생활

용어 재정

국가 또는 지방 자치 단체가 행정 활동이나 공공 정책을 시행하기 위하여 자금을 만들어 관리하고 이용하는 경제 활동을 말한다.

용어 혁신

생산 및 경영 과정에서 새로운 방식을 추구하는 '창조적 파괴'의 과정을 말한다. 미국의 경제학자 슘페터는 새로운 생산 방법과 새로운 상품 개발을 기술 혁신으로 규정하고, 기술 혁신을 통해 창조적 파괴에 앞장서는 기업가를 혁신자로 보았다.

보충 생애 주기

나이에 따라 달라지는 개인의 삶을 아동기, 청년기, 중·장년기, 노년기 등 몇 가지 단계로 나눈 것을 말한다.

보충 자산 관리 방법별 특징

예금·적금	수익성은 낮지만, 원금 손실이 적어 안전성이 높음
주식	높은 수익을 기대할 수 있지만, 원금 손실의 위험이 있음
채권	비교적 안전성과 수익성이 높은 편임, 채권 발행 회사가 파산하면 빌려준 돈을 받지 못할 위험이 있음
보험	불확실한 미래에 대비할 수 있지만, 수익성이 낮음

보충 자산 관리를 위해 고려해야 할 요소

수익성	이익을 얻을 가능성
안전성	원금을 잃지 않을 가능성
유동성	쉽게 현금으로 바꿀 수 있는 가능성

1. 기업의 역할과 사회적 책임

(1) **기업의 역할**: 생산 활동의 주체로 재화나 서비스 생산, 기술 개발

(2) **기업의 활동이 미치는 긍정적 영향**
  ① 일자리 창출로 인한 고용 증가
  ② 가계 소득의 증가에 따른 경제 활성화
  ③ 세금 납부를 통한 정부*재정 확충 ── 기업의 생산과 가계의 소비가 증가하면서 국가의 경제 상태가 전반적으로 좋아짐
  ── 소비의 주체인 가정을 이르는 말

(3) **기업의 사회적 책임**: 기업이 사회 전체의 이익에 부합하도록 의사 결정을 하는 것

2. 기업가 정신

(1) **의미**: 새로운 아이디어로 새로운 상품을 개발하고 새로운 시장을 개척하려는 기업가의*혁신적인 자세

(2) **영향**
  ① 기업은 더 많은 이윤을 획득하고 성장할 수 있음
  ② 소비자들의 삶이 더욱 풍요로워짐

3. 일생 동안의 경제생활

(1) **시기에 따른 소득과 소비**

아동기	경제적 자립이 어려워 주로 소비 활동을 하는 시기 → 자아실현, 용돈 관리
청년기	취업으로 소득이 생겨 저축하기 좋은 시기 → 결혼 및 출산, 주택 마련 등에 대비
중·장년기	소득이 가장 높은 시기이지만, 소비도 많은 시기 → 자녀 교육비 및 결혼 자금 마련, 은퇴 준비, 안정된 노후 생활 준비
노년기	은퇴로 인해 소득이 줄어들어 소비가 소득보다 많은 시기

(2) 소득을 얻을 수 있는 기간은 제한되어 있지만 소비 생활은 평생 이루어지므로 일생의 소득과 소비를 고려하여 경제생활을 계획하고 실천해야 함

4. 자산 관리의 필요성과 방법

(1) **필요성**: 미래의 불확실한 상황이나 노후에 대한 대비
(2) **방법**: 예금, 적금, 주식, 채권, 보험 등
(3) **고려할 점**: 수익성, 안전성, 유동성 ── 기업이나 정부에 돈을 빌려주는 대가로 일정한 이익을 얻을 수 있는 금융 상품

5. 신용의 의미와 중요성
── 채무를 제때 갚지 못하면 신용이 낮아져 금융 기관에서 돈을 빌리기 어렵고, 높은 이자를 부담해야 함
(1) **의미**: 채무자가 금액을 갚을 수 있는 능력이나 그에 대한 믿음
(2) **중요성**: 현대 사회는 신용 사용이 일상화되고 있으므로 원활한 경제생활을 위해 신용 관리가 중요함

탐구 속 자료 & 개념

탐구 1 기업의 사회적 책임은 무엇일까?

자료 ❶ 환경 오염과 기업의 책임

한 유명한 자동차 회사가 자동차 배기가스를 조작하여 막대한 수익을 올려 왔다. 오염 물질을 적게 배출하면서 성능이 우수하다는 회사의 홍보를 믿고 자동차를 구매한 소비자들은 기대한 만큼 성능이 뛰어나지 않다는 것을 알게 되었다. 또한, 이 자동차들은 환경 기준을 초과하는 막대한 배기가스를 뿜어내 환경이 소리 없이 망가지고 있다.
– 『서울신문』, 2015. 9. 11.

자료 ❷ 기업의 사회적 책임

기업의 사회적 책임은 일반적으로 다음과 같은 4단계로 구분된다. 제1단계는 경제적인 책임으로, 이윤 극대화와 고용 창출 등이다. 제2단계는 법적인 책임으로, 회계의 투명성, 성실한 세금 납부, 소비자의 권익 보호 등이다. 제3단계는 윤리적인 책임으로, 환경·윤리 경영, 제품 안전, 여성·현지인·소수 인종에 대한 공정한 대우 등을 말한다. 제4단계는 자선적인 책임으로, 사회 공헌 활동 또는 자선·교육·문화·체육 활동 등에 대한 기업의 지원을 의미한다.
– 기획 재정부, 『시사 경제 용어 사전』

자료 해설

1. **자료 ①에 나타난 문제점**: 자동차 회사가 이익을 얻기 위해 배기가스를 조작하여 환경이 오염됨 → 기업의 사회적 책임이 요구됨

2. **자료 ② 기업의 사회적 책임 4단계**
   • 1단계: 경제적 책임 – 이윤 극대화, 고용 창출 등
   • 2단계: 법적 책임 – 회계의 투명성, 성실한 세금 납부 등
   • 3단계: 윤리적 책임 – 환경·윤리 경영, 제품 안전, 여성·현지인·소수 인종에 대한 공정한 대우 등
   • 4단계: 자선적 책임 – 사회 공헌 활동, 자선·교육·문화·체육 활동 등에 대한 지원 등

탐구 2 자산 관리 포트폴리오 작성하기

개념 쏙쏙

자산 관리 방법

구분	의미	특징
예금 적금	은행 등 금융 기관에 돈을 맡기고 일정한 이자를 받는 것	수익성이 낮지만, 안전성이 높음
주식	기업이 발행하는 증권을 사서 배당금을 받거나 사고파는 과정에서 이익을 얻는 것	수익성이 높지만, 안전성이 낮음
채권	기업이나 정부가 발행하는 차용 증서로, 투자를 통해 일정한 이자를 받는 것	비교적 안전성과 수익성이 높음
보험	예기치 못한 사고 등에 대비하기 위해 정기적으로 돈을 내고 사고 발생 시 일정 금액을 받는 것	수익성이 낮지만, 불확실한 미래에 대비할 수 있음

개념 꿀꺽

1. 다음 내용이 옳으면 ○표, 틀리면 ×표 하시오.

(1) 기업은 생산의 주체로서 소비자들이 필요로 하는 재화와 서비스를 생산한다. (   )
(2) 기업은 기업가 정신을 통해 더 많은 이윤을 획득하고 성장할 수 있다. (   )
(3) 일반적으로 중·장년기는 소비가 가장 적은 시기이다. (   )
(4) 주식은 높은 수익성을 기대할 수 있고, 원금 손실의 우려도 없다. (   )
(5) 채무를 제때 갚지 못하면 신용이 낮아져 금융 기관에서 돈을 빌리기 어려워진다. (   )

2. 각 시기에 해당하는 경제생활의 특징을 바르게 연결하시오.

(1) 아동기 •
(2) 청년기 •
(3) 중·장년기 •
(4) 노년기 •

• ㉠ 취업, 결혼 및 출산이 경제생활에 큰 영향을 준다.
• ㉡ 은퇴 이후 소득은 없지만, 소비는 지속된다.
• ㉢ 경제적 자립이 어려워 주로 소비 활동이 이루어진다.
• ㉣ 소득이 소비보다 많지만, 자녀 교육으로 인한 소비 부담이 커진다.

정답
1. (1) ○ (2) ○ (3) × (4) × (5) ○
2. (1) ㉢ (2) ㉠ (3) ㉣ (4) ㉡

01 다음 설명에 해당하는 경제 주체로 옳은 것은?

> • 자유 시장 경제에서 생산 활동을 담당한다.
> • 생산의 주체로 재화와 서비스를 만들어 낸다.

① 가계   ② 기업   ③ 정부
④ 국민   ⑤ 외국

02 기업에 대한 설명으로 옳지 <u>않은</u> 것은?

① 이윤을 증대하기 위해 노력한다.
② 생산 과정에서 일자리를 창출한다.
③ 생산 활동을 활발히 하면 고용이 감소한다.
④ 생산 활동을 활발히 하면 경제가 활성화된다.
⑤ 새로운 상품을 만들거나 생산 기술을 개발한다.

03 _{중요} 다음은 기업의 생산 증가로 인한 영향을 순서대로 나타낸 것이다. ㉠, ㉡에 들어갈 내용으로 가장 적절한 것은?

기업의 생산 증가 ➡ ㉠ ➡ ㉡

	㉠	㉡
①	고용 증가	가계 소득 증가
②	고용 증가	기업 이윤 감소
③	기업 이윤 증가	고용 감소
④	기업 이윤 증가	가계 소득 감소
⑤	가계 소득 증가	고용 증가

04 ㉠에 들어갈 알맞은 용어를 쓰시오.

> 오늘날에는 기업의 활동이 사회적으로 큰 영향을 미치고 있으므로 기업에 요구되는 ㉠ 이/가 커지고 있다. 기업의 ㉠ (이)란 기업이 사회 전체의 이익에 부합하도록 의사 결정을 하는 것을 의미한다.

(   )

05 기업의 사회적 책임에 해당하는 사례를 〈보기〉에서 고른 것은?

> **보기**
> ㄱ. ◇◇공장은 폐수를 강물에 흘려보냈다.
> ㄴ. ○○출판사는 저소득층 학생들에게 무료로 교재를 제공하였다.
> ㄷ. □□화장품 회사는 지진이 일어난 지역에 복구 비용을 기부하였다.
> ㄹ. △△건설 회사는 건설 비용을 줄이기 위해 저렴하고 약한 자재를 사용하였다.

① ㄱ, ㄴ   ② ㄱ, ㄷ   ③ ㄴ, ㄷ
④ ㄴ, ㄹ   ⑤ ㄷ, ㄹ

06 ㉠에 들어갈 용어로 옳은 것은?

> ㉠ (이)란 새로운 아이디어로 새로운 상품을 개발하고 새로운 시장을 개척하려는 기업가의 혁신적인 자세를 말한다.

① 발명가 정신   ② 개척자 정신
③ 생산자 정신   ④ 근로자 정신
⑤ 기업가 정신

중요

07 일생 동안의 경제생활에 대한 설명으로 옳지 <u>않은</u> 것은?

① 소득이 소비보다 많은 시기가 있다.
② 은퇴와 함께 소비 생활은 중단된다.
③ 아동기에는 주로 소비 활동을 한다.
④ 소득을 얻을 수 있는 기간은 제한되어 있다.
⑤ 소득은 청년기부터 중·장년기에 주로 발생한다.

08 중·장년기의 일반적인 경제생활에 대한 옳은 설명을 〈보기〉에서 고른 것은?

> **보기**
> ㄱ. 결혼 및 출산이 이루어진다.
> ㄴ. 소득이 높지만, 소비도 많다.
> ㄷ. 직업 선택을 위한 준비를 한다.
> ㄹ. 자녀 교육에 많은 비용을 지출한다.

① ㄱ, ㄴ ② ㄱ, ㄷ ③ ㄴ, ㄷ
④ ㄴ, ㄹ ⑤ ㄷ, ㄹ

중요

09 자산 관리에 대한 설명으로 옳은 것은?

① 예금과 적금은 수익성이 높다.
② 채권은 발행 기관과 상관없이 안전성이 높다.
③ 주식은 안전성이 낮아 원금 손실의 위험이 있다.
④ 자산을 관리할 때는 수익성과 유동성만 고려하면 된다.
⑤ 현대 사회에서 노후 대비를 위한 자산 관리는 중요하지 않다.

10 ㉠~㉢에 들어갈 자산 관리 방법으로 옳은 것은? (단, ㉠~㉢은 예금, 주식, 채권 중 하나이다.)

> • ㉠ 은/는 ㉡ 보다 수익성이 낮지만 원금 손실이 적어 안전성이 높다.
> • ㉢ 은/는 비교적 안전성과 수익성이 높은 편이나 발행 기관에 따라 안전성이 낮을 수도 있다.

	㉠	㉡	㉢
①	예금	주식	채권
②	예금	채권	주식
③	채권	예금	주식
④	채권	주식	예금
⑤	주식	예금	채권

11 다음 설명에 해당하는 용어로 옳은 것은?

> 금전 거래에서 채무자가 약속된 날짜에 약속한 대금을 갚을 수 있는 능력이나 이에 대한 사회적 믿음을 말한다.

① 신뢰 ② 대출 ③ 신용
④ 금융 ⑤ 경제

서술형

12 신용이 떨어지면 겪을 수 있는 어려움을 서술하시오.

✎ _____

_____

_____

01 기업에 대한 옳은 설명을 〈보기〉에서 고른 것은?

보기
ㄱ. 생산의 주체이다.
ㄴ. 생산 과정에서 일자리를 제공한다.
ㄷ. 가계에 노동력을 제공하고 임금을 받는다.
ㄹ. 재화만 생산하고, 서비스는 생산하지 않는다.

① ㄱ, ㄴ   ② ㄱ, ㄷ   ③ ㄴ, ㄷ
④ ㄴ, ㄹ   ⑤ ㄷ, ㄹ

02 밑줄 친 부분을 뒷받침할 수 있는 내용으로 옳은 것은?

딸: 제가 다니는 ○○컴퓨터 회사가 내년에는 올해보다 수출량이 많이 증가할 것으로 보여서 국내 공장을 확장한대요.
아버지: 그것 참 잘된 일이네. 너희 회사가 우리나라에 도움을 주겠구나.

① 공장 확장으로 환경이 오염될 것이다.
② 공장 주변 지역 경제가 침체될 것이다.
③ 생산 활동이 활발해져 가계 소득이 감소할 것이다.
④ 생산 시설을 확장하는 과정에서 고용이 줄어들 것이다.
⑤ 더 많은 세금을 납부하여 국가 재정에 이바지할 것이다.

단답형
03 ㉠, ㉡에 들어갈 알맞은 용어를 쓰시오.

기업은 생산 과정에서 사람들을 고용하여 일자리를 제공하고, 일한 대가로 ㉠ 을/를 지급하여 ㉡ 에 소득을 제공한다.

㉠ (   )
㉡ (   )

고난도
04 사례에 대한 옳은 분석을 〈보기〉에서 고른 것은?

한 유명 자동차 회사가 자동차 배기가스를 조작하여 막대한 수익을 올려 왔다. 오염 물질을 적게 배출하면서 성능이 우수하다는 회사의 홍보를 믿고 자동차를 구매한 소비자들은 기대한 만큼 성능이 뛰어나지 않다는 것을 알게 되었다. 또한, 이 회사가 생산한 자동차는 환경 기준을 초과하는 막대한 배기가스를 뿜어내 환경이 소리 없이 망가지고 있다.

보기
ㄱ. 기업의 사회적 책임이 필요하다.
ㄴ. 기업은 소비자를 상대로 제품을 홍보해서는 안 된다.
ㄷ. 기업이 눈앞의 이익만을 추구하면 공익을 해칠 수 있다.
ㄹ. 기업은 이윤이 아닌 사회 전체의 이익만을 추구해야 한다.

① ㄱ, ㄴ   ② ㄱ, ㄷ   ③ ㄴ, ㄷ
④ ㄴ, ㄹ   ⑤ ㄷ, ㄹ

05 기업가 정신에 대한 설명으로 옳지 않은 것은?

① 기업가의 혁신적인 자세이다.
② 새로운 시장의 개척이 해당한다.
③ 새로운 생산 방법의 도입이 해당한다.
④ 기존의 아이디어에만 머물러 이윤을 획득하는 것이다.
⑤ 새로운 기술과 상품 개발로 사람들의 풍요로운 삶에 이바지한다.

중요

06 대화의 ㉠, ㉡에 들어갈 자산 관리 방법에 대한 설명으로 옳은 것은?

㉠은/는 은행 등 금융 기관에 돈을 맡기고 정해진 이자를 받는 거야.

㉡을/를 통해서는 배당금을 받거나 사고파는 과정에서 이익을 얻을 수 있어.

① ㉠은 수익성이 높은 편이다.
② ㉠은 원금 손실의 우려가 가장 크다.
③ ㉡은 기업이 발행한 증권을 사는 것이다.
④ ㉡을 통해 예기치 못한 질병에 대비할 수 있다.
⑤ ㉡은 미래를 위한 가장 안정적인 자산 관리 방법이다.

07 (가), (나)는 자산 관리 방법을 선택할 때 고려해야 할 요소이다. (가), (나)에 들어갈 용어로 옳은 것은?

(가)	투자금 대비 이익을 얻을 가능성을 말한다.
(나)	필요할 때 얼마나 쉽게 현금으로 바꿀 수 있는가를 말한다.

	(가)	(나)
①	안전성	유동성
②	안전성	수익성
③	수익성	안전성
④	수익성	유동성
⑤	유동성	안전성

서술형 문제

08 다음 글에서 각 국가의 지역 경제가 성장하게 된 이유를 서술하시오.

우리나라의 자동차 회사인 △△사는 인도, 미국, 러시아 등 7개국에 현지 공장을 가동하고 있는데, 공장이 건설된 이후 각 국가의 지역 경제는 몰라보게 성장하였다.

09 그래프를 보고 노년기에 대비하여 자산 관리가 필요한 이유를 서술하시오.

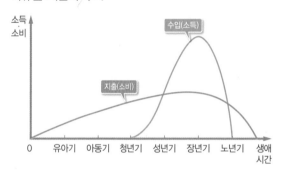

10 다음 글을 읽고 신용 관리의 중요성을 서술하시오.

우리나라에서는 현금보다 신용 카드를 더 자주 사용하는 것으로 나타났다. 한국은행 발표에 따르면 가장 많이 이용하는 지급 수단은 신용 카드로 전체의 39.7%를 차지했다. 금액 기준으로도 신용 카드를 이용하는 비중이 가장 높았다.

자신만만 **적중문제**

01 합리적 선택과 경제 체제

01 경제 활동에 대한 옳은 설명을 〈보기〉에서 고른 것은?

보기

ㄱ. 소비는 상품을 운반하고 판매하는 활동이다.
ㄴ. 생산은 재화나 서비스를 만들어 내는 활동이다.
ㄷ. 분배는 사람들이 필요한 재화나 서비스를 구매하여 사용하는 활동이다.
ㄹ. 경제 활동은 인간이 살아가는 데 필요한 것을 만들어 내고 나누고 사용하는 모든 활동이다.

① ㄱ, ㄴ　　　② ㄱ, ㄷ　　　③ ㄴ, ㄷ
④ ㄴ, ㄹ　　　⑤ ㄷ, ㄹ

02 사례에 대한 설명으로 옳은 것은?

불경기에 분식집을 운영하는 정수 어머니가 하루 8시간 장사한 후에 계산을 해보니 수익이 50,000원이었다. 얼마 전 정수 어머니는 음식 재료를 사러 근처 대형 마트에 갔는데 계산원을 채용 중이었고 8시간 급여는 80,000원이었다. 본인이 희망하면 바로 취업할 수 있는 상황에서 정수 어머니는 계속 분식집을 운영할지 계산원으로 일할지 고민 중이다.

① 정수 어머니는 분식집을 운영하는 것이 합리적이다.
② 정수 어머니가 분식집을 운영하는 것은 기회비용을 고려한 선택이다.
③ 정수 어머니가 분식집을 운영하는 것은 비용보다 편익이 큰 선택이다.
④ 정수 어머니가 1시간 분식집을 운영할 때의 기회비용은 10,000원이다.
⑤ 분식집을 운영하는 기회비용이 대형 마트에서 계산원으로 일하는 기회비용보다 작다.

02 기업의 역할과 사회적 책임

03 다음 글의 밑줄 친 부분에 해당하는 내용을 〈보기〉에서 고른 것은?

□□도는 수도권 기업들을 □□도로 이전하도록 하기 위한 설명회를 개최하였다. □□도는 수도권 기업의 유치가 지역 발전에 도움이 될 것이라고 밝혔다.

보기

ㄱ. 수도권 기업의 경영 혁신을 통한 이윤 증가
ㄴ. 기업의 세금 납부를 통한 지방 자치 단체 재정 확보
ㄷ. 수도권 기업 직원을 대상으로 한 지역 관광 상품 홍보
ㄹ. 기업의 고용 창출을 통한 해당 지역의 가계 소득 증가와 경제 활성화

① ㄱ, ㄴ　　　② ㄱ, ㄷ　　　③ ㄴ, ㄷ
④ ㄴ, ㄹ　　　⑤ ㄷ, ㄹ

04 다음 글의 ○○화장품 회사 사장이 강조하고 있는 것으로 가장 적절한 것은?

○○화장품 회사 사장은 "세계를 놀라게 할 혁신적인 상품을 개발하고 디지털 시대를 선도해 나가겠다."라며, 중국 진출 성공에 만족하지 않고 동남아시아를 중심으로 새로운 시장을 개척하겠다고 올해 경영 전략을 제시하였다.

① 기업가 정신
② 해외 투자 유치
③ 첨단 설비 도입
④ 기업의 사회적 책임
⑤ 교역 국가와의 관계 개선

03 바람직한 금융 생활

05 다음은 생애 주기에 따른 소득과 소비의 변화를 순서 없이 나열한 것이다. 이를 순서대로 나열한 것은?

> (가) 소득이 가장 높은 시기이지만 소비 이후 남는 돈은 노후 자금으로 관리해야 한다.
> (나) 취업으로 소득이 발생하지만 결혼이나 주택 마련으로 인해서 지출도 같이 증가한다.
> (다) 자아실현과 직업 선택을 위한 준비 기간으로 소득이 없거나 소비에 비해 소득이 적다.
> (라) 경제적 은퇴를 하여 소득이 감소하거나 없어지지만 건강 관리나 생활비로 소비는 지속된다.

① (가)-(나)-(다)-(라)
② (나)-(가)-(다)-(라)
③ (나)-(다)-(가)-(라)
④ (다)-(가)-(나)-(라)
⑤ (다)-(나)-(가)-(라)

06 밑줄 친 ㉠~㉤에 대한 설명으로 옳지 <u>않은</u> 것은?

> 맞벌이 신혼부부인 경철 씨와 지수 씨는 ㉠ 소득과 ㉡ 소비를 분석해 본 결과 이번 달에 200만 원 정도가 남는다는 사실을 알게 되었다. 부부는 합의하여 70만 원을 은행에 ㉢ 예금하였고, 100만 원은 □□기업의 ㉣ 주식을 샀으며, 나머지 30만 원은 새로 가입한 질병 ㉤ 보험료로 납부하였다.

① ㉠은 보통 중·장년기에 가장 높다.
② ㉡은 평생 동안 이루어진다.
③ ㉢은 수익은 낮지만 안전성이 높은 자산 관리 방법이다.
④ ㉣은 확실한 고수익이 보장된다.
⑤ ㉤을 통해 장차 발생할 수 있는 위험에 대비할 수 있다.

서술형 문제

07 다음 글을 읽고 기업에 요구되는 사회적 책임이 무엇인지 서술하시오.

> 1984년 인도 보팔 살충제 공장에서 가스 유출 사건이 발생했다. 비용 절감을 이유로 안전 장치를 제대로 갖추지 않아 유독 가스가 누출되면서 수많은 사람이 사망하고 부상을 입었다. 사고 발생 후 30년 정도 지났지만 아직도 많은 사람이 이 최악의 산업 재해로 고통받고 있으며, 주변 지역의 오염은 완전히 정화되지 않았다.

✏ _____

_____

_____

08 그림은 자산 관리 방법 (가)~(다)를 분류한 것이다. 이를 보고 물음에 답하시오. (단, (가)~(다)는 각각 예금, 주식, 보험 중 하나이다.)

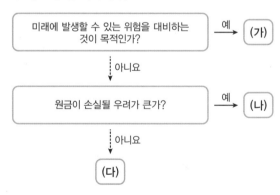

(1) (가)~(다)에 해당하는 자산 관리 방법을 쓰시오.

✏ _____

(2) (나)가 (다)에 비해 가지고 있는 장단점을 쓰시오.

✏ _____

_____

최고난도 문제

01 다음은 지민이가 10,000원을 주고 할 수 있는 여러 가지 선택에 대한 만족감을 나타낸 것이다. 지민이의 합리적 선택에 대한 설명으로 옳지 <u>않은</u> 것은?

선택의 종류	만족감
저축	2,000
도서 구매	1,500
영화 관람	3,000

① 지민이가 저축한다면 그 기회비용은 3,000이다.
② 지민이가 저축하는 것은 합리적인 선택이 아니다.
③ 지민이가 영화 관람을 한다면 그 기회비용은 2,000이다.
④ 도서 구매에 대한 기회비용이 저축에 대한 기회비용보다 크다.
⑤ 영화 관람과 저축의 편익이 도서 구매의 편익보다 크기 때문에 도서 구매는 합리적인 선택이 아니다.

풀이 비법
❶ 지민이는 저축, 도서 구매, 영화 관람 중 한 가지만 선택해야 한다는 것을 확인한다.
❷ 선택에는 기회비용이 따르고 기회비용이 적은 것을 선택하는 것이 유리하다.
❸ 기회비용은 어떤 것을 선택했을 때 포기하게 되는 대안이 갖는 가치 중 가장 큰 것이다.
❹ 합리적 선택을 하려면 만족감은 최대가 되어야 하고, 기회비용은 최소가 되어야 한다.

02 그래프에 대한 옳은 설명을 〈보기〉에서 고른 것은?

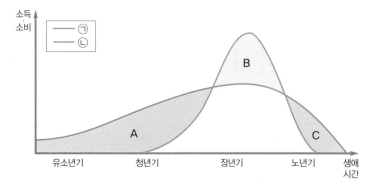

풀이 비법
❶ 생애 시기별로 소득과 소비를 비교하여 ㉠, ㉡이 소득 곡선인지 소비 곡선인지 판단한다.
❷ A, B, C 영역에서 각각 소득과 소비 중 무엇이 더 큰지 확인한다.
❸ 소득이 발생하는 시기, 소득이 가장 높은 시기, 소득이 감소한 후 중단되는 시기를 확인한다.
❹ 모든 생애 기간 동안 소비가 이루어짐을 확인한다.

보기

ㄱ. ㉠은 소비 곡선, ㉡은 소득 곡선이다.
ㄴ. B를 저축하여 미래의 소비에 대비할 수 있다.
ㄷ. A와 달리 C는 소비보다 소득이 높다.
ㄹ. 장년기의 여유 자금은 고수익을 기대할 수 있는 주식에 집중적으로 투자해야 한다.

① ㄱ, ㄴ ② ㄱ, ㄷ ③ ㄴ, ㄷ
④ ㄴ, ㄹ ⑤ ㄷ, ㄹ

4

시장 경제와 가격

1. 시장의 의미와 역할

(1) 시장의 의미: 상품을 팔려는 사람과 사려는 사람이 만나 거래를 하는 곳 〔필요한 한도를 넘어 남는 생산물의 편리한 교환을 위해 자연적으로 생성됨〕

(2) 시장의 역할

① 거래에 들어가는 시간과 비용 절약 〔한곳에 모여 거래가 이루어져 수요자나 공급자를 찾는 데 들어가는 시간과 비용이 줄어듦〕

②*분업과 특화 촉진 → 생산성 증대, 시장 확대

③ 수요와 공급을 연결하여 시장 가격 형성 〔시장 가격은 생산과 소비 활동의 기준과 정보를 제공함으로써 효율적인 자원 배분이 일어날 수 있도록 함〕

> **[용어] 분업과 특화**
>
> 분업이란 생산 과정을 여러 과정으로 나누어 각자가 맡은 업무를 수행하는 방식을 의미하며, 특화란 각자 잘하는 일에 전념하여 전문화하는 것을 의미한다.

2. 다양한 시장의 종류

(1) 시장의 종류

구분	재래 시장 〔예전부터 있어 오던 시장〕	대형 마트	인터넷 쇼핑몰	홈 쇼핑몰	주식 시장 〔주식 회사의 자본을 이루는 단위인 주식을 사고파는 시장〕	노동 시장
거래되는 상품	재화와 서비스	재화와 서비스	재화와 서비스	재화와 서비스	주식	서비스
특징	눈에 보인다	눈에 보인다	눈에 보이지 않는다	눈에 보이지 않는다	눈에 보이지 않는다	눈에 보이지 않는다

> **[보충] 분업의 효과**
>
> | 긍정적 측면 | • 기능 숙달로 노동의 생산성 향상
• 특화 품목의 교환을 통한 상호 간의 이익 추구 가능 |
> |---|---|
> | 부정적 측면 | • 단순하고 반복적인 노동으로 근로자의 피로감과 스트레스 증가
• 일부 과정에서 문제가 발생하면 전체적인 생산에 어려움 발생 |

▲ 대형 마트

▲ 인터넷 쇼핑몰

▲ 주식 시장

(2) 시장의 형태에 따른 구분

① 구체적 시장: 재래시장이나 대형 마트 등 특정한 형태와 장소를 가지는 시장

② 추상적 시장: 노동 시장이나 주식 시장 등 눈에 보이는 특정한 장소 없이 거래가 이루어지는 시장

> **상품의 종류에 따른 시장의 구분**
>
> • 생산물 시장: 일상생활에 필요한 재화와 서비스가 거래되는 시장
>   예 재래시장, 대형 마트, 백화점 등
> • 생산 요소 시장: 생산에 필요한 노동, 토지, 자본 등의 생산 요소가 거래되는 시장
>   예 노동 시장, 주식 시장 등

(3) 새롭게 등장하는 시장

① 새로운 시장의 등장: 과거에는 없던 주식 시장, 인터넷을 이용하여 거래가 이루어지는 전자 상거래 시장 등이 등장함

② 전자 상거래 시장의 비중 증대: 정보·통신 기술의 발달로 인터넷 쇼핑몰, 모바일 쇼핑 애플리케이션 등의 비중이 증가하고 확대됨

> **[보충] 인터넷 쇼핑몰의 장단점**
>
> • 장점: 소비자는 직접 상점을 찾는 일 없이 여러 상점의 가격과 품질을 비교해 가며 상품을 저렴하게 살 수 있다. 인터넷 쇼핑몰 운영자는 건물 임대료와 관리 비용을 크게 줄여 상품 가격을 낮추어 팔 수 있다.
> • 단점: 인터넷상의 정보가 너무 많아서 원하는 상품을 찾기가 쉽지 않고, 반품이나 애프터서비스가 즉시 처리되기 어렵다.

탐구 1 시장에서는 무슨 일을 할까?

개념 쏙쏙

1. **시장:** 수요자와 공급자가 만나 거래가 이루어지는 곳
2. **시장의 역할:** 시간과 비용 절약, 분업과 특화를 통한 효율적인 거래
3. **시장의 형태**
   - 구체적 시장: 특정한 형태와 장소를 가진 눈에 보이는 시장
   - 추상적 시장: 특정한 장소 없이 거래가 이루어지는 눈에 보이지 않는 시장

탐구 2 새롭게 등장하는 시장, 전자 상거래 시장!

자료 ① 티셔츠는 인터넷 쇼핑몰에서

민수네 학급은 이번 체육 대회 때 학급 티셔츠를 맞춰 입기로 하였다. 민수와 친구들은 티셔츠를 사는 일을 맡아 인터넷 쇼핑몰에서 귀엽고 개성 있는 옷을 사기로 하였다. 단체 티셔츠를 주로 판매하는 쇼핑몰을 여러 곳 둘러 본 후 가장 마음에 드는 티셔츠를 파는 곳에서 주문하였다.

자료 ② 모바일 쇼핑 앱 활성화

수요일 오전, 출근길 지하철에서 김○○ 씨는 스마트폰을 꺼내 자주 이용하는 모바일 쇼핑 앱에 접속했다. 중학생인 큰딸이 부탁한 소설책과 참고서를 구매하기 위해서였다. 책을 구매한 김○○ 씨는 이어 음반 기획전이 진행 중인 것을 보고 좋아하는 가수의 음반도 주문하였다.

자료 해설

1. **수요자와 공급자**

구분	자료 ①	자료 ②
수요자	민수네 학급 학생들	김○○ 씨
공급자	티셔츠 판매자	서적과 음반 판매자

2. **시장의 종류:** 자료 ①, 자료 ② 모두 인터넷을 이용하여 거래가 이루어졌으므로, 눈에 보이지 않는 추상적 시장에 해당함

개념 꿀꺽

1. 다음 내용이 옳으면 ○표, 틀리면 ×표 하시오.

(1) 시장은 재화나 서비스를 사고파는 구체적인 장소만을 뜻한다. (　　)

(2) 시장의 의미는 현대 사회에 들어서며 더욱 확대되고 있다. (　　)

(3) 특화는 각자 잘하는 일에 전념하여 전문화하는 것을 말한다. (　　)

(4) 시장이 등장하며 거래에 들어가는 시간과 비용이 증가하게 되었다. (　　)

(5) 오늘날 정보·통신 기술의 발달로 전자 상거래 시장의 비중이 증대되었다. (　　)

2. 다음 시장의 형태에 따라 바르게 연결하시오.

(1) 구체적 시장 •

(2) 추상적 시장 •

- ㉠ 백화점
- ㉡ 재래시장
- ㉢ 노동 시장
- ㉣ 대형 마트
- ㉤ 주식 시장
- ㉥ 인터넷 쇼핑몰

정답

1. (1) × (2) ○ (3) ○ (4) × (5) ○
2. (1) ㉠, ㉡, ㉣ (2) ㉢, ㉤, ㉥

01 재화나 서비스를 사고파는 장소로 옳은 것은?

① 기업   ② 공장   ③ 시장
④ 가정   ⑤ 학교

02 ㉠, ㉡에 들어갈 용어로 옳은 것은?

> 인간은 생존을 위해서 여러 가지 물건이 필요하다. 하지만 한 사람이 자신이 필요한 물건을 모두 만들 수는 없으며, 때로는 어떤 것을 만들 때 필요한 양보다 더 많은 양을 생산하기도 한다. 그럴 때 ㉠ 을/를 통해 자신의 남은 것과 상대방의 남은 것을 바꿀 수 있다. 편리한 ㉠ 을/를 위해 자연스럽게 형성된 거래의 장을 ㉡ (이)라고 한다.

	㉠	㉡
①	기부	시장
②	기부	공장
③	교환	기업
④	교환	시장
⑤	분업	시장

(중요)

03 시장에 대한 설명으로 옳지 <u>않은</u> 것은?

① 구체적인 장소가 있어야만 형성된다.
② 재화나 서비스 같은 상품이 거래된다.
③ 상품을 사려는 사람과 팔려는 사람이 만난다.
④ 거래 상대방을 찾는 데 들어가는 시간과 비용을 줄여준다.
⑤ 상품을 사려는 사람과 팔려는 사람 간의 거래를 편리하게 한다.

04 (가), (나)에 해당하는 용어로 옳은 것은?

> (가) 각자 잘하는 일에 전념하여 전문화한다.
> (나) 어떤 물건을 생산하는 과정을 여러 단계로 나누고, 각각의 사람들이 특정 단계의 일을 분담한다.

	(가)	(나)
①	특화	분배
②	특화	분업
③	분업	특화
④	분업	분배
⑤	분업	소비

05 추상적 시장의 예로 알맞은 것은?

① 문구점   ② 재래시장
③ 대형 마트   ④ 의류 아웃렛
⑤ 인터넷 쇼핑몰

(중요)

06 밑줄 친 내용에 해당하는 시장의 사례를 〈보기〉에서 고른 것은?

> 우리는 흔히 시장이라고 하면 눈에 보이는 특정한 장소만을 생각하지만, 경제학에서는 <u>구체적인 장소가 아니더라도 교환과 거래가 이루어지면 시장이라고 할 수 있다.</u>

보기
ㄱ. 전자 상가를 방문하여 최신 휴대 전화를 구매하였다.
ㄴ. 인터넷 쇼핑몰에서 외국의 신상품 운동화를 주문하였다.
ㄷ. 수산물 시장에서 금방 잡은 싱싱한 고등어를 구매하였다.
ㄹ. 게임 사이트에서 내가 가지고 있던 아이템을 상대방과 거래하였다.

① ㄱ, ㄴ   ② ㄱ, ㄷ   ③ ㄴ, ㄷ
④ ㄴ, ㄹ   ⑤ ㄷ, ㄹ

고난도

07 표는 일정한 기준에 따라서 시장을 A, B로 분류한 것이다. 이에 대한 옳은 설명을 〈보기〉에서 고른 것은?

구분	A	B
눈에 보이지 않는 시장인가?	예	아니요
(가)	아니요	예

보기

ㄱ. 정보화가 되면서 A는 감소하였다.
ㄴ. 백화점, 복합 영화관은 A에 해당한다.
ㄷ. 전통 사회에서 구성원들은 A보다 B에 많이 참여하였다.
ㄹ. (가)에는 '구체적인 장소가 있는가?'가 들어갈 수 있다.

① ㄱ, ㄴ   ② ㄱ, ㄷ   ③ ㄴ, ㄷ
④ ㄴ, ㄹ   ⑤ ㄷ, ㄹ

08 포스터에 나타난 시장에 대한 설명으로 옳지 <u>않은</u> 것은?

① 노동을 사고판다.
② 노동 시장에 해당한다.
③ 거래되는 상품은 재화이다.
④ 일시적으로 형성되는 시장이다.
⑤ 상품을 사고자 하는 주체는 기업이다.

중요

09 사례에 대한 옳은 분석을 〈보기〉에서 고른 것은?

민수네 학급은 이번 체육 대회 때 학급 티셔츠를 맞춰 입기로 하였다. 민수와 친구들은 티셔츠를  사는 일을 맡아 인터넷 쇼핑몰에서 귀엽고 개성 있는 옷을 사기로 하였다. 단체 티셔츠를 주로 판매하는 쇼핑몰을 여러 곳 둘러 본 후 가장 마음에 드는 티셔츠를 파는 곳에서 주문하였다.

보기

ㄱ. 구체적 시장에서 거래가 이루어졌다.
ㄴ. 눈에 보이는 시장보다 원하는 상품을 빨리 찾았을 것이다.
ㄷ. 티셔츠를 구매한 시장은 정보·통신 기술의 발달로 새롭게 등장하였다.
ㄹ. 눈에 보이는 시장에서 거래할 때보다 시간과 비용이 많이 들었을 것이다.

① ㄱ, ㄴ   ② ㄱ, ㄷ   ③ ㄴ, ㄷ
④ ㄴ, ㄹ   ⑤ ㄷ, ㄹ

서술형

10 다음 글에서 알 수 있는 시장의 역할을 서술하시오.

한 가정을 유지해 본 사람이라면 누구나 알고 있는 진리가 있다. 밖에서 더 싸게 살 수 있는 물건은 절대로 집에서 만들지 말라는 것이다. 양복점 주인은 스스로 신발을 만들지 않고 신발 가게에서 사서 신는다. 신발 가게 주인은 자기 옷을 만들지 않고 양복점에서 맞추어 입는다. 사람은 자신들의 이웃에 비해 유리한 생산 활동에 전념해서 얻은 소득으로 자신에게 필요한 것을 구입하는 편이 더 이익이 된다는 것을 잘 알고 있다.

01 시장에 대한 옳은 설명을 〈보기〉에서 고른 것은?

보기
ㄱ. 분업과 특화를 약화한다.
ㄴ. 재화나 서비스를 사고파는 곳이다.
ㄷ. 반드시 구체적인 장소가 있어야 한다.
ㄹ. 교환과 거래가 이루어지면 시장이라고 할 수 있다.

① ㄱ, ㄴ　　　② ㄱ, ㄷ　　　③ ㄴ, ㄷ
④ ㄴ, ㄹ　　　⑤ ㄷ, ㄹ

02 시장에 대한 설명으로 옳지 <u>않은</u> 것은?

① 자급자족 경제를 활성화한다.
② 상품의 거래 비용을 줄여준다.
③ 눈에 보이지 않는 것도 존재한다.
④ 상품에 대한 정보를 교환할 수 있다.
⑤ 인터넷 쇼핑몰과 같은 새로운 형태가 등장하고 있다.

중요
03 밑줄 친 '시장'이 담당하는 적절한 역할을 〈보기〉에서 고른 것은?

몽룡: 내가 사는 곳은 산촌이라 버섯이 흔해서 우리 식구가 먹고도 많이 남아. 남는 버섯을 생선과 교환하고 싶은데 생선을 잡는 어부가 사는 바다까지 가려면 20일을 걸어가야 해서 큰일이네.
춘향: 어부를 만나러 바다까지 갈 필요는 없어. 근처 시장에 가서 남는 버섯을 팔아 생선을 사면 되거든.

보기
ㄱ. 재화를 생산한다.
ㄴ. 생산 요소를 제공한다.
ㄷ. 거래에 드는 시간을 줄여 준다.
ㄹ. 거래 상대를 쉽게 찾게 해 준다.

① ㄱ, ㄴ　　　② ㄱ, ㄹ　　　③ ㄴ, ㄷ
④ ㄴ, ㄹ　　　⑤ ㄷ, ㄹ

[04~05] 다음 글을 읽고 물음에 답하시오.

18세기에 영국의 경제학자 애덤 스미스는 바늘을 만드는 공장 근로자들의 작업 과정을 관찰한 결과 놀라운 사실을 발견했다. 혼자서 바늘을 만들 경우 아주 능숙한 기술자도 하루에 20개 정도밖에 만들지 못했다. 그러나 못 만드는 사람, 철사를 운반하는 사람, 알맞은 길이로 자르는 사람, 끝을 날카롭게 다듬는 사람 등 ㉠ 작업 과정을 18단계로 나누어 근로자 개인마다 한 가지 일만 담당하도록 하니까 하루에 근로자 한 명당 4,800개의 바늘을 생산할 수 있었다.

04 밑줄 친 ㉠에 해당하는 용어로 옳은 것은?

① 생산　　　② 제조　　　③ 경영
④ 자본　　　⑤ 분업

05 애덤 스미스가 바늘 생산 과정을 관찰한 결과로 가장 적절한 것은?

① 자본가는 이윤을 추구한다.
② 분업은 생산성을 향상시킨다.
③ 근로자는 열심히 일해야 한다.
④ 생산을 위해서는 생산 요소가 필요하다.
⑤ 근로자들이 맡은 업무는 일관성을 유지해야 한다.

06 사진에 나타난 시장과 같은 형태로 분류될 수 있는 시장으로 옳은 것은?

① 백화점　　　② 재래 시장
③ 대형 마트　　　④ 주식 시장
⑤ 수산물 시장

중요
07 밑줄 친 ⊙~ⓒ에 대한 설명으로 옳지 <u>않은</u> 것은?

> 영희는 친구들과 우정 사진을 찍기 위해 옷을 맞추기로 했다. ⊙ 영희와 친구들은 ⓒ 인터넷 쇼핑몰에서 귀엽고 사랑스러운 느낌의 옷을 사기로 하였다. 그들은 쇼핑몰을 여러 곳 둘러 본 후 가장 마음에 든 ⓒ 분홍색 원피스를 구매하였다.

① ⊙은 수요자이다.
② ⓒ은 눈에 보이지 않는 시장이다.
③ ⓒ은 추상적 시장이다.
④ ⓒ은 상품이다.
⑤ ⓒ은 서비스이다.

중요
08 다음 시장들의 공통점을 〈보기〉에서 고른 것은?

> • 노동 시장   • 인터넷 쇼핑몰

보기

> ㄱ. 물물교환이 이루어진다.
> ㄴ. 재화가 아닌 서비스가 거래된다.
> ㄷ. 눈에 보이지 않는 추상적 시장이다.
> ㄹ. 구체적인 장소는 없지만 거래가 이루어진다.

① ㄱ, ㄴ   ② ㄱ, ㄷ   ③ ㄴ, ㄷ
④ ㄴ, ㄹ   ⑤ ㄷ, ㄹ

단답형
09 ⊙에 들어갈 알맞은 용어를 쓰시오.

> 오늘날에는 정보·통신 기술의 발달로 인터넷 쇼핑몰, 모바일 쇼핑 애플리케이션 등 인터넷을 이용하여 거래가 이루어지는 ⊙ 시장이 확대되고 있다.

(   )

10 다음 대화에서 알 수 있는 시장이 무엇인지 그 이유와 함께 서술하시오.

> 정국 : 아빠, 지난 설날에 세뱃돈으로 50,000원을 받았어요. 이 돈을 은행에 예금하면 이자를 받을 수 있겠죠? 그런데 은행은 제가 예금한 돈을 어떻게 하나요?
> 아빠 : 은행은 정국이가 예금한 돈을 자금이 필요한 사람이나 기업에 빌려주고 이자를 받지.

✎ _____

_____

_____

11 다음 사례를 읽고 물음에 답하시오.

> 월요일 오전, 출근길 지하철에서 김○○ 씨는 스마트폰을 꺼내 자주 이용하는 인터넷 쇼핑몰에 접속했다. 중학생인 큰딸이 부탁한 소설책과 참고서를 구매하기 위해서였다. 인터넷 쇼핑몰에서 책을 구매한 김○○ 씨는 음반 기획전 광고를 보고 평소 좋아하는 가수의 음반도 주문하였다.

(1) 사례에 나타난 시장을 쓰시오.

✎ _____

(2) (1)에 해당하는 시장의 형태를 서술하시오.

✎ _____

_____

_____

02 수요·공급과 시장 가격의 결정

1. 수요와 수요 법칙

(1) 수요와 수요량

용어 수요

재화를 구매하고자 하는 의사로, 사람들이 마음속에 가지고 있는 하나의 심리 상태를 의미한다. 수요는 재화에 관해 지불하고자 하는 가격까지 포함된 아주 구체적인 구매 의사라는 점에서 재화에 관한 단순한 '욕구'나 '필요'와는 구별된다.

① *수요: 상품을 구입할 능력을 갖춘 소비자가 그 상품을 구입하고자 하는 욕구
② 수요량: 일정한 가격에서 소비자가 구입하고자 하는 상품의 양

(2) 수요 법칙과 수요 곡선

① 수요 법칙: 가격이 내리면 수요량은 늘어나고 가격이 오르면 수요량은 줄어듦 → 가격과 수요량의 역의 관계
② 수요 곡선: 수요 법칙을 그림으로 나타낸 것 → 우하향하는 모양을 나타냄
   └ 소비자는 낮은 가격에 제품을 구입할수록 만족감이 커지므로 가격이 낮을수록 수요량이 늘어나고, 높을수록 수요량이 줄어듦

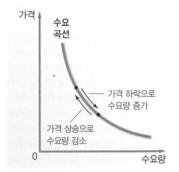

2. 공급과 공급 법칙

(1) 공급과 공급량

사례 수요 법칙의 예외

수요 법칙에 어긋나는 재화를 기펜재라고 한다. 19세기 아일랜드 지방의 사람들은 항상 먹던 감자에 신물이 나 감자 가격이 내렸는데도 수요량이 감소하였다. 이때 감자가 기펜재에 해당한다.

① 공급: 생산자가 어떤 상품을 판매하고자 하는 욕구
② 공급량: 일정한 가격에서 공급자가 판매하고자 하는 상품의 양

(2) 공급 법칙과 공급 곡선

① 공급 법칙: 가격이 오르면 공급량이 늘어나고 가격이 내리면 공급량이 줄어듦 → 가격과 공급량의 정의 관계
② 공급 곡선: 공급 법칙을 그림으로 나타낸 것 → 우상향하는 모양을 나타냄
   └ 공급자는 높은 가격에 팔아야 이윤을 많이 남길 수 있으므로 가격이 높을수록 공급량을 늘림

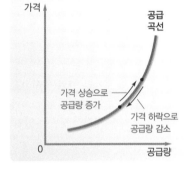

3. 시장 가격의 결정

(1) 초과 수요와 초과 공급

보충 시장 가격의 결정 원리

초과 수요로 가격이 상승하면 수요 법칙에 따라 수요량이 감소하고, 공급 법칙에 따라 공급량이 증가한다. 반면, 초과 공급으로 가격이 하락하면 수요 법칙에 따라 수요량이 증가하고, 공급 법칙에 따라 공급량이 감소한다. 수요량과 공급량이 일치하여 가격이 더는 변하지 않을 때까지 이러한 변화가 계속되면서 시장 가격이 결정된다.

① 초과 수요: 수요량이 공급량을 초과한 상태 → 수요자 간 경쟁 → 가격 상승
② 초과 공급: 공급량이 수요량을 초과한 상태 → 공급자 간 경쟁 → 가격 하락

(2) 시장 가격

① 수요량과 공급량이 일치하는 점에서 결정됨 ┌ 수요 곡선과 공급 곡선이 만나는 점
② 시장 가격이 결정되는 점의 가격을 균형 가격, 거래량을 균형 거래량이라고 함

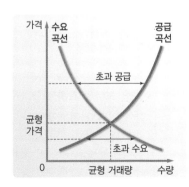

탐구 속 자료 & 개념

탐구 1 가격에 따라 수요량은 어떻게 변할까?

다음은 크림빵의 가격에 따라 빵을 얼마나 사 먹을지에 대한 생각들이다.

[자료 해설]

1. 크림빵 수요표와 수요 곡선

[크림빵의 수요표]

가격(원)	수요량(만 개)
500	15
600	12
700	9
800	6
900	3

[크림빵의 수요 곡선]

2. 가격과 수요량의 관계: 가격이 내리면 수요량은 늘어나고, 가격이 오르면 수요량은 줄어듦 → 역의 관계

탐구 2 가격에 따라 공급량은 어떻게 변할까?

다음은 크림빵의 가격에 따라 빵을 얼마나 팔 것인지에 대한 생각들이다.

[자료 해설]

1. 크림빵의 공급표와 공급 곡선

[크림빵의 공급표]

가격(원)	공급량(만 개)
500	3
600	6
700	9
800	12
900	15

[크림빵의 공급 곡선]

2. 가격과 공급량의 관계: 가격이 오르면 공급량은 늘어나고, 가격이 내리면 공급량은 줄어듦 → 정의 관계

개념 꿀꺽

1. 다음 내용이 옳으면 ○표, 틀리면 ×표 하시오.

(1) 수요는 소비자들이 어떤 상품을 사려는 욕구를 말한다. (   )

(2) 수요 곡선은 우상향하는 모양이다. (   )

(3) 일정한 가격에서 공급자가 팔고자 하는 상품의 양을 공급이라고 한다. (   )

(4) 공급 법칙에 따르면 가격과 공급량은 정의 관계이다. (   )

(5) 수요량과 공급량이 일치하는 점에서 시장 가격이 결정되는데, 이때의 가격을 균형 가격, 거래량을 균형 거래량이라고 한다. (   )

2. 다음 빈칸에 들어갈 알맞은 말을 쓰시오.

(1) 일정한 가격에서 소비자들이 사고자 하는 상품의 양을 [   ](이)라고 한다.

(2) 가격이 내리면 수요량은 [   ]하고, 가격이 오르면 수요량은 [   ]한다.

(3) [   ](이)란 생산자가 어떤 상품을 팔고자 하는 욕구를 의미한다.

(4) 가격이 내리면 공급량은 [   ]하고, 가격이 오르면 공급량은 [   ]한다.

(5) 시장에서 수요량이 공급량보다 많으면 [   ] 사이에 경쟁이 발생한다.

(6) 수요량보다 공급량이 많은 상태를 [   ](이)라고 한다.

정답
1. (1) ○ (2) × (3) × (4) ○ (5) ○
2. (1) 수요량 (2) 증가, 감소 (3) 공급
(4) 증가, 감소 (5) 수요자 (6) 초과 공급

01 ㉠, ㉡에 들어갈 용어로 옳은 것은?

> ┌─────┐ (이)란 소비자들이 어떤 상품을 사려고
> │ ㉠ │
> └─────┘
> 하는 욕구를 말한다. 그리고 일정한 가격에서 소비
> 자들이 사고자 하는 상품의 양을 ┌─────┐ (이)라고
> │ ㉡ │
> └─────┘
> 한다.

	㉠	㉡
①	공급	공급량
②	공급	수요량
③	수요	수요량
④	수요	공급량
⑤	수요량	수요

02 수요와 수요 법칙에 대한 설명으로 옳은 것은?

① 수요는 값을 치를 수 있는 능력과는 관계가 없다.

② 수요는 어떤 상품을 가지고 싶다는 막연한 욕구이다.

③ 수요 법칙은 우하향 모양의 곡선으로 나타낼 수 있다.

④ 수요 법칙을 그림으로 표현한 것을 공급 곡선이라고 한다.

⑤ 수요 법칙에 따라 상품의 가격이 오르면 수요량이 증가한다.

중요
03 표에 대한 옳은 설명을 〈보기〉에서 고른 것은?

가격(원)	1,000	1,200	1,400	1,600
수요량(개)	10	8	6	4

보기
ㄱ. 수요 법칙이 나타나 있다.
ㄴ. 수요량은 가격과 관계없이 결정된다.
ㄷ. 가격과 수요량의 관계는 우하향하는 곡선으로 나타난다.
ㄹ. 일정한 가격에서 팔고자 하는 상품의 양을 나타낸 것이다.

① ㄱ, ㄴ   ② ㄱ, ㄷ   ③ ㄴ, ㄷ
④ ㄴ, ㄹ   ⑤ ㄷ, ㄹ

04 일반적인 형태의 수요 곡선에 해당하는 것은?

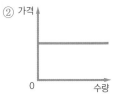

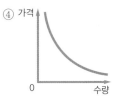
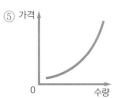

중요
05 그래프에 대한 옳은 설명을 〈보기〉에서 고른 것은?

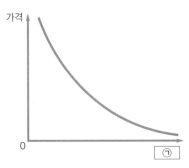

보기
ㄱ. 수요 법칙을 나타낸 그래프이다.
ㄴ. ㉠에는 수요량이 들어갈 수 있다.
ㄷ. 가격과 ㉠은 정의 관계를 나타내고 있다.
ㄹ. ㉠의 변화에 따른 가격의 변동을 나타낸 것이다.

① ㄱ, ㄴ   ② ㄱ, ㄷ   ③ ㄴ, ㄷ
④ ㄴ, ㄹ   ⑤ ㄷ, ㄹ

06 수요 법칙과 공급 법칙에 대한 설명으로 옳은 것은?

① 가격과 공급량은 정의 관계이다.
② 가격이 오르면 공급량은 감소한다.
③ 가격이 내리면 수요량은 감소한다.
④ 공급 법칙을 나타낸 곡선은 우하향 모양이다.
⑤ 수요 법칙을 나타낸 곡선은 우상향 모양이다.

<단답형>
07 ㉠에 들어갈 알맞은 용어를 쓰시오.

> 공급자들은 일반적으로 어떤 상품의 가격이 오르면 그 상품에 대한 공급량을 늘리고, 가격이 내리면 그 상품에 대한 공급량을 줄이는데, 이를 [㉠](이)라고 한다.

( )

08 그래프에 나타난 점 A에서 점 B로의 변화에 대한 설명으로 옳은 것은?

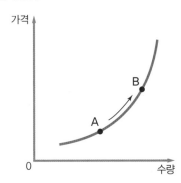

① 가격이 상승하여 수요량이 증가하였다.
② 가격이 상승하여 수요량이 감소하였다.
③ 가격이 하락하여 수요량이 증가하였다.
④ 가격이 상승하여 공급량이 증가하였다.
⑤ 가격이 하락하여 공급량이 감소하였다.

<중요>
09 시장 가격에 대한 설명으로 옳은 것은?

① 초과 수요 상태에서는 가격이 내려간다.
② 수요량보다 공급량이 많으면 가격이 올라간다.
③ 시장 가격이 결정되는 점의 거래량을 공급량이라고 한다.
④ 수요량과 공급량이 일치하는 점에서 시장 가격이 결정된다.
⑤ 상품 가격이 균형 가격보다 낮으면 초과 공급 상태가 발생한다.

<서술형>
10 그래프는 연필 시장의 수요·공급 곡선을 나타낸 것이다. 이를 보고 물음에 답하시오.

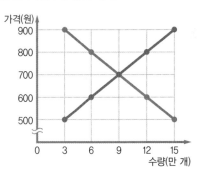

(1) 연필 시장에서 형성된 균형 가격과 균형 거래량을 쓰시오.

✎ _____

(2) 연필의 가격이 600원일 때 시장에서 나타나는 상황을 서술하시오.

✎ _____

_____

_____

01 ㉠~㉢에 들어갈 용어로 옳은 것은?

> ___㉠___ (이)란 생산자가 어떤 상품을 팔고자 하는 ___㉡___ 을/를 의미한다. 그리고 일정한 가격에서 생산자가 팔고자 하는 상품의 양을 ___㉢___ (이)라고 한다.

	㉠	㉡	㉢
①	수요	가격	공급량
②	수요	욕구	공급량
③	공급	욕구	공급량
④	공급	욕구	판매량
⑤	공급	가격	판매량

02 그래프에 대한 옳은 설명을 〈보기〉에서 고른 것은?

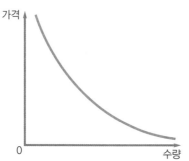

> **보기**
> ㄱ. 공급 곡선을 나타낸 것이다.
> ㄴ. 가격이 내려가면 수요량이 증가한다.
> ㄷ. 가격이 올라가면 공급량이 감소한다.
> ㄹ. 가격과 수요량의 역의 관계를 나타낸다.

① ㄱ, ㄴ ② ㄱ, ㄷ ③ ㄴ, ㄷ
④ ㄴ, ㄹ ⑤ ㄷ, ㄹ

03 그래프에 나타난 점 A에서 점 B로의 변화에 대한 설명으로 옳은 것은?

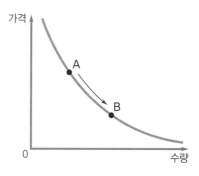

① 공급 법칙에 따른 변화이다.
② 가격에 따른 공급량의 변화이다.
③ 공급 곡선상에서의 점의 이동이다.
④ 가격이 내려가서 수요량이 증가했다.
⑤ 수요량의 변화에 따라 가격이 올라갔다.

04 공급과 공급 법칙에 대한 옳은 설명을 〈보기〉에서 고른 것은?

> **보기**
> ㄱ. 가격과 공급량은 역의 관계에 있다.
> ㄴ. 공급 법칙을 나타낸 곡선은 우상향 모양이다.
> ㄷ. 어떤 상품의 가격이 오르면 공급량이 증가한다.
> ㄹ. 공급은 생산자가 어떤 상품을 사고자 하는 욕구를 의미한다.

① ㄱ, ㄴ ② ㄱ, ㄷ ③ ㄴ, ㄷ
④ ㄴ, ㄹ ⑤ ㄷ, ㄹ

05 ㉠에 들어갈 알맞은 용어를 쓰시오.

> 수요량과 공급량이 일치하는 점에서 ___㉠___ 이/가 결정되는데, 이때의 가격을 균형 가격, 거래량을 균형 거래량이라고 한다.

(   )

고난도

06 표는 어떤 상품의 가격과 수량을 나타낸 것이다. 이에 대한 옳은 설명을 〈보기〉에서 고른 것은? (단, A, B는 수요량, 공급량 중 하나이다.)

가격(원)	700	800	900	1,000	1,100
A(개)	50	60	70	80	90
B(개)	90	80	70	60	50

보기

ㄱ. A는 수요량이다.
ㄴ. B는 가격과 역의 관계이다.
ㄷ. 가격이 800원일 때 초과 공급이 발생한다.
ㄹ. 균형 가격은 900원, 균형 거래량은 70개이다.

① ㄱ, ㄴ ② ㄱ, ㄷ ③ ㄴ, ㄷ
④ ㄴ, ㄹ ⑤ ㄷ, ㄹ

중요

07 그래프는 필통의 수요·공급 곡선을 나타낸 것이다. 이에 대한 설명으로 옳지 <u>않은</u> 것은?

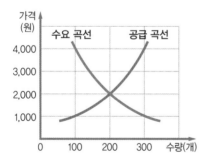

① 균형 가격은 2,000원이다.
② 균형 거래량은 200개이다.
③ 가격이 1,000원일 때 초과 수요가 발생한다.
④ 가격이 2,000원일 때 수요량과 공급량이 일치한다.
⑤ 가격이 4,000원일 때 100개의 초과 공급이 발생한다.

서술형 문제

08 수요 법칙과 공급 법칙에 관하여 서술하시오.

✎ _____

_____

_____

09 표는 단팥빵의 수요량과 공급량을 나타낸 것이다. 이를 보고 물음에 답하시오.

가격(원)	수요량(개)	공급량(개)
500	100	60
600	90	70
700	80	80
800	70	90
900	60	100

(1) 단팥빵의 가격이 600원일 때 시장에서 발생하는 상황을 서술하시오.

✎ _____

_____

(2) 단팥빵의 가격이 800원일 때 시장에서 발생하는 상황을 서술하시오.

✎ _____

(3) 단팥빵의 균형 가격과 균형 거래량을 결정되는 원리와 함께 서술하시오.

✎ _____

_____

03 시장 가격의 변동

1. 수요의 변동

(1) **의미**: 가격 이외의 요인이 변하여 수요가 증가하거나 감소하는 것

(2) **변동 요인**: 소득 수준, *대체재·*보완재 가격, 선호도, 미래 가격에 대한 예측 등

(3) **수요의 증가와 감소**

용어 **대체재**

사이다와 콜라처럼 사용 용도가 비슷하여 서로 대신하여 사용할 수 있는 재화이다. 한 재화의 가격이 상승하면 그와 대체재 관계에 있는 재화의 수요는 증가한다.

수요자가 구매하려는 상품 가격이 미래에 상승할 것으로 예상하면 가격이 상승하기 전에 구매하는 것이 유리하기 때문에 수요가 증가함

수요 증가	• 요인: 수요자 증가, 소득 증가, 대체재 가격 상승, 보완재 가격 하락, 선호도 증가, 가격 상승 예상 등 • 수요 곡선이 오른쪽으로 이동
수요 감소	• 요인: 수요자 감소, 소득 감소, 대체재 가격 하락, 보완재 가격 상승, 선호도 감소, 가격 하락 예상 등 • 수요 곡선이 왼쪽으로 이동

용어 **보완재**

커피와 설탕처럼 함께 소비하면 더 큰 만족을 얻을 수 있는 재화이다. 한 재화의 가격이 상승하면 그와 보완재 관계에 있는 재화의 수요는 감소한다.

2. 공급의 변동

(1) **의미**: 가격 이외의 요인이 변하여 공급이 증가하거나 감소하는 것

(2) **변동 요인**: 생산 요소의 가격, 생산 기술, 공급자의 수, 미래 가격에 대한 예측 등

(3) **공급의 증가와 감소**

공급자가 판매하는 상품 가격이 미래에 하락할 것으로 예상하면 가격이 하락하기 전에 판매하는 것이 유리하기 때문에 공급이 증가함

공급 증가	• 요인: 생산 기술의 발전, 생산 요소의 가격 하락, 공급자의 수 증가, 가격 하락 예상 등 • 공급 곡선이 오른쪽으로 이동
공급 감소	• 요인: 생산 요소의 가격 상승, 공급자의 수 감소, 가격 상승 예상 등 • 공급 곡선이 왼쪽으로 이동

보충 **수요량의 변화와 수요의 변화**

가격 이외의 요인들에 의해서는 수요가 변화하고 가격에 의해서는 수요량이 변화한다. 수요량의 변화는 수요 곡선상의 움직임으로 나타나지만, 수요가 변화하면 수요 곡선 자체가 이동한다.

3. 시장 가격의 변동

(1) **수요의 변동과 시장 가격의 변동**

수요 곡선이 왼쪽으로 이동 → 균형 가격 하락, 균형 거래량 감소

수요 곡선이 오른쪽으로 이동 → 균형 가격 상승, 균형 거래량 증가

(2) **공급의 변동과 시장 가격의 변동**

공급 곡선이 왼쪽으로 이동 → 균형 가격 상승, 균형 거래량 감소

공급 곡선이 오른쪽으로 이동 → 균형 가격 하락, 균형 거래량 증가

보충 **시장 가격의 신호등 기능**

소비자는 가격을 보고 구매 여부와 구매량을 결정하고, 생산자도 가격을 보고 어떤 상품을 얼마나 생산할지 결정하는데, 이를 시장 가격의 신호등 기능이라고 한다.

구분	소비자	생산자
가격 상승	소비 감소	생산 증가
가격 하락	소비 증가	생산 감소

탐구 속 자료 & 개념

탐구 1 고구마가 건강에 좋다는 인식이 수요에 미친 영향은?

'건강한 먹거리'로… 고구마 소비 13년 사이 8.9배 증가

고구마가 다이어트 식품이나 건강 식품으로 주목받으면서 수요가 늘고 있다. 고구마를 식사 대용으로 섭취하는 사례도 늘었고 케이크, 피자 등 소비하는 방법도 다양해졌다.

고구마가 건강 식품으로 주목받기 전과 후의 고구마 시장의 수요량을 나타낸 표이다.

고구마 가격 (원/kg 당)	고구마 수요량(kg)	
	인식 변화 이전	인식 변화 이후
2,000	500	600
3,000	400	500
4,000	300	400
5,000	200	300
6,000	100	200

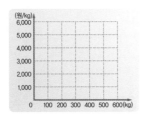

【자료 해설】

1. 고구마의 수요 곡선

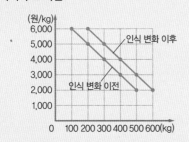

2. 고구마 수요 변동의 요인: 고구마가 건강에 좋다는 인식으로 수요자들의 선호도가 높아졌기 때문에 수요가 증가함

탐구 2 수요와 공급의 변동이 가격에 미치는 영향은?

【자료 해설】

1. 자료 ①: 수요 감소

→ 가격 하락, 거래량 감소

2. 자료 ②: 공급 증가

→ 가격 하락, 거래량 증가

3. 자료 ③: 공급 감소

→ 가격 상승, 거래량 감소

4. 자료 ④: 수요 증가

→ 가격 상승, 거래량 증가

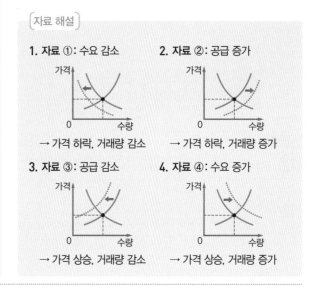

개념 꿀꺽

1. 다음 내용이 옳으면 ○표, 틀리면 ×표 하시오.

(1) 대체재는 사이다와 콜라처럼 대신하여 쓸 수 있는 재화이다. (   )

(2) 수요의 변동은 가격 이외의 요인이 변하여 수요가 증가하거나 감소하는 것이다. (   )

(3) 보완재 가격이 상승하면 수요가 증가한다. (   )

(4) 공급이 증가하면 균형 가격이 하락한다. (   )

(5) 생산 요소의 가격이 상승하면 공급이 증가한다. (   )

2. 수요 감소와 공급 증가의 요인을 바르게 연결하시오.

(1) 수요 감소 •

• ㉠ 생산 기술의 발전
• ㉡ 수요자의 소득 감소
• ㉢ 상품에 대한 선호도 감소
• ㉣ 공급자 수의 증가

(2) 공급 증가 •

• ㉤ 임금과 지대의 하락
• ㉥ 대체재의 가격 하락

정답
1. (1) ○ (2) ○ (3) × (4) ○ (5) ×
2. (1) ㉡, ㉢ (2) ㉠, ㉣, ㉤

단답형

01 (가), (나)의 대화에 나타난 재화의 관계를 쓰시오.

> (가) 재환 : 목마른데 콜라 있어?
> 민현 : 콜라는 없고 사이다 있어. 사이다를 마시자.
> (나) 다현 : 저녁 식사로 삼겹살 어때?
> 채영 : 삼겹살 좋지. 그런데 삼겹살은 상추에 싸서 먹을 때 훨씬 맛있어.

(가) (   )
(나) (   )

중요

02 다음과 같은 상황에서 귤 시장이 어떻게 변동할지 바르게 예측한 것은? (단, 다른 조건의 변화는 없다.)

> • 오렌지의 가격이 큰 폭으로 하락하였다.
> • 과일을 좋아하는 많은 사람이 귤 대신 오렌지를 먹어도 같은 만족감을 얻는다.

① 귤의 수요가 증가한다.
② 귤의 수요가 감소한다.
③ 귤의 수요량이 증가한다.
④ 귤의 공급량이 증가한다.
⑤ 귤의 공급은 감소하고 수요량은 증가한다.

03 ㉠에 들어갈 용어로 옳은 것은?

> [㉠] 이외의 요인이 변하여 수요가 증가하거나 감소하는 것을 수요의 변동이라고 한다.

① 공급 　② 소득 　③ 가격
④ 생산 　⑤ 수요량

04 수요의 변동 요인을 〈보기〉에서 고른 것은?

> **보기**
> ㄱ. 대체재의 가격
> ㄴ. 수요자의 소득
> ㄷ. 생산 기술 발달
> ㄹ. 생산 요소의 가격

① ㄱ, ㄴ 　② ㄱ, ㄷ 　③ ㄴ, ㄷ
④ ㄴ, ㄹ 　⑤ ㄷ, ㄹ

05 사례에 나타난 수요의 변동 요인으로 가장 적절한 것은?

> 토마토가 항암 효과가 뛰어나다고 보도된 이후 토마토에 대한 수요가 증가하고 있다.

① 수요자의 수
② 보완재의 가격
③ 수요자의 소득
④ 수요자의 선호도
⑤ 미래 가격에 대한 예측

중요

06 그래프는 빵 시장의 변화를 나타낸 것이다. 이에 대한 옳은 설명을 〈보기〉에서 고른 것은?

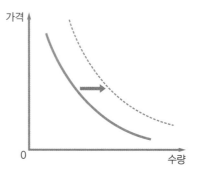

> **보기**
> ㄱ. 빵 수요가 증가하였다.
> ㄴ. 빵 수요량이 증가하였다.
> ㄷ. 빵 수요자 수의 증가는 변화의 요인이 될 수 있다.
> ㄹ. 빵 생산 기술의 향상은 변화의 요인이 될 수 있다.

① ㄱ, ㄴ 　② ㄱ, ㄷ 　③ ㄴ, ㄷ
④ ㄴ, ㄹ 　⑤ ㄷ, ㄹ

07 사례에 나타난 공급의 변동 요인으로 가장 적절한 것은?

> 신발 공장에서 일하는 근로자의 임금이 크게 상승하자 신발의 공급이 감소하였다.

① 공급자의 수
② 생산 기술 발달
③ 수요자의 선호도
④ 생산 요소의 가격
⑤ 미래 가격에 대한 예측

08 공급의 증가 요인을 〈보기〉에서 고른 것은?

보기

ㄱ. 공급자 수의 감소
ㄴ. 생산 기술의 향상
ㄷ. 수요자의 소득 증가
ㄹ. 생산 요소의 가격 하락

① ㄱ, ㄴ　　　② ㄱ, ㄷ　　　③ ㄴ, ㄷ
④ ㄴ, ㄹ　　　⑤ ㄷ, ㄹ

고난도

09 시장 가격과 거래량의 변동에 대한 설명으로 옳은 것은?

① 수요가 증가하면 균형 가격이 하락한다.
② 수요가 감소하면 균형 거래량이 증가한다.
③ 대체재의 가격이 하락하면 균형 거래량이 감소한다.
④ 공급 곡선이 왼쪽으로 이동하면 균형 가격이 하락한다.
⑤ 공급이 증가하면 균형 가격이 오르고 거래량이 늘어난다.

10 그래프에 나타난 공급 곡선의 이동 요인과 균형 가격의 변화로 옳은 것은?

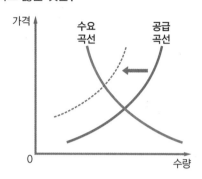

	이동 요인	균형 가격
①	임금 하락	상승
②	생산 기술 발달	하락
③	공급자 수의 감소	상승
④	수요자 수의 증가	하락
⑤	생산 요소 가격 하락	상승

서술형

11 그래프는 우유 시장의 변화를 나타낸 것이다. 이를 보고 물음에 답하시오.

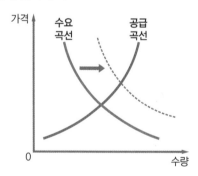

(1) 그래프에 나타난 변화의 요인이 될 수 있는 경우를 두 가지 쓰시오.

✎

(2) 수요 곡선의 이동 결과 우유의 균형 가격과 균형 거래량이 어떻게 변화했는지 서술하시오.

✎

[01~02] 다음은 고구마 시장에 나타난 변화이다. 이를 보고 물음에 답하시오.

> 방송에서 고구마가 건강에 좋은 다이어트 식품으로 주목받자 고구마를 찾는 소비자들이 증가하였다.

01 위의 변화를 그래프로 적절하게 나타낸 것은?

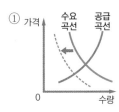 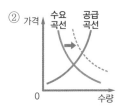

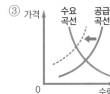 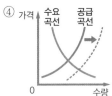

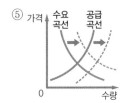

(중요)

02 고구마 시장의 균형 가격과 균형 거래량의 변화로 옳은 것은?

	균형 가격	균형 거래량
①	상승	증가
②	상승	감소
③	하락	증가
④	하락	감소
⑤	유지	증가

03 그래프는 콜라 시장의 변화를 나타낸 것이다. 이와 같은 변화의 발생 요인으로 옳은 것은?

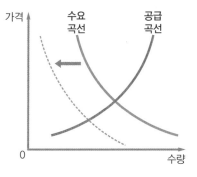

① 콜라의 가격이 상승하였다.
② 콜라의 수요자 수가 증가하였다.
③ 콜라의 수요자 소득이 증가하였다.
④ 콜라의 보완재 가격이 하락하였다.
⑤ 콜라의 대체재 가격이 하락하였다.

(중요)

04 사례에 대한 옳은 분석을 〈보기〉에서 고른 것은?

> 조류 인플루엔자가 크게 확산하면서 닭이 집단 폐사하자 닭고기를 꺼리는 사람들이 많아졌다. 한편, 닭고기를 찾았던 소비자 중 상당수가 닭고기 대신 돼지고기를 구매하고 있다.

보기

ㄱ. 닭고기의 가격은 상승할 것이다.
ㄴ. 닭고기의 수요는 감소할 것이다.
ㄷ. 닭고기와 돼지고기는 보완재 관계이다.
ㄹ. 돼지고기의 수요 곡선은 오른쪽으로 이동할 것이다.

① ㄱ, ㄴ　　② ㄱ, ㄷ　　③ ㄴ, ㄷ
④ ㄴ, ㄹ　　⑤ ㄷ, ㄹ

05 다음 글에 나타난 에어컨 시장의 변화 요인으로 옳은 것은?

> 30년 만에 찾아온 무더위가 몇 주 동안 계속되자 에어컨 가격이 상승하였다.

① 에어컨의 공급이 증가하였다.
② 에어컨의 수요가 증가하였다.
③ 에어컨의 공급량이 증가하였다.
④ 에어컨의 수요량이 증가하였다.
⑤ 에어컨의 수요는 감소하고, 공급은 증가하였다.

〔단답형〕

06 ㉠, ㉡에 들어갈 알맞은 용어를 쓰시오.

> 상품의 공급이 변하지 않는 상황에서 수요가 증가하면, 수요 곡선이 오른쪽으로 이동하여 시장 가격은 오르고 거래량은 [㉠]한다. 또한, 상품의 수요는 일정한데 공급이 감소하면, 공급 곡선이 왼쪽으로 이동하여 시장 가격은 오르고 거래량은 [㉡]한다.

㉠ (   )
㉡ (   )

〔고난도〕

07 다음의 변화로 인해 사과의 시장 가격이 변동되는 점을 그래프에서 고른 것은?

> • 사과의 대체재인 배의 가격이 하락하였다.
> • 사과를 재배하는 기술이 발달하여 사과 수확량이 증가하였다.

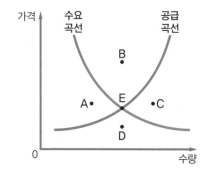

① A   ② B   ③ C
④ D   ⑤ E

서술형 문제

08 그래프는 아이스크림 시장의 변화를 나타낸 것이다. 이를 보고 물음에 답하시오.

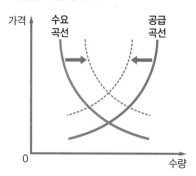

(1) 아이스크림의 수요와 공급이 어떻게 변동하였는지 서술하시오.

✎ _____

_____

(2) 그래프와 같이 공급이 변동하는 요인을 두 가지 서술하시오.

✎ _____

_____

09 다음의 변화가 사이다 시장에 미치는 영향을 서술하시오. (단, 사이다와 콜라는 대체재 관계이다.)

> • 콜라의 가격이 상승하였다.
> • 사이다에 대한 선호도가 높아졌다.

✎ _____

_____

_____

자신만만 적중문제

01 시장의 의미와 종류

01 사진에 나타난 시장에 대한 옳은 설명을 〈보기〉에서 고른 것은?

보기
ㄱ. 눈에 보이지 않는 시장이다.
ㄴ. 정보 사회 이전에는 형성되지 않았다.
ㄷ. 구체적인 형태의 장소를 가지고 있다.
ㄹ. 전자 상거래 시장으로 오늘날 그 규모가 축소되고 있다.

① ㄱ, ㄴ ② ㄱ, ㄷ ③ ㄴ, ㄷ
④ ㄴ, ㄹ ⑤ ㄷ, ㄹ

02 (가), (나)에 대한 설명으로 옳은 것은?

(가) 영수는 인터넷 ○○사이트에서 공동 구매로 가방을 저렴하게 샀다.
(나) 수연이는 인터넷 구인·구직 △△사이트를 통해서 아르바이트 자리를 구했다.

① (가)의 영수는 서비스를 구매하였다.
② (가)의 ○○사이트는 눈에 보이는 시장이다.
③ (나)의 △△사이트는 구체적 시장이다.
④ (나)의 △△사이트는 노동 시장에 해당한다.
⑤ (가)에 나타난 시장과 달리 (나)에 나타난 시장은 일정한 장소를 가진다.

02 수요·공급과 시장 가격의 결정

03 ㉠~㉣에 들어갈 내용으로 옳은 것은?

구분	수요량	공급량
상품의 가격 상승	㉠	㉡
상품의 가격 하락	㉢	㉣

	㉠	㉡	㉢	㉣
①	증가	감소	증가	감소
②	증가	감소	감소	증가
③	감소	증가	증가	감소
④	감소	증가	감소	증가
⑤	감소	감소	증가	증가

04 그래프는 어떤 재화의 수요·공급 곡선을 나타낸 것이다. 이에 대한 설명으로 옳지 <u>않은</u> 것은?

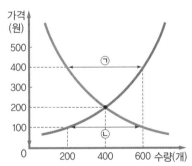

① ㉠은 초과 공급 상태이다.
② ㉠에서는 공급자 간에 경쟁이 발생한다.
③ ㉡에서는 수요자들이 더 높은 가격을 내서라도 상품을 사려고 할 것이다.
④ 균형 가격은 200원, 균형 거래량은 400개이다.
⑤ 100원은 수요자보다 공급자가 선호하는 가격이다.

03 시장 가격의 변동

[05~06] 다음 사례를 읽고 물음에 답하시오.

우리나라 사람 대부분이 삼겹살은 상추에 싸서 먹을 때 가장 맛있다고 생각하여 삼겹살을 사면 당연히 상추도 함께 산다. 그런데 올해 여름 수십 년 만의 폭염으로 상추가 말라 죽으면서 상추의 수확량이 감소하자 작년보다 상춧값이 2배로 뛰었다.

단답형

05 위의 사례에서 상추와 삼겹살의 관계를 쓰시오.

(   )

06 위의 사례를 바탕으로 삼겹살 시장의 변화를 나타낸 그래프로 옳은 것은?

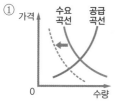 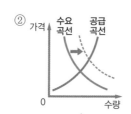

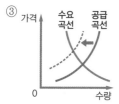 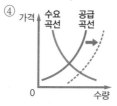

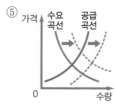

07 커피 가격의 하락 요인으로 옳은 것은?

① 커피의 공급자 수가 증가하였다.
② 커피 소비자의 소득이 증가하였다.
③ 커피를 즐기는 사람이 증가하였다.
④ 대체재인 녹차의 가격이 상승하였다.
⑤ 커피의 원료가 되는 원두 가격이 상승하였다.

08 (가), (나)는 배추 시장의 변화를 나타낸 그래프이다. (가)와 (나)의 변화를 다음 용어를 활용하여 서술하시오.

| • 수요 | • 수요량 | • 가격 |

(가)

(나)

09 그래프는 모자 시장의 변화를 나타낸 것이다. 점 A가 점 B로 이동하기 위한 수요와 공급의 변화를 쓰고, 그때의 시장 가격 변화를 서술하시오.

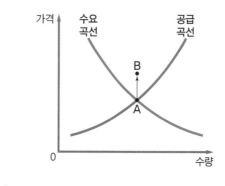

최고난도 문제

01 (가), (나)는 각각 배추 시장의 수요 변화와 공급 변화를 나타낸 것이다. (가), (나)의 변화를 가져오는 요인으로 옳은 것은?

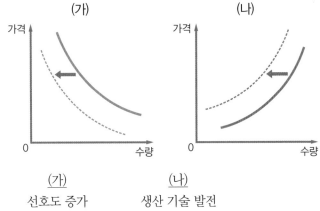

	(가)	(나)
①	선호도 증가	생산 기술 발전
②	소비자 수 감소	보완재 가격 상승
③	소비자 소득 증가	대체재 가격 하락
④	대체재 가격 하락	생산자 수 감소
⑤	보완재 가격 하락	생산 요소 가격 상승

풀이 비법

❶ (가), (나)가 수요 감소와 공급 감소 중 각각 어디에 해당하는지 확인한다.
❷ 선택지에 나타난 요인이 수요 변동 요인인지, 공급 변동 요인인지 판단한다.
❸ 수요 감소와 공급 감소의 적절한 요인을 찾는다.

02 다음과 같은 현상으로 인해 나타날 오징어 시장의 변화를 그래프로 바르게 표현한 것은?

> • 우리나라 주변 바다의 수온이 높아지면서 오징어의 어획량이 크게 감소하였다.
> • 오징어에는 타우린이 많아 심장병과 고혈압 등 성인병 예방에 좋다는 내용이 보도되자 많은 사람이 큰 관심을 가지게 되었다.

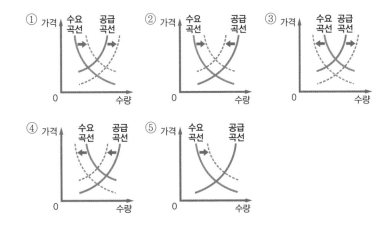

풀이 비법

❶ 오징어 생산 여건의 악화가 어떤 변화를 유발하는지 확인한다.
❷ 오징어에 대한 선호도의 증가가 어떤 변화를 유발하는지 확인한다.
❸ 오징어의 수요·공급 변동이 그래프로 어떻게 표현되는지 파악한다.

5

국민 경제와 국제 거래

01 국내 총생산과 경제 성장

1. 국내 총생산의 의미

(1) 국내 총생산(GDP)

① 의미: 한 국가의 국경 안에서 일정 기간 동안 새롭게 생산된 재화와 서비스들의 최종 시장 가치의 합
> 최종 생산물을 생산하기 위해 사용되는 중간 생산물은 제외
> 예 건물을 지을 때 다 지은 건물은 최종 시장 가치이고, 건설에 들어간 철근과 시멘트 등은 중간 생산물임

② 보통 1년을 단위로 계산

③ 그 나라 국민이 생산했어도 국외에서 생산된 것은 포함되지 않음

④ 시장에서 거래되지 않은 것은 포함하지 않음

⑤ 국내 총생산을 통해 그 나라의 경제 규모·생산 능력을 알 수 있음

⑥ 국민 전체의 소득 수준을 나타내지만 나라마다 인구 규모가 다르므로 개개인의 소득 수준을 나타내지는 못함

(2) 1인당 국내 총생산

① 의미: 국내 총생산을 인구수로 나눈 값 ($\frac{\text{국내 총생산}}{\text{인구수}}$)

② 1인당 국내 총생산을 통해 국민의 평균적인 생활 수준을 알 수 있음
> 선진국의 1인당 국내 총생산은 개발 도상국의 1인당 국내 총생산에 비해 많은데, 이를 통해 선진국 국민이 개발 도상국 국민보다 평균적인 생활 수준이 높다는 것을 알 수 있음

2. 국내 총생산의 한계점

(1) 시장에서 거래되는 것만을 대상으로 계산

① 시장에서 거래되지 않는 경제 활동은 국내 총생산에 포함되지 않음

② 가치 있는 경제 활동이지만 국내 총생산에 포함되지 않는 것: 주부의 가사 노동, 자원봉사자의 봉사 활동 등
> 직업상 일이나 필수적인 가사 활동 이외의 소비 활동으로, 단순히 남는 시간을 소비하는 활동이 아니라 삶의 질과 행복감을 높이는 활동이지만 국내 총생산에는 포함되지 않음

(2) 사람들의 삶의 질이나 복지 수준을 설명하지 못함

① 삶의 질을 높이는 여가는 국내 총생산에 포함되지 않음

② 삶의 질을 떨어뜨리는 자연재해 등으로 인한 피해는 국내 총생산에 반영되지 않고 자연재해 복구 비용이나 오염된 환경을 정화시키는 비용은 국내 총생산에 포함됨

3. 경제 성장과 삶의 질

(1) 경제 성장의 의미: 국민 경제의 생산 능력이 향상되어 국내 총생산이 증가하고 경제 규모가 커지는 것

(2) 경제 성장의 요인: 풍부한 천연·물적·인적 자원, 생산 기술의 향상, 합리적인 정부 정책 및 제도, 혁신적이고 창의적인 기업가 정신 등

(3) 경제 성장을 통한 삶의 질 향상

① 국민의 평균 소득이 높아지고 물질적으로 풍족해짐

② 국민이 더 나은 의료 서비스나 교육을 받을 수 있음

③ 다양한 문화 시설이 보급됨

④ 여가 활동을 다양하게 누릴 기회가 늘어남

보충 국내 총생산의 계산

국내 총생산은 최종 생산물인 빵의 가치 24만 원이고, 다른 방법으로 계산하면 각 생산 단계마다 더해진 가치(부가 가치)인 10만 원, 9만 원, 5만 원의 합인 24만 원이다.

보충 국내 총생산(GDP)과 국민 총생산(GNP)

국민 총생산은 한 나라의 국민이 일정 기간 동안 새롭게 생산한 최종 생산물의 시장 가치의 합이다. 국내 총생산은 한 국가의 영토 내에서 생산한 것을 의미하고 국민 총생산은 그 나라의 국적을 가진 사람이 생산한 것을 뜻한다.

보충 경제 성장률 계산

경제 성장률(%) =

$\frac{\text{금년도 실질 GDP} - \text{전년도 실질 GDP}}{\text{전년도 실질 GDP}}$

×100

※ 실질 GDP = 해당 연도의 최종 생산물 수량×기준 연도 가격

탐구 속 자료 & 개념

탐구 1 우리나라 국내 총생산에 포함되는 경제 활동에는 어떤 것이 있을까?

❶ 미국 메이저 리그에 진출한 한국 국적의 야구 선수가 받은 연봉

❷ 한국 회사가 베트남 공장에서 만들어 낸 휴대 전화

❸ 우리나라에 있는 미국 회사에서 만든 음료수

❹ 주부가 가족의 저녁 식사를 위해 만든 요리

❺ 우리나라에서 식당을 하는 인도인이 만든 카레 요리

[자료 해설]

1. **국내 총생산에 포함되는 것: ③, ⑤**
   - 우리나라에서 새롭게 생산된 최종 생산물
   - 외국 회사, 외국인이지만 우리나라에서 생산한 것이기 때문에 국내 총생산에 포함

2. **국내 총생산에 포함되지 않는 것: ①, ②, ④**
   - ①, ②: 한국인, 한국 회사이지만 다른 나라에서 생산한 것이므로 국내 총생산에 포함되지 않음
   - ④: 시장에서 거래된 상품이 아니므로 포함되지 않음

탐구 2 국내 총생산의 한계점은 무엇일까?

자료 ❶
저는 이발사입니다. 휴일에 봉사 활동으로 어르신들께 무료로 이발을 해 드렸어요.

자료 ❷
교통사고가 나면 자동차는 수리를 받아야 하고, 다친 사람들은 병원에서 치료를 받아야 해요.

자료 ❸
하루 일과를 마치고 저녁 식사 후 가족들과 산책을 하면 하루의 피로도 풀리고 행복합니다.

[자료 해설]

1. **국내 총생산에 포함되는 것과 포함되지 않는 것**

포함되는 것	• 자료 ❷ 교통사고는 삶의 질을 저하시키지만 그 처리 비용이나 치료 비용이 국내 총생산에 포함됨
포함되지 않는 것	• 자료 ❶ 고객에게 돈을 받는 이발은 국내 총생산에 포함되지만 무료 봉사 활동은 포함되지 않음 • 자료 ❸ 여가나 휴식 활동은 삶의 질을 향상시키지만 국내 총생산에 포함되지 않음

2. **국내 총생산으로 삶의 질을 측정하지 못함**: 교통사고 처리 비용, 환경 오염 개선 비용 등은 국내 총생산을 증가시키지만 교통사고와 환경 오염 그 자체는 삶의 질을 저하시킴. 반면, 여가 활동이나, 봉사 활동은 삶의 질을 높이지만 국내 총생산에 포함되지 않음

개념 꿀꺽

1. 다음 내용이 옳으면 ○표, 틀리면 ×표 하시오.

(1) 국내 총생산(GDP)은 한 국가의 국경 안에서 일정 기간 동안 새롭게 생산한 재화와 서비스들의 최종 시장 가치를 모두 더한 것이다. (　　)

(2) 국내 총생산에는 자국민이 생산한 모든 것이 포함된다. (　　)

(3) 1인당 국내 총생산은 국내 총생산을 인구수로 나눈 값이다. (　　)

(4) 경제 성장이란 국내 총생산의 규모가 커지는 것이다. (　　)

(5) 국내 총생산은 실생활을 정확히 보여 준다. (　　)

2. 국내 총생산에 포함되는 것과 포함되지 않는 것을 바르게 연결하시오.

(1) 국내 총생산에 포함되는 것 •

(2) 국내 총생산에 포함되지 않는 것 •

• ㉠ 한국인 축구 선수가 영국에서 받은 연봉
• ㉡ 교통사고 피해자의 치료비
• ㉢ 우리나라에서 식당을 하는 베트남인이 만든 쌀국수 요리
• ㉣ 주부가 가족을 위해 만든 요리
• ㉤ 우리나라에 있는 미국 회사가 만든 음료수

정답
1. (1) ○ (2) × (3) ○ (4) ○ (5) ×
2. (1) ㉡, ㉢, ㉤ (2) ㉠, ㉣

01 다음 설명에 해당하는 경제 용어로 적절한 것은?

> • 일정 기간 동안 한 나라 안에서 생산된 최종 생산물의 시장 가치를 모두 더한 것이다.
> • 한 나라의 경제 규모와 생산 능력을 보여 준다.

① 국내 총생산　　　　② 국민 총생산
③ 국민 총소득　　　　④ 국내 총수요
⑤ 국내 총지출

02 국내 총생산(GDP)에 대한 옳은 설명을 〈보기〉에서 고른 것은?

보기

> ㄱ. 국민 개개인의 소득 수준을 나타낸다.
> ㄴ. 자국민이 해외에서 생산한 것도 포함한다.
> ㄷ. 재화와 서비스들의 최종 시장 가치를 모두 더한 것이다.
> ㄹ. 한 국가의 국경 안에서 일정 기간 동안 새롭게 생산된 것이다.

① ㄱ, ㄴ　　　② ㄱ, ㄷ　　　③ ㄴ, ㄷ
④ ㄴ, ㄹ　　　⑤ ㄷ, ㄹ

중요

03 우리나라 국내 총생산에 포함되는 것은?

① 한국 회사가 필리핀 공장에서 생산한 신발
② 우리나라에 있는 미국 회사가 생산한 음료수
③ 전업주부가 가족의 저녁 식사를 위해 만든 요리
④ 중학생이 용돈을 모아 기부한 불우 이웃 돕기 성금
⑤ 미국 메이저 리그에 진출한 한국 국적의 야구 선수가 미국에서 받은 연봉

04 사례를 통해 알 수 있는 국내 총생산의 특징으로 적절한 것은?

> 제과점에서 식빵을 만들어 팔기 위해 원료로 구입한 밀가루, 우유, 설탕의 가격은 국내 총생산에 포함되지 않는다.

① 생활필수품은 포함하지 않는다.
② 중간 생산물의 시장 가치를 포함한다.
③ 시장에서 거래되지 않는 것은 포함하지 않는다.
④ 다른 상품의 생산을 위해 사용된 것은 포함하지 않는다.
⑤ 최종 생산물의 가치에서 중간 생산물의 가치를 뺀 것이다.

05 사회 수업의 한 장면이다. (가)에 들어갈 내용으로 적절한 것은?

> 교사: 국내 총생산에 포함되는 것의 사례를 발표해 볼까요?
> 재석: 아버지가 대전의 타이어 회사에서 타이어를 생산했어요.
> 하하: 삼촌이 국내에 진출한 미국 유통업체에서 일하고 월급을 받았어요.
> 명수: 전업주부이신 어머니가 명절 손님맞이 준비를 위해서 음식을 만들었어요.
> 교사: 재석과 하하는 적절한 사례를 조사했지만, 명수가 발표한 사례는 국내 총생산에 포함되지 않아요. 왜냐하면 _____(가)_____.

① 국내에서 생산한 것만 포함되기 때문입니다.
② 자국민이 생산한 것만 포함되기 때문입니다.
③ 최종 생산물의 시장 가치만 포함되기 때문입니다.
④ 중간 생산물의 시장 가치는 포함되지 않기 때문입니다.
⑤ 시장에서 거래되지 않는 경제 활동은 포함되지 않기 때문입니다.

06 빈칸 ㉠에 알맞은 용어는?

> ㉠ 은/는 국내 총생산을 인구수로 나눈 값이다.

① 최종 생산물
② 국민 총생산
③ 1인당 국내 총생산
④ 1인당 국민 총생산
⑤ 1인당 경제 총생산

중요

07 여러 나라의 국내 총생산을 나타낸 표이다. 표에 대한 옳은 분석을 〈보기〉에서 고른 것은?

(단위: 달러)

국가	미국	중국	일본	대한민국	노르웨이
국내 총생산	19조 3,621억	11조 9,375억	4조 8,844억	1조 5,297억	3,920억

(통계청, 2017)

보기

ㄱ. 미국 국민의 삶의 질이 가장 높다.
ㄴ. 우리나라의 생산 능력이 노르웨이보다 크다.
ㄷ. 중국 국민의 평균 소득이 일본보다 2배 이상 많다.
ㄹ. 중국의 경제 규모는 우리나라보다 7배 이상 크다.

① ㄱ, ㄴ
② ㄱ, ㄷ
③ ㄴ, ㄷ
④ ㄴ, ㄹ
⑤ ㄷ, ㄹ

08 경제 성장에 대한 설명으로 옳지 않은 것은?

① 국민 경제의 생산 능력이 향상되는 것을 의미한다.
② 경제가 성장하면 국민들 간 소득 불평등이 사라진다.
③ 경제 성장이란 국내 총생산의 규모가 커지는 것이다.
④ 경제가 성장하면 국민은 더 나은 의료 서비스나 교육을 받을 수 있다.
⑤ 경제가 성장하면 국민의 평균 소득이 높아지고 물질적으로 풍족해진다.

단답형

09 빈칸에 공통으로 들어갈 용어를 쓰시오.

> 경제 성장이란 [   ]의 규모가 커지는 것이다. [   ]이/가 증가한다는 것은 국민 경제의 생산 능력이 향상되는 것을 의미한다.

( )

10 국내 총생산의 한계에 대한 옳은 설명을 〈보기〉에서 고른 것은?

보기

ㄱ. 국민 전체의 소득 수준을 나타내지 못한다.
ㄴ. 한 나라의 경제 규모와 생산 능력을 알 수 없다.
ㄷ. 국민 개개인의 삶의 질을 제대로 보여 주지 못한다.
ㄹ. 시장에서 거래되지 않는 경제 활동은 포함되지 않는다.

① ㄱ, ㄴ
② ㄱ, ㄷ
③ ㄴ, ㄷ
④ ㄴ, ㄹ
⑤ ㄷ, ㄹ

서술형

11 다음 대화를 통해 알 수 있는 국내 총생산의 한계를 서술하시오.

> 종신: 이번 지진으로 주택과 도로가 붕괴되어 엄청난 피해를 입었고, 많은 이재민이 발생하여 큰 고통을 겪고 있어.
> 민수: 이재민의 사연을 들으니 정말 안타까웠어. 그런데 지진으로 발생한 피해 복구 비용이 국내 총생산을 증가시킨데.

01 국내 총생산에 대한 설명으로 옳지 <u>않은</u> 것은?

① 개개인의 소득 수준을 나타내지는 못한다.
② 보통 1년 동안 새롭게 생산된 것을 말한다.
③ 한 국가의 영토 내에서 새롭게 생산된 것이다.
④ 국적을 기준으로 경제 활동을 측정한 경제 지표이다.
⑤ 각 생산 단계에서 발생한 부가 가치를 모두 더한 것이다.

[02~03] 다음 사례를 읽고 물음에 답하시오.

갑국에서 농부인 영희는 농사를 지어 500만 원어치의 밀을 생산하였다. 제분업자 철수는 영희에게 500만 원어치의 밀을 구입한 후, 600만 원어치의 밀가루를 만들었다. 제빵업자 도성은 철수에게 600만 원어치의 밀을 구입한 후 700만 원어치의 빵을 만들어 판매하였다. 갑국에서 다른 생산 활동은 없었다.

02 갑국의 국내 총생산으로 적절한 것은?

① 500만 원　　　　② 600만 원
③ 700만 원　　　　④ 1,300만 원
⑤ 1,800만 원

중요
03 위 사례에 대한 설명으로 옳은 것은?

① 영희는 부가 가치를 만들어내지 못했다.
② 최종 생산물의 가치는 부가 가치의 총합보다 크다.
③ 영희와 철수가 만들어낸 부가 가치의 합은 700만 원이다.
④ 최종 생산물인 빵의 시장 가치인 700만 원이 국내 총생산이다.
⑤ 도성이가 생산 과정에서 만들어낸 부가 가치는 700만 원이다.

04 우리나라의 국내 총생산에 포함되는 것을 〈보기〉에서 고른 것은?

보기
ㄱ. 한국인이 해외에서 사용한 여행 비용
ㄴ. 한국 근로자가 중동 건설 현장에서 지급받은 임금
ㄷ. 국내의 우리나라 건설 회사가 외국인 근로자에게 지급한 임금
ㄹ. 우리나라에 진출한 외국 기업이 한국인 근로자에게 지급한 임금

① ㄱ, ㄴ　　② ㄱ, ㄷ　　③ ㄴ, ㄷ
④ ㄴ, ㄹ　　⑤ ㄷ, ㄹ

05 어떤 나라에서 1년 동안 이루어진 경제 활동이다. 이 나라의 국내 총생산은?

• 새롭게 생산된 자동차 판매액 1,000억 원
• 개인 간 직거래로 판매된 중고차 값 100억 원
• 자동차 사고 처리 비용 30억 원
• 자동차 회사가 기부한 불우 이웃 돕기 성금 10억 원
• 자동차 생산 비용에 포함된 부품 20억 원

① 1,000억 원　② 1,020억 원　③ 1,030억 원
④ 1,130억 원　⑤ 1,160억 원

중요
06 다음 글을 통해 알 수 있는 국내 총생산의 특징을 바르게 설명한 것은?

1년 동안 새로 만들어져 판매된 참고서 가격 50억 원은 국내 총생산에 포함되지만, 2년 전에 생산되어 거래된 헌 참고서 가격 10억 원은 계산되지 않는다.

① 국내에서 생산된 것만 포함된다.
② 자국민이 생산한 것만 포함된다.
③ 중간 생산물의 시장 가치를 포함한다.
④ 1년 동안 새롭게 생산된 것만 포함된다.
⑤ 인터넷을 통해 거래된 상품은 포함되지 않는다.

단답형

07 빈칸에 공통으로 들어갈 용어를 쓰시오.

> • ▢▢▢▢▢은/는 한 나라의 경제 규모와 생산 능력을 보여 준다.
> • 1인당 국내 총생산은 ▢▢▢▢▢을/를 인구수로 나눈 값이다.

(   )

고난도

08 여러 나라의 1인당 국내 총생산을 나타낸 표이다. 표에 대한 옳은 분석을 〈보기〉에서 고른 것은?

(단위: 달러)

국가	미국	중국	일본	대한 민국	노르 웨이
1인당 국내 총생산	59,495	8,582	38,550	29,730	73,615

(통계청, 2017)

보기

> ㄱ. 일본의 경제 규모는 중국보다 4배 이상 크다.
> ㄴ. 대한민국 국민보다 미국 국민들이 더 행복하다.
> ㄷ. 표의 내용만으로는 각 나라의 빈부 격차 정도를 알 수 없다.
> ㄹ. 노르웨이 국민들의 평균적인 생활 수준이 가장 높을 것이다.

① ㄱ, ㄴ   ② ㄱ, ㄷ   ③ ㄴ, ㄷ
④ ㄴ, ㄹ   ⑤ ㄷ, ㄹ

09 경제 성장에 대한 설명으로 옳지 <u>않은</u> 것은?

① 국내 총생산의 규모가 커지는 것이다.
② 한 나라의 생산 능력이 확대된 것을 의미한다.
③ 교육이나 의료 서비스에 대한 지원을 확대할 수 있다.
④ 국민들 간 빈부 격차가 해소되어 평등 사회가 실현된다.
⑤ 다양한 문화 시설이 보급되어 삶의 질이 향상될 수 있다.

서술형 문제

10 사례를 통해 알 수 있는 국내 총생산의 한계를 서술하시오.

> • 독감이 크게 유행하여 호흡기 질환 환자가 대량 발생하고 이들이 병원에서 치료를 받을 경우 병원 치료비가 국내 총생산에 포함된다.
> • 강력 범죄 발생률이 높아져 범인을 검거하기 위해 경찰관 채용을 늘릴수록 국내 총생산이 증가한다.

🖉 _____

_____

_____

11 사회 수업 장면이다. 교사가 희정이의 해석이 잘못되었다고 평가한 이유를 서술하시오.

> 교사: 관심 있는 나라의 국내 총생산을 조사하기로 한 과제를 발표해 볼까요?
> 태현: 2017년 나이지리아의 국내 총생산은 3,948억 달러, 노르웨이의 국내 총생산은 3,920억 달러입니다.
> 희정: 나이지리아와 노르웨이 국민들의 생활 수준이 비슷하군요.
> 교사: 태현이의 조사 내용은 정확하지만, 희정이의 해석은 잘못되었네요.

🖉 _____

_____

_____

02 물가 상승과 실업

1. 물가 상승의 의미와 원인

(1) **물가의 의미**: 여러 상품들의 가격을 종합한 평균적인 가격 수준

(2) **인플레이션의 의미**: 물가가 지속적으로 상승하는 현상

(3) **물가 상승의 다양한 원인**

① 수요 측면: 재화나 서비스의 대한 전체적인 수요가 공급보다 많을 때 발생

② 공급 측면: 임금이나 원자재 가격 등의 생산 비용이 상승할 때 발생

> 생산 비용이 상승하면 기업은 이윤을 확보하기
> 위해 판매 가격을 인상시켜 상품 가격이 상승

2. 물가 상승의 영향과 대책

(1) **물가 상승의 영향**

① 화폐 가치의 하락으로 인하여 소비자의 구매력 하락

② 생산 요소의 가격 상승으로 인한 생산 둔화

③ 부와 소득의 불공평한 재분배

> 물가가 상승하면 실물 자산을 소유한 사람은 유리해지나, 화폐
> 자산을 소유한 사람은 불리해지는데 이는 결국 부와 소득을 불
> 공평하게 재분배하는 결과를 가져옴

(2) **물가 상승에 대한 대책**

① 소비자: 과소비 자제, 합리적인 소비 생활

② 기업: 신기술 개발로 생산비 절감, 경영 혁신으로 생산성 향상

③ 정부: 생활필수품의 가격 상승 규제, 원자재 가격 안정화, 세금을 늘리고 정부 지출 축소, 통화량 감축

> 시중에 유통되는 화폐의 양을 줄여 물가 상승을 막음

3. 실업의 의미와 원인

(1) **의미**: 일할 능력과 일하고 싶은 의사가 있음에도 일자리가 없는 상태

(2) **발생 원인**

> 국가 경제가 불황기에 처하면 생산을 감소하거나 도산하는 기업이
> 증가하는데 이 과정에서 일자리가 줄어들며 실업이 발생

① 경기 침체

② 산업 구조의 변화로 인한 특정 산업의 쇠퇴 ── 예 석탄 산업 종사자, 전화 교환원, 버스 안내양 등

③ 계절의 변화 ── 예 여름철의 스키 강사, 겨울철의 해수욕장 안전 요원 등

④ 자발적 의사(새로운 일자리를 모색하는 과정에서 발생)

4. 실업의 영향과 대책

(1) **실업의 영향**

① 개인적 측면: 소득 감소, 자신감 하락, 심리적 불안 등

② 사회적 측면: 소비 둔화로 인한 경기 침체, 인적 자원의 낭비, 빈곤층 확산, 가족 해체나 생계형 범죄 등 사회 문제 발생

(2) **실업에 대한 대책**

① 정부: 경기 회복 정책 실시, 취업 관련 정보 제공, 일자리 탐색 지원, 인력 재교육, 고용 보험 제도를 마련하여 실업으로 인한 경제적 어려움 해결 등

② 기업: 새로운 일자리 창출, 새로운 시장 개척 등

③ 근로자: 생산성과 업무 처리 능력 향상을 위한 직업 능력 개발

보충 가격과 물가

가격은 개별 상품의 값이고, 물가는 여러 상품의 종합적인 가격 수준을 나타낸다.

보충 초인플레이션

물가 상승이 통제를 벗어난 상태로 수백 퍼센트의 물가 상승률을 기록하는 상황을 말한다.
독일은 1차 세계 대전 패전 직후 막대한 전쟁 배상금을 물어야 했던 탓에 정부가 화폐 발행을 남발했고, 이에 따라 초인플레이션이 발생했다. 1922년 5월에 1마르크였던 신문 한 부의 가격이 1년여 후인 1923년 9월 1,000마르크로 1,000배나 뛰었다. 이어 신문 값이 100만 마르크로 다시 1,000배가 뛰는 데에는 한 달밖에 걸리지 않았다. 당시 화폐 가치가 곤두박질치면서 액면가 100조 마르크 지폐가 발행됐을 정도다.

사례 소비자의 구매력 하락

사과 1개의 가격이 1,000원에서 1,500원으로 인상되면 물가 상승 전에는 3,000원으로 3개의 사과를 구매할 수 있었으나 2개밖에 구입하지 못하게 된다. 즉 물가가 상승하면 화폐 가치가 하락하고 이에 따라 소비자의 구매력이 하락한다.

보충 실업률

실업률은 경제 활동 인구 중에서 실업자가 차지하는 비율이다.

$$실업률(\%) = \frac{실업자\ 수}{경제\ 활동\ 인구} \times 100$$

탐구 1 물가 상승하면 누가 유리해지고 누가 불리해질까?

[자료 해설]

1. 물가가 상승하면 화폐 가치가 하락하여 갚아야 할 돈의 액수는 그대로이나 그 가치는 낮아져 돈을 빌린 사람은 유리하다. 부동산을 소유한 사람은 물가 상승으로 부동산의 가치도 올라가고 부동산 임대료를 올려 받을 수 있어 유리하다.
   → 물가 상승으로 유리해지는 경제 주체: 실물 자산 소유자, 채무자, 사업가 등
2. 돈을 빌려준 사람과 연금 소득자는 화폐 가치가 하락하는데 받을 돈의 액수는 변하지 않으므로 불리하다.
   → 물가 상승으로 불리해지는 경제 주체: 화폐 자산 소유자, 채권자, 봉급·연금 생활자 등

탐구 2 물가 상승과 실업에 대한 대책은 무엇일까?

〈1980년대 초 우리 경제〉
1980년대 이후 우리나라 경제는 빠르게 성장하였다. 1970년대의 석유 파동을 벗어나면서 경제는 회복세를 보였고 한발 더 나아가 고도의 경제 성장을 이루어 낸 것이다. 그러나 평균 국민 소득이 증가하였지만 그 이상의 가파른 물가 상승이 함께 나타나 경제 전반에 큰 부담이 되었다.

〈1990년대 말 우리 경제〉
이른바 '아이엠에프(IMF) 외환 위기'는 우리나라 경제에 큰 상처를 남겼다. 국제 통화 기금으로부터 자금 지원을 받는 상황이 오면서 경기 침체의 그늘 속에 대규모의 구조 조정이 진행되었다. 이로 인한 대규모 실업 사태는 개인적·사회적으로 큰 문제를 가져왔다.

1973~1974년, 1978~1980년 두 차례에 걸친 석유 수출국 기구(OPEC)의 원유 생산 감축에 따른 원유 가격 인상과 이로 인한 전 세계적 경제 혼란

[개념 쏙쏙]

1. **경제 상황 분석**
   ① 1980년대 초 우리 경제: 가파른 물가 상승
   ② 1990년대 말 우리 경제: 대규모 실업 발생
2. **물가 상승과 실업에 대한 대책**

대책	1980년대 초 물가 상승	1990년대 말 실업 발생
가계의 노력	과소비 자제	새로운 일자리 찾기, 직업 교육
기업의 노력	생산비 절감 노력, 제품 가격 인상 자제	노사 협력, 연구 개발로 신제품 개발 및 시장 개척
정부의 노력	물가 안정 정책 실시	일자리 제공

개념 꿀꺽

1. 다음 내용이 옳으면 ○표, 틀리면 ×표 하시오.

(1) 물가란 시장에서 거래되는 여러 상품의 가격을 종합한 평균적인 가격 수준이다. (   )
(2) 경제가 성장하면 일반적으로 물가가 하락한다. (   )
(3) 물가가 상승하면 부동산을 소유한 사람은 불리해진다. (   )
(4) 경제 활동이 전반적으로 침체되면 실업이 발생한다. (   )
(5) 산업 구조 변화는 실업의 원인이 될 수 없다. (   )

2. 다음 빈칸에 들어갈 알맞은 말을 쓰시오.

(1) 물가가 지속적으로 상승하는 현상을 □□□□□□(이)라고 한다.
(2) 물가가 오르면 화폐 가치는 □□한다.
(3) 물가가 상승하면 채무자에 비해 채권자는 □□해진다.
(4) 일할 능력과 의사가 있는데도 일자리가 없는 상태를 □□(이)라고 한다.

정답

1. (1) ○ (2) × (3) × (4) ○ (5) ×
2. (1) 인플레이션 (2) 하락한다 (3) 불리
   (4) 실업

01 빈칸 ㉠에 알맞은 용어는?

> [㉠](이)란 시장에서 거래되는 여러 상품의 가격을 종합한 평균적인 가격 수준을 말한다.

① 가격　　　② 물가　　　③ 비용
④ 환율　　　⑤ 이자

02 물가에 대한 설명으로 옳지 <u>않은</u> 것은?

① 개인의 경제생활에 영향을 미친다.
② 임금 인상은 물가 상승의 원인이 될 수 있다.
③ 경제가 성장하면 일반적으로 물가는 하락한다.
④ 여러 가지 상품 가격의 종합적·평균적 수준이다.
⑤ 시장에서 거래되는 여러 상품의 가격을 반영한다.

중요
03 인플레이션 발생 원인을 〈보기〉에서 고른것은?

> 보기
> ㄱ. 생산 비용이 하락하였다.
> ㄴ. 원자재 가격이 상승하였다.
> ㄷ. 전체적인 수요가 전체적인 공급보다 많다.
> ㄹ. 개별 상품의 가격이 전반적으로 하락하였다.

① ㄱ, ㄴ　　　② ㄱ, ㄷ　　　③ ㄴ, ㄷ
④ ㄴ, ㄹ　　　⑤ ㄷ, ㄹ

04 사례에 나타난 물가 상승의 원인으로 적절한 것은?

① 임금이 상승하였다.
② 생산 비용이 상승하였다.
③ 원자재 가격이 상승하였다.
④ 상품에 대한 소비자의 선호도가 낮아졌다.
⑤ 전체적인 수요가 전체적인 공급보다 많다.

05 인플레이션이 경제에 미치는 영향으로 옳은 것은?

① 화폐 가치가 하락한다.
② 소비자들의 구매력이 커진다.
③ 기업의 생산 비용이 감소한다.
④ 기업의 신규 투자가 활성화된다.
⑤ 수출품의 가격이 상승하여 수출이 증가한다.

06 인플레이션이 발생했을 때 유리해지는 사람은?

① 화폐 자산 보유자
② 매달 일정액의 봉급을 받는 근로자
③ 다른 사람에게 돈을 빌려준 채권자
④ 건물과 토지 같은 부동산을 소유한 사람
⑤ 퇴직 후 매달 받는 연금으로 생활하는 사람

중요

07 인플레이션에 대한 옳은 대책을 〈보기〉에서 고른 것은?

보기

ㄱ. 가계는 과소비를 자제한다.
ㄴ. 기업은 생산비를 높이기 위해 노력한다.
ㄷ. 정부는 공공요금 인상을 자제해야 한다.
ㄹ. 해외에서 수입되는 원자재 가격을 인상한다.

① ㄱ, ㄴ   ② ㄱ, ㄷ   ③ ㄴ, ㄷ
④ ㄴ, ㄹ   ⑤ ㄷ, ㄹ

단답형

08 빈칸 ㉠에 알맞은 용어를 쓰시오.

일할 능력도 있고 일을 하고 싶은 의사도 있는
데, 일자리가 없는 상태를 ㉠ (이)라고 한다.

(   )

09 다음 내용에 나타난 실업의 원인으로 가장 적절한 것은?

제1차 세계 대전 후의 미국은 겉으로는 경제적
번영을 누리고 있는 것처럼 보였다. 하지만 물건들
이 팔리지 않아 재고가 넘치고 전체적인 경제 활동
이 마비되면서 기업들이 줄지어 망하였다. 이에 따
라 실업자도 늘어나 1933년에는 그 수가 전체 근로
자의 약 30 %에 해당하는 1,500만 명이 넘었다고
한다.

① 특정 산업의 쇠퇴
② 산업 구조의 변화
③ 세계 대전의 발발
④ 경제 활동의 전반적인 침체
⑤ 근로자들의 새로운 일자리 탐색

10 실업자에 해당하는 사람은?

① 중학교에 재학 중인 만 13세 철수
② 유명 대학을 졸업했으나 취업 의사가 없는 병수
③ 의사가 되기를 희망하여 의학 전문 대학원에 다니
는 영희
④ 택배기사로 취업하기 위해 운전면허 학원에 다니
고 있는 선영
⑤ 대학 졸업 이후 계속 일자리를 찾고 있으나 아직
구하지 못한 선경

11 실업이 개인에게 미치는 영향을 〈보기〉에서 고른 것은?

보기

ㄱ. 소득세 부담이 높아진다.
ㄴ. 자기 개발의 기회가 확대된다.
ㄷ. 삶에 대한 자신감이 떨어진다.
ㄹ. 안정적인 경제생활이 어려워진다.

① ㄱ, ㄴ   ② ㄱ, ㄷ   ③ ㄴ, ㄷ
④ ㄴ, ㄹ   ⑤ ㄷ, ㄹ

서술형

12 실업에 대한 적절한 대책을 개인적 차원과 사회적 차
원으로 구분하여 각각 서술하시오.

✎ _____

_____

_____

_____

01 인플레이션의 발생 원인으로 적절한 것을 〈보기〉에서 고른 것은?

> **보기**
>
> ㄱ. 기업의 생산 비용이 하락하였다.
> ㄴ. 국제 석유 가격이 크게 상승하였다.
> ㄷ. 사회 전체적으로 임금이 상승하였다.
> ㄹ. 상품에 대한 전체적인 수요가 전체적인 공급보다 적다.

① ㄱ, ㄴ   ② ㄱ, ㄷ   ③ ㄴ, ㄷ
④ ㄴ, ㄹ   ⑤ ㄷ, ㄹ

02 빈칸 ㉠, ㉡에 들어갈 용어를 바르게 나열한 것은?

> 한 상품에 대한 수요가 공급보다 많으면 ☐㉠☐ 이/가 오르는 것처럼 재화나 서비스에 대한 전체적인 수요가 전체적인 공급보다 많을 때 ☐㉡☐ 이/가 상승한다.

	㉠	㉡		㉠	㉡
①	가격	비용	②	가격	물가
③	물가	가격	④	물가	비용
⑤	비용	물가			

고난도
03 인플레이션이 발생했을 때 불리해지는 사람들을 바르게 묶은 것은?

① 채권자, 연금 생활자
② 채무자, 연금 생활자
③ 채권자, 부동산 소유자
④ 채무자, 화폐 자산 보유자
⑤ 연금 생활자, 부동산 소유자

04 다음 글의 밑줄 친 '영향'에 해당하는 것은?

> 1973년~1974년, 1978년~1980년 두 차례에 걸친 국제 석유 가격의 상승으로 인해 석유를 소비하는 국가들을 비롯한 세계가 겪은 혼란을 석유 파동이라고 하는데, 당시 우리나라 경제에도 큰 영향을 미쳤다.

① 원자재 비용 감소
② 전체적인 공급 증가
③ 전체적인 수요 감소
④ 전반적인 임금 상승
⑤ 기업의 생산 비용 증가

05 사회 수업의 한 장면이다. ㉠~㉢에 알맞은 말을 바르게 나열한 것은?

> 학생: 선생님, 서로 다른 해의 물가를 어떻게 비교할 수 있나요?
> 교사: 물가 지수를 활용하면 됩니다. 물가 지수란 기준이 되는 해의 물가를 100으로 놓고 비교하려는 해의 물가를 계산한 것입니다. 물가 지수가 100보다 크면 기준 시점보다 물가가 상승한 것이고, 100보다 작으면 기준 시점보다 물가가 하락한 것입니다. 따라서 물가 지수가 120이라는 것은 ☐㉠☐ 에 비해 물가가 ☐㉡☐ % ☐㉢☐ 했다는 것을 의미합니다.

	㉠	㉡	㉢
①	작년	20	하락
②	작년	120	상승
③	기준 연도	20	상승
④	기준 연도	120	상승
⑤	비교 연도	20	하락

06 물가 상승의 영향에 대한 옳은 설명을 〈보기〉에서 고른 것은?

보기
ㄱ. 화폐 가치가 상승한다.
ㄴ. 소비자들의 부담이 증가한다.
ㄷ. 부와 소득이 불공평하게 재분배된다.
ㄹ. 같은 돈으로 살 수 있는 상품의 양이 늘어난다.

① ㄱ, ㄴ   ② ㄱ, ㄷ   ③ ㄴ, ㄷ
④ ㄴ, ㄹ   ⑤ ㄷ, ㄹ

07 신문 기사에 나타난 실업의 원인으로 가장 적절한 것은?

○○신 문

여름이 걱정스러운 스키 강사

강원도의 한 스키장에서 스키 강사로 일하고 있는 △△△ 씨는 실력을 인정받은 유능한 스키 강사이다. 그런데 여름철에는 실업 상태라 생활하기가 힘들다고 한다.

① 계절적 요인
② 산업 구조의 변화
③ 전반적인 경기 침체
④ 일을 할 수 있는 능력 부족
⑤ 일을 하고자 하는 의지 부족

08 정부의 실업 대책으로 가장 적절한 것은?

① 세금 인상
② 생산성 향상
③ 일자리 탐색
④ 신기술 개발
⑤ 경기 회복 정책 실시

09 다음 글을 읽고 물음에 답하시오.

독일은 1차 세계 대전 패전 직후 막대한 전쟁 배상금을 물어야 했던 탓에 정부가 화폐 발행을 남발했다. 1922년 5월에 1마르크였던 신문 한 부의 가격이 1년여 후인 1923년 9월 1,000마르크로 1,000배나 뛰었다. 이어 신문값이 100만 마르크로 다시 1,000배가 뛰는 데에는 한 달밖에 걸리지 않았으며, 액면가 100조 마르크 지폐가 발행됐을 정도다.

⑴ 윗글에 나타난 경제 문제를 쓰시오.

🖉 _____

_____

⑵ 위와 같은 경제 문제가 발생했을 때 불리해지는 사람들과 그 이유를 서술하시오.

🖉 _____

_____

10 밑줄 친 '대량 실업'의 발생 원인과 대책을 서술하시오.

세계 경제 포럼(WEF)은 「일자리의 미래」 보고서에서 "인공 지능·로봇 기술·생명 과학 등이 주도하는 4차 산업 혁명으로 인해 상당수 기존 직업이 사라지고 기존에 없던 새 일자리가 만들어질 것"이라고 내다보았다. 세계 경제 포럼의 회장은 "각국은 대량 실업 등 최악의 시나리오를 피하기 위한 대책을 세워야 한다."라고 강조하였다.

🖉 _____

_____

_____

03 국제 거래와 환율

1. 국제 거래의 필요성과 확대

(1) **국제 거래의 의미**: 국가 간에 이루어지는 상업적 거래로 국제*교역이라고도 함

용어 교역

주로 나라와 나라 사이에서 물건을 사고팔고 하여 서로 바꾸는 것을 말한다.

(2) **교역의 이익**
  ① 소비자들은 상품이나 서비스 선택의 폭을 넓힐 수 있음
  ② 외국 기업과 경쟁하는 과정에서 국내 기업은 혁신을 통해 생산성을 높일 수 있음

(3) **국제 거래의 확대**
  ① 의미: 국제 거래의 규모가 양적으로 늘어나는 것
  ② 대상의 변화

과거	원자재, 의류, 기계와 같은 재화 위주로 국제 거래가 이루어짐
현재	• 재화뿐만 아니라 **노동, 자본, 기술과 같은 생산 요소**의 이동이 활발해짐 • 관광, 운수, 스포츠 등의 **서비스**도 국제 거래의 대상이 됨

  ③ 확대의 배경: 교통 및 통신 수단의 발달, 자유 무역주의의 확산 등으로 **세계화와 개방화**가 진전되면서 국제 거래의 대상이 확대됨

사례 우리나라의 수출 대상국 변화

우리나라의 수출 대상국은 1946년 4개국에서 2015년에는 240여 개국으로 확대되었다. 수출 상위 10개국에 대한 비중은 1960년대 90 % 대에서, 2015년 67 %대로 하락하면서 수출 대상국이 다변화되었다.

2. 환율의 의미와 결정

(1) **환율의 의미**
  ① 자국 화폐와 외국 화폐의 교환 비율
  ② 우리나라에서 환율은 외국 화폐를 기준으로 표시

> 원/달러 환율이란 미국 화폐 1달러와 교환할 수 있는 한국 화폐 원화의 양을 의미한다. 다시 말해 원/달러 환율은 원화로 표시한 미국 달러화의 가격이다. 환율이 1,1000원/1달러라면 미국 화폐 1달러의 가격은 한국 화폐 1,100원이다. 즉, 1달러는 1,100원과 교환됨을 의미한다.

(2) **환율의 결정**
  ① 환율은 외환 시장에서의 **외화 수요와 외화 공급**에 의해 결정
  ② 외화 수요와 외화 공급

외화 수요	• 외화가 필요한 경우: 상품을 수입할 때 수입품의 가격을 외화로 지급하므로 외화에 대한 수요 증가 　　외화 수요 증가 → 외화의 초과 수요 발생 → 외환 시장에서 　　외화의 가격이 올라 환율 상승 • 외화 수요 증가(수입 증가, 해외 투자 증가 등) → 환율 상승 • 외화 수요 감소(수입 감소, 해외 투자 감소 등) → 환율 하락
외화 공급	• 외화가 들어오는 경우: 상품을 수출할 때 수출품의 대금으로 외화를 받으면 외화의 공급 증가 　　외국인의 국내 투자 증가: 외국인이 투자를 위해 우리나라로 외 　　화를 가지고 들어오는 것이므로 외화 공급 증가 • 외화 공급 증가(수출 증가, 외국인의 국내 투자 증가 등) → 환율 하락 • 외화 공급 감소(수출 감소, 외국인의 국내 투자 감소 등) → 환율 상승

  ③ 환율의 변동

환율 상승	• 다른 조건이 일정한데 외화 수요가 증가하는 경우 환율 상승 • 환율 상승의 영향: 수출 증가, 수입 감소, 자국민의 해외여행 감소, 외국인의 국내 여행 증가, 물가 상승 　　환율 상승 → 수출품의 외화 표시 가격 하락 → 외국에서 우리 　　수출품에 대한 수요량 증가 → 수출 증가
환율 하락	• 다른 조건이 일정한데 외화 공급이 증가하는 경우 환율 하락 • 환율 하락의 영향: 수출 감소, 수입 증가, 자국민의 해외여행 증가, 외국인의 국내 여행 감소, 물가 하락 　　환율 하락 → 수입품의 원화 표시 가격 하락으로 수입 증가 　　→ 국내 물가 하락

보충 환율의 결정

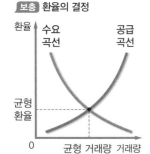

환율은 외환 시장에서 외화 수요와 외화 공급에 의해 결정된다. 외화 수요가 증가하면 수요 곡선은 우측으로 이동하고, 외화 수요가 감소하면 수요 곡선은 좌측으로 이동한다. 한편 외화 공급이 증가하면 공급 곡선은 우측으로 이동하고, 외화 공급이 감소하면 공급 곡선은 좌측으로 이동한다.

탐구 속 자료 & 개념

탐구 1 환율이란 무엇일까?

탐구 2 환율은 어떻게 변동될까?

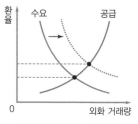

▲ 외화 수요 증가 → 환율 상승

▲ 외화 수요 감소 → 환율 하락

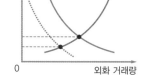

▲ 외화 공급 증가 → 환율 하락

▲ 외화 공급 감소 → 환율 상승

[자료 해설]

1. 두 가지 상황 모두 상품을 거래하고 있다. 차이점은 거래되는 상품이 왼쪽은 재화이고, 오른쪽은 외화라는 것이다. 외화를 대상으로 거래가 이루어지며, 외화가 거래되는 시장을 외환 시장이라고 한다.
2. 오른쪽 상황을 보면 외화 거래가 이루어지고 있는데, 외화 100달러의 가격이 106,500원이다. 따라서 외화 1달러의 가격은 1,065원이다.
3. 오른쪽 상황에서 원/달러 환율이 1,065임을 알 수 있다.

[개념 쏙쏙]

1. **외화 수요 증가 요인**: 수입 증가, 해외여행 증가, 해외 투자 증가, 외채 상환 등
2. **외화 수요 감소 요인**: 수입 감소, 해외여행 감소, 해외 투자 감소 등
3. **외화 공급 증가 요인**: 수출 증가, 외국인의 국내 여행 증가, 외국인의 국내 투자 증가, 외채 도입
4. **외화 공급 감소 요인**: 수출 감소, 외국인의 국내 여행 감소, 외국인의 국내 투자 감소

개념 꿀꺽

1. 다음 내용이 옳으면 ○표, 틀리면 ×표 하시오.

(1) 국제 거래는 국가 간에 이루어지는 상업적 거래로 국제 교역이라고도 한다. (   )
(2) 재화, 서비스와는 달리 자본과 노동력은 국제 거래 대상에서 제외된다. (   )
(3) 두 나라 사이의 화폐 교환 비율을 환율이라고 한다. (   )
(4) 환율은 외화의 가격이다. (   )
(5) 외화 공급이 증가하면 환율이 상승한다. (   )

2. 외화의 수요와 공급의 변동을 가져오는 요인을 바르게 연결하시오.

(1) 외화 수요 •

(2) 외화 공급 •

• ㉠ 수출 증가
• ㉡ 수입 증가
• ㉢ 해외여행 감소
• ㉣ 해외 투자 감소
• ㉤ 외국인의 국내 투자 감소

정답
1. (1) ○ (2) × (3) ○ (4) ○ (5) ×
2. (1) ㉡, ㉣, ② (2) ㉠, ㉢, ㉤

단답형

01 빈칸 ㉠에 알맞은 용어를 쓰시오.

> ⬚ ㉠ ⬚ 은/는 국가 간에 이루어지는 상업적 거래로, 국제 교역이라고도 한다.

(   )

02 교역에 대한 설명으로 옳지 않은 것은?

① 소비자들이 상품 선택의 폭을 넓힐 수 있는 이점이 있다.
② 재화와 달리 서비스 및 자본은 교역의 대상이 될 수 없다.
③ 각국은 자기 나라에는 없거나 부족한 상품을 사용할 수 있다.
④ 주로 나라와 나라 사이에서 물건을 사고팔고 하여 서로 바꾸는 것이다.
⑤ 기업은 외국과 경쟁하면서 기술 혁신을 통해 생산성을 높일 수 있다.

03 (가), (나) 사례에 나타난 국제 거래의 대상을 바르게 나열한 것은?

> (가) 우리나라의 기업이 미국으로 자동차를 수출하였다.
> (나) 미국의 금융 회사가 우리나라의 반도체 회사에 거액을 투자하였다.

	(가)	(나)
①	재화	자본
②	재화	노동력
③	자본	재화
④	자본	서비스
⑤	서비스	자본

04 국제 거래의 사례에 해당되지 <u>않는</u> 것은?

① 철수는 중국에 화장품을 수출하였다.
② 재민이는 미국에서 오렌지를 수입하였다.
③ 정희는 필리핀에 한국 영화를 수출하였다.
④ 미정이는 뉴질랜드 관광 안내 책자를 제작하였다.
⑤ 다빈이는 일본에 있는 자동차 회사에 취업하였다.

중요

05 다음과 같은 현상이 국제 거래에 미친 영향을 〈보기〉에서 고른 것은?

> 경제, 사회, 문화 등의 각 부문에서 국경의 장벽이 없어지고 사람, 물자 및 기술 등이 자유롭게 교류되고 있다.

보기
> ㄱ. 국제 거래의 규모가 커지고 있다.
> ㄴ. 노동력의 국가 간 이동이 금지되었다.
> ㄷ. 국제 거래의 대상 국가가 증가하고 있다.
> ㄹ. 이윤 추구를 위한 국제 거래의 비중이 축소되고 있다.

① ㄱ, ㄴ   ② ㄱ, ㄷ   ③ ㄴ, ㄷ
④ ㄴ, ㄹ   ⑤ ㄷ, ㄹ

06 사례에 나타난 국제 거래의 대상으로 옳은 것은?

> 필리핀, 미얀마, 인도네시아 등 외국인 선원의 비중이 높아지면서 국내 해운 회사들이 달라지고 있다. 이슬람 신자 선원을 위해 돼지고기를 사용하지 않는 식단을 짜는 것은 기본이고, 정해진 시간에 기도를 드려야 하는 이슬람 신자들을 위해 배 안에 기도실을 따로 마련하기도 한다.

① 재화   ② 자본
③ 종교   ④ 서비스
⑤ 노동력

단답형

07 빈칸 ㉠에 알맞은 용어를 쓰시오.

> 원화를 가진 한국 사람이 미국에서 달러화로 거래되는 상품을 구매하기 위해서는 원화를 달러화로 교환해야 하는데, 이때 두 나라 사이의 화폐 교환 비율을 ㉠ (이)라고 한다.

(　　　　　　　　)

중요

08 그림의 상황에 대한 옳은 설명을 〈보기〉에서 고른 것은?

> **보기**
> ㄱ. 거래 대상은 원화이다.
> ㄴ. 1달러의 가격은 1,065원이다.
> ㄷ. 100달러는 십만 육천 오백 원과 교환된다.
> ㄹ. 100달러를 환전하는 사람은 한국으로 여행을 온 외국인일 것이다.

① ㄱ, ㄴ 　　② ㄱ, ㄷ 　　③ ㄴ, ㄷ
④ ㄴ, ㄹ 　　⑤ ㄷ, ㄹ

09 환율에 대한 설명으로 옳지 <u>않은</u> 것은?

① 외화의 가격이다.
② 외환 시장에서 결정된다.
③ 한번 결정되면 변동되지 않는다.
④ 두 나라 사이의 화폐 교환 비율이다.
⑤ 외화의 수요와 공급에 따라 결정된다.

10 다음과 같은 환율 변화에 대한 옳은 설명을 〈보기〉에서 고른 것은?

> 1달러=1,000원 → 1달러=1,100원

> **보기**
> ㄱ. 원화의 가치가 하락하였다.
> ㄴ. 원/달러 환율이 상승하였다.
> ㄷ. 수출의 증가, 외국인의 국내 투자 증가가 변화의 원인이다.
> ㄹ. 외화의 수요보다 공급이 많을 때 나타난다.

① ㄱ, ㄴ 　　② ㄱ, ㄹ 　　③ ㄴ, ㄷ
④ ㄴ, ㄹ 　　⑤ ㄷ, ㄹ

11 우리나라에 외화의 공급이 증가하는 요인으로 옳은 것은?

① 우리나라 학생이 미국으로 유학을 갔다.
② 우리나라 기업이 중동에서 석유를 수입하였다.
③ 우리나라 사람들이 유럽으로 해외여행을 갔다.
④ 우리나라 자동차 회사가 멕시코로 자동차를 수출하였다.
⑤ 우리나라 기업이 인도네시아 해저 유전 사업에 투자하였다.

서술형

12 다음 상황에서 외환 시장에 나타날 변화와 환율 변동 결과를 서술하시오.

> 2018년 2월 평창 동계 올림픽이 개최되자 많은 외국인들이 동계 올림픽을 관람하기 위하여 한국을 방문하였다.

✏ _____

_____

_____

01 그래프는 세계 무역액의 변화를 나타낸 것이다. 이와 같은 변화가 나타난 배경을 〈보기〉에서 고른 것은?

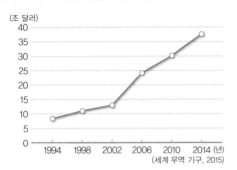

(조 달러)
(세계 무역 기구, 2015)

보기

ㄱ. 교통 및 통신의 발달
ㄴ. 국제 거래의 대상 확대
ㄷ. 국가 간 상호 의존성 약화
ㄹ. 수출과 수입의 필요성 약화

① ㄱ, ㄴ   ② ㄱ, ㄷ   ③ ㄴ, ㄷ
④ ㄴ, ㄹ   ⑤ ㄷ, ㄹ

02 빈칸 ㉠에 들어갈 수 없는 것은?

> 오늘날에는 국제 거래의 규모가 커지고 대상국도 증가하고 있다. 또한, 과거와 달리 ㉠ 의 국가 간 이동도 활발하게 이루어지고 있다.

① 재화   ② 자본   ③ 기술
④ 노동력   ⑤ 서비스

03 국제 거래에 대한 설명으로 옳지 않은 것은?

① 국제 거래 과정에 환율이 필요하다.
② 자국에 없는 자원을 확보할 수 있다.
③ 국가 간에 무역 분쟁이 발생할 수 있다.
④ 세계화 추세에 따라 규모가 점점 확대되고 있다.
⑤ 국내 거래에 비해 생산 요소의 이동이 자유롭다.

04 외화의 공급이 발생하는 요인을 〈보기〉에서 고른 것은?

보기

ㄱ. 한국인의 해외여행
ㄴ. 외국인의 국내 투자
ㄷ. 재화와 서비스의 수출
ㄹ. 중동으로부터 원유 수입

① ㄱ, ㄴ   ② ㄱ, ㄷ   ③ ㄴ, ㄷ
④ ㄴ, ㄹ   ⑤ ㄷ, ㄹ

05 (가), (나)와 같은 현상이 동시에 나타날 때 외환 시장의 변동으로 옳은 것은?

> (가) 밀, 옥수수, 오렌지 등 외국산 농산물의 수입이 크게 증가하였다.
> (나) 명절 연휴에 해외여행을 떠나는 한국인이 크게 증가하였다.

① 외화의 공급 감소
② 외화의 공급 증가
③ 외화의 수요 감소
④ 외화의 수요 증가
⑤ 외화의 수요와 공급 모두 감소

06 환율 상승 요인에 해당하는 것은?

① 수출 증가
② 수입 증가
③ 외국인의 국내 투자 증가
④ 한국인의 해외여행 감소
⑤ 한국인의 해외 투자 감소

단답형

07 환율 상승에 따른 영향을 나타낸 것이다. ㉠~㉢에 알맞은 용어를 쓰시오.

> 환율 상승 → 원화의 가치 (㉠) → 외화로 표시되는 수출품의 가격 (㉡) → 수출 (㉢)

㉠ (   )

㉡ (   )

㉢ (   )

08 우리나라의 환율 변동을 나타낸 그래프이다. 이에 대한 옳은 설명을 〈보기〉에서 고른 것은?

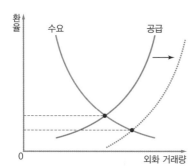

보기

ㄱ. 환율이 하락하였다.

ㄴ. 원화 가치가 하락하였다.

ㄷ. 수출 증가가 변화 요인이 될 수 있다.

ㄹ. 한국인의 해외여행 증가가 요인이 될 수 있다.

① ㄱ, ㄴ   ② ㄱ, ㄷ   ③ ㄴ, ㄷ

④ ㄴ, ㄹ   ⑤ ㄷ, ㄹ

중요

09 환율이 상승했을 때 유리해지는 사람은?

① 한국으로 여행 온 외국인

② 해외여행을 떠나는 한국인

③ 외채를 상환해야 하는 기업가

④ 해외에서 원자재를 수입하는 기업가

⑤ 미국으로 유학을 떠난 자녀에게 외화를 송금해야 하는 부모

서술형 문제

10 다음 글을 읽고 물음에 답하시오.

> 미국은 외국인에게 단기 취업 비자를 발급하여 첨단 기술 분야에서 숙련된 외국 기술 인력을 저임금으로 고용하고 있다. 그런데 미국에 있는 미국 기업에 외국인이 취업하려면 까다로운 절차를 거쳐 미국 정부로부터 단기 취업 비자를 발급받아야 한다. 단기 취업 비자를 받은 외국인의 미국 체류 기간은 3년으로 1회 연장이 가능하며 최대 6년간 근무할 수 있다.

⑴ 윗글에 나타난 국제 거래의 대상을 쓰시오.

✏️

⑵ 윗글을 바탕으로 국제 거래는 국내 거래와 어떤 차이점이 있는지 서술하시오.

✏️

11 그래프와 같은 외환 시장의 변화를 가져오는 요인 두 가지와 환율 변동 결과를 서술하시오.

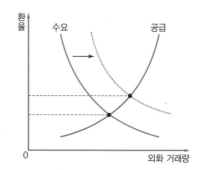

✏️

자신만만 적중문제

01 국내 총생산과 경제 성장

01 어떤 나라의 1년 동안의 경제 활동을 나타낸 것이다. 이 나라의 국내 총생산은?

- 교통사고 피해 복구를 위해 지출한 가치 500억 원
- 연봉 5000만 원을 벌 수 있는 능력을 갖춘 전업주부 200명의 가사 노동
- 중고차 시장에서 거래된 중고차 판매 대금 100억 원
- 석유 화학 제품 생산을 위해 수입한 원유 200억 원
- 수입한 원유를 활용해 만든 석유 화학 제품 300억 원

① 300억 원　　② 400억 원　　③ 600억 원
④ 800억 원　　⑤ 1,200억 원

02 다음 표에 대한 옳은 분석을 〈보기〉에서 고른 것은?

(단위: 달러)

국가	미국	중국	일본	나이지리아	노르웨이
국내 총생산	19조 3,621억	11조 9,375억	4조 8,844억	3,948억	3,920억
1인당 국내 총생산	59,495	8,582	38,550	A	73,615

(통계청, 2017)

보기

ㄱ. 미국 국민이 일본 국민보다 행복하다.
ㄴ. 나이지리아와 노르웨이의 국민 생활 수준은 비슷하다.
ㄷ. A는 나이지리아 국내 총생산을 인구수로 나눈 값이다.
ㄹ. 미국의 경제 규모는 중국과 일본의 경제 규모를 합한 것보다 크다.

① ㄱ, ㄴ　　② ㄱ, ㄷ　　③ ㄴ, ㄷ
④ ㄴ, ㄹ　　⑤ ㄷ, ㄹ

02 물가 상승과 실업

03 대화에 대한 분석 및 추론으로 옳은 것은?

> 연희: 몇 달째 정신없이 물가가 오르니 살기가 너무 힘들어.
> 희정: 그러게 말이야. 월급은 그대로인데 물가가 오르니 식탁의 반찬을 줄일 수밖에 없어.
> 선길: 음, 미안한 얘기지만 솔직히 난 물가가 올라 상황이 나아졌어.

① 실업을 대화의 주제로 삼고 있다.
② 채무자는 희정이와 반대되는 입장일 것이다.
③ 연금 생활자는 선길이와 비슷한 입장일 것이다.
④ 실물 자산 소유자는 연희와 비슷한 입장일 것이다.
⑤ 희정이는 화폐 가치가 상승하여 어려움을 겪고 있다.

04 실업자를 구분하는 방식을 나타낸 표이다. 이에 대한 분석으로 옳은 것은?

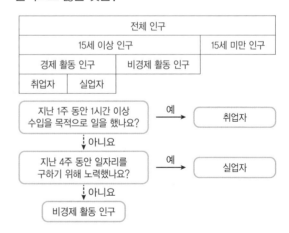

① 40세 전업주부는 실업자이다.
② 25세 대학생은 실업자에 포함된다.
③ 초등학생은 비경제 활동 인구에 포함된다.
④ 지난 1주 동안 5시간 아르바이트를 한 고등학생은 실업자에 포함된다.
⑤ 졸업 후 3달 동안 구직 활동을 하지 않은 대학 졸업자는 비경제 활동 인구에 포함된다.

03 국제 거래와 환율

05 그래프는 우리나라 외환 시장의 변동을 나타낸 것이다. 이에 대한 설명으로 옳지 <u>않은</u> 것은?

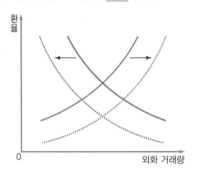

① 환율이 하락하였다.
② 원화 가치가 상승하였다.
③ 환율 변동 결과 외채 상환 부담은 증가한다.
④ 수출 증가는 외화 공급 변화 요인이 될 수 있다.
⑤ 한국인의 해외 투자 감소는 외화 수요 변화 요인이 될 수 있다.

06 사회 수업의 한 장면이다. 교사의 질문에 옳은 답변을 한 학생은?

오늘의 수업 주제는 환율 변동의 의미와 영향이에요. 원/달러 환율 하락이 우리 경제에 어떤 영향을 미치는지 발표해 볼까요?

① 성미: 수출업자는 유리해져요.
② 미정: 해외여행을 계획하는 사람은 불리해져요.
③ 경수: 우리나라의 외채 상환 부담이 커지게 되요.
④ 신아: 미국으로 유학을 계획하는 사람은 불리해져요.
⑤ 강철: 우리나라를 찾는 외국인 관광객이 감소할 수 있어요.

07 다음과 같은 경제 상황이 물가에 미치는 영향을 서술하고 이러한 물가 변동으로 유리해지는 사람을 예를 들어 보시오.

> 최근 몇 달 동안 기업가들에게는 불리한 경제 상황이 조성되고 있다. 국제 석유 가격이 크게 상승한 것은 물론, 근로자들의 임금도 크게 인상되었기 때문이다.

✎ _____

_____

_____

08 그래프는 외환 시장의 변동을 나타낸 것이다. 물음에 답하시오.

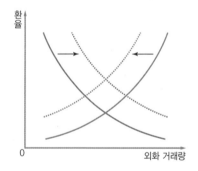

(1) 위와 같은 외환 시장의 변동으로 환율은 어떻게 변화하는지 쓰시오.

✎ _____

_____

(2) 위와 같은 외화의 수요와 공급의 변화를 가져오는 예를 각각 한 가지씩 서술하시오.

✎ _____

_____

최고난도 문제

01 그래프에 대한 옳은 분석을 〈보기〉에서 고른 것은?

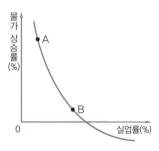

보기

ㄱ. 물가와 실업률은 역(逆)의 관계이다.

ㄴ. 물가가 상승하면 실업률도 높아진다.

ㄷ. A 상황보다 B 상황을 불황기로 볼 수 있다.

ㄹ. A 상황에서 B 상황으로 변한 것은 기업의 투자가 확대되었기 때문이다.

① ㄱ, ㄴ   ② ㄱ, ㄷ   ③ ㄴ, ㄷ
④ ㄴ, ㄹ   ⑤ ㄷ, ㄹ

풀이 비법

❶ 그래프의 가로축과 세로축이 각각 무엇을 의미하는지 파악한다.

❷ 그래프의 곡선을 통해 가로축과 세로축의 두 요소가 어떤 관계인지 파악한다.

❸ A, B 두 지점의 위치를 보고 각각 어떠한 상황일지 추론한다.

❹ A 상황에서 B 상황으로 변할 때, 물가 상승률과 실업률은 어떻게 변화하는지를 보고 기업의 상황을 추론해 본다.

02 다음과 같은 상황이 동시에 발생할 때의 환율 변동을 나타낸 그래프로 옳은 것은?

• 최근 몇 년 동안 끊임없는 연구 개발로 국산 자동차의 품질이 개선된 결과 올해 자동차 수출액이 1.3배 증가하였다.

• 작년 연말에 발생한 국제적인 테러와 항공기 사고로 해외여행에 대한 불안감이 커지면서 올해 해외로 여행을 떠나는 사람들이 크게 감소하였다.

①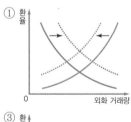
②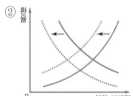
③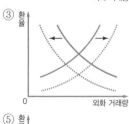
④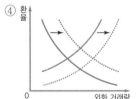
⑤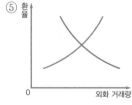

풀이 비법

❶ 수출 증가가 외화 공급에 어떠한 영향을 끼치는지 파악한다.

❷ 해외여행객 감소가 외화 수요에 어떠한 영향을 끼치는지 파악한다.

❸ 외화의 공급과 수요의 변화에 따라 그래프에서 공급 곡선과 수요 곡선이 어떻게 이동하는지 추론한다.

국제 사회와 국제 정치

6

01/02 국제 사회의 특성과 행위 주체 / 국제 사회의 모습과 공존을 위한 노력

보충 개별 주권 국가

국제 사회의 기초적인 단위는 개별적인 주권 국가이며, 이들 간의 관계가 국제 관계의 기본이다.

1. 국제 사회의 특성

(1) **국제 사회**: 주권을 가진 여러 나라가 교류하며 공존하는 사회

(2) **국제 사회의 특성** └ 국제 사회에서 이루어지는 정치 행위나 경제 행위는 한 나라를 넘어서 주변 국가 및 지구촌 전체에까지 영향을 끼침

① **중앙 정부의 부재**: 국내 정치와는 달리 국제적 갈등을 해결할 수 있는 통일되고 조직화된 세계 중앙 정부가 존재하지 않음

② **자국의 이익 최우선**: 국가의 이념이나 도덕보다 정치, 경제 등 자국의 이익에 따라 행동함

③ **힘의 논리 지배**: 경제력과 군사력이 큰 강대국은 더 많은 영향력을 행사하고 약소국은 이를 인정함

④ **갈등과 협력의 공존**: 자국의 이익을 추구하는 과정에서 갈등이 일어나기도 하지만, 전 지구적인 문제에 공동 대응을 위해 협력하기도 함 └ 환경 문제, 국제 분쟁, 기아 문제 등

보충 초국가적 행위체

국가의 범위를 넘어 국제적으로 영향력을 행사하는 행위 주체이다. 정부 간 국제기구, 국제 비정부 기구, 다국적 기업 등

2. 국제 사회의 다양한 행위 주체

행위 주체	특징 및 사례
국가	• 국제 사회에서 가장 기본적이고 전형적인 행위 주체 • 국민의 수, 영토 크기에 상관없이 독립적인 주권 행사 • 국제 사회에서 법적 지위를 가지고 외교 활동 수행

국제기구	• 정부, 민간단체, 개인 등을 회원으로 하며, 국가의 범위를 넘어 국제적 영향력 행사
	• 정부 간 국제기구: 정부를 회원으로 하는 국제기구
	  국제 연합(UN), 경제 협력 개발 기구(OECD), 유럽 연합(EU) 등
	• 국제 비정부 기구: 개인과 민간단체를 회원으로 하는 국제기구
	  국제 적십자사, 그린피스,*국경 없는 의사회 등

다국적 기업	• 세계 여러 나라에서 생산과 판매를 하며 국제적으로 경제 활동을 하는 기업 • 세계화로 인해 그 영향력과 규모가 점점 더 커지고 있음
개인	주요 국제기구의 수장, 전·현직 국가 원수, 세계 종교 지도자 등

용어 국경 없는 의사회

자연재해, 질병, 전쟁 등으로 고통받는 세계 각지의 사람들을 대상으로 긴급 구호 활동을 하는 국제 민간 의료 구호 단체이다.

보충 국가 내부적 행위체

한 국가의 일부분이지만 독자적으로 국제 사회에서 활동하는 행위 주체이다. 지방 자치 단체, 한 국가 내부의 소수 인종, 민족, 이익 집단, 시민 단체 등

3. 국제 사회의 경쟁과 갈등, 협력

(1) 국제 사회는 자국의 이해관계에 따라 자유롭게 협력·경쟁하지만 지나친 경쟁은 갈등을 일으키고, 갈등이 심해지면 분쟁 및 전쟁으로 이어지기도 함

(2) **국제 사회의 경쟁과 갈등의 주요 원인**: 민족과 종교의 차이, 가치관과 역사적 경험의 차이, 제한된 자원과 영토를 둘러싼 대립, 세계 무역 시장에서 우위 확보 추구

4. 국제 사회의 공존을 위한 노력

(1) **국제 사회의 문제 해결**: 국제 평화를 정착하고 공존하기 위해 외교를 통한 문제 해결이 중요 └ 실리를 추구하면서도 효과적인 외교 정책 필요

(2) **외교**: 한 국가가 국제 사회에서 평화적인 방법으로 자국의 이익을 달성하기 위한 활동

(3) **오늘날의 외교**: 세계화, 개방화의 진전으로 민간 외교의 중요성이 증대됨 └ 스포츠, 문화 등 외교 활동의 행위 주체나 형태가 다양화되어 가고 있음

보충 우리나라의 외교 정책

• 냉전 시대: 이념을 중시하며 미국에 의존하는 외교 정책을 실시하였다.
• 냉전 체제 이후: 공산권 국가와도 수교를 맺는 등 실리 외교를 추진하였다.

탐구 속 자료 &개념

탐구 1 **국제 사회는 어떤 특성이 있을까?**

예 러시아와 중국의 거부권 행사로 시리아 제재 불발

자료 ❶

유엔 안전 보장 이사회의 중요한 결의안은 상임 이사국이 모두 찬성해야 의결된다. 상임 이사국 중 한 나라라도 거부권을 행사하면 무산된다. 2014년 민간인을 공격한 시리아에 대한 제재는 중국과 러시아의 반대로 무산되었다.

예 난민 대책 마련 위해 국제 사회 협력

자료 ❷

2016년 9월 뉴욕 유엔 본부에서 유엔 정상 회담이 개최되었다. 회원국 정상들은 최근 심각해진 난민 수용과 지원을 위한 부담과 책임을 각국이 공평하게 분담한다는 내용의 '뉴욕 선언'을 채택하였다.

예 국익 위해 대만과 외교 단절

자료 ❸

한국과 대만은 우방 국가로 오랫동안 외교 관계를 유지하였다. 그런데 중국의 국제적 영향력이 강해지자 한국은 중국과 1992년 8월 24일 국교를 수립하고, 대만과는 외교 관계를 단절하였다.

서울 주재 대만 대사관 철수에 따른 대만 국기 하강을 지켜 보는 화교들 ▶

개념 쏙쏙

1. 국제 사회의 주요 특징
- 국내 사회는 중앙 정부가 강제력을 행사하여 갈등을 해결하지만, 국제 사회는 그런 역할을 할 중앙 정부가 존재하지 않음 → 국제법, 전쟁, 외교 등을 통해 해결
- 각 국가가 자국의 이익을 우선시 함
- 힘의 논리가 지배: 강대국에 유리한 방향으로 이끌려 가는 경우가 많음
- 갈등과 협력이 공존: 갈등과 대립을 하다가도 전 지구적 문제에 공동 대응하기 위해 협력하기도 함

탐구 2 **국제 사회의 공존을 위한 활동은?**

자료 ❶ **미국과 쿠바, 국교 정상화**

2014년 미국의 대통령이 쿠바와의 국교 정상화 방침을 발표하였다. 양국은 외교 협상을 통해 적대 관계를 청산하고 국교를 정상화하였다.

자료 ❷ **국제 연합의 평화 유지 활동**

제2차 세계 대전 이후 국제 평화와 안전 유지를 위해서 국제 연합이 창설되었다. 국제 연합은 국제 분쟁과 테러에 대응하기 위해 평화 유지군을 파견하고 있다.

자료 해설

외교 정책은 자국의 이익을 실현하기 위한 목적뿐만 아니라 국제 사회의 공존을 위해서도 필요하다.
- 자료 ①: 미국과 쿠바는 오랫동안 적대 관계를 유지했기에 외교 정책을 통해 국교 정상화를 이루지 못했다면 전쟁의 불안감 속에서 대립과 갈등을 지속했을 것이다.
- 자료 ②: 국제 연합은 남수단, 말리, 중앙아프리카 공화국 등에 국제 평화 유지군을 파견하여 평화 유지 활동을 하고 있다.

개념 꿀꺽

1. 다음 내용에 알맞은 말을 골라 ◯표 하시오.

(1) 주권을 가진 여러 나라가 서로 교류하며 공존하는 사회를 (국제 사회, 국제 연합)(이)라고 한다.

(2) 국제 사회에서는 이념이나 도덕보다 정치, 경제 등 (자국, 타국)의 이익에 따라 행동한다.

(3) 국제 사회에서 가장 기본적이고 전형적인 행위 주체는 (개인, 국가)이다.

(4) (냉전 체제, 탈냉전 시대)는 1991년 소련의 해체로 공산주의가 붕괴하며 형성되었다.

2. 다음 내용이 옳으면 ○표, 틀리면 ×표 하시오.

(1) 국제 사회에는 규범을 제정하고 이를 강제할 수 있는 통일되고 조직화된 세계 정부가 존재한다. ( )

(2) 한 국가 내부의 일부분으로서 독자적인 입장을 가지고 타국의 정부 또는 민간 조직과 상호 작용하는 단위체를 초국가적 행위체라고 한다. ( )

(3) 외교란 한 국가가 자국의 이익을 달성하기 위해 다른 나라나 국제 사회 전체를 상대로 평화적인 방법으로 펼치는 대외 활동을 의미한다. ( )

정답 1. (1) 국제 사회 (2) 자국 (3) 국가 (4) 탈냉전 시대 2. (1) × (2) × (3) ○

01 다음에서 설명하는 개념으로 옳은 것은?

> 전 세계 여러 나라가 서로 밀접하게 영향을 주고받으며, 국제적 공동생활을 영위하는 사회를 말한다.

① 국내 사회
② 국제 사회
③ 국제 연합
④ 국제 연맹
⑤ 유럽 연합

02 국제 사회의 가장 기초적인 단위로 옳은 것은?

① 개인
② 다국적 기업
③ 대통령
④ 개별 주권 국가
⑤ 국제기구

중요
03 국제 사회에 대한 옳은 설명을 〈보기〉에서 고른 것은?

보기
> ㄱ. 국제 사회에서는 자국의 이익보다 타국의 이익을 우선시 한다.
> ㄴ. 국제 사회에는 통일되고 조직화된 세계 정부가 존재하지 않는다.
> ㄷ. 국제 사회가 성립되기 위해서는 주권을 가진 여러 국가들이 필요하다.
> ㄹ. 국제 사회에서 이루어지는 정치, 경제 행위가 지구촌 전체에까지 영향을 미치지는 않는다.

① ㄱ, ㄴ
② ㄱ, ㄷ
③ ㄴ, ㄷ
④ ㄴ, ㄹ
⑤ ㄷ, ㄹ

단답형
04 ㉠에 들어갈 알맞은 용어를 쓰시오.

> 국제 사회의 행위 주체 중 ㉠ 은/는 각 나라의 정부를 회원으로 하여 국제 평화를 유지하고 다양한 영역에서 상호 협력하는 국제적 행위 주체를 의미한다.

(   )

고난도
05 다음에서 설명하는 국제 사회의 행위 주체는?

> 어느 한 나라에 본사를 두고 세계 여러 나라에 자회사와 공장을 설립하여 국제적 규모로 상품을 생산하고 판매하는 행위 주체로서, 세계화가 진전되면서 국제 사회에 미치는 영향력이 확대되고 있다.

① 노동조합
② 국제기구
③ 개별 국가
④ 소수 인종
⑤ 다국적 기업

06 국제기구에 대한 옳은 설명을 〈보기〉에서 고른 것은?

보기
> ㄱ. 한 국가 내부의 일부로서 독자적인 입장을 취한다.
> ㄴ. 소수 인종이나 민족, 노동조합 등이 그 예에 해당한다.
> ㄷ. 국가의 범위를 넘어서 국제적으로 영향력을 행사한다.
> ㄹ. 정부나 민간단체, 개인 등을 회원으로 한다.

① ㄱ, ㄴ
② ㄱ, ㄷ
③ ㄴ, ㄷ
④ ㄴ, ㄹ
⑤ ㄷ, ㄹ

07 ㉠에 들어갈 말로 가장 적절한 것은?

> 국제 사회는 자국의 이해관계에 따라 자유롭게 협력·경쟁하지만 지나친 경쟁은 ㉠ 을/를 일으키고, 이것이 심해지면 분쟁 및 전쟁으로 이어지기도 한다.

① 평화
② 조화
③ 갈등
④ 타협
⑤ 재판

08 ㉠에 들어갈 표현으로 가장 적절한 것은?

> 2014년 미국의 대통령은 쿠바와의 국교 정상화 방침을 발표하였다. 양국은 ㉠ 을/를 통해 적대 관계를 청산하고 국교를 정상화하였다.

① 전쟁
② 경제
③ 종교
④ 외교
⑤ 법적 분쟁

09 다음 사례에 나타난 국제 사회의 경쟁 또는 갈등의 원인으로 옳은 것은?

> 카슈미르는 주민의 70 %가 이슬람교도이다. 1947년 영국에서 독립할 때 종족·종교 구성상 파키스탄에 속해야 했지만, 인도에 편입되었다. 이 때문에 카슈미르를 둘러싸고 인도와 파키스탄 간에 전쟁이 여러 차례 일어났다.

① 자원 확보
② 시장 확보
③ 환경 오염 문제
④ 종교, 영토 분쟁
⑤ 인종, 민족 분쟁

고난도

10 다음 사례를 통해 알 수 있는 국제 사회의 특징으로 가장 적절한 것은?

> 유엔 안전 보장 이사회의 중요한 결의안은 상임 이사국이 모두 찬성해야 의결된다. 상임 이사국 중 한 나라라도 거부권을 행사하면 무산된다. 2014년 민간인을 공격한 시리아에 대한 제재는 중국과 러시아의 반대로 무산되었다.

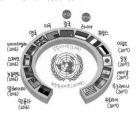

① 주권 평등의 원칙이 지켜지고 있다.
② 국가 간 힘의 논리가 작용하고 있다.
③ 국가 간 협력이 활발하게 전개되고 있다.
④ 다양한 국제 행위 주체들이 증가하고 있다.
⑤ 국가 간 종교 갈등에 의한 충돌이 심해지고 있다.

서술형

11 국제 사회에서 경쟁과 갈등이 일어나는 이유를 간단히 서술하시오.

✏

_____

_____

_____

01 국제 사회에 대한 설명으로 옳지 <u>않은</u> 것은?

① 독립된 주권 국가를 기본 단위로 한다.
② 여러 나라가 교류하고 의존하는 사회를 의미한다.
③ 국제 사회에서 주된 행위자는 개인과 민간단체이다.
④ 국가 이외에 다양한 국제기구들도 국제 사회 질서 유지에 기여한다.
⑤ 국제 사회에서 이루어지는 여러 가지 행위는 지구촌 전체에 영향을 미치기도 한다.

02 다음 글을 통해 알 수 있는 국제 사회의 특성으로 옳은 것은?

> 한국과 대만은 우방 국가로 오랫동안 외교 관계를 유지하였다. 그런데 중국의 국제적 영향력이 강해지자 한국은 중국과 1992년 8월 24일 국교를 수립하고, 대만과는 외교 관계를 단절하였다.

① 국제 협력이 점점 감소하고 있다.
② 자국의 이익을 우선적으로 추구한다.
③ 규범과 힘의 논리가 공존하지 않는다.
④ 분쟁을 해결하는 중앙 정부가 존재하지 않는다.
⑤ 다양한 국제기구의 도움을 받아 국제 질서가 유지되고 있다.

03 국제 사회의 특성을 나타낸 다음 글의 빈칸에 들어갈 알맞은 말은?

> 국제 사회를 구성하는 각 나라는 자국의 이익을 우선 추구한다. 그 과정에서 갈등이 일어나 서로 대립하기도 하지만 환경, 빈곤, 인권 등 전 지구적인 문제에 공동으로 대응하기 위하여 ☐☐ 하기도 한다.

① 갈등　　② 경쟁　　③ 충돌
④ 침공　　⑤ 협력

04 다음 사례에 나타난 국제 사회의 행위 주체를 쓰시오.

> 한국·중국·일본이 경제 협력을 강화하기 위해 머리를 맞대었다. 2015년 11월 한·중·일 정상은 세 나라의 전자 상거래 시장을 하나로 묶고, 자유 무역을 확대하기 위해 노력하기로 합의하였다.

(　　　　　　　　　)

05 국제 사회의 행위 주체에 대한 옳은 설명을 〈보기〉에서 고른 것은?

> **보기**
> ㄱ. 국가 – 독립적으로 활동하거나 국제기구에 참여하여 활동한다.
> ㄴ. 국제기구 – 전통적으로 국제 사회의 가장 기본적인 행위 주체이다.
> ㄷ. 다국적 기업 – 국제적 규모로 경제 활동을 하며, 국제적으로 영향력을 행사한다.
> ㄹ. 개인 – 강대국의 전·현직 국가 원수라도 국제 사회에 영향력을 행사할 수 없다.

① ㄱ, ㄴ　　② ㄱ, ㄷ　　③ ㄴ, ㄷ
④ ㄴ, ㄹ　　⑤ ㄷ, ㄹ

06 다음 단체들의 공통점으로 옳지 <u>않은</u> 것은?

> • 국제 연합
> • 국제 적십자사
> • 국제 통화 기금

① 국제 사회의 행위 주체이다.
② 정부나 민간단체 등을 회원으로 한다.
③ 국가의 범위를 넘어 국제적으로 영향력을 행사하고 있다.
④ 국제 사회가 발전하면서 중요한 역할을 하고 있다.
⑤ 자국의 이익을 추구하기 위하여 국제 사회에서 활동하고 있다.

07 국제 사회에서 경쟁과 갈등이 발생하는 이유로 가장 적절한 것은?

① 선진국과 후진국이 존재하기 때문에
② 각국의 이해관계가 모두 동일하기 때문에
③ 각국이 자국의 이익을 최우선시하기 때문에
④ 각국의 독재자가 경쟁과 갈등을 부추기기 때문에
⑤ 각국의 정치 체제와 경제 체제가 모두 동일하기 때문에

08 다음 사례가 나타내는 국제 사회의 갈등 모습으로 가장 적절한 것은?

> A사, G사 등 다국적 기업은 해외에서 돈을 벌어 본사로 자본을 이전하여 세금을 줄이고 있다. 이에 대해 이 기업들이 활동하고 있는 국가들은 다국적 기업이 여러 국가에 내야 할 조세를 회피하고 있다며, A사, G사 등에 세금을 부과하려 하고 있다.

① 영유권을 둘러싼 갈등
② 국제 하천을 둘러싼 갈등
③ 민족과 국가의 차이로 인한 갈등
④ 종교와 문화의 차이로 인한 갈등
⑤ 다국적 기업과 개별 국가 사이의 갈등

09 외교 활동에 대한 설명으로 옳지 않은 것은?

① 전통적으로 국가를 중심으로 이루어졌다.
② 최근에는 민간 외교도 활발하게 전개되고 있다.
③ 오늘날에는 외교적인 노력을 통한 국제 사회의 공존을 추구하고 있다.
④ 국가 간 분쟁을 해결하거나 예방하기 위한 수단으로 활용된다.
⑤ 한 국가가 국제 사회에서 무력을 이용하여 자국의 이익을 달성하려는 활동을 말한다.

서술형 문제

10 다음 국제 행위 주체들의 공통점을 간단히 서술하시오.

> • 국제 적십자사 • 그린피스 • 국경 없는 의사회

🖉 _____

_____

_____

11 다음 내용을 통해 알 수 있는 현대 국제 사회의 특징을 간단히 서술하시오.

> 2016년 9월 뉴욕 유엔 본부에서 유엔 정상 회담이 개최되었다. 회원국 정상들은 최근 심각해진 난민 수용과 지원을 위한 부담과 책임을 각국이 공평하게 분담한다는 내용의 '뉴욕 선언'을 채택하였다.

🖉 _____

_____

_____

12 사진은 미국과 중국이 탁구를 계기로 수교를 맺은지 30주년을 기념하여 탁구 경기를 하는 모습이다. 이를 통해 유추할 수 있는 최근 외교의 경향을 과거와 비교하여 간단히 서술하시오.

🖉 _____

_____

_____

03

6. 국제 사회와 국제 정치

우리나라의 국가 간 갈등과 해결

1. 독도를 둘러싼 갈등

(1) **일본의 독도 영유권 주장**: 일본이 우리나라의 영토인 독도에 대한 영유권을 주장하면서 갈등 시작

> 현재 독도에는 우리나라 주민이 거주하고 있으며, 우리 경찰이 해안 경비 활동을 하고 있음

(2) **독도는 대한민국의 고유한 영토**

① 역사적 사실: 삼국 시대 신라 장군 이사부가 우산국(울릉도)을 정벌한 이후 줄곧 우리나라의 영토 → 1905년 일본은 독도를 강제로 침략하여 자신들의 영토인 것처럼 편입 → 제2차 세계 대전 후 연합국 최고 사령부에 의해 독도 반환

② 독도가 우리 땅임을 보여주는 수많은 고지도와 역사책이 있으며, 심지어 과거 일본의 지도나 역사책도 독도를 우리의 영토로 표기하고 있음

③ 독도는 국제법상으로 우리나라 영토임

2. 우리나라와 일본 및 중국과의 갈등

(1) **우리나라와 일본의 갈등**

① 일본과의 관계: 우호적인 관계를 맺고 있으나, 과거사 문제로 불편한 관계에 놓여 있기도 함

② 역사 교과서 왜곡 문제, 야스쿠니 신사 참배 문제, 일본군 '위안부' 문제, 세계 지도에 동해를 표기하는 문제 등으로 갈등을 겪고 있음

> 일본 정부는 일본군이 위안부의 경영과 관리에 직접 개입했다는 것을 인정하지 않고 있음

(2) **우리나라와 중국의 갈등**

① 중국의 **동북공정**: 중국은 동북공정 연구 결과를 바탕으로 한국의 고대 국가인 고조선, 고구려와 발해가 중국의 지방 정권 중 하나라고 역사를 왜곡하고 있음

② 역사적 사실: 고조선, 고구려와 발해는 우리 한민족의 국가이며, 만주는 우리의 활동 무대였음

③ 이 밖의 갈등: 중국 어선의 불법 조업 문제 등

▲ 일본 총리의 야스쿠니 신사 참배

▲ 불법 조업 중인 중국 어선을 우리 해경이 단속하는 모습

3. 우리나라의 국가 간 갈등 해결

(1) 세계화에 따라 국가 간 협력의 중요성 증대

(2) 상호 존중의 관점에서 합리적 대화를 통해 문제 해결

(3) 문제 해결을 위해 국가뿐 아니라 시민 단체나 개인 등의 적극적인 자세 필요

보충 독도가 우리나라 영토임을 알려주는 역사적 근거

• '세종실록지리지'(1454) 50쪽 셋째 줄에 독도가 한국 땅임을 설명하였다.

• 1877년 일본의 최고 국가 기관인 태정관에서 독도가 한국의 영토임을 알리는 훈령을 발표하였다.

• 1950년 국제 연합(UN)군이 독도를 한국 영토로 판정하여 독도 상공을 한국 방공 식별 구역 안에 포함시켰다.

보충 동해 표기 문제

한반도와 일본 열도 사이에 있는 바다의 국제적 통용 명칭을 둘러싸고 우리나라와 일본의 의견이 대립하고 있다. 우리나라는 '동해'와 '일본해' 두 명칭을 함께 사용해야 한다는 의견이다. 이에 반해, 일본은 국제적으로 확립된 '일본해' 이외의 어떠한 명칭도 수용할 수 없다는 태도이다.

두 개 이상의 국가가 공유하고 있는 지형물에 대한 지명은 일반적으로 관련국 간 협의를 통해 결정하며, 만약 지형의 명칭에 대해 합의하지 못하는 경우 각각의 국가에서 사용하는 지명을 함께 적는 것이 국제 지도 제작의 일반 원칙이다.

보충 동북공정

'동북 변강 역사 여현상 계열 연구 공정'의 줄인 말이다. 동북 변경 지역의 역사와 현상에 관한 체계적인 연구 과제를 뜻하며, 중국 동북 3성(지린성, 랴오닝성, 헤이룽장성) 지역의 역사, 지리, 민족에 관련된 여러 문제들을 집중적으로 연구하는 국가적인 사업을 의미한다.

탐구 1   독도는 우리 영토입니다!

조선이 일본에게 침략당하고 해방되는 과정에서 독도는 어느 나라 영토로 되었나요?

▲ 대한 제국 칙령 제41호

| 예시 답안 | 일본이 러·일 전쟁 중에 불법적으로 독도를 편입시켰다. 제2차 세계 대전에서 일본이 패전하자 독도는 우리나라로 반환되었다. 1904년 「한·일 의정서」가 체결되기 전인 1900년 대한 제국은 칙령 제41호를 공포하여 독도가 우리 영토임을 명확히 하였다.

[자료 해설]

19세기 말 일본인들이 울릉도에서 무단으로 목재를 벌채하는 등 각종 문제가 발생하자, 대한 제국 정부는 일본 정부에 이들을 철수시킬 것을 요구하는 한편, 울릉도의 지방 행정 법제를 강화하기로 결정하였다. 이에 따라 1900년 10월 24일 당시 대한 제국 최고 행정 기관이었던 의정부회의에서 "울릉도(鬱陵島)를 울도(鬱島)로 개칭하고 도감(島監)을 군수(郡守)로 개정"하기로 결정하였고, 이러한 결정 내용은 1900년 10월 27일 「칙령 제41호」로서 관보에 게재되었다. 「칙령 제41호」는 제2조에서 "…구역(區域)은 울릉전도(鬱陵全島)와 죽도(竹島)·석도(石島: 독도)를 관할한다."라고 규정하여 독도가 울도군의 관할 구역에 속함을 명시하였다.

탐구 2   중국의 동북공정

중국이 새로 만리장성에 포함시킨 부분(옛 요동변장)

몽골 / 가욕관 / 만리장성 / 북경 / 산해관 / 신의주 / '2004년 박물관 건립' / 동해 / 한국 / 황해 / 중국 / 0 500km

중국의 동북공정이란 중국의 국경 안에서 전개된 모든 역사를 중국의 역사로 편입하려는 연구를 말한다. 이 과정에서 중국은 고조선, 고구려, 발해의 역사까지도 중국 고대 지방 정권의 일부였던 것으로 역사를 왜곡하고 있다.

◀ 중국은 만리장성의 유적이 새로 발견되어 그 길이가 더 늘어났다며, 옛 고구려와 발해 지역까지 만리장성 안에 포함된다고 보고 있다.

[자료 해설]

1. 중국의 주장과 의도
- 중국의 국경 안에서 이루어진 역사는 모두 중국의 역사라는 입장 → 고조선, 고구려, 발해를 중국사로 편입
- 우리나라의 통일에 대비하여 동북 지역 영토 및 문화의 우위를 차지할 목적
- 중국은 통일적 다민족 국가라는 것을 내세워 중국 내 소수 민족의 독립을 막겠다는 정치적 의도

개념 꿀꺽

1. 다음 내용에 알맞은 말을 골라 ◯표 하시오.

(1) 독도를 둘러싼 갈등은 (일본, 중국)이 우리나라의 영토인 독도에 대한 영유권을 주장하면서 시작되었다.

(2) 중국은 동북공정 연구 결과를 바탕으로 한국의 고대 국가인 고조선, 고구려와 발해가 (중국, 일본)의 지방 정권 중 하나라고 주장하고 있다.

2. 다음 내용이 옳으면 ◯표, 틀리면 ×표 하시오.

(1) 독도는 역사적으로나 국제법상으로나 우리나라의 영토이다. (   )

(2) 우리나라와 일본은 동북공정과 관련된 역사 왜곡 문제, 불법 조업 문제 등으로 갈등을 겪고 있다. (   )

(3) 국가 간 갈등을 해결하고 서로 협력하기 위해서는 상호 존중의 자세가 요구된다. (   )

정답
1. (1) 일본 (2) 중국
2. (1) ◯ (2) × (3) ◯

01 일본이 영유권을 주장하며 우리나라와 갈등을 빚고 있는 곳은?

① 독도
② 울릉도
③ 제주도
④ 마안도
⑤ 가거도

02 독도에 대한 역사적 사실로 옳지 <u>않은</u> 것은?

① 독도는 고려 시대에 우리나라의 영토로 편입되었다.
② 이사부 장군이 우산국을 정벌한 이후 줄곧 우리나라의 영토였다.
③ 1905년 일본이 독도를 강제로 침략하여 자신들의 영토인 것처럼 편입하였다.
④ 제2차 세계 대전 후 연합국 최고 사령부에 의해 독도는 우리나라로 반환되었다.
⑤ 독도는 국제법상 우리 영토이며, 우리나라가 독도에 대해 주권을 행사하고 있다.

_{중요}
03 독도 영유권에 대한 우리나라의 주장으로 옳지 <u>않은</u> 것은?

① 독도는 국제법상 대한민국 영토이다.
② 우리나라는 독도에 대한 주권을 행사하고 있다.
③ 우리나라는 과거부터 현재까지 독도를 점유하고 있다.
④ 독도가 우리나라 영토임을 입증하는 고지도, 역사책 등이 있다.
⑤ 일본은 역사적 자료를 제시하지 않고 일방적으로 주장하고 있다.

_{단답형}
04 ㉠에 들어갈 알맞은 말을 쓰시오.

> 1877년 일본은 최고 국가 기관인 태정관에서 ㉠ 이/가 한국의 영토임을 알리는 훈령을 발표하였다.

(   )

05 다음 글의 신사 참배에 대한 우리나라의 비판에 해당하는 것은?

> 일본 총리가 A급 전범이 안치되어 있는 야스쿠니 신사를 참배하고 있다.

① 전쟁을 미화하고 식민지 지배를 반성하지 않는다.
② 우리나라의 영토에 대하여 억지 주장을 하고 있다.
③ 국가 간의 갈등과 분쟁을 무력으로 해결하려 하고 있다.
④ 고대 한일 관계를 왜곡하여 일본의 우월성을 주장하고 있다.
⑤ 종교 행사를 통해 국제 사회에서 유리한 여론을 형성하고 있다.

06 다음 사례에 나타난 우리나라의 국가 간 갈등 문제로 옳은 것은?

> 2015년 일본에서 검정을 통과한 '지유샤' 출판사의 중학교 역사 교과서에 "신라가 일본에 조공을 바쳤다."라는 취지의 기술 등 고대 역사를 왜곡한 내용이 발견되었다.

① 중국의 동북공정 문제
② 일본군 '위안부' 문제
③ 야스쿠니 신사 참배 문제
④ 세계 지도에 동해 표기 문제
⑤ 일본의 역사 교과서 왜곡 문제

07 우리나라와 중국이 갈등하고 있는 문제들을 〈보기〉에서 고른 것은?

> **보기**
> ㄱ. 동북공정 문제
> ㄴ. 불법 조업 문제
> ㄷ. 신사 참배 문제
> ㄹ. 세계 지도에 동해 표기 문제

① ㄱ, ㄴ   ② ㄱ, ㄷ   ③ ㄴ, ㄷ
④ ㄴ, ㄹ   ⑤ ㄷ, ㄹ

08 우리나라와 주변 국가 간 갈등의 해결과 관련된 설명으로 옳지 <u>않은</u> 것은?

① 상호 존중의 자세가 요구된다.
② 평화적이고 합리적으로 문제를 해결해야 한다.
③ 외교적인 노력을 통해 갈등을 해결하는 것이 바람직하다.
④ 시민 단체나 개인 등의 갈등 해결을 위한 적극적인 자세가 필요하다.
⑤ 대화나 협상을 통한 해결보다는 국가 간의 관계를 단절하는 것이 좋다.

09 다음 글에 나타난 활동의 목적으로 옳은 것은?

> 한·중·일 3국 공동 역사 편찬 위원회는 2005년 『미래를 여는 역사』라는 공동 역사 교재를 출간하였다. 이 교육서는 평화와 인권이라는 인류 보편적 관점에서 3국의 근현대사를 재구성하였으며, 일본 제국주의의 침략에 저항한 인물과 단체의 활동을 부각하고 반성과 화해의 시각을 강조하였다.

① 국제 연합의 요구
② 국가 간 갈등 조장
③ 일본 제국주의의 정당화
④ 올바른 역사 인식의 공유
⑤ 세계에서 동북아시아의 위상 강화

서술형

10 우리나라가 일본, 중국과 협력해야 하는 이유를 서술하시오.

✎ _____

_____

_____

01 독도 영유권 주장과 관련하여 옳은 내용을 〈보기〉에서 고른 것은?

보기

ㄱ. 세종실록지리지에 독도가 우리 땅임이 기록되어 있다.
ㄴ. 독도는 신라 장군 이사부가 우산국을 정벌한 후 줄곧 우리나라의 영토였다.
ㄷ. 1905년 일본은 우리나라의 허락을 받고 독도를 일본의 영토로 편입하였다.
ㄹ. 독도는 제1차 세계 대전 후 연합국 최고 사령부에 의해 일본에 반환되었다.

① ㄱ, ㄴ　　　② ㄱ, ㄹ　　　③ ㄴ, ㄷ
④ ㄴ, ㄹ　　　⑤ ㄷ, ㄹ

02 다음 글이 설명하는 문서로 옳은 것은?

일본은 러·일 전쟁 중에 불법적으로 독도를 편입하였지만, 1900년 대한 제국이 공포한 이 문서에 의하면 울릉군수가 울릉도 본섬과 함께 독도를 관할할 것을 확고히 하였다는 점에서 독도가 우리 땅임에 대한 역사적 근거가 되고 있다.

① 조선왕국전도
② 세종실록지리지
③ 대한 제국 칙령 제41조
④ 샌프란시스코 강화 조약
⑤ 연합국 최고 사령관 각서

중요

03 다음과 같은 교과서 왜곡 문제가 발생하는 이유로 가장 적절한 것은?

2015년 일본에서 검정을 통과한 일본 '지유샤' 출판사의 중학교 역사 교과서에 "신라가 일본에 조공을 바쳤다."라는 취지의 기술 등 고대 한일 관계를 왜곡한 내용이 발견되었다.

① 주변국과의 갈등 유발
② 민간 중심의 외교 활동
③ 일본의 잘못된 역사 인식
④ 국가 안보와 이익의 추구
⑤ 한반도의 지리적인 특수성

단답형

04 ㉠에 들어갈 알맞은 말을 쓰시오.

우리나라에서 2천 년 이상 사용해 오고 있는 명칭인데, 일본은 세계 지도에 　㉠　을/를 일본해로만 표시할 것을 주장하고 있다.

(　　　　　　　　)

05 우리나라가 독도에 대한 주권을 행사하고 있음을 보여 주는 근거를 〈보기〉에서 고른 것은?

보기

ㄱ. 독도를 '다케시마'로 표기하고 있다.
ㄴ. 우리나라 경찰이 독도를 경비하고 있다.
ㄷ. 현재 독도에 우리나라 주민이 살고 있다.
ㄹ. 현재 국제 사법 재판소에 분쟁 해결을 맡겨 둔 상태이다.

① ㄱ, ㄴ　　　② ㄱ, ㄷ　　　③ ㄴ, ㄷ
④ ㄴ, ㄹ　　　⑤ ㄷ, ㄹ

06 우리나라와 일본의 갈등 사례에 해당하지 않는 것은?

① 일본군 '위안부' 문제
② 어선 불법 조업 문제
③ 역사 교과서 왜곡 문제
④ 야스쿠니 신사 참배 문제
⑤ 세계 지도에 동해 표기 문제

07 중국이 동북공정을 통해 중국의 역사로 편입하려고 하는 우리나라의 역사를 고른 것은?

> 고조선 신라 고구려 발해 백제

① 신라, 고구려, 발해
② 고구려, 발해, 백제
③ 고조선, 신라, 고구려
④ 고조선, 고구려, 발해
⑤ 고조선, 고구려, 백제

(중요)
08 중국의 동북공정에 대한 대응책으로 옳지 <u>않은</u> 것은?

① 중국과의 무력을 통한 전쟁에 대비한다.
② 동북공정의 역사 인식이 퍼지지 않도록 대응한다.
③ 국가적 차원에서 우리 고대사에 대한 연구를 진행한다.
④ 발해사나 고구려사 왜곡 문제에 대한 지속적인 관심을 보인다.
⑤ 남북통일 이후 나타날 수 있는 동북 지역 영토 분쟁에 대비한다.

09 중국의 동북공정과 관련된 옳은 진술을 〈보기〉에서 고른 것은?

> **보기**
> ㄱ. 몽골 영토가 중국 영토라고 하는 것이 주된 내용이다.
> ㄴ. 현재 국제 사법 재판소에서 해결하고 있는 국제 갈등 중 하나이다.
> ㄷ. 중국 내 소수 민족의 독립을 막겠다는 정치적인 의도가 깔려 있다.
> ㄹ. 중국의 국경 안에서 이루어진 역사는 모두 중국의 역사라는 입장이다.

① ㄱ, ㄴ ② ㄱ, ㄷ ③ ㄴ, ㄷ
④ ㄴ, ㄹ ⑤ ㄷ, ㄹ

서술형 문제

10 다음 주장을 뒷받침할 수 있는 역사적 근거를 한 가지 서술하시오.

> 독도는 대한민국의 영토이다.

✎ _____

_____

_____

11 중국이 다음과 같은 주장을 하는 이유를 서술하시오.

> 고구려는 한나라의 군현 등 중국의 영토 안에서 건국되었고, 중국에 조공을 바친 중국 소수 민족의 지방 정권이다. 발해의 경우도 말갈족이 건국한 국가로, 당나라의 책봉을 받은 중국의 지방 정권이다.

✎ _____

_____

_____

12 국가 간 갈등을 해결하고 서로 협력하기 위해 필요한 자세와 노력을 서술하시오.

✎ _____

_____

_____

자신만만 **적중문제**

01 국제 사회의 특성과 행위 주체

01 다음 글의 밑줄 친 '사회'에 대한 설명으로 옳지 <u>않은</u> 것은?

> 전 세계 여러 나라가 서로 밀접하게 영향을 주고 받으며, 국제적 공동생활을 영위하는 <u>사회</u>를 의미 한다.

① 주권을 가진 여러 국가들이 있어야 성립한다.
② 국제법을 준수하며 어느 정도의 질서가 존재한다.
③ 정치, 경제 등 자국의 이익보다 이념이나 도덕을 더 중시한다.
④ 경제력과 군사력이 큰 강대국은 더 많은 영향력 을 행사하고 약소국은 이를 인정한다.
⑤ 국내 정치와 달리 규범을 제정하고 이를 강제할 수 있는 조직화된 세계 정부가 존재하지 않는다.

02 다음 글이 설명하는 국제 사회의 행위 주체에 해당하지 <u>않는</u> 것은?

> 국제 사회의 행위 주체 중 하나인 이것은 각 나라의 정부를 회원으로 하여 국제 평화를 유지하고 다양한 영역에서 상호 협력하는 국제 행위 주체 이다.

① 국제 연합(UN)
② 유럽 연합(EU)
③ 국제 통화 기금(IMF)
④ 국경 없는 의사회(MSF)
⑤ 경제 협력 개발 기구(OECD)

02 국제 사회의 모습과 공존을 위한 노력

03 다음 글에 나타난 국제 사회에서 경쟁과 갈등이 발생 하는 원인으로 옳은 것은?

> 세계 시장에서 한국과 중국의 경쟁이 갈수록 심 해지고 있다. 한국의 주력 업종을 중국이 바싹 따 라붙고 있어서 새 주력 업종 개발이 시급한 상황 이다.

① 각국마다 민족과 종교에 차이가 있기 때문이다.
② 각국마다 정치 및 경제 체제가 다르기 때문이다.
③ 각국마다 가치관과 역사적 경험에 차이가 있기 때문이다.
④ 각국마다 제한된 자원과 영토를 둘러싸고 대립하 기 때문이다.
⑤ 각국이 자국의 이익을 최우선시 하며 세계 시장 에서 우위를 확보하려고 하기 때문이다.

04 다음 글이 설명하는 외교로 가장 적절한 것은?

> 정부와 정부 사이의 공식 외교가 아닌 일반 시민 에 의한 외교로, 학문·예술·스포츠를 비롯하여 경 제, 정치까지 영향을 미치는 외교이다.

① 민간 외교　　　　② 문화 외교
③ 냉전 외교　　　　④ 정상 외교
⑤ 스포츠 외교

03 우리나라의 국가 간 갈등과 해결

05 독도가 한국의 영토임을 말해 주는 역사적 근거로 옳지 <u>않은</u> 것은?

① 세종실록지리지에 독도가 한국 땅임이 기록되어 있다.
② 일본의 옛 문헌인 은주시청합기에 독도가 강원도에 속하는 섬이라고 기록되어 있다.
③ 일본 최고 국가 기관인 태정관에서 독도가 한국의 영토임을 알리는 훈령을 발표하였다.
④ 대한 제국은 칙령 제41호를 공포하여, 울릉군수가 울릉도 본섬과 함께 독도를 관할할 것을 확고히 하였다.
⑤ 한국 전쟁 당시 국제 연합(UN)군은 독도를 한국 영토로 판정하여 독도 상공을 한국 방공 식별 구역 안에 포함시켰다.

06 다음 글과 관련 있는 사건에 대한 설명으로 옳지 <u>않은</u> 것은?

> 중국은 만리장성의 유적이 새로 발견되어 그 길이가 더 늘어났다며, 옛 고구려의 발해 지역까지 만리장성 안에 포함된다고 보고 있다.

① 중국의 동북공정에 관련된 내용이다.
② 중국의 이익을 위해 국가적 차원에서 이루어진 일이다.
③ 순수한 학술 연구이며 역사 왜곡을 위한 의도는 전혀 없다.
④ 중국 내 소수 민족의 독립을 막겠다는 정치적 의도가 숨겨져 있다.
⑤ 우리나라의 통일에 대비하여 동북 지역 영토 및 문화의 우위를 차지할 목적을 지니고 있다.

서술형 문제

07 다음 자료를 통해 알 수 있는 국제 사회의 특성을 서술하시오.

> 유엔 안전 보장 이사회의 중요한 결의안은 상임 이사국이 모두 찬성해야 의결된다. 상임 이사국 중 한 나라라도 거부권을 행사하면 무산된다. 2014년 민간인을 공격한 시리아에 대한 제재는 중국과 러시아의 반대로 무산되었다.

🖉 _____

_____

_____

08 다음 글과 관련하여 외교의 의미를 서술하시오.

> 2014년 미국의 대통령이 쿠바와의 국교 정상화 방침을 발표하였다. 양국은 외교 협상을 통해 적대 관계를 청산하고 국교를 정상화하였다.

🖉 _____

_____

_____

09 중국의 동북공정에 대처하기 위한 방법을 서술하시오.

🖉 _____

_____

_____

최고난도 문제

01 다음 글을 읽고 옳은 진술만을 〈보기〉에서 고른 것은?

> 영국은 2016년 유럽 연합(EU)의 재정 악화가 심화되고, 영국이 내야 할 유럽 연합 분담금 부담이 커지자 유럽 연합 탈퇴를 결정하였다. 영국은 유럽 연합 분담금에 대한 부담, 영국으로 이주한 이민자들이 영국 국민의 일자리를 차지함으로써 받는 불이익 등과 유럽 연합을 탈퇴함으로써 얻게 될 이득을 비교하여 탈퇴를 결정하였다.

보기

ㄱ. 국제 사회의 모든 경쟁과 갈등은 평화적으로만 해결된다.
ㄴ. 자국의 이익을 우선적으로 추구하는 국제 사회의 특성을 보여 준다.
ㄷ. 위와 같은 갈등이나 분쟁이 일어났을 때 이를 해결해 줄 수 있는 중앙 정부가 존재함을 보여 준다.
ㄹ. 영국이 탈퇴한 국제 사회의 행위 주체는 국제기구로 국가의 범위를 넘어 국제적으로 영향력을 행사한다는 특징이 있다.

① ㄱ, ㄴ ② ㄱ, ㄷ ③ ㄴ, ㄷ
④ ㄴ, ㄹ ⑤ ㄷ, ㄹ

풀이 비법

❶ 영국이 유럽 연합(EU)을 탈퇴한 배경에 대해 분석해 본다.
❷ 이를 통해 알 수 있는 국제 사회의 특성을 파악해 본다.
❸ 국제 사회에서 각 역할을 담당하는 행위 주체를 알아본다.

02 중국이 조사를 통해 확인했다고 주장하는 만리장성을 나타낸 지도이다. 이를 통해 유추할 수 있는 내용으로 옳은 것을 〈보기〉에서 고른 것은?

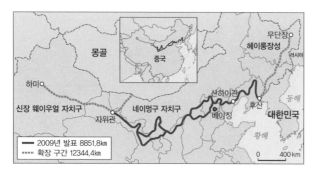

보기

ㄱ. 국제 갈등은 국가 간에 정치, 경제 체제가 다를 때만 나타난다.
ㄴ. 국가 간 갈등은 국제 사법 재판소의 판결로만 해결할 수 있다.
ㄷ. 중국의 국경 안에서 전개된 모든 역사를 중국의 역사로 편입하려는 움직임을 보여 준다.
ㄹ. 위와 같은 문제를 해결하기 위해서는 상호 존중의 자세와 평화적이고 합리적인 대화가 필요하다.

① ㄱ, ㄴ ② ㄱ, ㄷ ③ ㄴ, ㄷ
④ ㄴ, ㄹ ⑤ ㄷ, ㄹ

풀이 비법

❶ 국가 간에 나타나는 갈등의 유형을 파악한다.(동북공정)
❷ 이와 같은 갈등이 나타나는 이유와 해결책을 모색해 본다.

7

인구 변화와 인구 문제

01/02 인구 분포 / 인구 이동

1. 인구 분포의 특징과 변화

(1) 세계 인구 분포의 특징: 지역에 따라 불균등하게 분포

① 세계 인구의 90 % 이상이 북반구에 거주

② 아시아 대륙에는 세계 인구의 약 60 %, 오세아니아에는 약 0.5 %가 거주

인구 밀집 지역	• 북위 20°~60° 사이의 냉·온대 기후 지역, 해안 지역, 하천 주변의 평야 지역, 상공업이 발달한 도시 지역 ┌ 계절풍의 영향을 받는 지역으로 벼농사 발달 • 라틴 아메리카의 해안 지역, 동부 및 동남·남부 아시아, 서부 유럽과 미국 북동부 등 선진국의 도시 ┌ 안데스 산지에는 일 년 내내 봄과 같은 날씨가 계속되는 고산 기후 나타나 도시 발달
인구 희박 지역	• 기후가 불리하거나 지형이 험한 곳 → 사막, 극지방, 해발 고도가 높은 산지, 열대 우림 지역 예 사하라 사막, 히말라야산맥, 아마존강의 밀림 • 경제가 발달되지 않고 산업과 일자리가 부족한 지역, 전쟁과 분쟁이 잦은 지역

(2) 인구 분포의 변화: 최근 인문·사회적 요인이 중요해졌으며, 기술 발달로 자연적 조건이 불리한 곳까지 인간의 거주 지역이 확대 ┌ 산업화 이후 경제적 조건의 영향이 커져 도시 지역에 인구가 많이 분포

(3) 우리나라의 인구 분포: 국토 면적은 좁고 인구는 많아 인구 밀도가 높음. 지역별 인구 분포가 고르지 않으며 수도권에 집중 분포함

2. 인구 이동

(1) 인구 이동의 요인

┌ 빨아들이거나 끌어당기는 요인

흡인 요인	쾌적한 환경, 풍부한 일자리, 높은 임금, 다양한 편의 시설, 많은 교육 기회, 편리한 주거 환경, 안전
배출 요인	열악한 환경, 빈곤, 실업, 낮은 임금, 산업 시설 부족, 적은 교육 기회, 자연재해, 정치·종교적 탄압

(2) 인구 이동의 유형

┌ 최근 유학, 해외 취업 등 단기간의 국제 이동이 증가하는 추세

이동 범위에 따라	국제 이동, 국내 이동
이주 기간에 따라	일시적 이동, 영구적 이동
이주자의 동기에 따라	자발적 이동, 강제적 이동
이동 원인에 따라	정치적 이동, 종교적 이동, 경제적 이동

(3) 인구의 유입 지역과 유출 지역

유입 지역	흡인 요인으로 인구가 들어오는 지역: 경제적 여건이 좋은 선진국이나 도시 지역 예 북아메리카, 서부 유럽 등
유출 지역	배출 요인으로 인구가 빠져 나가는 지역: 주로 경제적 여건이 좋지 않은 개발 도상국이나 농촌 지역 예 중앙아메리카, 남아메리카, 아프리카, 동남아시아 등

(4) 인구의 유입과 유출로 인한 문제

① 유입 지역: 원주민과 이주민 간의 문화 차이로 갈등 발생

② 유출 지역: 노동력 유출로 국가 경쟁력 약화, 난민 문제 발생으로 국제 사회의 원조 필요
┌ 긍정적 효과: 유입 지역은 노동력 부족 문제 해결, 문화의 다양성 증가. 유출 지역은 이주자들의 외화 송금으로 경제 활성화

보충 인구 밀도

단위 면적 안의 지역에 살고 있는 인구수(보통 1 km² 안의 인구수로 표현)를 말한다.

보충 대륙별 면적 및 인구 비중

아시아 / 아프리카 / 북아메리카 / 유럽 / 남아메리카 / 오세아니아

대륙별 면적(총 1억 3,619만 km²)
23.4% | 22.3 | 18.0 | 16.9 | 13.1 | 6.3

대륙별 인구(총 67억 6,671만 명)
59.9% | 15.9 | 10.1 | 7.9 5.7 | 0.5
(통계청, 2017)

인구가 가장 조밀한 대륙은 아시아, 가장 희박한 대륙은 오세아니아이다.

사례 우리나라의 인구 분포 변화

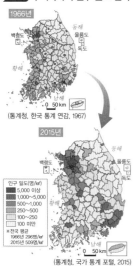

1966년
동해 / 백령도 / 울릉도 / 독도 / 황해 / 남해
(통계청, 한국 통계 연감, 1967)

2015년
동해 / 백령도 / 울릉도 / 독도 / 황해 / 남해

인구 밀도(명/km²)
5,000 이상
1,000~5,000
500~1,000
250~500
100~250
100 미만
■ 전국 평균
1966년 296명/km²
2015년 509명/km²
(통계청, 국가 통계 포털, 2015)

• 산업화 이전: 농업에 유리한 지역에 인구 집중
• 1960년대 이후: 산업 발달로 인한 이촌 향도, 대도시 인구 급증

보충 인구의 국제 이동

경제적 이동	북부 아프리카에서 서부 유럽으로 이동
정치적 이동	전쟁·분쟁으로 이동하는 난민
강제적 이동	15~19세기 아프리카 흑인 노예
종교적 이동	영국 청교도의 아메리카 대륙으로의 이동

탐구 1 인구 밀집 지역과 인구 희박 지역은 어디일까?

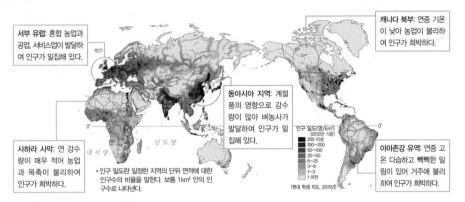

서부 유럽: 혼합 농업과 공업, 서비스업이 발달하여 인구가 밀집해 있다.

캐나다 북부: 연중 기온이 낮아 농업이 불리하여 인구가 희박하다.

동아시아 지역: 계절풍의 영향으로 강수량이 많아 벼농사가 발달하여 인구가 밀집해 있다.

사하라 사막: 연 강수량이 매우 적어 농업과 목축이 불리하여 인구가 희박하다.

아마존강 유역: 연중 고온 다습하고 빽빽한 밀림이 있어 거주에 불리하여 인구가 희박하다.

대 서 양   인 도 양

인구 밀도(명/km²) (2012년 기준)
- 200 이상
- 100~200
- 50~100
- 25~50
- 6~25
- 3~6
- 1~3
- 1 미만

• 인구 밀도란 일정한 지역의 단위 면적에 대한 인구수의 비율을 말한다. 보통 1km² 안의 인구수로 나타낸다.

(현대 학생 지도, 2015년)

[자료 해설]

1. 인구 밀집 지역
- 서부 유럽: 혼합 농업과 공업, 서비스업이 발달하여 인구 밀집
- 동남아시아 지역: 계절풍의 영향으로 강수량이 많아 벼농사가 발달하여 인구 밀집

2. 인구 희박 지역
- 사하라 사막: 연 강수량이 매우 적어 농업과 목축이 불리
- 아마존강 유역: 연중 고온 다습하고 빽빽한 밀림이 있어 인간 거주에 불리

탐구 2 인구 이동에 따른 갈등은 무엇이 있을까?

자료 ❶
┌ 이슬람 여성의 전통 복식
부르카 착용 금지법에 따른 갈등
┌ 인구 유입 지역
프랑스 정부는 부르카와 니캅 착용이 여성의 인권을 침해한다며 부르카 착용 금지법을 시행한다고 밝혔다. 부르카 착용 금지법은 관청, 우체국, 법원, 병원, 학교, 백화점, 일반 상점, 대중교통 등에서 부르카나 니캅 등 얼굴을 가리는 옷을 입은 사람을 단속한다는 내용을 담고 있다.

자료 ❷
난민 발생에 따른 갈등
국제 연합 난민 기구의 발표에 따르면 2011년 전 세계 난민 수가 1,000만 명을 넘는다. 최대 난민 집단은 아프가니스탄, 팔레스타인, 이라크 출신 ┌ 인구 유출 지역
이다. 난민은 전쟁과 기아 등에 대한 두려움에서 벗어나려고 다른 나라로 탈출하고 있다.

[개념 쏙쏙]

1. 인구 이동: 거주를 목적으로 한 장소에서 다른 장소로 이동하는 현상

2. 인구 이동에 따른 갈등

유입 지역	원주민과 이주민 간의 문화 차이
유출 지역	난민 문제, 노동력 부족 현상 발생

개념 꿀꺽

1. 다음 내용에 알맞은 말을 골라 ◯표 하시오.

(1) 세계 인구의 90 %가 (북반구, 남반구)에 거주하며, 60 % 이상이 (고위도, 중위도, 저위도) 지역에 분포한다.

(2) 오늘날 과학 기술의 발달로 인간의 거주 가능한 지역이 (확대, 축소)되고 있다.

(3) 흡인 요인이 작용하여 인구를 끌어들이는 지역을 인구 (유입, 유출) 지역이라고 한다.

(4) 오늘날 인구의 국제 이동은 (정치적, 경제적) 이동이 가장 많다.

2. 다음 설명하는 지역이 인구 밀집 지역이면 '밀', 인구 희박 지역이면 '희'라고 쓰시오.

(1) 다양한 자원이 풍부한 지역 (   )

(2) 다른 지역과의 교류가 불편한 지역 (   )

(3) 토양이 비옥하여 농사에 유리한 지역 (   )

(4) 경제가 발달하여 일자리가 풍부한 지역 (   )

(5) 기온이 높고 강수량이 많은 열대 우림 지역 (   )

(6) 정치적으로 불안하여 전쟁이 자주 일어나는 지역 (   )

정답
1. (1) 북반구, 중위도 (2) 확대 (3) 유입 (4) 경제적 2. (1) 밀 (2) 희 (3) 밀 (4) 밀 (5) 희 (6) 희

01 인구 분포에 대한 옳은 설명을 〈보기〉에서 고른 것은?

보기

ㄱ. 인구는 세계 전체에 고르게 분포하고 있다.
ㄴ. 산업이 발달한 지역에 인구가 밀집해 있다.
ㄷ. 과학 기술의 발달로 거주 지역이 점차 확대되고 있다.
ㄹ. 최근에는 자연적 요인이 사회적·경제적 요인보다 중요해지고 있다.

① ㄱ, ㄴ   ② ㄱ, ㄷ   ③ ㄴ, ㄷ
④ ㄴ, ㄹ   ⑤ ㄷ, ㄹ

[02~03] 세계의 인구 분포를 나타낸 지도를 보고 물음에 답하시오.

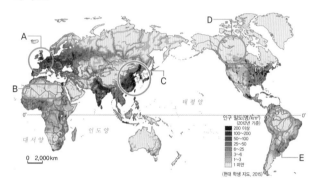

02 위 지도에 관한 설명으로 옳지 <u>않은</u> 것은?

① 인구가 가장 많이 분포하는 대륙은 유럽이다.
② 내륙 지역보다 해안 지역에 더 많은 인구가 분포한다.
③ 건조한 사막 지역에는 인구가 희박하게 분포한다.
④ 적도 지방과 극지방, 사막이나 밀림 등은 인구가 희박하다.
⑤ 넓고 비옥한 토양이 있는 지역은 인구가 조밀하다.

중요
03 다음에서 설명하는 지역에 해당되는 곳을 위 지도에서 고른 것은?

인구가 밀집되어 있는 지역은 하천 유역에 넓은 평야가 발달하여 벼농사와 인간 생활에 유리하거나 경제가 발달하여 일자리가 풍부한 지역이다.

① A, B   ② A, C   ③ B, C
④ C, D   ⑤ A, E

단답형
04 ㉠, ㉡에 들어갈 알맞은 용어를 쓰시오.

인구 분포에 영향을 주는 요인에는 자연적 요인과 인문적 요인이 있는데, 산업화 이후 과학 기술과 경제가 발달하면서 ㉠ 적 요인의 중요성이 낮아지고 ㉡ 적 요인의 중요성이 점차 커지고 있다.

㉠ (   )
㉡ (   )

05 지도는 우리나라의 인구 분포 변화를 나타낸 것이다. 인구 분포의 변화에 가장 큰 영향을 준 요인은?

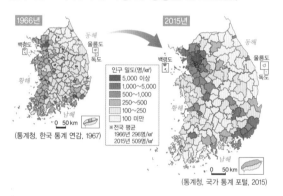

① 기후 변화   ② 농업 발달   ③ 산업 발달
④ 자연재해   ⑤ 정치적 원인

06 우리나라의 인구 분포에 대한 설명으로 옳은 것은?

① 1960년대 이후에는 북동부 지역에 인구가 집중하였다.
② 현재 산지 지역과 농어촌 지역은 인구가 증가하고 있다.
③ 1960년대 이전에는 공업의 발달이 인구 분포에 큰 영향을 주었다.
④ 현재 우리나라에서 인구가 가장 밀집한 지역은 남동 임해 지역이다.
⑤ 1960년대 이후 자연환경보다 산업화가 인구 분포에 더 많은 영향을 주었다.

07 인구 이동 유형과 사례가 바르게 연결된 것은?

① 종교적 이동 – 미국으로 유학을 떠나는 학생
② 경제적 이동 – 아메리카로 떠난 영국 청교도
③ 강제적 이동 – 동남아시아로 이동하는 화교들
④ 종교적 이동 – 유럽으로 이주한 북아프리카 사람
⑤ 정치적 이동 – 내전을 피해 나라를 떠나는 수단 난민들

08 인구의 흡인 요인과 배출 요인을 〈보기〉에서 골라 바르게 구분한 것은?

> **보기**
> ㄱ. 높은 임금　　　ㄴ. 열악한 환경
> ㄷ. 높은 생활 수준　ㄹ. 정치적 불안정

	흡인 요인	배출 요인
①	ㄱ, ㄴ	ㄷ, ㄹ
②	ㄴ, ㄹ	ㄱ, ㄷ
③	ㄱ, ㄷ	ㄴ, ㄹ
④	ㄴ, ㄷ	ㄱ, ㄹ
⑤	ㄱ, ㄹ	ㄴ, ㄷ

09 인구 이동의 유형에 대한 옳은 설명을 〈보기〉에서 고른 것은?

> **보기**
> ㄱ. 이민은 일시적 이동에 해당한다.
> ㄴ. 해외 어학연수는 국제 이동이며 영구적 이동이다.
> ㄷ. 영국의 청교도들이 아메리카 대륙으로 이동한 것은 종교적 이동이다.
> ㄹ. 15~19세기 아프리카 흑인 노예의 아메리카 대륙으로의 이동은 강제적 이동이다.

① ㄱ, ㄴ　　② ㄱ, ㄷ　　③ ㄴ, ㄷ
④ ㄴ, ㄹ　　⑤ ㄷ, ㄹ

10 지도는 인구 유입의 초과 국가와 인구 유출의 초과 국가를 나타낸 것이다. 이에 대한 설명으로 옳은 것은?

① 서부 유럽과 미국은 대표적인 인구 유출 지역이다.
② 인구 유출 지역에서는 흡인 요인이 작용한다.
③ 인구 유입·유출의 가장 큰 원인은 경제적 요인이다.
④ 개발 도상국에서 선진국으로의 이동은 정치적 이유가 가장 크다.
⑤ 주로 선진국은 인구 유출이, 개발 도상국은 인구 유입이 많다.

서술형

11 지도는 우리나라의 시기별 인구 분포를 나타낸 것이다. 물음에 답하시오.

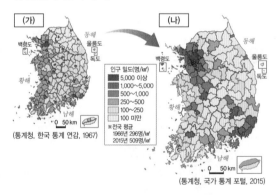

(1) (가) 시기에 인구 분포가 남서쪽에 많이 분포하게 된 이유를 서술하시오.

(2) 우리나라 인구 분포가 (가)에서 (나)로 변화하게 된 원인을 서술하시오.

01 다음 지역의 인구 분포에 공통적으로 영향을 준 요인은?

> • 계절풍이 불어오는 중위도 지역은 인구가 밀집되어 있다.
> • 건조한 사하라 사막과 겨울 기온이 낮은 캐나다 북부 지방에서는 인구가 희박하다.

① 지형 ② 기후 ③ 토양
④ 문화 ⑤ 종교

02 세계 인구 분포에 대한 대화 중 옳지 <u>않은</u> 것은?

① 지훈: 과거에는 자연적 요인이 중요했어.
② 재황: 중위도의 온대 기후 지역에 인구가 많이 밀집되어 있어.
③ 도연: 최근에는 과학 기술의 발달로 인간 거주 지역이 확대되고 있어.
④ 은영: 안데스 산지의 키토처럼 고산 기후가 나타나는 지역에서는 인구가 희박해.
⑤ 유정: 최근에는 인문적 요인이 인구 분포에 큰 영향을 미쳐.

고난도

03 지도에 표시된 A~E 지역의 인구 분포 특징과 원인에 대한 설명으로 옳지 <u>않은</u> 것은?

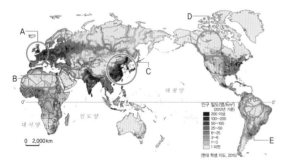

① A: 혼합 농업과 공업, 서비스업이 발달하여 인구가 밀집해 있다.
② B: 연강수량이 매우 적어 농업과 목축이 불리하여 인구가 희박하다.
③ C: 계절풍의 영향으로 강수량이 많아 벼농사가 발달하였다.
④ D: 연중 기온이 낮아 농업이 불리하여 인구가 희박하다.
⑤ E: 산업이 발달하여 인구가 집중되어 있다.

단답형

04 다음 글에서 설명하는 국가를 쓰시오.

> 남반구에 위치한 이 나라는 국토의 90% 이상이 사막과 고원으로 이루어져 있다. 서부 내륙 지역은 건조한 기후가 나타나 인구가 희박하며, 온대 기후가 나타나는 동남부 해안에 인구가 집중 분포한다.

(   )

05 지도에서 '(가)' 지역의 공통점은?

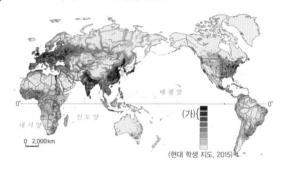

① 냉대 기후 ② 인구 밀집
③ 산업 발달 ④ 인구 희박
⑤ 건조 기후

06 우리나라의 인구 밀도 지도를 보고 추론한 내용으로 옳지 <u>않은</u> 것은?

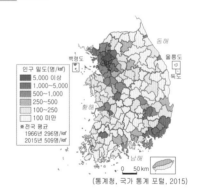

① 이촌 향도 현상에 의한 결과이다.
② 산지 지역에는 인구 밀도가 낮게 나타난다.
③ 1960년 이후 이와 같은 인구 분포가 나타나기 시작하였다.
④ 자연환경이 이러한 인구 분포에 가장 큰 영향을 주었다.
⑤ 수도권과 일부 대도시에서는 인구 집중으로 여러 가지 문제가 발생하기도 한다.

07 인구의 배출 요인을 〈보기〉에서 고른 것은?

보기
ㄱ. 높은 임금   ㄴ. 열악한 환경
ㄷ. 정치적 안정   ㄹ. 빈곤
ㅁ. 자연재해

① ㄱ, ㄴ, ㄷ   ② ㄱ, ㄹ, ㅁ   ③ ㄴ, ㄷ, ㅁ
④ ㄴ, ㄹ, ㅁ   ⑤ ㄷ, ㄹ, ㅁ

08 지도는 세계의 인구 이동을 나타낸 것이다. 이에 대한 설명으로 옳은 것은?

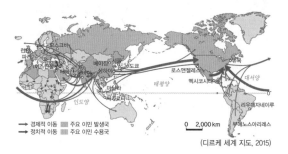

(디르케 세계 지도, 2015)

① 북아메리카는 대표적인 인구 유출 지역이다.
② 북부 아프리카는 인구 유입률이 높은 지역이다.
③ 3차 산업이 발달한 국가는 인구 유출 비율이 높다.
④ 오늘날 전쟁이나 종교적 이유로 인한 인구 이동은 일어나지 않는다.
⑤ 남아메리카 지역에서 미국으로의 인구 이동은 경제적 이동에 해당된다.

09 자료에 대한 주제로 가장 적절한 것은?

프랑스 정부는 부르카와 니캅 착용이 여성의 인권을 침해한다며 부르카 착용 금지법을 시행한다고 밝혔다. 부르카 착용 금지법은 공공장소에서 부르카나 니캅 등 얼굴을 가리는 옷을 입은 사람을 단속한다는 내용을 담고 있다.

① 난민 발생에 따른 갈등
② 정치적 불안으로 인한 갈등
③ 노동력 부족으로 인한 갈등
④ 인구 유입 지역의 문화적 갈등
⑤ 인구 유출 지역의 경제적 갈등

10 A 지역에 인구가 집중적으로 분포하는 원인을 서술하시오.

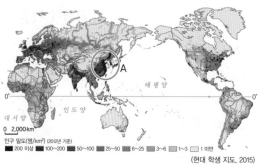

인구 밀도(명/km²) (2012년 기준)
200 이상 100~200 50~100 25~50 6~25 3~6 1~3 1 미만
(현대 학생 지도, 2015)

✏️ _____

_____

11 우리나라의 대도시와 공업 도시에 인구가 밀집하게 된 원인을 아래의 단어를 사용하여 서술하시오.

• 1960년대   • 산업화   • 도시화

✏️ _____

_____

12 미국 내 인구 이동이 지도와 같은 경향을 보이게 된 배경을 서술하시오.

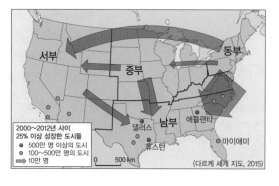

✏️ _____

_____

03 인구 문제

1. 지역에 따른 인구 문제

(1) **세계의 인구 성장**: 산업 혁명 이후 급속한 인구 증가 ┌─ 주어진 자원으로 인구를 부양할 수 있는 능력

① 원인: 경제 발전으로 부양력 증대, 의학의 발달로 사망률 감소

② 추세: 개발 도상국의 인구 증가 뚜렷, 선진국은 인구 성장 둔화
└─ 아시아, 아프리카, 남아메리카 등의 국가들이 대부분

(2) **선진국의 인구 문제**

① 출산율 감소 ┌─ 자녀나 결혼의 필요성이 약해지는 경향이 증가

원인	여성의 사회 참여 증가, 결혼관이나 자녀에 대한 가치관 변화
문제	노동력 부족에 따른 경제 성장 둔화
대책	출산 장려 정책 실시, 외국인 근로자 고용

② 인구의 고령화

원인	생활 수준 향상, 의학 기술 발달, 위생 시설 개선 → 평균 수명 증가
문제	노인 부양 부담 증가, 노인 복지 비용 증가, 노인 소외 문제 발생
대책	정년 연장, 사회 보장 제도 확대, 노인 일자리 및 노인 복지 확충

(3) **개발 도상국의 인구 문제**

① 인구 급증

원인	높은 출생률과 의학 기술의 발달 → 사망률 감소
문제	식량 및 자원 부족, 일자리 부족, 각종 시설 부족
대책	산아 제한 정책, 경제 발전을 통한 인구의 부양력 증대

② 성비 불균형: 일부 개발 도상국에서 남자아이의 출생률이 높게 나타남
└─ 여자 100명당 남자의 수   └─ 남아 선호 사상의 영향

2. 우리나라의 인구 문제와 대책

(1) **우리나라의 인구 변화** ┌─ 평상시보다 많은 아이가 태어나는 현상, 대체로 전쟁이
끝난 후 또는 사회·경제적으로 안정된 상황에서 발생

① 6.25 전쟁 이후: 출산 붐(baby boom)으로 인구 급증

② 1960~1970년대: 가족계획 사업으로 인구 증가율 둔화

③ 2000년 이후: 저출산으로 인구 정체 및 인구 감소 발생

(2) **우리나라의 인구 문제**

	저출산 문제	*고령화 문제
원인	여성의 사회 진출 증가, 양육비와 사교육비 증가, 결혼과 출산에 대한 가치관 변화	낮은 출생률, 의학 기술의 발달에 따른 평균 수명 연장
문제	국가 경쟁력 약화 및 노동력 부족 현상 발생	사회 복지 비용 증가, 노동력 부족, 노인 소외 문제 발생
대책	출산 장려 정책, 육아 지원책 마련, 양성평등 풍토 확립	사회 보장 제도 도입, 임금 피크제, 정년 연장, 노인 일자리 마련

남녀의 성에 의해 법률적으로 사회적 차별을 하지 않고 동등하게 대하는 것

일정 나이가 되면 임금을 삭감하는 대신 정년을 보장해주는 제도

보충 세계의 인구 성장

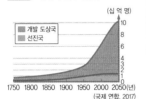

산업 혁명 이후 의학이 발달하고 생활 환경이 개선됨에 따라 인구가 급격히 증가하게 되었으며, 2차 세계 대전 이후 개발 도상국 중심으로 인구가 급증하였다.

보충 인구 피라미드

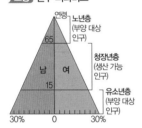

- 인구의 성별, 연령별 구성을 나타낸 그래프
- 세로축은 연령, 가로축은 인구수나 인구 비율을 나타냄
- 인구 특색 파악에 용이

보충 우리나라의 합계 출산율

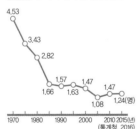

우리나라는 1970년대 이후 출생률이 급격히 낮아졌고 2001년에는 합계 출산율이 1.3명을 기록하면서 초저출산 사회로 진입하였다.

용어 고령화 사회

전체 인구에서 65세 이상 인구가 차지하는 비중이
- 7% 이상: 고령화 사회
- 14% 이상: 고령 사회
- 20% 이상: 초고령 사회

탐구 1 영국의 인구 피라미드로 보는 인구 문제

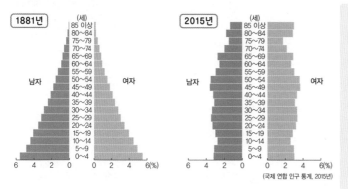

(국제 연합 인구 통계, 2015년)

자료 해설

1. 개발 도상국형 인구 피라미드(1881년): 높은 출생률로 인해 식량과 자원 부족, 실업 등의 문제 발생
2. 선진국형 인구 피라미드(2015년): 낮은 출생률과 낮은 사망률로 인해 저출산·고령화 문제 발생
3. 인구 문제 해결을 위한 대책

선진국	출산 장려 정책 시행, 육아비 지원
개발 도상국	출산 억제 정책 시행, 경제 발전을 통한 인구 부양력 증대

탐구 2 우리나라의 저출산과 고령화 사회의 모습은?

자료 ❶ 고령화 진행 속도

(통계청, 「국제 통계 연감」, 2016년)

자료 ❷ 기혼 여성(20~44세)의 출산 기피 원인

(파인드 잡, 2015년)

자료 ❸ 경제 협력 개발 기구 회원국 합계 출산율

(통계청, 2015년)

개념 쏙쏙

1. 우리나라 인구 변화 예상
   • 기혼 여성들은 자녀 양육비와 교육비 부담, 소득·고용 불안정, 자녀에 대한 가치관의 변화 등으로 출산을 기피
   • 고령화의 진행 속도는 다른 선진국에 비해 빠름 → 지속적인 인구 감소 예상
2. 영향
   • 인구 감소 → 산업 발달의 원동력 감소 → 경제 성장률이 낮아지면서 소비 활동 위축 → 노인 복지 비용 증가 등의 사회적 문제 발생

개념 꿀꺽

1. 다음 내용에 알맞은 말을 골라 ◯표 하시오.

(1) 성비는 (여자, 남자) 100명당 (여자, 남자)의 수를 의미한다.
(2) 18세기 이후 의학 기술의 발달과 생활 수준의 향상으로 사망률이 (증가, 감소)하였다.
(3) 개발 도상국의 산아 제한 정책은 출산을 조정하여 인구 (증가, 감소)를 억제시키는 정책이다.
(4) 선진국에서는 여성의 사회 진출 증가와 양육비 부담으로 (저출산, 고출산) 문제가 나타나고 있다.

2. 다음 빈칸에 알맞은 말을 쓰시오.

(1) 세계의 인구는 완만한 증가를 보였으나 □□ □□을/를 계기로 급증하게 되었다.
(2) 인구 급증의 문제는 주로 □□ □□□에서 나타나며 도시로의 인구 집중, 각종 시설 부족 등의 문제가 나타난다.
(3) 여성 1명이 가임 기간 동안 낳을 것으로 예상되는 평균 출생아 수를 □□ □□□(이)라고 한다.
(4) 한 나라의 전체 인구 중에서 65세 이상 노인 인구 비율이 높아지는 현상을 □□□(이)라고 한다.

정답
1. (1) 여자, 남자 (2) 감소 (3) 증가 (4) 저출산 2. (1) 산업 혁명 (2) 개발 도상국 (3) 합계 출산율 (4) 고령화

01 선진국의 인구 문제로 옳은 것은?

① 노동력 부족　　　② 각종 시설 부족
③ 낮은 인구 부양력　④ 노인 사망률 증가
⑤ 높은 인구 증가율

02 개발 도상국의 인구 문제로 보기 어려운 것은?

① 식량 부족
② 각종 시설 부족
③ 노인 부양비 증가
④ 대도시로의 인구 집중
⑤ 일자리 부족으로 인한 실업 문제

[03~04] 세계의 인구 성장을 나타낸 그래프를 보고 물음에
답하시오.

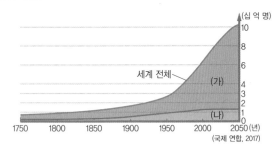

(국제 연합, 2017)

(중요)
03 그래프에 대한 설명으로 옳은 것은?

① 세계 인구는 일정하게 증가한다.
② (가)에서는 고령화 문제를 겪고 있다.
③ (나)에서는 인구 급증의 문제가 발생한다.
④ (가)는 선진국, (나)는 개발 도상국에 해당한다.
⑤ 세계 인구가 빠르게 증가하는 계기는 산업 혁명
이다.

04 (가)에 해당되는 국가로 보기 어려운 것은?

① 인도　　② 영국　　③ 베트남
④ 중국　　⑤ 방글라데시

(단답형)
05 ㉠에 들어갈 알맞은 용어를 쓰시오.

> 선진국은 저출산 현상으로 유소년층 인구가 감
> 소하고 평균 수명이 늘어나면서 인구의 　㉠　
> 현상이 심화되고 있다.

(　　　　　　　　　)

06 다음 인구 피라미드와 유사한 형태의 인구 구조가 나
타나는 지역의 인구 대책으로 옳은 것은?

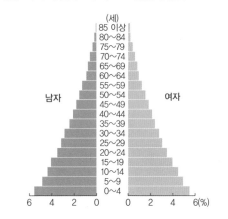

① 출산 장려 정책　② 인구 부양력 증대
③ 외국인 근로자 고용　④ 실버산업 육성
⑤ 노인 일자리 확대

07 다음 인구 피라미드와 유사한 형태가 나타나는 국가로
보기 어려운 것은?

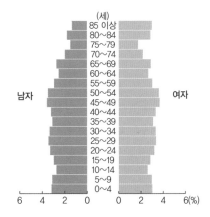

① 미국　　② 일본　　③ 영국
④ 대한민국　⑤ 인도

08 성비에 관한 옳은 설명을 〈보기〉에서 고른 것은?

> **보기**
>
> ㄱ. 남자 100명당 여자의 수를 나타낸다.
> ㄴ. 성비가 100 이상일 때 여초 현상이라고 한다.
> ㄷ. 성비가 높은 국가에는 중국과 인도 등이 있다.
> ㄹ. 성비가 100 이상으로 높은 것은 남아 선호 사상의 영향이다.

① ㄱ, ㄴ   ② ㄱ, ㄹ   ③ ㄴ, ㄷ
④ ㄴ, ㄹ   ⑤ ㄷ, ㄹ

09 아래의 인구 정책 포스터와 관련된 인구 문제의 대책으로 옳은 것은?

① 실버산업을 육성한다.
② 육아 비용을 지원한다.
③ 임금 피크제를 도입한다.
④ 출산 억제 정책을 실시한다.
⑤ 여성의 사회 진출을 제한한다.

10 우리나라의 인구 문제에 관한 옳은 설명을 〈보기〉에서 고른 것은?

> **보기**
>
> ㄱ. 현재 우리나라는 인구의 고령화 현상이 심각하다.
> ㄴ. 출산율이 점차 높아져 유소년층의 인구 비율이 증가하고 있다.
> ㄷ. 여성의 사회적 지위가 높아지면서 출산율이 감소하고 있다.
> ㄹ. 성비의 불균형이 심해 남아에 비해 여아의 숫자가 늘어나고 있다.

① ㄱ, ㄴ   ② ㄱ, ㄷ   ③ ㄴ, ㄷ
④ ㄴ, ㄹ   ⑤ ㄷ, ㄹ

11 그래프는 우리나라와 일본의 고령 인구 비율 추이를 나타낸 것이다. 이에 대한 옳은 설명을 〈보기〉에서 고른 것은? (단, 고령 인구는 65세 이상 인구임)

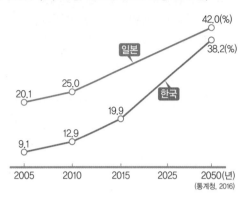

> **보기**
>
> ㄱ. 일본의 성비 불균형 문제가 우리나라보다 심각하다.
> ㄴ. 우리나라의 고령화가 일본보다 빠르게 진행되고 있다.
> ㄷ. 우리나라의 고령 인구 증가 속도가 점차 느려지고 있다.
> ㄹ. 우리나라에서는 점차 노동력 부족 문제가 나타날 것이다.

① ㄱ, ㄴ   ② ㄱ, ㄷ   ③ ㄴ, ㄷ
④ ㄴ, ㄹ   ⑤ ㄷ, ㄹ

서술형

12 그래프와 같은 현상이 지속될 때 나타나는 인구 문제를 서술하시오.

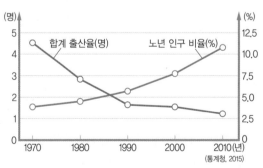

01 세계의 인구 성장에 대한 설명으로 옳지 <u>않은</u> 것은?

① 지역별로 인구 성장률은 다르다.
② 아시아 대륙은 인구 성장률이 높다.
③ 북아메리카 대륙은 인구 성장률이 낮다.
④ 오늘날 개발 도상국은 인구 성장의 큰 비중을 차지한다.
⑤ 개발 도상국은 선진국에 비해 출산율은 낮고 사망률은 높다.

[02~03] 선진국의 인구 문제를 설명한 글을 읽고 물음에 답하시오.

선진국에서는 여성의 지위가 높아지고 사회 활동이 증가하면서 자녀에 대한 가치관의 변화, 육아에 따른 경제적 부담의 증가 등으로 출생률이 낮아지고 있다. 또한 의학 기술의 발달로 평균 수명이 길어짐에 따라 ㉠전체 인구 중에 노년층이 차지하는 비율이 증가하고 있다. 이로 인해 (㉡) 문제가 발생할 수 있다.

[단답형]
02 밑줄 친 ㉠과 같은 현상을 무엇이라고 하는 지 쓰시오.

(   )

03 윗글의 ㉡에 들어갈 문제로 옳지 <u>않은</u> 것은?

① 노인 소외   ② 노동력 부족
③ 세금 부담 증가   ④ 식량 부족
⑤ 사회 복지 비용의 증가

04 개발 도상국의 인구 문제와 거리가 <u>먼</u> 것은?

① 성비 불균형
② 도시의 교통 혼잡
③ 이촌 향도로 인한 도시 문제
④ 인구 과잉으로 인한 식량 문제
⑤ 외국인 노동자의 유입으로 인한 갈등

05 그래프는 연령 계층별 인구 구성 비율을 나타낸 것이다. 그래프에 나타난 현상을 해결하기 위한 대책으로 옳은 것을 〈보기〉에서 고른 것은?

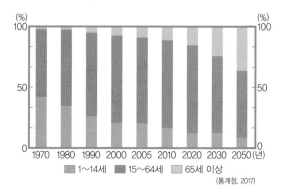

(통계청, 2017)

보기

ㄱ. 인구 분산 정책   ㄴ. 출산 장려 정책
ㄷ. 출산 억제 정책   ㄹ. 노인 복지 정책

① ㄱ, ㄴ   ② ㄱ, ㄷ   ③ ㄴ, ㄷ
④ ㄴ, ㄹ   ⑤ ㄷ, ㄹ

[고난도]
06 그래프와 같은 인구 피라미드가 나타날 때 발생하는 인구 문제에 대한 대책으로 옳지 <u>않은</u> 것은?

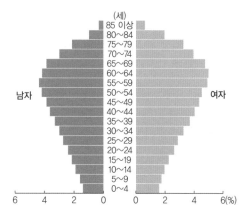

① 실버산업을 육성한다.
② 영유아 보육 시설을 확충한다.
③ 육아 부담 비용을 지원해야 한다.
④ 노인 소외가 발생하지 않도록 한다.
⑤ 강력한 산아 제한 정책을 펼쳐야 한다.

단답형

07 다음 글의 빈칸에 들어갈 알맞은 용어를 쓰시오.

> 개발 도상국은 근대화 과정을 거치면서 생활 수준이 향상되고 의료 기술이 좋아져 인구가 빠르게 증가하고 있다. 이러한 인구 증가는 농촌을 떠나 도시로 이동하는 (   ) 현상으로 이어져, 도시에 인구가 집중되어 각종 도시 문제가 발생하는 원인이 되었다.

(   )

08 그래프는 경제 협력 개발 기구(OECD) 회원국의 합계 출산율을 나타낸 것이다. 일본이나 우리나라의 입장에서 취할 수 있는 대책을 〈보기〉에서 고른 것은?

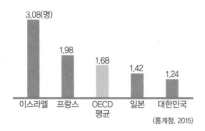

보기

> ㄱ. 보육 시설 확대
> ㄴ. 산아 제한 정책
> ㄷ. 출산 및 육아 수당 지급
> ㄹ. 외국인 근로자 유입 중단

① ㄱ, ㄴ   ② ㄱ, ㄷ   ③ ㄴ, ㄷ
④ ㄴ, ㄹ   ⑤ ㄷ, ㄹ

중요

09 노년 인구 비율을 나타낸 그래프를 통해 예상할 수 있는 우리나라의 인구 문제를 〈보기〉에서 고른 것은?

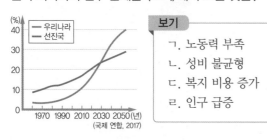

보기

> ㄱ. 노동력 부족
> ㄴ. 성비 불균형
> ㄷ. 복지 비용 증가
> ㄹ. 인구 급증

① ㄱ, ㄴ   ② ㄱ, ㄷ   ③ ㄴ, ㄷ
④ ㄴ, ㄹ   ⑤ ㄷ, ㄹ

서술형 문제

10 (가), (나) 국가의 인구 피라미드를 나타낸 것이다. 두 국가의 인구 구조 특징과 겪고 있는 인구 문제를 각각 서술하시오.

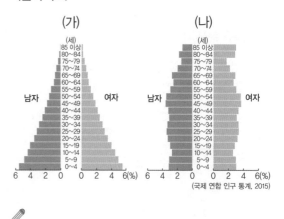

✏️

_____

_____

_____

11 우리나라의 시대별 인구 표어이다. (가)에서 (나)를 거쳐 (다)로 변화하게 된 원인을 서술하시오.

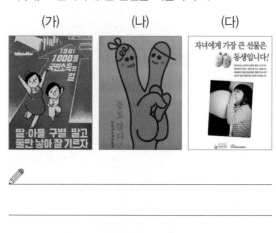

✏️

_____

_____

_____

_____

자신만만 적중문제

01 인구 분포

01 세계 인구 분포를 나타낸 지도이다. 이에 대한 설명으로 옳지 <u>않은</u> 것은?

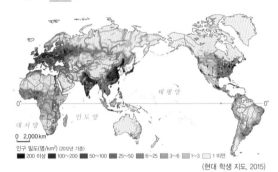

(현대 학생 지도, 2015)

① 서부 유럽은 인구가 밀집한 지역이다.
② 아마존강 유역은 인구가 희박한 지역이다.
③ 인구 밀집 지역과 세계적인 서비스업 발달 지역은 모두 일치한다.
④ 동남아시아의 인구 분포에 가장 큰 영향을 끼친 것은 자연적 조건이다.
⑤ 시베리아, 캐나다 북부 지역의 인구가 희박한 것은 자연적 요인이 크다.

02 우리나라의 인구 밀도를 나타낸 지도이다. 인구 밀도가 높은 지역의 특징으로 옳지 <u>않은</u> 것은?

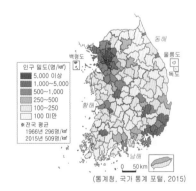

(통계청, 국가 통계 포털, 2015)

① 교통이 편리하다.
② 지하자원이 풍부하다.
③ 2·3차 산업이 발달하였다.
④ 편의 시설이 많이 갖춰져 있다.
⑤ 도시적인 생활 양식의 비중이 높다.

02 인구 이동

03 미국 내 인구 이동을 나타낸 지도이다. 이와 같은 인구 이동의 원인은?

(다르케 세계 지도, 2015)

① 이촌 향도 현상 때문이다.
② 쾌적한 환경을 찾아 이동하기 때문이다.
③ 자원이 풍부한 지역을 찾아 이동하기 때문이다.
④ 교통이 발달한 지역을 찾아 이동하기 때문이다.
⑤ 공업이 발달한 지역을 찾아 이동하기 때문이다.

04 (가), (나)에 해당하는 국가를 아래 지도의 A~C에서 고른 것은?

> ___(가)___ 은/는 저출산, 고령화와 함께 노동력 부족 문제가 발생하면서 폴란드, 튀르키예 등의 국가로부터 많은 노동력이 유입되었다.
> ___(나)___ (으)로 이동한 이주자는 과거 이국가의 식민지였던 알제리와 모로코 등 북부 아프리카 지역 출신이 많은 편이다.

	(가)	(나)		(가)	(나)
①	A	B	②	A	C
③	B	C	④	C	A
⑤	C	B			

03 인구 문제

05 세계의 인구 성장에 대한 옳은 설명을 〈보기〉에서 고른 것은?

> **보기**
>
> ㄱ. 오늘날 선진국의 인구는 급증하는 추세이다.
> ㄴ. 세계 인구는 최근 지속적으로 감소하고 있다.
> ㄷ. 개발 도상국의 인구 증가 속도는 선진국보다 빠르다.
> ㄹ. 선진국의 인구 문제를 해결하기 위해서는 출산율을 높이고 노인 복지에 힘써야 한다.

① ㄱ, ㄴ   ② ㄱ, ㄷ   ③ ㄴ, ㄷ
④ ㄴ, ㄹ   ⑤ ㄷ, ㄹ

06 자료는 주요 국가의 합계 출산율과 고령화 진행 속도를 나타낸 것이다. 이에 대한 설명으로 옳지 <u>않은</u> 것은?

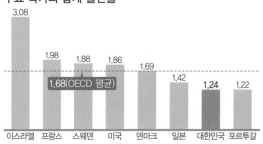

주요 국가의 합계 출산율

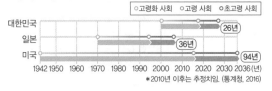

고령화 진행 속도

① 우리나라의 합계 출산율이 낮은 수준이며 사회적 문제로 대두되고 있다.
② 여성의 사회적 진출이 증가하고 자녀에 대한 가치관이 변화하면서 출산율이 저하되었다.
③ 고령화 현상이 심각해지면 노인들을 위한 복지 비용이 증가하여 세금 부담이 커진다.
④ 우리나라의 고령화 속도는 매우 빠른 편이며 고령화 사회에 대비하여야 한다.
⑤ 저출산 문제를 해결하려면 여성의 경제 활동의 비중을 낮춰야 한다.

07 지도의 A 지역과 B 지역에 인구가 집중된 이유를 비교하여 서술하시오.

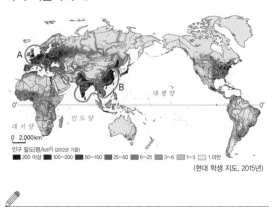

08 지도와 같은 현상이 지속될 때 발생하는 긍정적 효과와 부정적 효과를 서술하시오.

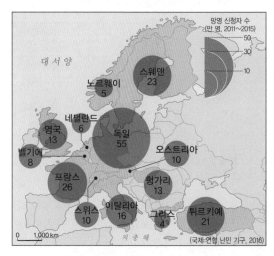

최고난도 문제

01 세계의 인구 이동에 관한 지도이다. (가), (나) 지역에 대한 설명으로 옳은 것을 〈보기〉에서 고른 것은?

**2005~2015년의 인구 순 이동을 나타낸 것임
**인구 유입 및 유출 초과 상위 30개국을 나타낸 것임.
(가)
(나)
0 2,000km
(국제 연합, 2015)

대서양
태평양
인도양

<풀이 비법>
❶ (가), (나) 지역이 인구가 유입되는 지역인지 유출되는 지역인지 파악한다.
❷ 인구 유입 지역의 특징과 인구 유출 지역의 특징을 파악한다.
❸ 인구 유입과 인구 유출의 원인을 추론한다.

보기

ㄱ. (가) 지역에서는 원주민과 이주민 간의 갈등이 발생할 수 있다.
ㄴ. 1인당 국내 총생산량은 (나) 지역이 (가) 지역보다 높을 것이다.
ㄷ. (나) 지역은 젊고 우수한 인재가 빠져나가 노동력 부족이 생길 수 있다.
ㄹ. (가) 지역에서는 종교적·정치적 이유로 난민 발생 비율이 높다.

① ㄱ, ㄴ   ② ㄱ, ㄷ   ③ ㄴ, ㄷ
④ ㄴ, ㄹ   ⑤ ㄷ, ㄹ

02 지도는 (가), (나) 국가의 인구 정책을 나타낸 것이다. 이를 토대로 추론한 내용으로 적절한 것을 〈보기〉에서 고른 것은?

(가) 국가의 인구 정책
임신에서 출산, 교육 등 전 과정에 보조금이 지원되며 육아 휴직을 아버지에게도 허용

(나) 국가의 인구 정책
출산 연기를 장려하며, 결혼 후 2년까지 아이를 낳지 않으면 보조금을 지급

0 2,000km
인도양
태평양

<풀이 비법>
❶ 지도를 통해 (가) 국가와 (나) 국가의 특징을 파악한다.
❷ (가) 국가의 인구 정책과 (나) 국가의 인구 정책을 비교한다.
❸ (가) 국가와 (나) 국가의 인구 변화와 특징을 파악한다.

보기

ㄱ. (가)는 (나)보다 출생률이 높을 것이다.
ㄴ. (가)는 (나)보다 여성의 지위가 높을 것이다.
ㄷ. (나)는 (가)보다 유소년층의 인구 비율이 낮을 것이다.
ㄹ. (나)는 (가)보다 노인 복지가 잘 되어 있지 않을 것이다.

① ㄱ, ㄴ   ② ㄱ, ㄷ   ③ ㄴ, ㄷ
④ ㄴ, ㄹ   ⑤ ㄷ, ㄹ

8

사람이 만든 삶터, 도시

8. 사람이 만든 삶터, 도시

세계의 매력적인 도시 / 도시 내부의 다양한 경관

보충 도시 인구 기준

도시 인구 기준은 나라에 따라 다르다.
• 스웨덴: 200명
• 덴마크: 250~300명
• 프랑스, 독일: 2,000명
• 미국: 2,500명
• 우리나라: 20,000명

1. 세계의 매력적인 도시

(1) 도시의 의미

① 도시: 촌락과 더불어 인간의 대표적인 거주 공간으로 일정 면적에 많은 사람이 거주함

② 도시와 촌락의 구분
  • 도시: 많은 인구가 모여 살며 일정 지역의 중심이 되는 곳
  • 촌락: 시골에 이루어진 마을로 주로 농업·수산업·임업 등의 일을 하며 살아가는 곳

(2) 도시의 특징

① 인구가 많고 인구 밀도가 높음, 2·3차 산업 종사자의 비율이 높음

② 정치·경제·문화 등의 중심지이며 다양한 기능이 고루 발달

③ 집약적인 토지 이용으로 높은 건물이 많음
  └─ 한정된 공간에 많은 사람이 거주하기 때문에 효율적으로 활용하기 위해 집약적 토지 이용이 이루어짐

(3) 세계적인 도시의 특징

① 매력적인 도시의 유형: 독특한 지형을 바탕으로 한 도시, 문화 예술적인 자원이 풍부한 도시, 오랜 역사를 보여주는 유산이 많은 도시, 아름다운 자연 경관을 지닌 도시, 종교적 색채를 품은 도시 등

② 랜드마크와 세계의 매력적인 도시: 세계적으로 이름난 도시들은 그 도시만의 독특한 시설이나 건축물들이 랜드마크 역할을 담당하는 경우가 많음
  └─ 국가나 도시, 특정 지역을 대표하는 시설이나 건축물

사례 세계의 주요 랜드마크

랜드마크	도시 위치
자유의 여신상	미국 뉴욕
에펠탑	프랑스 파리
오페라하우스	오스트레일리아 시드니
엔 서울 타워	대한민국 서울
부르즈 할리파	아랍 에미리트 두바이
자금성	중국 베이징
타지마할	인도 아그라
피라미드와 스핑크스	이집트 카이로
콜로세움	이탈리아 로마

2. 도시 내부의 다양한 경관

(1) 도시 내부의 지역 분화

① 지역 분화: 도시의 규모가 커짐에 따라 특정 지역에 같은 종류의 기능은 모이고 다른 기능들이 서로 분리되는 현상

② 지역 분화의 원인: 접근성에 따른 지대, 지가의 차이
  └─ 토지 이용을 통해 얻을 수 있는 수익 또는 타인의 토지를 이용하고 지불해야 하는 비용

용어 인구 공동화 현상

인구가 텅 비는 현상, 즉 도심 지역이 주거 기능 약화로 상주인구가 감소하는 현상을 말한다. 도시화가 진행될수록 중심부는 상업·업무·행정 등의 중심 기능이 밀집하고, 주택은 도시 외곽으로 빠져나가면서 발생한다.

(2) 도시 내부 지역의 특색

① 도심 ┌─ 관공서, 은행·대기업의 본사와 같이 도시의 운영과 성장을 위한 중요한 업무를 조정하고 관리하는 기능
  • 중추 관리 기능, 전문 서비스업, 고급 상점 등이 집중
  • 주거 기능 약화로 상주인구가 감소하면서 [*]인구 공동화 현상 발생
    └─ 한 지역에 주소를 두고 늘 거주하는 인구
  • 접근성이 좋아 지가가 비쌈

② 부도심
  • 도심의 기능을 일부 분담하여 도심의 과밀화를 해소
  • 도심과 주변 지역 사이의 교통이 발달한 지점에 위치

③ 주변 지역(외곽 지역)
  • 지가가 낮고 도심에 비해 쾌적한 환경이 조성
  • 대규모 주택 단지와 학교, 공장이 들어섬
  • 주변 지역 외곽은 대체로 개발 제한 구역으로 설정
    └─ 도시의 무질서한 팽창을 막고 녹지 공간을 보전하기 위해 주택이나 각종 시설이 새로 들어올 수 없게 제한한 지역으로 그린벨트(greenbelt)라고도 함

사례 서울의 도시 구조

• 도심: 중구, 종로구 일대
• 부도심: 영등포, 강남, 용산 등
• 주변 지역: 양천구, 노원구 등

탐구 속 자료 &개념

탐구 1 도시는 어떤 곳일까?

탐구 2 중심부와 주변 지역의 도시 경관은 어떻게 다를까?

경관 특징:

부도심
경관 특징: 상업 기능과 주거 기능

경관 특징:

다
경관 특징:

[자료 해설]

1. 촌락과 도시의 비교

구분	촌락(가)	도시(나)
인구 밀도	낮은 인구 밀도	높은 인구 밀도
건물	높이가 낮고 수가 적음	고층이며 수가 많음
주민 직업 구성	농업·임업 위주	2·3차 산업 위주
토지 이용	높은 농경지 비율	많은 도로와 건물

2. 촌락과 도시의 상호 작용

촌락	도시인들에게 여가 공간 제공
도시	고차원의 상업·교육·문화 등의 다양한 기능을 촌락에게 제공

[개념 쏙쏙]

구분	특징
도심(가)	접근성과 지대·지가 최고, 상업·업무 기능 입지, 인구 공동화 현상
부도심	도심의 일부 기능 분담
주변 지역 (나)	지가가 저렴하여 주택, 학교, 공장 등이 입지
개발 제한 구역(다)	도시의 무질서한 팽창 억제 및 녹지 보전

개념 꿀꺽

1. 다음 내용에 알맞은 말을 골라 ◯표 하시오.

(1) (촌락, 도시)은/는 인구가 많고 인구 밀도가 높으며, 2·3차 산업 종사자의 비율이 높다.

(2) 도시는 촌락보다 고층 건물이 많으며, 토지를 (집약적, 조방적)으로 이용한다.

(3) 도심의 기능을 일부 분담하여 도심의 과밀화를 해소하는 곳을 (부도심, 외곽 지역)이라고 한다.

(4) 건물이나 토지를 이용하여 얻을 수 있는 수익 또는 토지를 빌린 대가로 지불하는 비용을 (지가, 지대)라고 한다.

2. 다음 설명에 해당하는 지역을 〈보기〉에서 찾아 기호로 쓰시오.

보기

ㄱ. 도심   ㄴ. 주변(외곽) 지역

(1) 지가가 높아 토지를 집약적으로 이용하기 위하여 건물을 높게 지음 (   )

(2) 지대가 낮고 쾌적한 환경이 조성됨 (   )

(3) 대규모 주택 단지와 학교, 공장이 들어섬 (   )

(4) 주거 기능 약화로 상주인구가 감소하면서 인구 공동화 현상이 나타남 (   )

(5) 도시 내 다른 지역으로부터 접근하기 쉬운 정도인 접근성이 높음 (   )

(6) 상대적으로 개발 제한 구역과 가까움 (   )

정답
1. (1) 도시 (2) 집약적 (3) 부도심 (4) 지대
2. (1) ㄱ (2) ㄴ (3) ㄴ (4) ㄱ (5) ㄱ (6) ㄴ

01 다음 중 도시의 특징으로 옳지 <u>않은</u> 것은?

① 인구 밀도가 높다.
② 고층 건물이 많은 편이다.
③ 토지를 집약적으로 이용한다.
④ 공업·서비스업에 종사하는 사람들이 많다.
⑤ 인문 환경보다 자연환경의 영향을 더 크게 받는다.

02 (가) 지역에 대한 (나) 지역의 상대적인 특징을 그래프의 A~E에서 고른 것은?

(가)　　　　　(나)

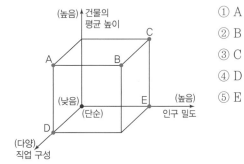

① A
② B
③ C
④ D
⑤ E

중요

03 그림은 도시와 촌락의 상호 작용을 나타낸 것이다. A, B에 들어갈 내용으로 옳은 것은?

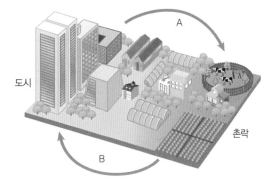

	A	B
①	농산품	공산품
②	농산품	의료 서비스
③	공산품	농산품
④	공산품	의료 서비스
⑤	의료서비스	공산품

단답형

04 다음 글의 ㉠에 들어갈 알맞은 용어를 쓰시오.

> ⠀㉠⠀은/는 원래 탐험가나 여행자 등이 특정 지역을 돌아다니던 중에 원래 있던 장소로 돌아올 수 있도록 표식을 해둔 것을 가리키는 말이었다. 그러나 오늘날에는 뜻이 더 넓어져 국가나 도시, 특정지역을 대표하거나 구별하게 하는 시설이나 건축물을 뜻하는 용어로 쓰이고 있다.

(　　　　　　　　　　　)

05 (가)~(다)의 랜드마크가 위치한 도시로 옳은 것은?

(가)　　　　　(나)　　　　　(다)

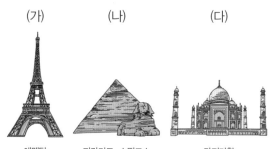

에펠탑　　　피라미드·스핑크스　　　타지마할

	(가)	(나)	(다)
①	런던	아그라	카이로
②	런던	카이로	아그라
③	파리	아그라	카이로
④	파리	카이로	아그라
⑤	아그라	런던	파리

06 다음 글에서 설명하는 지역으로 옳은 것은?

> • 고층 건물이 밀집해 있다.
> • 인구 공동화 현상이 나타난다.
> • 지가와 지대, 접근성이 높은 지역이다.

① 도심　　　② 부도심　　　③ 중간 지역
④ 외곽 지역　　　⑤ 개발 제한 구역

07 도시에서 주로 외곽 지역에 입지하는 것을 〈보기〉에서 고른 것은?

보기

ㄱ.주택　ㄴ.대기업 본사　ㄷ. 공장 ㄹ.금융 기관

① ㄱ, ㄴ　　　② ㄱ, ㄷ　　　③ ㄴ, ㄷ
④ ㄴ, ㄹ　　　⑤ ㄷ, ㄹ

08 다음 자료에 해당하는 도시로 옳은 것은?

　자연미와 인공미가 잘 어우러져 시드니, 나폴리와 함께 세계 3대 아름다운 항구로 꼽히는 곳이다. 세계적 휴양지로 알려진 코파카바나 해변, 세계 7대 불가사의의 하나로 선정된 거대한 예수상이 세워진 코르코바두산 등은 유네스코 세계 문화유산에 등재되었다.

① 런던　　　　　② 뉴욕
③ 베이징　　　　④ 리우데자네이루
⑤ 부에노스아이레스

09 (가), (나) 지역을 비교한 내용으로 옳은 것은?

| (가) – 도심 | (나) – 주변 지역 |

① (가)는 상주인구가 주간 인구보다 많다.
② (가)는 (나)보다 초등학생 수가 더 많다.
③ (나)는 (가)보다 상업지 땅값이 더 비싸다.
④ (나)는 주거 기능보다 업무 기능이 발달되어 있다.
⑤ (나)는 (가)보다 거주자의 평균 통근 거리가 더 멀다.

10 다음 설명과 관계 깊은 도시를 지도의 A~E에서 고른 것은?

　1626년 네덜란드의 동인도 회사가 맨해튼섬에 무역 거점을 두면서 발전하기 시작한 도시이다. 세계 최대 규모의 증권 거래소가 있으며, 약 40여개의 다국적 기업이 본사를 두고 있을 뿐만 아니라 국제 연합 본부 등 50여 개의 국제기구가 입지해 있다. 자유의 여신상은 이 도시의 대표적인 랜드마크이다.

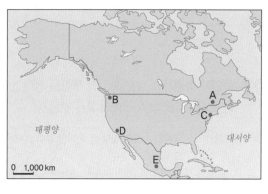

① A　　　　　② B　　　　　③ C
④ D　　　　　⑤ E

서술형

11 다음 질문에 대한 답변을 쓰시오.

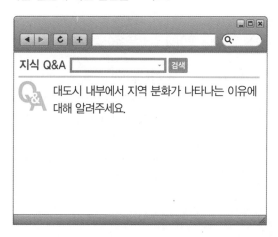

대도시 내부에서 지역 분화가 나타나는 이유에 대해 알려주세요.

01 도시가 촌락보다 더 집약적인 토지 이용이 이루어지는 이유를 〈보기〉에서 고른 것은?

보기
ㄱ. 지가가 비싸다.
ㄴ. 인구 밀도가 높다.
ㄷ. 환경 오염이 심하다.
ㄹ. 주로 1차 산업 종사자가 많다.

① ㄱ, ㄴ　　② ㄱ, ㄷ　　③ ㄴ, ㄷ
④ ㄴ, ㄹ　　⑤ ㄷ, ㄹ

02 학생이 여행가고 싶은 도시의 특징을 정리한 표이다. 이 도시를 지도의 A~E에서 고른 것은?

도시 특징	• 세계의 초고층 빌딩 중 하나인 높이 828m의 부르즈 할리파가 있음 • 조개잡이와 어업을 하던 조용한 도시가 1960년대 석유가 발견되면서 많은 부를 축적 • 바다를 메운 인공 섬인 '팜 아일랜드' 등 다양한 관광 자원으로 최고의 휴양지로 거듭남

① A　　② B　　③ C　　④ D　　⑤ E

단답형
03 ㉠, ㉡에 들어갈 알맞은 용어를 쓰시오.

• ㉠ : 통행이 발생한 지역으로부터 특정 지역이나 시설로 접근할 수 있는 가능성, 도시 중심부가 주변 지역에 비해 높음
• ㉡ : 토지 이용을 통해 얻을 수 있는 수익 또는 타인의 토지를 이용하고 지불해야 하는 비용

㉠ (　　　　　　　)
㉡ (　　　　　　　)

04 그림은 어느 도시 지역의 일부를 나타낸 것이다. 이 지역을 답사한 후 학생들이 발표한 내용으로 옳은 것은?

① 갑: 대기 오염이 심해 지가가 낮아.
② 을: 교통이 편리하여 접근성이 높아.
③ 병: 사람들이 많이 살고 있어 학교가 많아.
④ 정: 지가가 비싸 고층 아파트가 밀집해 있어.
⑤ 무: 공업 단지를 조성하기 위해 재개발이 이루어지고 있어.

05 세 지역의 인구 변화를 나타낸 그래프이다. 이를 바탕으로 한 탐구 주제로 가장 적절한 것은?

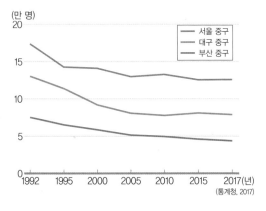

① 도심의 인구 공동화 현상
② 도시 간 발전 속도의 차이
③ 도심의 대규모 주거지 확대
④ 개발 제한 구역의 설정 확대
⑤ 촌락에서 도시로 이동하는 이촌 향도

06 대도시 내 (가), (나) 지역에 대한 설명으로 옳은 것은?

> • (가) 지역: ○○초등학교의 역사는 100년이 넘는다. 옛날에는 한 해 졸업생이 800명 이상이었는데, 최근 신입생은 10여 명에 불과하다. ○○초등학교 주변에는 각종 언론사, 금융 기관 및 대기업의 본사들이 즐비하여 출퇴근 시간에 교통 체증이 심하다.
> • (나) 지역: ◇◇초등학교는 최근 대규모 아파트 단지가 조성됨에 따라 신설되었다. ◇◇초등학교는 2,600여 명의 전교생이 모두 운동장에 모일 수 없어 학년별로 운동회를 나누어 실시한다.

① (가)는 도시 내 지역 중 지가가 가장 저렴하다.
② (나)에서는 인구 공동화 현상이 나타난다.
③ (가)는 (나)보다 초등학교 수가 많다.
④ (나)는 (가)보다 접근성이 높다.
⑤ (가)는 상업·업무 기능이, (나)는 주거 기능이 뚜렷하다.

08 그래프는 대도시의 주야간 인구 분포를 나타낸 것이다. A 지역과 비교한 B 지역의 상대적 특징을 제시된 용어를 활용하여 서술하시오.

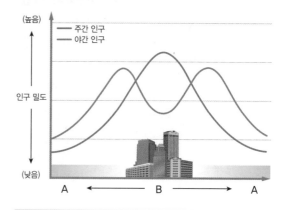

> 인구 공동화,   교통 혼잡

〔고난도〕
07 자료는 서울시의 지가 분포를 나타낸 것이다. (가)~(다)에 해당하는 구(區)로 옳은 것은?

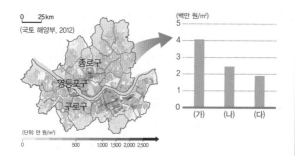

	(가)	(나)	(다)
①	구로구	종로구	영등포구
②	구로구	영등포구	종로구
③	종로구	구로구	영등포구
④	종로구	영등포구	구로구
⑤	영등포구	구로구	종로구

09 그림은 도시 내부 구조를 모식적으로 나타낸 것이다. A와 B 지역의 특징을 서술하시오.

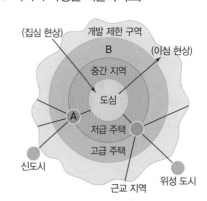

선진국과 개발 도상국의 도시화 / 살기 좋은 도시

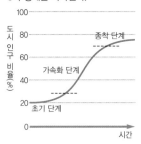

도시화 곡선은 도시화가 낮은 단계에서부터 높은 단계에 이르기까지 S자 형태를 나타낸다.

용어 **이촌 향도 현상**

산업화·도시화에 따라 도시에는 부가 가치가 높은 2, 3차 산업의 발달로 일자리가 많이 창출되기 때문에 농촌 인구가 도시로 이동하는 현상을 말한다.

사례 **살기 좋은 도시**

영국의 정치·경제 분석 기관인 이코노미스트 인텔리전스 유닛(EIU)에서는 '안전성', '의료 복지', '문화 및 환경', '교육', '사회 기반 시설'의 5개 영역을 살기 좋은 도시의 평가 기준으로 삼아 도시 순위를 발표하였다.

순위	도시(국가)
1	멜버른(오스트레일리아)
2	빈(오스트리아)
3	밴쿠버(캐나다)
4	토론토(캐나다)
5	애들레이드 (오스트레일리아)
6	캘거리(캐나다)
7	퍼스(오스트레일리아)
8	오클랜드(뉴질랜드)
9	헬싱키(핀란드)
10	함부르크(독일)

(EIU, 2016)

1. 선진국과 개발 도상국의 도시화

(1) 도시화

① 도시화의 의미: 도시에 거주하는 인구의 비율이 증가하고 도시적 생활 양식과 도시 경관이 확대되는 현상

② 도시화율: 전체 인구 중에서 도시에 사는 인구가 차지하는 비율

(2) 도시화 과정

초기 단계	도시화율이 낮은 농업 중심의 전통 사회로 전국에 걸쳐 인구가 고르게 분포 ⎯ 도시화율이 낮고 도시화 속도가 느림
가속화 단계	산업화에 따른 *이촌 향도 현상으로 도시 인구 급증, 인구 및 경제 활동이 도시 지역에 집중됨 ⎯ 도시화율이 빠르게 상승
종착 단계	전체 인구의 70% 이상이 도시에 거주하며 도시 인구 성장률이 둔화됨, 역도시화 현상이 발생하기도 함 ⎯ 대도시의 과밀화로 쾌적한 환경에 대한 수요가 늘어남에 따라 도시 지역의 인구가 농촌으로 이동하여 도시화율이 낮아지는 현상이다.

(3) 선진국과 개발 도상국의 도시화와 도시 문제

구분	선진국	개발 도상국
도시화 과정	도시화가 점진적으로 진행, 현재는 도시화가 정체되거나 일부 국가의 경우 역도시화 현상이 발생하기도 함	제2차 세계 대전 이후 산업화와 함께 급속한 도시화가 진행됨, 현재 주로 가속화 단계임
도시 문제	오래된 건물과 노후화된 도시 시설로 인한 문제	급격한 도시화로 주택 부족, 기반 시설 부족, 환경 오염 등의 도시 문제 발생

⎯ 국가 경제 발전과 기술 수준이 낮은 상태에서 단순히 인구가 도시로 집중되는 문제 발생

2. 살기 좋은 도시

(1) 도시 문제를 해결한 도시들

① 도시 문제: 교통 문제, 주택 문제, 환경 오염 문제 등

② 도시 문제의 해결 방안: 집중된 인구와 기능의 일부를 분산, 낙후된 주거 환경을 개선하는 도시 재개발 시행, 대도시가 무질서하게 팽창하는 것을 막기 위한 개발 제한 구역 설정, 오염 물질 배출 제한, 대중교통과 자전거 이용, 쓰레기 분리수거 등

③ 도시 문제를 해결한 도시들
- 브라질의 쿠리치바: 대중교통 체계 개선으로 교통 문제 해결
- 독일의 슈투트가르트: 옥상 녹화 사업 등으로 대기 오염 감소
- 인도의 벵갈루루: 소프트웨어 산업 육성 정책으로 일자리 부족·빈곤 문제 해결
- 우리나라의 울산: 환경 정비 캠페인으로 수질 오염 개선

(2) 살기 좋은 도시가 되기 위한 조건

① 살기 좋은 도시: 국가나 인종, 개인 취향에 따라 기준이 다르지만, 일정 부분 공통점이 있음 ⎯ 자연환경, 정치적 안정, 편의 시설

② 살기 좋은 도시의 조건: 아름다운 자연환경, 안전한 생활, 다양한 편의 시설, 편리한 교통 등

탐구 1 영국과 중국의 도시화에는 어떤 차이가 있을까?

산업 혁명 이후의 격변 도시, 영국 맨체스터	20세기 후반 이후의 격변 도시, 중국 선전
영국은 산업 혁명과 함께 증기 기관을 이용한 방직 기술이 발전하였다. 이는 맨체스터가 산업 도시로 급성장하는 원동력이 되었다. 맨체스터는 1750년에 1만 5천 명의 소도시에서 1861년 50만 명, 1911년 230만 명의 인구를 가진 대도시가 되었다.	중국의 선전은 1979년 인구가 2만 5천 명인 지역이었다. 이후 중국 최초의 경제특구로 지정되며 국가의 강력한 지원을 받게 되었다. 대규모 사회 간접 자본 확충, 해외 직접 투자 유치 등으로 외국 기업의 활동이 증가하였고 2011년 인구 1,000만 명의 도시로 급성장하였다.

[개념 쏙쏙]

1. 선진국의 도시화 과정
- 산업 혁명 이후 200년에 가까운 시기에 걸쳐 점진적으로 도시화가 진행
- 현재 종착 단계에 도달 → 선진국의 대도시에서는 도시의 인구가 쾌적한 거주 환경을 찾아 도시 주변으로 이주하거나, 농촌으로 이동하는 역도시화 현상이 나타나기도 함

2. 개발 도상국의 도시화 과정
- 제2차 세계 대전 이후 급속한 도시화가 진행
- 도시 지역을 중심으로 산업화가 진행되면서 이촌 향도 현상이 나타남
- 현재 가속화 단계를 지나고 있는 경우가 많음

탐구 2 도시 문제를 해결하고 살기 좋은 도시로 바뀔 수 있을까?

[자료 해설]

1. 도시 문제: 교통 체증, 대기 오염, 수질 오염 등

2. 해결 방안
- 브라질 쿠리치바: 공회전 줄이기 운동, 대중교통 개선
- 독일 슈투트가르트: 옥상 녹화 사업, 바람길을 고려한 건축물 배치
- 대한민국 울산: 환경 정비 캠페인, 생태 공원 조성

개념 꿀꺽

1. 다음 내용에 알맞은 말을 골라 ◯표 하시오.

(1) 도시에 거주하는 인구의 비율이 증가하고 도시적 생활 양식과 도시 경관이 확대되는 현상을 (도시화, 지역 분화)라고 한다.

(2) 농촌 인구가 도시로 이동하는 현상을 (이촌 향도, 역도시화)라고 한다.

(3) (선진국, 개발 도상국)은 도시화가 점진적으로 진행되어 초기 단계에서 종착 단계에 이르는 기간이 매우 길다.

2. 다음 설명에 해당하는 도시화의 단계를 찾아 기호로 쓰시오.

ㄱ. 초기 단계	ㄴ. 가속화 단계	ㄷ. 종착 단계

(1) 현재 우리나라의 도시화 단계 (   )

(2) 현재 대부분 선진국들의 도시화 단계(   )

(3) 인구가 전국적으로 고르게 분포하는 단계 (   )

(4) 도시화율이 낮은 농업 중심의 전통 사회에 해당하는 단계 (   )

(5) 산업화에 따른 이촌 향도 현상으로 도시 인구가 급증하는 단계 (   )

(6) 도시 인구 성장률이 둔화되며, 역도시화 현상이 발생하는 단계 (   )

정답
1. (1) 도시화 (2) 이촌 향도 (3) 선진국
2. (1) ㄴ (2) ㄷ (3) ㄷ (4) ㄱ (5) ㄴ (6) ㄷ

01 다음 글의 ㉠, ㉡에 들어갈 알맞은 말을 고른 것은?

> 도시화율의 변화를 시기별로 나타낸 그래프를 보면 대체로 ㉠ 자 형태의 도시화 곡선이 그려지게 되는데, 개발 도상국은 선진국에 비해서 가속화 단계 기간이 ㉡

	㉠	㉡		㉠	㉡
①	C	길다	②	C	짧다
③	S	길다	④	S	짧다
⑤	P	짧다			

[02~03] 도시화 곡선을 보고 물음에 답하시오.

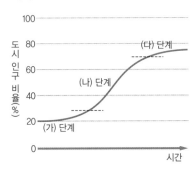

02 그림의 인구 이동과 관련된 도시화 단계를 위의 그래프에서 고른 것은?

	A	B		A	B
①	(가)	(나)	②	(가)	(다)
③	(나)	(가)	④	(나)	(다)
⑤	(다)	(나)			

(중요)
03 (가)~(다) 시기에 대한 설명으로 옳은 것은?

① (가)는 (나)보다 도시 거주 인구 비율이 높다.
② (가)는 (다)보다 경제 발전 수준이 높다.
③ (나)는 (다)보다 역도시화 현상이 잘 나타난다.
④ (다)는 (나)보다 이촌 향도 현상이 활발하다.
⑤ 도시의 수는 (다) 〉 (나) 〉 (가) 순이다.

(단답형)
04 사회 수업 시간에 학생이 작성한 필기 내용이다. 빈칸에 알맞은 단어를 쓰시오.

> ( )
> • 도시에 거주하는 인구가 증가하는 현상
> • 도시적인 생활 양식과 경관이 확대되는 현상

[05~06] 지도는 어떤 지표의 상하위 10개국을 표현한 것이다. 물음에 답하시오.

*총인구 3,000만 명 이상의 국가만을 대상으로 함.
(국제 연합, 2015)

05 위 지도의 제목으로 적절한 것은?

① 총인구
② 도시화율
③ 인구 증가율
④ 촌락 거주 인구
⑤ 농업 종사자 비중

(중요)
06 A 지역과 B 지역의 특징에 대한 옳은 내용을 〈보기〉에서 고른 것은?

> **보기**
> ㄱ. A는 B보다 경제 발전 수준이 높다.
> ㄴ. A는 B보다 도시화의 가속화 단계에 진입한 시기가 이르다.
> ㄷ. B는 A보다 산업화가 시작된 시기가 이르다.
> ㄹ. B는 A보다 최근 역도시화 현상 발생 가능성이 높다.

① ㄱ, ㄴ
② ㄱ, ㄹ
③ ㄴ, ㄷ
④ ㄴ, ㄹ
⑤ ㄷ, ㄹ

[07~08] 그래프는 (가), (나), (다) 세 국가의 도시화율을 나타낸 것이다. 물음에 답하시오.

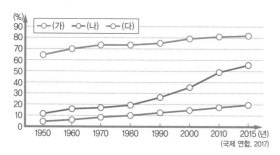

(국제 연합, 2017)

07 2015년 (가)~(다) 국가의 도시화 단계로 옳은 것은?

	(가)	(나)	(다)
①	초기 단계	가속화 단계	종착 단계
②	초기 단계	종착 단계	가속화 단계
③	가속화 단계	초기 단계	종착 단계
④	종착 단계	초기 단계	가속화 단계
⑤	종착 단계	가속화 단계	초기 단계

08 (가)~(다)에 해당하는 국가를 지도의 A~C에서 고른 것은?

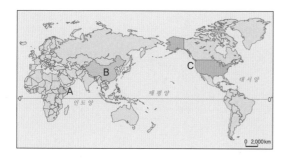

	(가)	(나)	(다)
①	A	B	C
②	A	C	B
③	B	A	C
④	C	A	B
⑤	C	B	A

09 밑줄 친 (가)에 해당하는 도시로 옳은 것은?

▲ 원통형 버스 정류장

▲ 굴절형 버스

브라질의 (가) 는 우수한 도로 교통 체계로 유명하다. 3대의 버스를 이어 붙인 형태의 굴절형 버스를 만들고, 5개의 옆문을 통해 270명의 승객을 한 번에 수송할 수 있도록 하였으며 승객들의 승하차 시간을 줄이면서 불필요한 엔진의 공회전을 방지하여 대기 오염을 줄이는 성과를 거두었다.

① 마나우스　　　　② 상파울루
③ 쿠리치바　　　　④ 브라질리아
⑤ 리우데자네이루

서술형

10 다음 글은 우리나라의 도시화 과정을 설명한 것이다. ㉠~㉢의 도시화 단계를 적고, ㉣과 같은 현상이 나타난 이유에 대해 서술하시오.

> 우리나라에서 '시'에 거주하는 인구 비율을 보면 ㉠ 1949년에는 17.2%, 1955년은 24.5%로 매우 낮았다. ㉡ 1970년에는 50.1%, 1980년에는 68.7%로 급증하였으며, ㉢ 2000년에는 88.3%, 2015년에는 91.8%이다. 한편 1990년대 중반 이후 ㉣ 서울은 인구 감소를 보이는 반면에 고양, 성남, 남양주 등은 높은 인구 증가율을 보였다.

01 도시화에 대한 내용으로 옳지 <u>않은</u> 것은?

① 도시화란 도시로 인구가 집중되는 과정이다.

② 급속한 도시화는 각종 도시 문제를 유발 시킨다.

③ 역도시화 현상은 도시화 단계 중 가속화 단계에서 주로 나타난다.

④ 가속화 단계에서 도시화율이 빠르게 높아지는 주요 원인은 이촌 향도 현상이다.

⑤ 개발 도상국은 선진국보다 도시화 단계 중 가속화 단계에 해당하는 기간이 짧다.

02 그래프는 도시화 곡선을 나타낸 것이다. (가)~(다) 시기에 대한 설명으로 옳지 <u>않은</u> 것은?

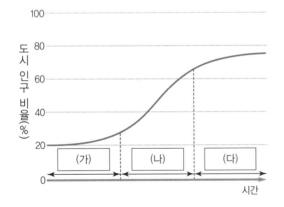

① (가) 시기는 촌락보다 도시에 거주하는 인구가 많다.

② (나) 시기는 산업화로 인해 이촌 향도 현상이 나타난다.

③ (나) 시기는 대체로 선진국이 개발 도상국보다 길다.

④ (다) 시기는 일부 선진국의 경우 역도시화 현상이 나타난다.

⑤ 개발 도상국은 (가), (나) 단계에 해당하는 경우가 많다.

03 ㉠, ㉡에 들어갈 알맞은 용어를 쓰시오.

> 우리나라는 현재 도시화 곡선 중 [㉠] 단계에 진입해 있으며, 서울의 경우 인구가 비도시 지역으로 이동하는 [㉡] 현상이 나타나기도 한다.

㉠ (   )

㉡ (   )

04 (가), (나)에 대한 옳은 설명만을 〈보기〉에서 있는 대로 고른 것은?

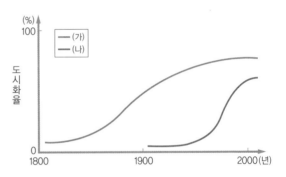

보기

ㄱ. (가)는 선진국, (나)는 개발 도상국에 해당한다.

ㄴ. (가)는 (나)보다 도시화 속도가 빠르다.

ㄷ. (가)는 (나)보다 도시 과밀화 문제가 심각하다.

ㄹ. (나)는 (가)보다 도시화 기간이 짧다.

① ㄱ, ㄴ   ② ㄱ, ㄹ   ③ ㄴ, ㄷ

④ ㄱ, ㄷ, ㄹ   ⑤ ㄴ, ㄷ, ㄹ

05 우리나라의 도시화 과정에 대한 설명으로 옳은 것은?

① 광복 직후 가속화 단계에 진입하였다.

② 도시화는 중소 도시를 중심으로 이루어졌다.

③ 현재 이촌 향도 현상이 활발히 진행되고 있다.

④ 현재 우리나라 도시화 수준은 종착 단계이다.

⑤ 선진국보다 도시화 속도가 느리게 진행되었다.

06 표는 주요 국가의 도시화율을 나타낸 것이다. (가) 국가군과 비교한 (나) 국가군의 상대적인 특징을 그림의 A~E에서 고른 것은?

(가) 국가군	(나) 국가군
16.1 %	97.9 %
18.7 %	90.2 %
20.7 %	89.4 %
25.6 %	85.8 %
26.7 %	81.8 %

(국제 연합, 2017)

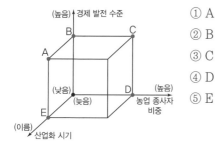

① A
② B
③ C
④ D
⑤ E

07 (가), (나) 도시에 대한 옳은 설명을 〈보기〉에서 고른 것은?

- __(가)__ 은/는 이 국가의 경제·금융·상업·문화의 중심지를 이루고 있지만, 인구 과밀로 인한 주택 부족, 환경 오염, 교통 문제 등이 심각하다. 이곳은 이 국가에서 빈민이 가장 많은 도시로, 빈민들은 시내에서 북쪽으로 계속 밀려나 도시 외곽에 빈민촌을 형성하고 있다.
- __(나)__ 은/는 과거의 역사 경관과 현대적 도시 경관이 조화를 이루고 있는 도시이다. 1970년대부터 개발된 도심인 라데팡스는 유럽 최대의 비즈니스 단지로, 사무용 빌딩, 공원, 쾌적한 주거 공간 등 현대적 도시 공간 구조를 이루고 있다.

보기
ㄱ. (가)는 (나)보다 도시화의 역사가 오래되었다.
ㄴ. (가)는 (나)보다 이촌 향도 현상이 활발하다.
ㄷ. (나)는 (가)보다 도시 문제가 심각하다.
ㄹ. (가)는 개발 도상국, (나)는 선진국에 위치한 도시이다.

① ㄱ, ㄴ   ② ㄱ, ㄷ   ③ ㄴ, ㄷ
④ ㄴ, ㄹ   ⑤ ㄷ, ㄹ

서술형 문제

08 그림에서 확인할 수 있는 도시 문제에는 무엇이 있는지 쓰고, 이러한 도시 문제가 발생하는 이유를 도시의 인구를 고려하여 서술하시오.

09 (가)~(다)에 들어갈 내용을 서술하시오.

도시 문제	대책
도시 과밀화 문제	[예시] 도시의 인구와 기능의 집중에 따른 과밀화와 도시 간 불균형을 해소하기 위해서는 인구, 산업, 주요 기능의 도시 집중을 억제하고 지방으로 분산시킬 뿐만 아니라 지방 도시들을 육성하는 정책이 필요하다.
불량 주택 문제	(가)
교통 혼잡 문제	(나)
대기 오염 심화 문제	(다)

(가) :

(나) :

(다) :

대단원 마무리

자신만만 적중문제

01 세계의 매력적인 도시

01 도시와 비교한 촌락의 특징에 대한 옳은 설명을 〈보기〉에서 고른 것은?

보기
ㄱ. 농경지의 비율이 높다.
ㄴ. 토지 이용의 집약도가 낮다.
ㄷ. 주민의 직업 구성이 다양하다.
ㄹ. 대기 오염 문제가 더 심각하다

① ㄱ, ㄴ ② ㄱ, ㄷ ③ ㄴ, ㄷ
④ ㄴ, ㄹ ⑤ ㄷ, ㄹ

02 자료는 세계 여행 중에 메모한 내용이다. (가)~(다)에 해당하는 도시를 지도의 A~C에서 고른 것은?

(가) 이 도시를 상징하는 건물로 콜로세움이 첫 번째로 꼽힌다. 고대 로마 유적 중 가장 크고 웅장한 경기장인 콜로세움은 플라비우스 원형 극장이라는 정식 이름이 있다.

(나) 수도 캔버라보다 더 잘 알려진 이 도시의 오페라하우스는 20세기를 대표하는 현대 건축물로 요트의 돛과 조개껍데기를 모티브로 한 아름답고 우아한 겉모양이 특징이다.

(다) 현존하는 세계 최대 규모의 궁전인 자금성은 800여 채의 건물과 8,886여 개의 방을 가지고 있다. 1987년 유네스코 세계 문화유산으로 지정되었다.

	(가)	(나)	(다)		(가)	(나)	(다)
①	A	B	C	②	A	C	B
③	B	A	C	④	B	C	A
⑤	C	A	B				

02 도시 내부의 다양한 경관

03 어느 대도시의 답사 내용이다. (가)~(다) 지역으로 적절한 것은?

(가) 이곳은 집이라곤 찾아 볼 수 없다. 특히 한밤이 되면 많은 차가 빠져나가 거리가 한산해 진다.
(나) 이 지역은 아파트가 끝없이 펼쳐진다. 아파트 숲 중간중간에 학교가 있을 뿐 업무용 빌딩을 찾아보기 어렵다.
(다) 이 지역은 상업용 고층 빌딩뿐만 아니라 아파트가 혼재되어 있다. 최근에는 업무용 고층 빌딩이 들어서고 있다.

	(가)	(나)	(다)
①	도심	부도심	주변 지역
②	도심	주변 지역	부도심
③	부도심	도심	주변 지역
④	부도심	주변 지역	도심
⑤	주변 지역	도심	부도심

고난도
04 사진은 우리나라 어느 대도시의 경관을 촬영한 것이다. (나) 지역에 대한 (가) 지역의 상대적 특징을 그림의 A~E에서 고른 것은?

(가)

(나)

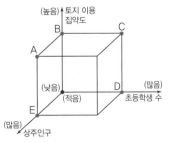

① A
② B
③ C
④ D
⑤ E

03 선진국과 개발 도상국의 도시화 /

04 살기 좋은 도시

05 (가), (나) 국가의 도시화 특성에 대해 옳게 설명한 내용에만 ○ 표한 학생을 고른 것은?

(가) – 선진국, (나) – 개발 도상국

내용＼학생	갑	을	병	정	무
(가)는 (나)보다 도시화 시기가 이르다.	○		○		○
(나)는 (가)보다 도시화 속도가 빠르다.	○		○	○	
(가)는 현재 이촌 향도, (나)는 역도시화가 진행되고 있다.		○	○		

① 갑   ② 을   ③ 병
④ 정   ⑤ 무

중요

06 그래프는 (가), (나) 국가의 도시화 과정을 나타낸 것이다. 이에 대한 옳은 추론만을 〈보기〉에서 있는 대로 고른 것은?

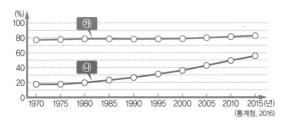
(통계청, 2016)

보기
ㄱ. (가)는 (나)보다 도시화가 먼저 시작되었을 것이다.
ㄴ. (나)는 (가)보다 1990년대 이후 이촌 향도 현상이 활발할 것이다.
ㄷ. (가)와 (나)의 도시화율 격차가 커질 것이다.
ㄹ. (가)는 선진국, (나)는 개발 도상국에 해당될 것이다.

① ㄱ, ㄴ   ② ㄱ, ㄷ   ③ ㄷ, ㄹ
④ ㄱ, ㄴ, ㄹ   ⑤ ㄴ, ㄷ, ㄹ

서술형 문제

[07~08] 사회 용어 학습지 자료를 보고 물음에 답하시오.

사회 용어 학습지

◇게임 방법
① 각 질문에 해당하는 용어를 찾아 퍼즐 판에서 지운다.
② 질문을 토대로 빈칸 (가)에 들어갈 용어를 쓴다.
③ 남은 글자와 관련된 지리 용어를 설명할 수 있는 '질문 5'를 (나)에 작성한다.
〈질문 1〉 도시의 규모가 커짐에 따라 특정 지역에 같은 종류의 기능은 모이고 다른 기능들은 서로 분리되는 현상은?
〈질문 2〉 도심에서 주간의 유동 인구는 많지만 야간의 상주인구가 감소하면서 나타나는 현상은?
〈질문 3〉 도심의 기능을 일부 분담하여 도심의 과밀화를 해소하는 지역의 이름은?
〈질문 4〉 전체 인구 중에서 도시 인구가 차지하는 비율을 의미하는 용어는?
〈질문 5〉 _____ (나) _____

인				(가)
도	지	화	화	
시	구	역	율	
공	도	동	화	
역	분	시	화	

07 (가)에 들어갈 용어를 쓰시오.

(   )

08 (나)에 들어갈 내용을 서술하시오.

✎ _____

_____

_____

최고난도 문제

01 그림은 도시의 내부 구조와 주변 지역을 모식적으로 나타낸 것이다. A~D에 대한 설명으로 옳은 것은?

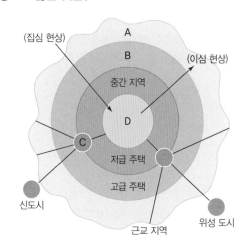

① A는 아파트 거주 인구의 비율이 높게 나타나는 지역이다.
② B는 접근성이 높아 중심 업무 기능이 입지한 지역이다.
③ C는 도심의 기능을 분담하여 도심의 과밀화를 완화시켜주는 지역이다.
④ D는 출근 시간대에 유출 인구가 유입 인구보다 많은 지역이다.
⑤ A~D 중 지가가 가장 높게 나타나는 지역은 A이다.

풀이 비법

❶ 도시의 내부 구조가 어떻게 구성되어 있는지 살펴본다.
❷ A~D 지역이 어떤 지역인지 살펴본다.
❸ 도심, 부도심, 주변(외곽) 지역 및 개발 제한 구역의 특징을 살펴본다.

02 다음 글은 선진국과 개발 도상국의 도시화에 관한 내용이다. ㉠~㉤에 대한 설명으로 옳지 <u>않은</u> 것은?

> 선진국의 경우 산업 혁명 이후 공업의 발달과 더불어 도시화가 시작되었다. 약 200년에 가까운 시기에 걸쳐 ㉠ 농촌의 인구가 도시로 이동하여 20세기 중반 이후에 ㉡ 도시화의 종착 단계에 이르게 되었다. 이에 비해 개발 도상국은 20세기 중반 이후 비로소 산업화가 이루어져 ㉢ 급속한 도시화가 진행되었다. 선진국의 도시화와 달리 ㉣ 개발 도상국의 도시화는 도시의 과밀화로 ㉤ 각종 도시 문제가 발생하고 있다.

① ㉠ - 이촌 향도 현상이라고 한다.
② ㉡ - 도시 인구 증가율이 최고조에 이르는 시기이다.
③ ㉢ - 대체로 산업 기반이 제대로 갖추어지지 않은 상태에서 이루어졌다.
④ ㉣ - 선진국에 비해 도시화의 역사가 짧다.
⑤ ㉤ - 주택난, 교통 혼잡, 환경 문제 등을 들 수 있다.

풀이 비법

❶ 도시화의 단계별 특징을 확인한다.
❷ 선진국과 개발 도상국의 도시화의 특징을 확인한다.
❸ 급속한 도시화로 인한 도시 문제가 무엇이 있는지 확인한다.

글로벌 경제 활동과 지역 변화

9

01 농업의 세계화와 지역의 변화

1. 세계화와 농업 생산의 기업화

(1) 농업의 세계화
┌─ 교통·통신의 발달과 자유 무역의 확대의 영향
① 배경: 지역 간 교류 증가, 생활 수준의 향상
② 영향: 전 세계를 대상으로 농산물의 생산이 이루어짐, 먹거리의 변화

(2) 농업 생산의 기업화
① 배경: 세계화로 농산물의 국제 교역량 증가, 다국적 기업의 활동 확대 → 대규모 기업농 및 *곡물 메이저 출현
② 특징: 농산물의 생산, 유통, 판매가 전문적이고 대규모로 이루어짐
③ 영향: 농업 생산의 기계화, 상업적 농업 확대, 외국산 농산물 소비 증가
곡물, 채소, 과일 등 여러 농산물을 시장에 ─┘   └─ 생산된 농산물이 전 세계로 판매됨
판매할 목적으로 생산하는 농업 방식임

용어 곡물 메이저

전 세계를 대상으로 하는 곡물 시장에서 매우 큰 영향력을 행사하고 있는 다국적 농업 기업을 말한다. 흔히 5대 곡물 메이저라고 불리는 이들 기업은 세계 곡물 시장의 약 80%를 장악하고 있다.

2. 농업 생산의 기업화가 생산 지역에 미치는 영향

(1) 농업 생산 구조의 변화

┌─ 기업들이 농업에 많은 자본과 기술 투입

전통 농업	현대 농업
쌀, 밀과 같은 식량 작물 위주의 자급적 농업 형태	• 대규모 기업적 농업 발달 • 상품 작물의 비중 증가

(2) 다국적 기업의 *플랜테이션 농장 발달
① 배경: 차, 커피, 카카오와 같은 기호 작물의 수요 증가
② 특징: 기호 작물을 생산하기 위해 세계적인 농업 기업이 개발 도상국으로 진출 → 개발 도상국의 플랜테이션 농업 확대

용어 플랜테이션

선진국의 자본·기술과 원주민의 노동력을 기반으로 그 지역의 기후와 토양에 가장 적합한 단일 작물을 재배하는 농업 방식으로 열대 기후 지역에서는 커피, 카카오, 바나나, 고무, 사탕수수 등을 대규모로 재배하고 있다.

커피	브라질, 베트남, 콜롬비아 등
카카오	코트디부아르, 가나 등
차	인도, 스리랑카 등
바나나	필리핀
파인애플	코스타리카

▲ 작물별 주요 생산 지역

3. 농업 생산의 기업화가 소비 지역에 미친 영향

(1) 긍정적 영향
① 세계 여러 지역에서 생산한 농산물을 손쉽게 구매할 수 있음
② 국내산 농산물의 공급이 부족할 때 부족한 부분 충당 가능

(2) 부정적 영향
┌─ 장거리 이동에 따른 안정성 문제가 제기되면서 지역 농산물을 해당 지역에서 우선 소비하자는 '로컬 푸드' 운동이 대안으로 떠오르고 있음
① 값싼 외국산 농산물 수입 증가 → 외국 수입 농산물에 의존, 국내 농가 피해
② 식량 작물의 재배 감소 → 식량 자급률이 떨어짐

보충 농작물의 다양한 생산 방식

국가	농작물	생산 방식
미국	밀	대규모, 기계화
필리핀	바나나	많은 노동력 필요

우리나라의 식량 자급률

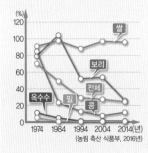

(%)
(농림 축산 식품부, 2016년)

식량 자급률이란 한 나라의 식량 소비량 중 국내에서 생산 및 공급하는 식량의 비율을 말한다. 우리나라에서 쌀은 다른 작물에 비해 자급률이 높은 편이지만 주요 곡물인 옥수수, 밀의 경우 약 90% 이상을 수입에 의존하고 있어 자급률이 매우 낮은 편이다. 식량 자급률이 낮을 경우 국제 곡물 가격이 상승하면 경제적 어려움을 겪을 수 있고, 곡물 메이저 회사의 식량 무기화에 경제적으로 종속될 수 있다.

탐구 속 자료 &개념

탐구 1 농업의 기업화로 생산 지역에서는 어떤 변화가 일어나고 있을까?

미국 농업의 경쟁력은 경작 규모인데 한반도 전체 넓이만큼의 밭도 있어 넓은 밭에 농업 관련 첨단 기술을 접목해서 수확량이 많지. 정보 IT 기술을 이용해 품종, 토양, 기후, 시장의 동향 등을 종합적으로 분석해서 최적의 농업을 추구하고 있어.

브라질은 커피 생산 1위이고, 세계 유량의 3분의 1을 공급하고 있어 세계적으로 커피 생산량이 증가하면서 다른 나라에서도 커피를 재배하기 때문에 국제 커피의 가격이 하락해 커피 농장 농민들의 생활은 더욱 어려워지고 있어.

자료 해설

농업 체제의 변화

선진국	대규모의 상업적 농업 발달 → 넓은 토지에서 대형 농기계를 통해 생산한 농산물 수출 예 미국, 캐나다, 오스트레일리아 등
개발 도상국	• 곡물 생산량 감소 → 곡물 수입 증가 • 플랜테이션 농업 발달 → 경쟁력 잃은 곡물 작물보다 상품 작물을 주로 재배 예 필리핀의 바나나, 베트남의 커피 등

탐구 2 우리 식탁의 음식은 어디에서 왔을까?

밥을 제외한 대부분의 음식이 수입산이네.

우리 밥상은 만국기예요.

식탁에 오른 식재료의 총이동 거리는 2만 9,900 km인데, 지구 한 바퀴가 4만 km 정도이니 지구 한 바퀴의 4분의 3을 돌아온 셈이네.

개념 쏙쏙

1. 농업 생산 기업화의 긍정적 영향
- 농산물 교역 확대: 소비자 입장에선 다양한 농산물을 먹게 됨
- 지역별 전문화: 수출에 유리한 농산물 재배 지역 확대

2. 농업 생산 기업화의 부정적 영향
- 전통 농업의 붕괴: 자영농이 대규모 농장의 노동자로 전락함
- 식량 작물의 재배 감소: 외국 농산물에 의존, 식량 자급률이 떨어짐
- 곡물 메이저의 식량 장악: 자신들의 이익 극대화를 위해 세계 곡물 생산량 조절
- 식량 안정성 문제: 장거리 이동으로 다량의 농약 사용

개념 꿀꺽

1. 다음 내용에 알맞은 말을 골라 ◯표 하시오.

(1) 현대 농업은 점차 (자급적, 상업적) 농업으로 변해가고 있다.

(2) 미국, 캐나다와 같이 넓은 국토를 가진 선진국에서는 주로 (기업적 농업, 플랜테이션)이 확대되고 있다.

(3) 플랜테이션은 (식량 작물, 기호 작물)을 재배하는 농업 방식이다.

2. 다음 설명이 맞으면 ○표, 틀리면 ×표를 하시오.

(1) 농업의 세계화는 곧 농업의 기업화로 이어지게 된다. (   )

(2) 산업화와 도시화로 농가들은 점차 상업적 농업에 집중하게 되었다. (   )

(3) 작물이 장거리를 이동하게 되면 식품의 안정성이 높아지게 된다. (   )

(4) 외국산 농산물 수입이 늘어나게 되면 식량 자급률은 낮아지게 된다. (   )

3. 다음 작물의 주요 재배 지역을 〈보기〉에서 찾아 기호를 쓰시오.

> **보기**
> ㄱ. 인도   ㄴ. 브라질   ㄷ. 코트디부아르

(1) 차 (   )   (2) 커피 (   )   (3) 카카오 (   )

정답 1. (1) 상업적 (2) 기업적 농업 (3) 기호 작물
2. (1) ○ (2) ○ (3) × (4) ○
3. (1) ㄱ (2) ㄴ (3) ㄷ

01 세계화에 따른 농업의 변화 모습으로 옳지 <u>않은</u> 것은?

① 농산물의 국제 교역량이 증가하였다.
② 대규모 자본을 갖춘 기업농이 증가하였다.
③ 외국 농산물의 의존도가 높아지게 되었다.
④ 육류와 기호 식품의 소비량이 증가하였다.
⑤ 자급 자족의 식량 작물 재배가 증가하였다.

02 (가)에 들어갈 내용으로 가장 적절한 것은?

주제: [(가)]

① 농업의 세계화
② 보호 무역의 확대
③ 정보 통신 산업의 발달
④ 로컬 푸드 운동의 전개
⑤ 선진국과 개발 도상국의 경제적 격차

03 밑줄 친 농업에 해당하지 <u>않는</u> 것은?

> 과거 전통적 농업은 가족 노동력을 중심으로 작물을 자급적 농업의 형태로 재배하였다. 하지만 산업화와 도시화로 도시 인구가 증가하면서 여러 농산물을 생산하여 판매하는 <u>상업적 농업</u>이 발달하고 있다.

① 낙농업　　　　② 원예 농업
③ 기업적 목축업　④ 플랜테이션
⑤ 이동식 화전 농업

04 (가)에 들어갈 알맞은 용어를 쓰시오.

> 열대·아열대 지방에서 선진국의 자본·기술과 원주민의 노동력이 결합하여 상품 작물을 주로 재배하는 [(가)] 농업은 주로 차, 커피, 카카오 등 기호 작물과 고무, 목화 등 공업 원료 작물 등을 재배한다.

(　　　　　　)

05 현대 농업의 특징에 대한 설명으로 옳은 것을 〈보기〉에서 있는 대로 고른 것은?

보기
ㄱ. 농산물의 국제 이동이 활발하다.
ㄴ. 식량 작물의 재배가 대부분이다.
ㄷ. 시장 판매를 목적으로 재배하는 경우가 많다.
ㄹ. 농산물의 생산, 유통, 판매가 이전보다 전문적이고 대규모로 이루어지고 있다.

① ㄱ, ㄴ　② ㄴ, ㄷ　③ ㄷ, ㄹ
④ ㄱ, ㄷ, ㄹ　⑤ ㄴ, ㄷ, ㄹ

06 기호 작물과 대표적 생산지를 바르게 연결한 것은?

	기호 작물	대표 생산지
①	차	미국
②	카카오	중국
③	커피	브라질
④	바나나	캐나다
⑤	파인애플	네덜란드

07 (가)에 들어갈 내용으로 가장 적절한 것은?

<농업의 세계화에 따른 문제점과 대책>

1. 문제점
   ① 식품 보존을 위한 방부제 처리
   ② 식품 안전성과 잔류 농약 물질 과다
   ③ 운송 거리에 따른 에너지 사용 증가 및 환경 오염 발생
   ④ 농민보다 유통 및 판매업자에게 많이 분배되는 수익

2. 대책

   _____(가)_____

① 영농의 기계화
② 로컬 푸드 운동 확대
③ 농촌의 기반 시설 확충
④ 도농 간 소득 격차 확대
⑤ 농산물의 시장 개방 확대

08 (가) 작물에 대한 (나) 작물의 상대적인 특징을 그림의 A~E에서 고른 것은?

아시아 계절풍 지역에서는 고온 다습한 기후 특색을 이용해 _(가)_ 농사가 발달하였다.	미국에서는 _(나)_ 을(를) 대규모로 재배하는 상업적 곡물 농업이 이루어지고 있다.

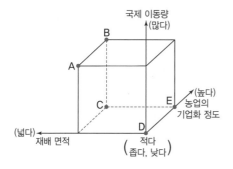

① A   ② B   ③ C
④ D   ⑤ E

09 ㉠~㉤에 대한 설명으로 옳지 않은 것은?

㉠ 농업 생산의 기업화는 전 세계 농업 생산 구조에 큰 영향을 준다. ㉡ 과거 전통적 농업은 자급적 농업의 형태로 재배하였다. 하지만 산업화와 도시화로 도시 인구가 증가하면서 ㉢ 상업적 농업이 발달하고 있다. 한편, 기호 작물의 수요량이 증가하여 ㉣ 플랜테이션 농업이 확대되고 있다. 이에 ㉤ 세계적인 농업 기업은 여러 국가에 진출하고 있다.

① ㉠: 농작물의 국제 교역량이 증가하였다.
② ㉡: 가족 노동력을 중심으로 작물을 재배하였다.
③ ㉢: 채소, 원예 작물 등 여러 농산물을 생산하여 판매하는 농업이다.
④ ㉣: 주로 열대·아열대 기후 지역에서 행해진다.
⑤ ㉤: 선진국보다 개발 도상국에 많다.

서술형
10 다음과 같은 상황이 우리 농업에 미칠 영향에 관해 서술하시오.

> 우리나라 식당에서 주로 쓰는 밥쌀용 수입 쌀의 80%가 미국산이 차지할 만큼 미국산 쌀은 우리나라 쌀 시장에서 비중이 매우 높다. 이번 미국과의 자유 무역 협정(FTA) 협상에서 밥쌀용 쌀 수입을 더 늘리기로 결정하면 가뜩이나 쌀값 하락으로 어려움을 겪고 있는 농업은 더더욱 피폐해질 전망이다.
>
> - ○○신문, 2017. 08. 08 -

01 교사의 질문에 옳게 말한 학생만을 있는 대로 고른 것은?

골뱅이
영국

두부
중국

임연수어
러시아

헤이즐넛
터키

캐슈너트
인도

쇠고기
호주

교사: 위 자료에 대해 발표해 볼까요?
갑: 농업의 세계화가 이루어졌어요.
을: 국내의 부족한 농산물을 충당할 수 있어요.
병: 국내의 식량 자급률이 높아질 거 같아요.
정: 식품의 안전성 문제가 해결될 수 있어요.

① 갑, 을　　② 갑, 정　　③ 병, 정
④ 갑, 을, 병　　⑤ 을, 병, 정

02 다음 작물의 공통된 특징으로 옳은 것은?

커피　　　차　　　카카오

① 소규모 자급적 농업으로 재배된다.
② 식량 작물로 원주민의 주식이 된다.
③ 아시아의 계절풍 지역에서 주로 재배된다.
④ 작물의 수출국들은 대부분 선진국에 해당한다.
⑤ 열대·아열대 기후에서 재배되는 플랜테이션 작물이다.

03 ㉠, ㉡에 들어갈 용어를 바르게 연결한 것은?

전통적으로 농업은 직접 생산하여 소비하는 ㉠ 체제로 이루어졌다. 하지만 산업화와 도시화로 도시 인구가 증가하면서 곡물을 비롯해 채소, 과일 등 여러 농산물을 생산하여 판매하는 ㉡ 농업이 발달하고 있다.

	㉠	㉡
①	자급자족	집약적
②	자급자족	조방적
③	자급자족	상업적
④	상업적	조방적
⑤	상업적	자급자족

단답형
04 (가)에 들어갈 알맞은 용어를 쓰시오.

한 나라의 식량 소비량 중 국내에서 생산 및 공급하는 식량의 비율을 (가) (이)라고 한다. 식량 작물의 재배가 감소하게 되면 이것이 낮아지게 되어 국가의 식량 안보에 부정적인 영향을 주게 된다.

(　　　　　　　　　)

고난도
05 농업의 기업화에 대한 옳은 설명만을 〈보기〉에서 있는 대로 고른 것은?

보기
ㄱ. 직접 생산하여 소비하는 자급자족 체제로 이루어진다.
ㄴ. 세계화로 농산물의 교역량이 급증하면서 더욱 확대되고 있다.
ㄷ. 농산물의 생산, 유통, 판매가 이전보다 전문적이고 대규모로 이루어진다.
ㄹ. 전 세계에 생산 시설을 대규모로 갖추고 국제 유통을 주도하는 다국적 기업의 활동과 관련이 있다.

① ㄱ, ㄴ　　② ㄴ, ㄷ　　③ ㄷ, ㄹ
④ ㄱ, ㄴ, ㄷ　　⑤ ㄴ, ㄷ, ㄹ

06 다음 글에 해당하는 지역의 변화 모습을 〈보기〉에서 고른 것은?

> 전 세계에서 소비되는 팜유 중 85%는 우리 지역에서 생산하지. 팜유는 과자, 초콜릿 등에 사용하는 식물성 기름으로 열대 작물인 기름야자 나무에서 채취하는데, 경작지를 만들고자 기존의 숲을 태워 팜 농장으로 바꿈으로써 주민들은 고향을 잃고, 오랑우탄도 멸종 위기에 처하게 되었어.

보기
```
ㄱ. 열대 우림이 사라지고 있다.
ㄴ. 식량 자급률이 높아지고 있다.
ㄷ. 대규모 기업적 농업이 이루어지고 있다.
ㄹ. 팜유는 이동식 화전 농업 형태로 채취되고 있다.
```

① ㄱ, ㄴ   ② ㄱ, ㄷ   ③ ㄴ, ㄷ
④ ㄴ, ㄹ   ⑤ ㄷ, ㄹ

07 다음은 윤서가 작성한 사회 노트의 내용 중 일부이다. ㉠~㉣ 중 내용이 옳지 <u>않은</u> 것은?

> **〈농업의 세계화가 미치는 영향〉**
> • 농장 규모 확대로 삼림이 파괴되고 환경이 오염될 수 있다. ·················· ㉠
> • 작물의 국제 가격 변동에 농산물 가격이 상승할 수 있다. ·················· ㉡
> • 곡물 메이저가 식량을 장악하여 공급을 조절할 수 있다. ·················· ㉢
> • 장거리 이동에 따른 식품 안전성에 문제가 될 수 있다. ·················· ㉣
> • 상품 작물의 재배 면적이 줄고 식량 작물의 재배 면적이 늘어날 수 있다. ·················· ㉤

① ㉠   ② ㉡   ③ ㉢
④ ㉣   ⑤ ㉤

서술형 문제

[08~09] 자료를 보고 물음에 답하시오.

〈자료 1〉 커피, 카카오의 주요 재배 지역

〈자료 2〉 커피와 카카오의 수출·수입국

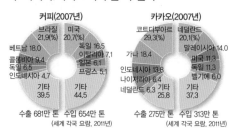

08 〈자료 1〉을 보고, 커피와 카카오를 재배하는 지역의 특징과 농업 방식을 서술하시오.

🖉 _____

_____

_____

09 〈자료 2〉를 보고 커피와 카카오를 수출하는 국가와 수입하는 국가의 특징을 비교하여 서술하시오.

🖉 _____

_____

_____

10 대규모 농장에서 한 가지 작물만을 재배할 경우, 어떠한 어려움을 겪게 되는지 <u>두 가지</u> 이상 서술하시오.

🖉 _____

_____

_____

02 다국적 기업과 생산 지역의 변화

1. 다국적 기업의 의미와 성장 과정

(1) 다국적 기업의 의미와 특징
① 의미: 세계 각지에 자회사, 지사, 공장 등을 운영하며 전 세계를 대상으로 상품을 판매하는 기업
② 특징: 규모가 크고 전 세계를 대상으로 상품 판매, 경제의 세계화로 다국적 기업의 수와 규모가 더욱 성장

(2) 다국적 기업의 성장
① 성장 배경: 교통과 통신의 발달, 세계 무역 기구(WTO) 등장, *자유 무역 협정(FTA)의 확대 → 경제 활동의 세계화 촉진
② 성장 과정: 기업의 규모가 커지면서 본사, 연구·개발 시설, 생산 공장, 영업 지점 등이 세계 각지로 분산

| 국내 핵심 지역에 단일 공장이 입지 | → | 지방에 분공장이나 영업 지점을 설치 | → | 해외에 영업 대리점 및 영업 지점을 설치 | → | 해외에 분공장을 설립하고 다국적 기업의 통합 조직 완성 |

용어 자유 무역 협정(FTA, free trade agreement)
국가 간 상품의 이동을 자유롭게 하는 협정으로, 상품 이동의 장애가 되는 각 국가의 관세 장벽을 없애 당사국 간 무역을 활성화하는 것이다.

2. 다국적 기업 진출에 따른 지역 변화

(1) 다국적 기업의 *공간적 분업

기업의 규모가 작고 공장이 하나일 때는 기능별로 분리될 필요가 없으나 기업의 규모가 커지면서 각각의 기능은 여러 지역으로 분리됨

① 기업의 성장: 규모의 성장, 기능의 세분화 → 조직의 분화
② 조직의 분화: 본사(의사 결정 기능), 연구소(제품 개발 및 연구 기능), 생산 공장(생산 기능), 영업 지점 및 대리점(판매 기능)
③ 기업의 조직들은 각각의 기능에 적합한 지역에 입지 → 기업의 공간적 분업 발생

용어 공간적 분업
기업의 규모가 커지면서 본사, 연구소, 생산 공장 등의 기업 기능이 지리적으로 분리되어 입지하는 현상이다.

(2) 기능별 입지 특성

본사	• 주로 본국에 위치 • 자본과 정보 확보에 유리한 지역에 입지함
연구소	• 주로 본국이나 선진국 등에 위치 • 우수한 연구 시설과 교육·환경·문화 편의 시설을 잘 갖춘 곳
생산 공장	• 저임금 노동력이 풍부한 개발 도상국에 주로 입지함 • 현지 시장 개척, 무역 장벽 극복을 위해 선진국에 입지하기도 함

보충 다국적 기업의 변화
① 개발 도상국으로 확대: 선진국의 기업뿐 아니라 개발 도상국의 기업들도 다국적 기업으로 발전하고 있음
② 다양한 분야로 진출: 제조업뿐만 아니라 농산물 생산과 가공, 유통, 금융, 서비스업, 자원 개발 등 다양한 분야로 확대

(3) 다국적 기업의 영향

지역의 경제적 기반을 이루던 산업이 다른 지역이나 국가로 이동하면서 한 지역이나 국가에서 산업이 쇠퇴하는 현상

다국적 기업의 본국	긍정적 영향	해외에서 얻은 이익은 본국에 또 다른 투자를 유발
	부정적 영향	생산 공장의 국외 이전으로 일자리 감소, 실업자 증가, 산업 공동화, 지역 경제 침체 등의 문제 발생
다국적 기업의 진출 지역	긍정적 영향	자본의 유입 및 일자리 증가, 기술 이전 등
	부정적 영향	• 공장이 철수할 경우 대규모 실업 및 경기 침체 우려 • 다국적 기업 진출 시 현지 소규모 기업이 경쟁에서 밀려나게 됨

보충 다국적 기업의 생산 공장 입지
다국적 기업은 생산비를 절약하고자 저임금의 노동력 확보가 유리한 중국 및 동남아시아 지역 등 개발 도상국에 생산 공장을 설립하는 경우가 많다. 하지만 현지 시장 개척이나 무역 장벽을 피하려고 유럽이나 북미 지역 등 선진국에 생산 공장을 설립하는 경우도 있다.

탐구 속 자료 &개념

탐구 1 축구 티셔츠는 어떻게 만들까?

[개념 쏙쏙]

다국적 기업의 공간적 분업

1. **본사**: 주로 선진국에 위치하여 경영 전략을 세우고 기업 전체를 관리함
2. **연구소**: 우수한 교육 시설과 전문 인력이 많고 정보 수집이 유리한 지역에 입지함
3. **생산 공장**: 임금이 저렴하고 시장이 넓으며, 현지 정부가 적극적으로 지원하는 개발 도상국에 입지하는 경우가 많음. 한편, 현지 시장 개척이나 무역 장벽을 피하기 위해 선진국에 생산 공장을 설립하는 예도 있음
4. **판매 지점**: 주로 인구 밀집 지역에 입지하며, 해당 지역은 물론 인접 지역(국가)까지 제품을 홍보하거나 관리하는 기능을 수행함

탐구 2 다국적 기업의 공장 유치가 지역에 미치는 영향은?

[자료 해설]

다국적 기업의 진출에 따른 지역 변화

1. **생산 공장의 이전**: 다국적 기업은 생산 비용을 줄이거나 자국의 환경 오염 규제를 피하고 세금 혜택을 누리기 위해 자국의 산업 시설을 다른 국가로 이전하며 특히, 노동 집약적인 공업은 저임금의 노동력 확보가 유리한 지역으로 이전하게 됨
2. **공장 진출 지역에 미치는 영향**
   • 긍정적 영향: 자본 유입, 일자리 증가, 기술 이전 등
   • 부정적 영향: 공장이 철수할 경우 대규모 실업 및 경기 침체 우려, 공장에서 배출되는 오염 물질로 토양이나 수질 등의 오염 우려 등

개념 꿀꺽

1. 다음 내용에 알맞은 말을 골라 ◯표 하시오.

(1) (대기업, 다국적 기업)은 국경을 넘어 세계적으로 생산과 판매 활동을 하는 기업으로 초국적 기업, 글로벌 기업으로도 불린다.

(2) 어떤 기업이 다국적 기업으로 성장하면 외국인 노동력의 비중이 (증가, 감소)하고, 국내 생산액 비중은 (증가, 감소)한다.

(3) (세계화, 지역화)로 인해 다국적 기업의 수와 규모가 증가하고 있다.

(4) 기업의 규모가 성장함에 따라 기업의 기능은 (통합, 분화)된다.

(5) 다국적 기업의 (연구소, 생산 공장)은/는 주로 인건비가 저렴한 곳에 위치하려 한다.

2. 다음 설명에 해당하는 기능을 〈보기〉에서 찾아 각각 기호로 쓰시오.

보기

ㄱ. 본사   ㄴ. 연구소   ㄷ. 생산 공장

(1) 경영 전략을 수립하고 기업 전체를 관리한다. (   )

(2) 저임금 노동력이 풍부한 지역에 주로 입지하며, 현지 시장 개척과 무역 장벽 극복을 위해 선진국에 입지하기도 한다. (   )

(3) 주로 본국이나 선진국 등에 위치하며, 연구 인력 확보에 유리한 지역에 입지한다.
(   )

정답 1. (1) 다국적 기업 (2) 증가, 감소 (3) 세계화 (4) 분화 (5) 생산 공장 2. (1) ㄱ (2) ㄷ (3) ㄴ

01 다음은 사회 수업의 한 장면이다. (가)에 들어갈 용어로 가장 적절한 것은?

① 공정 무역
② 자유 무역
③ 산업 공동화
④ 지역화 전략
⑤ 공간적 분업

중요

02 (가)~(다)에 들어갈 내용으로 바르게 연결한 것은?

<다국적 기업의 기능별 입지>

구분	특성
(가)	• 의사 결정을 하는 곳으로 주로 본국에 위치 • 자본과 정보 확보에 유리한 지역에 입지함
(나)	• 저임금 노동력이 풍부한 지역에 입지함 • 현지 시장 개척, 무역 장벽 극복을 위해 선진국에 입지하기도 함
(다)	• 주로 본국이나 선진국 등에 위치 • 연구 인력 확보에 유리한 지역에 입지함

	(가)	(나)	(다)
①	본사	연구소	생산 공장
②	본사	생산 공장	연구소
③	연구소	본사	생산 공장
④	연구소	생산 공장	본사
⑤	생산 공장	연구소	본사

단답형

03 ㉠에 들어갈 알맞은 용어를 쓰시오.

다국적 기업의 생산 공장이 이전하는 지역은 경제가 활성화되지만, 기존에 공장이 있던 지역은 공장이 이동하면서 산업 ㉠ (으)로 인해 지역 경제가 침체할 수 있다.

( )

04 ○○ 기업이 생산 공장을 이전한 이유로 가장 적절한 것은?

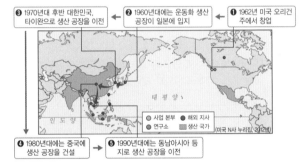

▲ ○○ 신발, 의류 기업의 공장 이전 과정

① 시장 개척
② 무역 장벽 극복
③ 사업 본부의 이전
④ 저임금의 노동력 확보
⑤ 전문 기술 인력의 확충

중요

05 다국적 기업의 특징으로 옳지 않은 것은?

① 두 개 이상의 국가에서 활동한다.
② 세계 여러 곳에 자회사와 공장을 세운다.
③ 전 세계를 대상으로 시장을 넓혀가고 있다.
④ 연구소는 노동비가 저렴한 지역에 입지한다.
⑤ 해외에서 생산한 제품을 현지에서 직접 판매하기도 한다.

06 그림을 통해 추론한 내용으로 가장 적절한 것은?

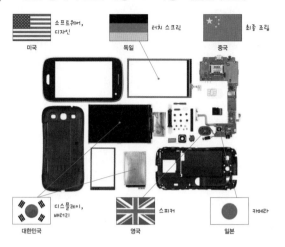

① 최종 조립은 선진국에서 이루어지고 있다.
② 기업 활동의 공간적 제약이 강화되고 있다.
③ 국제적인 분업 및 협업이 이루어지고 있다.
④ 국가 간의 경제 격차가 점점 해소되고 있다.
⑤ 세계 각국의 보호 무역 정책이 강화되고 있다.

07 다음은 국내에서 수입한 어느 의류 제품의 표시 내용이다. 본사와 생산지의 입지에 영향을 준 요인으로 가장 적절한 것은?

	본사	생산지
①	세금 혜택	저렴한 지가
②	다양한 정보	값싼 노동력
③	값싼 노동력	첨단 기술
④	저렴한 지가	연구 시설
⑤	큰 소비 시장	무역 장벽 극복

08 (가)에 들어갈 내용으로 가장 적절한 것은?

〈2015년 세계 100대 기업 [(가)]의 분포〉

① 본사   ② 생산 공장   ③ 물류 창고
④ 판매 지사   ⑤ 영업 대리점

서술형

09 다음은 다국적 기업의 성장 단계를 모식적으로 나타낸 것이다. (가)에 들어갈 내용을 서술하시오.

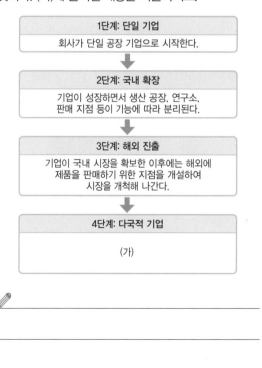

01 다국적 기업의 생산 공장이 해외로 진출하는 가장 적절한 이유를 〈보기〉에서 있는 대로 고른 것은?

보기
ㄱ. 노동비 절감　　ㄴ. 현지 시장 개척
ㄷ. 무역 장벽 극복　　ㄹ. 전문 기술 인력 확보

① ㄱ, ㄴ　　　② ㄴ, ㄷ　　　③ ㄷ, ㄹ
④ ㄱ, ㄴ, ㄷ　　⑤ ㄴ, ㄷ, ㄹ

02 ㉠~㉤에 대한 설명으로 옳지 않은 것은?

〈다국적 기업의 공간적 분업〉

구분	특성
㉠ 본사	• 주로 ㉡ 본국의 대도시에 위치
연구소	• ㉢ 연구 인력 확보에 유리한 지역에 입지
생산 공장	• ㉣ 저임금 노동력이 풍부한 지역에 입지 • ㉤ 현지 시장 개척, 무역 장벽 극복을 위해 입지

① ㉠ – 주로 의사 결정을 하는 곳이다.
② ㉡ – 자본의 획득과 다양한 정보의 수집이 가능하다.
③ ㉢ – 개발된 신기술을 빨리 제품에 접목할 수 있다.
④ ㉣ – 주요 사례 지역으로 서부 유럽을 꼽을 수 있다.
⑤ ㉤ – 선진국도 해당될 수 있다.

03 다국적 기업의 형성 단계를 순서대로 바르게 나열한 것은?

보기
ㄱ. 단일 기업으로 대도시에 입지한다.
ㄴ. 해외 시장 진출을 위해 해외에 영업 지점을 세우게 된다.
ㄷ. 해외에 공장을 설립하여 다국적 기업 조직을 형성하게 된다.
ㄹ. 분공장을 세우고, 지방에 영업 지점을 세워 국내 확장을 시도하게 된다.

① ㄱ－ㄴ－ㄷ－ㄹ　　② ㄱ－ㄷ－ㄴ－ㄹ
③ ㄱ－ㄹ－ㄴ－ㄷ　　④ ㄴ－ㄱ－ㄷ－ㄹ
⑤ ㄴ－ㄱ－ㄹ－ㄷ

[04~05] 지도는 ○○ 자동차 기업의 공간적 분업을 나타낸 것이다. 물음에 답하시오.

★ 본사
▲ 연구소
■ 판매 지사
● 생산 공장
0　3,000 km
(S 전자, 2016년)

04 위 지도에 대한 분석으로 옳은 것은?

① 연구소는 대체로 선진국에 입지해 있다.
② 본사는 임금이 저렴한 곳에 입지하였다.
③ 생산 공장은 선진국에는 입지하지 않았다.
④ 기업 활동의 범위가 국내로 한정되어 있다.
⑤ 기업 전체를 관리하는 기능은 미국에서 한다.

05 ○○ 자동차와 같이 생산 공간의 분리가 이루어질 경우의 경제 효과로 옳은 것은?

① 본사가 있는 국가의 경제만 성장한다.
② 개발 도상국은 경제 규모가 축소된다.
③ 무역 갈등이 심해져 교역이 점차 줄어든다.
④ 생산과 판매의 분업으로 효율성이 높아진다.
⑤ 기술이 분산되어 각국의 경쟁이 치열해진다.

06 자료는 기업의 성장 과정을 나타낸 것이다. (가)~(다)에 대한 옳은 설명을 〈보기〉에서 고른 것은?

(가)	(나)	(다)
지방에 공장을 하나 더 세워야겠어.	외국에 지사를 만들어야겠어.	이곳은 임금이 저렴하군.

ㄱ. (가)에서 기업의 국제적 분업이 나타나고 있다.
ㄴ. (가)에서 (나)로 가면서 기업의 국외 진출에 따른 산업 공동화 현상이 나타나고 있다.
ㄷ. (나)는 (다)보다 기업 내 외국인 노동력의 비중이 작다.
ㄹ. (가)에서 (다)로 가면서 기업의 국외 자산 보유액 비중이 증가한다.

① ㄱ, ㄴ ② ㄱ, ㄷ ③ ㄴ, ㄷ
④ ㄴ, ㄹ ⑤ ㄷ, ㄹ

07 (가)~(라) 사례에 대한 추론으로 옳지 않은 것은?

(가) 우리 식탁에는 외국에서 수입된 수많은 식재료가 올라와 있다.
(나) 외국의 대도시에서 우리나라 기업이 만든 휴대 전화로 통화하는 모습을 볼 수 있다.
(다) 미국의 자동차 공장이 임금이 저렴한 멕시코로 이전되었다.
(라) 유럽의 환경 오염 유발 산업이 규제가 약한 개발 도상국 지역으로 이전되었다.

① (가): 세계 각 국가 간 상호 의존성이 커졌을 것이다.
② (나): 휴대 전화를 만든 기업은 다국적 기업일 것이다.
③ (다): 멕시코에서는 산업 공동화 현상이 나타날 것이다.
④ (라): 환경 문제가 세계적으로 확산할 가능성이 있다.
⑤ (가)~(라) 모두 세계화로 인해 나타난 현상이다.

08 밑줄 친 내용과 같이 다국적 기업의 생산 공장이 해외로 이전하는 이유에 관해 서술하시오.

세계 여러 지역에 자회사, 지사, 생산 공장 등을 보유하고 범세계적인 규모의 생산, 판매 활동을 수행하는 기업을 다국적 기업 또는 세계 기업이라고도 한다. 오늘날 교통·통신의 발달로 전 세계적으로 경제 활동이 활성화되면서 다국적 기업은 빠르게 성장하고 있다. 이에 다국적 기업의 생산 공장은 해외로 이전하는 경우가 증가하고 있다.

09 (가)에 들어갈 긍정적 영향을 서술하시오.

과거 농촌이었던 우리 지역은 다국적 기업의 공장이 설립된 후 회사의 이름을 딴 ○○ '마을'로 더 유명해졌어요.

공장이 들어선 후 (가)
고용률 지역경제

03 서비스업의 변화와 주민 생활

1. 교통 · 통신의 발달에 따른 서비스업의 세계화

(1) 교통과 통신의 발달에 따른 변화

① 경제 활동의 시·공간적 제약 감소: 이동 시간과 비용이 감소하면서 이동 범위가 확대됨

② 지역 간 상호 의존성 증가: 생활권 확대, 지역 간 인구·물자·정보 등의 교류 증가

(2) 서비스업의 세계화

① 서비스 산업의 의미와 특징

- 의미: 다른 산업이나 일반 소비자들에게 재화와 용역을 제공하는 활동
- 특징: 표준화가 어려움, *탈공업화 사회에서 발달 _{제조업보다 서비스 산업이 경제 성장을 이끄는 사회로 대부분의 선진국이 해당함}

② 교통과 정보 통신의 발달에 따른 서비스업의 변화

- 세계 각국의 교류 확대 → 서비스업의 세계화가 가속화됨
- 관광·유통·금융 등의 분야에서 국가 간의 경계가 약화됨
- 다국적 기업들이 세계 각지에 전화 상담실 운영
- 전자 상거래 발달에 따른 유통 구조의 변화

③ 세계화와 서비스 산업의 입지

공간적 분산	대형 상점 등은 세계 여러 곳에 상점을 세워 유사한 상품과 서비스를 제공
공간적 집중	의료, 금융업 등의 전문화된 서비스업은 접근성이 좋은 대도시에 집중

2. 서비스업의 세계화에 따른 변화

(1) 상품 구매의 변화

과거	→	최근
매장에 직접 가서 물건을 구매		텔레비전, 인터넷 등을 이용한 전자 상거래 증가

(2) 전자 상거래

① 특성

소비자 입장	상품 구매에 들어가는 시간 절약, 시간 제약이 없어 언제든지 물품 구매가 가능, 상품 구매를 위하여 이동할 필요가 없음
판매자 입장	상품을 진열하는 넓은 매장이 필요하지 않음, 판매 사원이 필요 없어 적은 자본으로 운영이 가능

② 영향: 택배 산업의 발달과 물류 창고업의 발달 등

(3) 유통의 세계화

① 배경: 교통과 정보 통신의 발달, 전자 상거래 급증, 다국적 유통업체들의 활동 증가, 유통 시장 개방

② 변화: 외국 자본에 의한 새로운 유통 질서 형성, 편의점과 창고형 대형 마트 등이 발달

③ 영향

긍정적	상품 구매의 시간과 공간적 제약 극복, 물류 산업의 발달과 해외 인터넷 쇼핑몰 등장
부정적	중·소형 규모의 유통업체 쇠퇴

보충 서비스 산업의 분류

소비자 서비스업	일반 소비자에게 직접 제공하는 서비스 예 요식업, 숙박업, 소매업 등
생산자 서비스업	기업 활동에 도움을 주는 서비스 예 금융, 법률, 광고, 시장 조사 등

용어 탈공업화 사회

생산 활동의 중심이 제조업 중심에서 서비스업 중심으로 변화하는 사회로, 지식과 정보가 부가 가치 창출의 핵심을 이루기 때문에 정보화 사회 또는 후기 산업 사회라고도 한다.

보충 전자 상거래의 특징

기존 상거래	• 유통 단계가 복잡하고 유통 비용이 많이 듦 • 상거래의 공간적 제약과 구매 활동의 시간적 제약이 큼
전자 상거래	• 유통 단계가 단순하고, 유통 비용이 저렴함 • 상품을 구매하는 데 드는 시간과 비용 절약

사례 다국적 유통업체

대형 마트, 편의점 등이 있으며, 전통 시장이나 동네 상점 등 기존 소매업을 빠르게 대체하고 있다.

탐구 속 자료 & 개념

탐구 1 미국에 전화를 걸었는데 인도에서 받는 이유는?

미국에 사는 애니는 휴가 때 여행 갈 여행지에 대한 정보를 얻기 위해 미국 온라인 여행사에 전화를 걸었다.

이날이 ⊙ 공휴일 밤늦은 시각이라 전화 상담실 직원이 전화를 받을지 말지 반신반의했지만 쉽게 통화가 되었다.

전화 상담실을 통해 여행지에 대한 정보를 알아내고, 여행 예약도 마쳤다.

놀라운 것은 영어를 완벽하게 구사하는 직원이 미국이 아니라 인도에서 근무하고 있다는 사실이다.

[자료 해설]

1. 정보 통신 발달의 영향
- 지역 간 교류 활성화
- 인간 활동의 지리적 범위가 세계로 확산
- 다양한 형태의 정보를 신속하게 처리할 수 있게 됨

2. 인도에 전화 상담실이 입지한 이유
- 미국과 시차가 약 12시간 임
- 임금이 저렴하며, 영어에 능통한 인력이 풍부
- 정보 통신 산업의 발달로 원거리 서비스 대행 시스템이 가능

탐구 2 상품을 구매하는 방식이 어떻게 달라지고 있을까?

자료 ❶ 서로 다른 상거래 방식

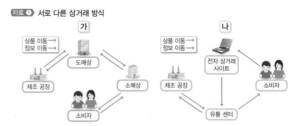

자료 ❷ 해외 직접 구매 추이

온라인 구매에는 국경이 없기 때문에 해외 거래도 크게 늘었다. 거래 방법이 간소화되고 경험자의 신뢰가 형성되면서 해외 직접 구매가 급성장하고 있다.

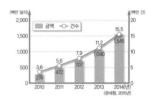

[개념 쏙쏙]

1. 전자 상거래 증가의 영향
- 무점포 업체의 증가 → 물류 기능의 성장
- 택배 업체, 물류 집·배송 센터 등이 증가함

2. 전통적인 상거래와 전자 상거래의 특징

구분	전통적인 상거래	전자 상거래
거래 대상 지역	특정 지역 내	전 세계
거래 시간	소매점 영업 시간	24시간
판매 방법	전시에 의한 판매	정보에 의한 판매

개념 꿀꺽

1. 다음 내용에 알맞은 말을 골라 ◯표 하시오.

(1) 교통과 통신의 발달로 시간적·공간적 제약이 (감소, 증가)하고 있다.

(2) 공업의 기계화와 자동화로 노동력이 (농업, 서비스업)으로 이동하고 있다.

(3) 전자 상거래에 의한 판매 방법은 (전시, 정보)에 의한 판매이다.

(4) 외국계 편의점이나 대형 마트 등의 다국적 업체들이 세계 각 지역에 진출하면서 (유통, 관광)의 세계화가 진행되고 있다.

2. 다음 설명에 해당하는 용어를 〈보기〉에서 찾아 기호로 쓰시오.

보기

ㄱ. 택배	ㄴ. 농업	ㄷ. 공업
ㄹ. 서비스업	ㅁ. 탈공업화	ㅂ. 전자 상거래

(1) 다른 산업이나 일반 소비자에게 재화와 용역을 제공하는 활동 (   )

(2) 공업의 비중이 감소하고 서비스업의 비중이 증가하는 현상 (   )

(3) 인터넷상에 개설된 상점을 통해 실시간으로 상품을 거래하는 것 (   )

(4) 우편물이나 짐, 상품 따위를 요구하는 장소까지 직접 배달해 주는 일 (   )

정답
1. (1) 감소 (2) 서비스업 (3) 정보 (4) 유통
2. (1) ㄹ (2) ㅁ (3) ㅂ (4) ㄱ

01 서비스업에 해당하는 내용을 〈보기〉에서 고른 것은?

보기
ㄱ. 끝없이 펼쳐진 농경지에서 쌀을 수확한다.
ㄴ. 편의점은 지역 주민들에게 생필품 등을 판매한다.
ㄷ. 공장에서 노트와 필기구를 만든다.
ㄹ. 은행은 기업체에 자금을 빌려주고 이자 수익을 얻는다.

① ㄱ, ㄴ　　② ㄱ, ㄷ　　③ ㄴ, ㄷ
④ ㄴ, ㄹ　　⑤ ㄷ, ㄹ

02 (가)~(다)를 오래된 시기 순서대로 배열한 것은?

(가)　　　(나)　　　(다)

① (가) - (나) - (다)　② (가) - (다) - (나)
③ (나) - (가) - (다)　④ (나) - (다) - (가)
⑤ (다) - (가) - (나)

03 다음과 같은 변화와 관련 있는 현상으로 적절하지 않은 것은?

교통과 통신의 발달로 국가 간에 교류가 활성화되고 재화는 물론, 정보, 지식, 자본의 이동이 활발해지면서 세계화가 빠르게 진행되고 있다.

① 국가 간 국경의 의미가 강조된다.
② 사람들의 생활권 범위는 크게 확대된다.
③ 다국적 기업의 공간적 분업이 활성화된다.
④ 생산 요소로서 지식과 정보의 중요성이 증가한다.
⑤ 세계의 경기 변동이 국내 경제에 미치는 영향력이 향상한다.

단답형
04 ㉠에 들어갈 알맞은 용어를 쓰시오.

　　㉠　은(는) 인터넷, TV 홈 쇼핑 등과 같은 정보 통신 네트워크를 이용한 상품 거래를 말한다. 이는 인터넷상에 '사이버 몰'이라는 가상 점포를 만들어 각종 상품을 통신 판매하는 것이다.

(　　　　　　　)

05 전자 상거래에 대한 설명으로 옳지 않은 것은?

① 택배 산업의 발달을 가져왔다.
② 판매자는 상품을 진열할 넓은 매장을 필요로 하지 않는다.
③ TV 홈쇼핑이나 인터넷을 이용해 상품을 사고파는 것이다.
④ 소비자는 시간 제약 없이 언제든지 물품을 구입할 수 있다.
⑤ 소비자가 접근하기 편리하도록 교통이 편리한 도시의 중심에 주로 입지한다.

06 (가)에 들어갈 내용으로 가장 적절한 것은?

① 공업화　　② 정보화　　③ 도시화
④ 지역화　　⑤ 세계화

중요

07 그래프는 전자 상거래 시장의 규모 변화를 나타낸 것이다. 이를 통해 추론한 내용으로 옳지 않은 것은?

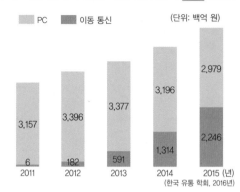

① 상품의 유통 비용이 증가하였을 것이다.
② 점포 없이 운영되는 상점이 증가할 것이다.
③ 생산자와 소비자의 직거래가 증가할 것이다.
④ 자동차를 이용한 택배 산업이 성장할 것이다.
⑤ 정보·통신 기반 시설의 중요성이 증대될 것이다.

08 (가)~(다) 상업 시설에 대한 상대적인 설명으로 옳은 것은?

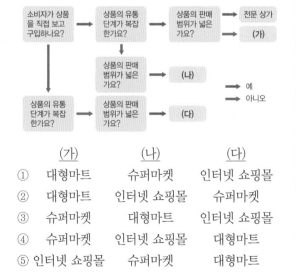

	(가)	(나)	(다)
①	대형마트	슈퍼마켓	인터넷 쇼핑몰
②	대형마트	인터넷 쇼핑몰	슈퍼마켓
③	슈퍼마켓	대형마트	인터넷 쇼핑몰
④	슈퍼마켓	인터넷 쇼핑몰	대형마트
⑤	인터넷 쇼핑몰	슈퍼마켓	대형마트

09 사진을 통해 알 수 있는 내용으로 가장 적절한 것은?

▲ 우리나라에 입점한 외국계 대형 마트

▲ 우리나라에 입점한 외국계 편의점

① 금융의 세계화
② 유통의 세계화
③ 관광의 세계화
④ 세계의 탈공업화
⑤ 통신 발달에 따른 정보화

서술형

10 자료를 보고 인도에 전화 상담실이 발달한 이유에 관해 서술하시오.

미국에 사는 애니는 미국 온라인 여행사에 전화를 걸었다. 이날이 공휴일 밤늦은 시각이었지만 전화 상담실 직원과 쉽게 통화가 되었다.
Hello~

애니는 전화 상담실을 통해 여행 예약을 마쳤다. 놀라운 것은 영어를 완벽하게 구사하는 직원이 미국이 아니라 인도에서 근무하고 있다는 사실이다.

01 그래프는 경제 발전에 따른 산업 구조의 변화를 나타낸 것이다. 이에 대한 옳은 설명을 〈보기〉에서 고른 것은?

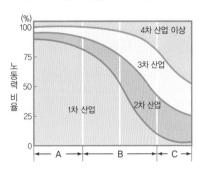

보기
ㄱ. A에서는 농촌보다 도시에 많은 인구가 거주한다.
ㄴ. A는 농업 사회, B는 탈공업화 사회에 해당한다.
ㄷ. B에서 C로 가면서 정보 및 지식 산업이 발달한다.
ㄹ. C에서는 제조업 비중이 작아지는 경향을 보인다.

① ㄱ, ㄴ   ② ㄱ, ㄷ   ③ ㄴ, ㄷ
④ ㄴ, ㄹ   ⑤ ㄷ, ㄹ

02 그래프와 같은 변화의 배경으로 옳은 내용을 〈보기〉에서 고른 것은?

〈국내 택배 물량 변동 추이〉

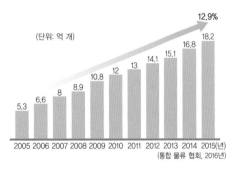

ㄱ. 정보 통신 기술과 교통의 발달
ㄴ. 편의점의 등장과 1인 가구의 증가
ㄷ. 홈 쇼핑, 통신 판매업 등 전자 상거래 급증
ㄹ. 제조업과 서비스 산업 간의 상호 의존성 약화

① ㄱ, ㄴ   ② ㄱ, ㄷ   ③ ㄴ, ㄷ
④ ㄴ, ㄹ   ⑤ ㄷ, ㄹ

단답형

03 ㉠에 들어갈 알맞은 용어를 쓰시오.

> ㉠은/는 교통과 통신이 발달함에 따라 인간의 공간적 활동 범위가 국경의 제한을 넘어 전 세계가 같은 경제·사회·문화적 생활권을 형성해 나가는 흐름과 추세를 말한다.

(   )

04 교통·통신 발달에 따른 변화로 옳은 내용을 〈보기〉에서 고른 것은?

보기
ㄱ. 시간 거리가 멀어질 것이다.
ㄴ. 사람과 물자의 이동이 원활해질 것이다.
ㄷ. 다국적 기업의 활동이 활성화될 것이다.
ㄹ. 경제 활동의 국경 제한이 강화될 것이다.

① ㄱ, ㄴ   ② ㄱ, ㄷ   ③ ㄴ, ㄷ
④ ㄴ, ㄹ   ⑤ ㄷ, ㄹ

05 다음 글과 관련 깊은 사회의 특징으로 옳은 것은?

> 4차 산업 혁명의 파고가 사회 전 분야에 걸쳐 거세게 일고 있다. 인터넷을 비롯한 정보·통신 기술의 발달에 힘입어 인간과 인간, 심지어 인간과 사물이 디지털로 연결되는 시대가 도래했다.

① 다국적 기업의 활동이 위축된다.
② 서비스 산업의 비중이 감소한다.
③ 국가 간 경제 격차 문제가 완화된다.
④ 경제 활동의 공간적 제약이 작아진다.
⑤ 토지와 노동이 중요한 생산 요소로 대두된다.

06 그림과 같은 상품 구매가 증가할 경우 나타날 수 있는 현상으로 옳은 것은?

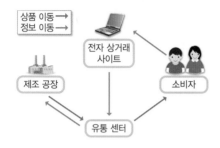

① 상품의 유통 단계가 복잡해진다.
② 대부분의 상점은 도심에 위치한다.
③ 상품 구매의 시간적 제약이 커진다.
④ 점포 없이 영업하는 업체 수가 증가한다.
⑤ 상품 거래에 거리가 미치는 영향은 증가한다.

고난도
07 다음 글에 나타난 현상과 관련성이 가장 적은 것은?

> 햄버거는 독일의 함부르크(Hamburg)에서 즐겨 먹던 스테이크에서 유래한 것으로, 18세기 무렵 독일에서 미국으로 건너갔다. 이후 미국에서 햄버그 스테이크를 빵 사이에 끼워 판매하면서 오늘날의 햄버거 형태를 갖추었고, 이것이 다른 나라로 퍼져 세계적인 음식이 되었다.
> 세계적인 햄버거 회사의 매장은 세계 어디서나 같은 겉모습으로 꾸며져 있지만, 판매하는 햄버거는 그 나라에서 즐겨 먹는 식재료와 고유한 문화를 반영하여 다양하게 만들어진다.

① 외국 상품을 인터넷을 통해 구입할 수 있다.
② 다른 나라 방송을 위성 TV를 통해 시청할 수 있다.
③ 김치 저장 공간이 김장독에서 김치 냉장고로 바뀌었다.
④ 중국에서 만든 제품에 우리나라 기업의 상표가 붙여져 있다.
⑤ 우리나라 음악, 드라마 등이 외국인들에게 점차 인기가 높아지고 있다.

서술형 문제

08 다음 글에 나타난 변화의 직접적인 배경을 서술하시오.

> 1948년 하계 올림픽이 런던에서 열렸다. 우리나라 선수단은 1948년 6월 22일 부산항을 출발한 후, 일본 후쿠오카와 요코하마를 거쳐 1948년 7월 2일 홍콩에 도착했다. 홍콩에서 런던행 비행 일정이 시작됐다. 방콕(타이), 카라치(파키스탄), 카이로(이집트), 암스테르담(네덜란드)에서 착륙과 이륙을 반복한 뒤에야 비행기는 런던에 내렸다. 총 19박 20일, 2012년 하계 올림픽 때 우리 선수단이 12~13시간 비행으로 런던에 도착한 것과 비교하면 그야말로 격세지감이다.

✎ _____

_____

_____

09 (가), (나)에 들어갈 알맞은 내용을 각각 서술하시오.

> 전자 상거래는 기존 전통적인 상거래 활동보다 [(가)] 등의 특징이 있으며, 전자 상거래가 활성화되면서 [(나)]이/가 동반 성장하고 있다.

(가) : _____

_____

(나) : _____

_____

자신만만 **적중문제**

01 농업의 세계화와 지역의 변화

01 (가), (나)는 주요 식량 자원을 수확하는 모습이다. 이에 대한 옳은 설명만을 〈보기〉에서 있는 대로 고른 것은?

(가)   (나)

> ㄱ. (가)는 주로 계절풍 기후 지역에서 이루어진다.
> ㄴ. (나)는 주로 가족 노동력에 의존한다.
> ㄷ. (가)는 (나)보다 상업적으로 재배한다.
> ㄹ. (나)는 (가)보다 한 사람이 생산해 낼 수 있는 농산물의 양이 많다.

① ㄱ, ㄴ   ② ㄱ, ㄹ   ③ ㄷ, ㄹ
④ ㄱ, ㄴ, ㄷ   ⑤ ㄴ, ㄷ, ㄹ

02 (가)에 들어갈 내용으로 옳은 것은?

> 교사: 다음은 ____(가)____ 이(가) 전개되었을 때 소비자, 생산자, 지구·환경적 측면에서 이로운 점을 나타낸 것입니다.
>
> | 구분 | 이로운 점 |
> | --- | --- |
> | 소비자 | 안전한 친환경 농산물을 저렴한 가격으로 구매할 수 있다. |
> | 생산자 | 유통 수수료가 줄어 가격을 안정적으로 보장받을 수 있다 |
> | 지구·환경적 측면 | 식품의 이동 거리가 줄어 지구 온난화 주범인 이산화 탄소의 발생을 줄일 수 있다. |

① 친환경 농법   ② 농업의 세계화
③ 농업의 기업화   ④ 영농의 기계화
⑤ 로컬 푸드 운동

02 다국적 기업과 생산 지역의 변화

03 그림은 다국적 기업의 형성 과정을 나타낸 것이다. 이에 대한 설명으로 옳은 것은?

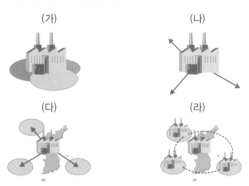

① (가)는 지방에 분공장 또는 영업 지점을 세워 기업의 체계를 확대하는 단계이다.
② (나)는 기업의 단일 공장이 입지한 지역과 관계를 맺으며 성장하는 단계이다.
③ (다)는 해외에 분공장을 세워 통합된 다국적 기업 조직이 형성되는 단계이다.
④ (라)는 해외에 영업 대리점이나 영업 지점을 세워 국외 시장에 침투하는 단계이다.
⑤ 위 그림을 순서대로 나열하면 (가) – (나) – (다) – (라)이다.

04 (가)~(다)에 해당하는 기능을 A~C에서 고른 것은?

> 기업의 기능은 (가) 기업 전체의 운영을 맡는 기능, (나) 기술 개발을 담당하는 기능, (다) 제품을 직접 만드는 기능으로 구분할 수 있다.

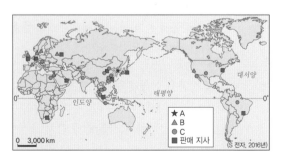

	(가)	(나)	(다)			(가)	(나)	(다)
①	A	B	C		②	A	C	B
③	B	A	C		④	C	A	B
⑤	C	B	A					

03 서비스업의 변화와 주민 생활

05 (가)에 들어갈 알맞은 내용을 〈보기〉에서 고른 것은?

> 인도와 필리핀에는 전화 상담실을 포함해 데이터 입력, 소프트웨어 개발 등 기업 활동에 수행되는 각종 업무를 전문적으로 대신 처리해주는 산업이 발달해 있다. 인도와 필리핀의 이러한 배경에는 [(가)]이/가 있다.

보기

ㄱ. 제조업의 발달
ㄴ. 미국과의 지리적 인접성
ㄷ. 선진국에 비해 낮은 임금 수준
ㄹ. 영어 구사 능력을 지닌 풍부한 인력

① ㄱ, ㄴ   ② ㄱ, ㄷ   ③ ㄴ, ㄷ
④ ㄴ, ㄹ   ⑤ ㄷ, ㄹ

06 교사의 질문에 대해 옳게 말한 학생만을 있는 대로 고른 것은?

> 교사: 전자 상거래의 특징에 관해 이야기해 볼까요?
> 갑: 정보 통신 네트워크로 이루어지는 상거래를 말합니다.
> 을: 컴퓨터와 통신망의 발달, 인터넷 보급의 확산 등으로 발달하였습니다.
> 병: 전자 상거래가 활성화될 경우 택배 산업의 발달을 가져올 수 있습니다.
> 정: 다품종 소량 생산보다는 소품종 대량 생산 방식이 보편화될 것입니다.

① 갑, 을   ② 갑, 병   ③ 을, 정
④ 갑, 을, 병   ⑤ 을, 병, 정

서술형 문제

07 ○○ 기업이 생산 공장을 이전한 이유를 쓰고, 생산 공장의 이전이 기존 공장이 있던 지역에 미친 영향을 서술하시오.

▲ ○○ 신발, 의류 기업의 공장 이전 과정

✎

08 다음은 상품을 구매하는 방식을 나타낸 것이다. (가), (나)의 상대적인 특징을 비교하여 서술하시오.

(가)   (나)

① 정보 통신망의 활용도:

② 상품의 유통 단계:

③ 거래 가능 시간:

④ 물품 구매시 이동 거리:

최고난도 문제

01 (가), (나)에 들어갈 농업의 사례로 옳은 것은?

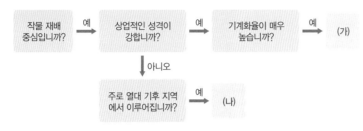

	(가)	(나)
①	인도네시아의 벼농사	뉴질랜드의 목축업
②	인도네시아의 벼농사	유럽의 혼합 농업
③	네덜란드의 화훼 농업	코트디부아르의 카카오 농업
④	미국의 대규모 곡물 농업	아프리카의 이동식 화전 농업
⑤	오스트레일리아의 밀 농업	브라질의 커피 농업

풀이 비법

❶ 제시된 사례가 작물에 해당하는지 목축에 해당하는지 살펴본다.
❷ 상업적인 성격이 강하고 기계화율이 매우 높은 작물이 무엇인지 살펴본다.
❸ 자급적이면서 주로 열대 기후 지역에서 재배되는 작물이 무엇인지 살펴본다.

02 그림은 다국적 기업의 국제 분업 체계도이다. 이를 분석한 옳은 내용을 〈보기〉에서 고른 것은?

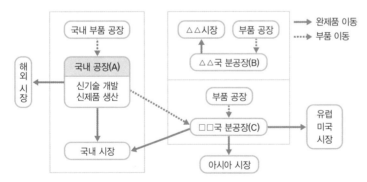

풀이 비법

❶ 국내 공장과 해외 공장을 구분하여 살펴본다.
❷ 부품 공장에서 생산된 부품들이 어디로 이동하고 있는지 살펴본다.
❸ 국내 공장과 해외의 분공장의 제품들이 어디로 이동하고 있는지 살펴본다.
❹ 분공장의 입지 특성을 살펴본다.

보기

ㄱ. A에서 생산된 완제품은 국내에만 판매한다.
ㄴ. B는 현지 시장 개척이 주된 목적이다.
ㄷ. A는 B, C보다 형성 시기가 이르다.
ㄹ. C는 A보다 B에 대한 부품 의존도가 높다.

① ㄱ, ㄴ　　　② ㄱ, ㄷ　　　③ ㄴ, ㄷ
④ ㄴ, ㄹ　　　⑤ ㄷ, ㄹ

환경 문제와 지속 가능한 환경

10

전 지구적 기후 변화와 해결 노력

1. 기후 변화

(1) **의미**: 일정한 지역에서 장기간에 걸쳐서 나타나는 기후의 평균적인 상태가 변화하는 것

(2) **기후 변화의 요인**
　① 자연적 요인: 화산 활동에 따른 화산재 분출, 태양 활동의 변화, 태양과 지구의 상대적 위치 변화 등
　② 인위적 요인: 인간 활동으로 인해 가속화된 지구 온난화 현상

> **용어** 온실가스
> 온실 효과를 일으키는 기체로 수증기, 메탄가스, 이산화 탄소 등이 대표적이다. 그 중 이산화 탄소는 전체 온실가스의 절반 이상을 차지하는 지구 온난화의 주범으로 알려져 있다.

2. 지구 온난화

(1) **의미**: 인간 활동으로 대기 중 *온실가스의 농도가 높아지면서 지구의 평균 기온이 높아지는 현상
　└── 온실가스 배출량 증가로 온실 효과가 강화됨

(2) **원인**: 산업 혁명 이후 석탄, 석유 등과 같은 화석 연료의 사용 급증, 무분별한 토지 개발, 삼림 파괴 → 대기 중 온실가스 농도 증가

(3) **영향**
　① **빙하 감소**: 극지방과 고산 지역의 빙하 감소
　② **해수면 상승**: 해안 저지대 및 일부 섬나라의 침수 위험 예 몰디브, 투발루, 베네치아 등
　③ **이상 기후 현상 발생**: 지나친 고온 현상, 집중 호우와 홍수 증가, 가뭄과 사막화의 심화
　④ **기타**: 우리나라 농작물 재배 지역 변화, 개화 시기 변동에 따른 지역 축제 일정 변화 등
　　└── 농작물 재배 지역이 점점 북쪽으로 확대됨　　└── 초원이나 삼림이 황폐한 사막으로 변하는 현상

> **보충** 온실 효과
> 온실가스가 온실의 유리와 같이 지구 복사 에너지가 방출되는 것을 방해하여 지구 표면의 온도가 높게 유지되는 현상이다. 자연적인 온실 효과는 지구의 평균 기온을 유지시키는 기능을 한다.

3. 기후 변화를 해결하려는 노력

(1) **국제 사회의 협력과 노력**
　① **국제 연합 기후 변화 협약(1992년)**: 기후 변화에 적극적으로 대처하는 협약
　② **교토 의정서(1997년)**: 온실가스의 배출량 감축 목표 의결, 탄소 배출권 거래제 도입
　③ **탄소 배출권 거래제**: 온실가스 감축을 위해 온실가스 배출 권리를 사고팔 수 있도록 한 제도
　　└── 2020년 만료 예정인 교토 의정서 이후의 기후 체제까지 논의
　④ **파리 협정 체결**: 선진국과 개발 도상국 모두 지구 평균 온도 상승 폭을 2℃ 이내로 제한하기 위해 온실가스 감축에 동참
　⑤ **과제**: 국가별로 환경 문제의 원인이나 해결 방법에 대한 견해 차이

선진국의 입장	현재 개발 도상국은 환경을 위한 법규나 규제가 미흡하고, 오염 물질 배출이 많으므로 온실가스 감축에 적극적으로 참여해야 함
개발 도상국의 입장	과거 선진국이 온실가스를 많이 배출했기 때문에 개발 도상국에서 책임을 지는 것은 온당치 않음, 경제 성장을 위해 온실가스 배출이 불가피함

(2) **정부·지방 자치 단체**: 대중교통 이용 활성화 등 기후 변화 대응책 마련

(3) **개인**
　• 기후 변화로 발생하는 문제의 심각성 인식 → 일상생활 속에서 실천하려는 노력 필요
　• 예 대중교통 이용하기, 일회용품 줄이기, 에어컨보다는 선풍기 이용하기 등

> **보충** 파리 협정
>
>
>
> '국제 연합(UN) 기후 변화 협약' 195개 당사국은 2015년 12월 12일에 2020년 이후 새로운 기후 변화 체제 수립을 위한 최종 합의문인 '파리 기후 협약'을 채택하였다. 기존의 교토 의정서는 선진국에만 온실가스 감축 의무를 부여하였지만, 파리 기후 협약은 개발 도상국에도 감축 의무를 부여하고, 기후 변화에 따른 피해에 취약한 국가를 돕자는 내용도 포함한다.

탐구 속 자료 &개념

탐구 1 지구 온난화는 왜 발생할까?

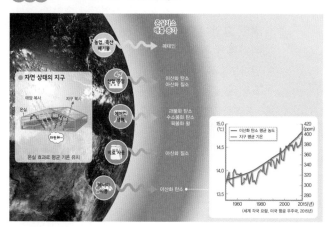

개념 쏙쏙

1. 온실 효과
- 대기 중 온실가스가 태양으로부터 들어오는 에너지를 통과시키고 우주로 다시 내보내는 에너지를 흡수하면서 지구 표면의 온도가 높게 유지되는 현상
- 온실 효과는 지구의 기온을 일정하게 유지해 생명이 살아가는데 필수적인 역할을 함 → 오늘날에는 온실 효과가 가속화되면서 기후 변화가 빠른 속도로 변화하여 생태계가 위협받고 있음

2. 온실가스를 발생시키는 인간 활동: 화석 연료 사용 증가, 무분별한 삼림 파괴, 가축 사육 증가 등

탐구 2 지구 온난화로 무슨 일이 일어나고 있을까?

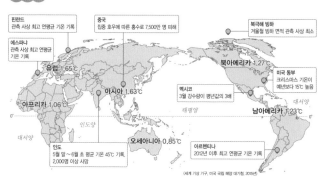

(세계 기상 기구, 미국 국립 해양 대기청, 2015년)

자료 해설

구분	변화	문제점
세계의 기상과 기후	평균 기온이 상승함	생태계가 파괴되고, 인간 생활에 위험을 줌
우리나라 인삼 재배지	인삼을 재배할 수 있는 면적이 줄어듦	국내에서 생산되는 인삼이 줄고, 가격이 상승함
봄꽃 개화 시기	벚꽃 개화 시기가 앞당겨짐	벚꽃 축제 행사 일정에 차질이 생김

개념 꿀꺽

1. 다음 내용에 알맞은 말을 골라 ◯표 하시오.

(1) 온실 효과는 온실가스가 지구 복사 에너지를 대부분 (흡수, 방출)하면서 지구의 기온이 유지되는 현상이다.

(2) 자연적인 온실 효과는 지구의 기온을 (상승시킨다, 유지한다).

(3) 지구 온난화의 주된 요인인 온실가스 증가는 (자연 현상, 인간 활동) 때문이다.

(4) 지구 온난화로 지구의 평균 기온이 상승하여 (전 세계적으로, 국내에서만) 변화가 일어나고 있다.

2. 기후 변화의 자연적 요인과 인위적 요인에 해당하는 내용을 〈보기〉에서 찾아 각각 기호로 쓰시오.

보기

ㄱ. 태양 활동의 변화
ㄴ. 무분별한 토지 및 삼림 개발
ㄷ. 태양과 지구의 상대적인 위치 변화
ㄹ. 화석 연료 사용에 따른 온실가스 배출

(1) 자연적 요인: (   )

(2) 인위적 요인: (   )

정답
1. (1) 흡수 (2) 유지한다 (3) 인간 활동 (4) 전 세계적으로
2. (1) ㄱ, ㄷ (2) ㄴ, ㄹ

단답형

01 빈칸에 들어갈 알맞을 말을 쓰시오.

> 수증기, 이산화 탄소, 메탄 등의 기체는 온실의 유리나 비닐처럼 대기와 지표면 온도를 높이는 역할을 한다. 이러한 작용을 _____(이)라고 한다.

(　　　　　　　　)

02 지도에 표시된 지역의 공통점으로 옳은 것은?

① 적도 지역 주변에 위치하고 있다.
② 지역 대부분이 빙하로 덮여 있다.
③ 지구 온난화로 침수될 위기에 처해 있다.
④ 지나친 저온 현상이 자주 발생하고 있다.
⑤ 미래에 개발될 관광지로서 주목받고 있다.

중요

03 지구 온난화의 영향으로 예상되는 변화를 〈보기〉에서 있는 대로 고른 것은?

> **보기**
> ㄱ. 국내 인삼 재배 가능지가 증가한다.
> ㄴ. 극지방과 고산 지대의 빙하가 증가한다.
> ㄷ. 해수면이 상승하여 저지대의 침수 피해가 증가한다.
> ㄹ. 초대형 태풍, 극심한 가뭄 등의 현상이 증가한다.

① ㄱ, ㄴ　　② ㄱ, ㄷ　　③ ㄷ, ㄹ
④ ㄱ, ㄴ, ㄹ　　⑤ ㄴ, ㄷ, ㄹ

04 ㉠에 들어갈 내용으로 적절하지 않은 것은?

> 기후 변화는 기후 체계가 자연적인 요인과 인위적인 요인에 의하여 점차 변하는 현상을 말한다. 과거의 기후 변화가 자연적 요인의 영향을 많이 받았다면, 최근에는 　㉠　 등 인위적인 요인의 영향이 크다.

① 산업화와 도시화
② 무분별한 토지 개발
③ 화석 연료 사용 증가
④ 과도한 목축과 삼림 파괴
⑤ 화산 활동에 따른 화산재 분출

단답형

05 밑줄 친 '이것'에 해당하는 개념을 쓰시오.

> 지구 온난화는 대기 중 온실가스 농도가 높아져 지구의 평균 기온이 높아지는 현상이다. 온실가스는 이것을 대부분 흡수하여 지구의 기온을 유지하는 온실 효과를 발생시키는데, 온실가스의 농도 증가가 온실 효과를 강화시켜 지구 온난화의 원인이 되는 것이다.

(　　　　　　　　)

중요

06 지구 온난화에 관한 설명이나 사례로 옳지 않은 것은?

① 지구의 평균 기온이 올라가는 현상이다.
② 대기 중 온실가스가 증가하면서 발생한다.
③ 집중 호우와 홍수 등 비정상적인 기상 현상을 일으킨다.
④ 우리나라에서는 한류성 어족의 어획량이 증가하고 있다.
⑤ 남태평양의 투발루에서는 해안 저지대가 침수되고 있다.

[07~08] 다음 글을 읽고 물음에 답하시오.

> 이 협정은 2020년 이후의 기후 변화에 대응하는 내용을 담고 있으며, 선진국과 개발 도상국 모두 의무적으로 온실가스 배출량을 줄이기로 한 첫 합의이다.

07 위 글의 협정에 대한 설명으로 옳지 <u>않은</u> 것은?

① 195개의 나라가 서명하였다.
② 교토 의정서를 대체할 기후 합의이다.
③ 2015년 말에 파리에서 만들어진 협정이다.
④ 당사국이 정한 감축 목표에 이르지 못하면 국제법상 제재가 가해진다.
⑤ 산업화 이전과 비교하여 지구 평균 기온 상승 폭을 2℃ 이내로 제한하고자 한다.

08 위 글과 같은 협정을 체결하는 이유로 옳은 것은?

① 환경 문제는 비교적 좁은 지역에 피해를 주기 때문이다.
② 환경은 스스로 회복하는 자정 능력을 지니고 있기 때문이다.
③ 환경 문제로 인한 피해는 단기간에 회복할 수 있기 때문이다.
④ 환경 문제가 발생하는 지역에서만 그 피해가 나타나기 때문이다.
⑤ 환경 문제는 지구상의 대부분 지역에 동시에 영향을 미칠 수 있기 때문이다.

중요
09 기후 변화를 둘러싼 입장 중 개발 도상국에 해당하는 내용을 〈보기〉에서 고른 것은?

> **보기**
> ㄱ. 과거에 온실가스를 많이 배출한 국가의 책임이 크다.
> ㄴ. 경제 성장이 시급하므로 온실가스 배출은 불가피하다.
> ㄷ. 모든 국가가 환경 문제에 적극적으로 동참해야 한다.
> ㄹ. 오랫동안 온실가스를 배출해 온 것에 책임감을 느낀다.

① ㄱ, ㄴ   ② ㄱ, ㄷ   ③ ㄴ, ㄷ
④ ㄴ, ㄹ   ⑤ ㄷ, ㄹ

10 다음 글과 관계 깊은 도시를 지도의 A~E에서 고른 것은?

> '물의 도시'라고 일컬어지며 약 400개의 다리가 섬과 섬 사이를 이어준다. 하지만 지구 온난화로 인하여 수면이 상승하고 땅이 꺼지면서 침수의 위기에 처해있다. 전문 학자들은 2030년이 되면 이 도시가 아무도 없는 곳이 될 것이라고 예측하고 있다.

① A   ② B   ③ C
④ D   ⑤ E

서술형
11 그래프를 보고 지구의 평균 기온이 상승하는 이유를 이산화 탄소 농도와 관련지어 서술하시오.

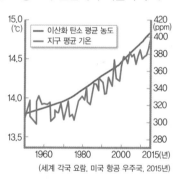

🖊

서술형
12 탄소 배출권 거래 제도의 특징을 쓰고, 탄소 배출권 거래제가 필요한 이유에 관해 서술하시오.

🖊

[01~02] 그래프를 보고 물음에 답하시오.

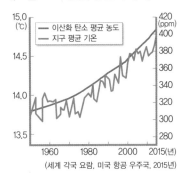

(세계 각국 요람, 미국 항공 우주국, 2015년)

01 그래프와 같은 변화가 나타나게 된 원인을 〈보기〉에서 고른 것은?

> **보기**
> ㄱ. 조림 사업
> ㄴ. 축산과 농업 활동
> ㄷ. 화석 연료의 사용량 증가
> ㄹ. 신·재생 에너지 사용 증가

① ㄱ, ㄴ　　② ㄱ, ㄷ　　③ ㄴ, ㄷ
④ ㄴ, ㄹ　　⑤ ㄷ, ㄹ

02 그래프와 같은 변화가 지속될 경우 나타날 현상으로 옳지 않은 것은?

① 침엽수림 분포 면적 증가
② 작은 빙하에 위태롭게 서 있는 북극곰
③ 국토가 바닷물에 잠길 위기에 처한 투발루
④ 바다의 수온이 높아지면서 명태의 어획량 감소
⑤ 알래스카의 영구 동토층이 녹아 과하게 쓰러진 집

(단답형)
03 다음은 온실가스 감축에 관한 선진국의 의견이다. 빈 칸에 공통으로 들어갈 알맞은 용어를 쓰시오.

> 최근 개발 도상국의 [　　　] 배출이 크게 늘고 있어 지구 온난화가 심화하고 있다. 따라서 개발 도상국의 [　　　] 감축 참여가 절실하다.

(　　　　　　　　)

[04~05] 지도는 우리나라의 농작물 재배 지역 변화를 나타낸 것이다. 이를 보고 물음에 답하시오.

*2010년을 기준으로 1980년대 이후 새로 형성된 각 과수의 재배 지역을 나타냄. 현재는 과수마다 화살표 범위 내에서 재배 중임.
(농촌 진흥청, 2015년)

(고난도)
04 지도를 보고 나눈 대화 중 잘못 말한 학생을 고른 것은?

> 갑: 우리나라의 평균 기온이 높아지고 있어.
> 을: 한라봉 생산량은 예전보다 줄어들었을 거야.
> 병: 농작물 재배 지역이 점점 남쪽으로 이동하고 있어.
> 정: 재배 지역이 변화하게 된 것은 화석 연료 사용 증가와 관련이 있어.

① 갑, 을　　② 갑, 정　　③ 을, 병
④ 을, 정　　⑤ 병, 정

05 지도와 같은 현상을 해결하기 위한 노력으로 옳지 않은 것은?

① 신·재생 에너지를 개발한다.
② 자가용을 이용하는 습관을 기른다.
③ 탄소 배출이 적은 제품을 구입한다.
④ 여름철과 겨울철에 실내 적정 온도를 유지한다.
⑤ 탄소 배출권 거래제, 파리 협정 등 국제 협약을 맺는다.

단답형

06 (가)에 들어갈 알맞은 말을 쓰시오.

> 대기 중에 온실가스의 양이 많아지면서 온실 효과가 과도하게 나타나 지구의 평균 기온이 높아지는 현상을 [(가)](이)라고 한다.

(   )

07 다음은 학생이 교사에게 질문하는 상황이다. 빈칸에 들어갈 말로 가장 적절한 것은?

> 학생: 선생님, 지구의 기온 변화는 정상적인 일인데, 왜 지구 온난화가 문제인가요?
> 교사: 전 지구적으로 지구의 기온은 늘 변화해 왔어요. 그런데 오늘날의 기후 변화가 문제가 되는 것은 [   ] 때문이예요.

① 너무 빠른 속도로 변화하기
② 지금까지의 변화 방향과 반대되기
③ 이전과 다른 농작물을 재배하게 되기
④ 선진국과 개발 도상국의 경제 격차가 심해지기
⑤ 온실가스 배출에 대한 국제법상 구속력이 없기

08 다음 글에 해당하는 국제 협약으로 옳은 것은?

> 2015년 말, 190여 개의 나라가 서명하였다. 주요 내용은 산업화 이전과 비교하여 지구 평균 온도 상승 폭을 2℃ 이내로 제한하고, 가능한 한 1.5℃ 이내로 상승 폭을 제한하는 것이다.

① 바젤 협약   ② 파리 협정
③ 교토 의정서   ④ 람사르 협약
⑤ 몬트리올 의정서

서술형 문제

09 다음은 온실가스 감축에 관한 개발 도상국의 의견이다. 이에 대한 반론을 서술하시오.

> 지금 우리는 과거의 선진국처럼 경제 발전을 하고 있어서 의무적으로 온실가스를 감축하는 데 어려움이 있습니다.

✎ _____

_____

_____

10 지도와 같은 변화의 원인을 쓰고, 예상되는 또다른 현상을 서술하시오.

인삼 재배지 변동 예측 지도

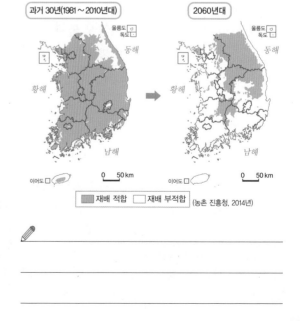

과거 30년(1981~2010년대)   2060년대

■ 재배 적합 □ 재배 부적합 (농촌 진흥청, 2014년)

✎ _____

_____

_____

02/03 환경 문제 유발 산업의 국가 간 이전 / 생활 속의 환경 쟁점

1. 환경 문제를 유발하는 산업의 이전

보충 산업화와 환경 문제
- 자연환경의 제약 극복, 인구의 폭발적 증가 → 환경 악화
- 소비 증가 → 폐기물 발생량 증가 → 생태계 수용 능력을 넘어서는 각종 오염 발생

(1) **의미**: 한 나라의 기업이나 제품이 다른 나라로 가서 그 나라의 대기 오염이나 수질 오염 등 공해를 일으키는 행위

(2) **특징**
① 국가별로 산업화 시기와 속도가 달라 생산 시설의 국가 간 이동 발생 ─ 선진국보다 환경 규제가 느슨한 경우가 많음
② 주로 환경 규제가 강화되는 선진국에서 개발 도상국으로 수출
③ 공해 문제보다 빈곤 문제를 먼저 해결해야 하는 개발 도상국으로서는 공해 산업을 수용할 수밖에 없는 경우가 많음

(3) **지역별 차이**

선진국	개발 도상국
• 엄격한 환경 규제	• 느슨한 환경 규제
• 최신 기술 설비는 자국 내에 유치	• 이전된 생산 공장으로 환경 문제 발생

보충 케냐의 장미 재배
장미 재배 생산비가 증가하면서 유럽의 장미 생산 농장이 남아메리카와 아프리카 등지로 이동하였다. 아프리카의 케냐는 장미 농장을 유치하여 외화를 벌어들이고 안정적인 일자리가 증가하였지만, 물 부족 문제와 농약 사용으로 인한 환경 오염 문제 등이 발생하고 있다.

2. 전자 쓰레기 이전 문제

(1) **전자 쓰레기**
① 의미: 사용하고 난 전자 제품에서 나오는 폐기물
② 특징 ─ 약 60%는 가전제품에서, 7%는 휴대 전화나 컴퓨터를 통해 나옴
- 납, 카드뮴, 비소 등 치명적인 중독을 일으키는 유독 화합물을 발산함
- 최근 전자 제품의 사용 주기가 단축되면서 전자 쓰레기의 양도 증가하고 있음

(2) **전자 쓰레기의 국가 간 이전**: 주로 선진국의 전자 폐기물이 기증이나 전자 부품으로 위장하여 개발 도상국으로 이동

용어 환경 쟁점
그 원인이나 해결 방안을 서로 다르게 생각하는 환경 문제를 의미하며, 환경 이슈라고도 한다.

3. 생활 속의 *환경 쟁점

(1) **생활 속의 환경 문제**
① 쓰레기 문제: 일회용품 포장재 사용 증가로 더욱 심각, 매립·소각을 둘러싼 갈등 발생
② 소음 문제: 소음에 의하여 상당한 범위에 걸쳐 인체 혹은 동물에 심리적 장애를 주는 공해 → 지상 선로 건설을 둘러싼 갈등 발생
③ 진동 문제: 공장의 기계 등에서 발생하여 사람 및 동물에게 심리적 불쾌감과 수면 방해, 정서 장애, 생리 기능 장애 등을 초래함 → 공장 폐쇄 등을 둘러싼 갈등 발생

(2) **환경 쟁점을 둘러싼 다양한 의견** 현재 국내 유통중인 GMO에는 외국산 대두, 옥수수, 면화·유채, 사탕무 등이 있음
① *유전자 재조합 농산물(GMO): 적은 비용으로 많은 양의 수확이 가능하므로 식량 문제를 해결할 수 있음 ↔ 생태계 교란 여부 및 인체 유해에 대한 검증 필요
② 원자력 발전소: 생산 효율성이 높고, 이산화 탄소 발생량이 적음 ↔ 폐기물, 방사능 오염, 사고 발생 시의 막대한 피해 발생

용어 유전자 재조합 농산물 (GMO)
맛과 영양을 좋게 하거나 대량 생산이 가능하도록 유전자를 조작하여 재조합한 농산물을 말한다.

(3) **해결 방안**: 합리적인 절차를 통한 민주적인 해결 노력이 필요

탐구 속 자료 & 개념

탐구 1 왜 위험한 교역일까?

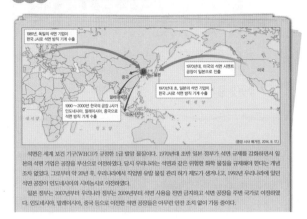

(중앙 시사 매거진, 2014. 9. 17.)

석면은 세계 보건 기구(WHO)가 규정한 1급 발암 물질이다. 1970년대 초반 일본 정부가 석면 규제를 강화하면서 일본의 석면 기업은 공장을 부산으로 이전하였다. 당시 우리나라는 석면과 같은 위험한 화학 물질을 규제해야 한다는 개념조차 없었다. 그로부터 약 20년 후, 우리나라에서 직업병 유발 물질 관리 허가 제도가 생겨나고, 1992년 우리나라에 있던 석면 공장이 인도네시아로 시비농시로 이전하였다.

일본 정부는 2007년부터 우리나라 정부는 2009년부터 석면 사용을 전면 금지하고 석면 공장을 주변 국가로 이전하였다. 인도네시아, 말레이시아, 중국 등으로 이전한 석면 공장들은 아무런 안전 조치 없이 가동 중이다.

[자료 해설]

1. 석면 공장 이전: 선진국에서 개발 도상국으로 이전
- 1970~1980년대: 미국 → 일본, 일본 →한국, 독일 → 한국
- 1990~2000년대: 한국 → 인도네시아, 말레이시아, 중국

2. 석면 공장 피해 사례
- 시비농시 주민들의 폐기능 중 56%가 비정상으로 나옴
- 1960년대 일본의 건축 노동자들은 폐암 등 석면 관련 질병에 노출되었음

탐구 2 유전자 재조합 농산물에 관한 다양한 생각을 알아보자.

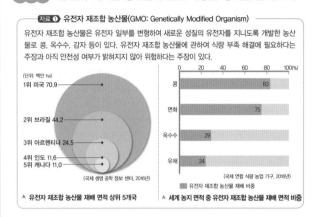

자료 ❶ 유전자 재조합 농산물(GMO: Genetically Modified Organism)

유전자 재조합 농산물은 유전자 일부를 변형하여 새로운 성질의 유전자를 지니도록 개발한 농산물로 콩, 옥수수, 감자 등이 있다. 유전자 재조합 농산물에 관하여 식량 부족 해결에 필요하다는 주장과 아직 안전성 여부가 밝혀지지 않아 위험하다는 주장이 있다.

▲ 유전자 재조합 농산물 재배 면적 상위 5개국

▲ 세계 농지 면적 중 유전자 재조합 농산물 재배 면적 비중

[개념 쏙쏙]

유전자 재조합 농산물(GMO)

주요 생산국	미국, 브라질, 아르헨티나, 인도, 캐나다
주요 농산물	콩, 면화, 옥수수, 카놀라(유채) 등
다양한 의견	• 적은 노동력과 비용으로 많은 양을 수확할 수 있음 • 유전자 재조합 농산물 표기가 제대로 되어 있지 않고, 안전성 확인 불가

개념 꿀꺽

1. 다음 내용에 알맞은 말을 골라 ◯표 하시오.

(1) 유럽, 미국, 일본 등의 선진국은 1970년대 이후 자국 내에 환경 문제를 유발하는 산업에 대한 규제를 (강화, 완화)하였다.

(2) 기술의 발전은 전자 쓰레기의 발생량을 (증가, 감소) 시켰다.

(3) 환경 문제로 발생하는 상황에 관해 다양한 의견을 교환하는 것을 환경 (쟁점, 규제)이라고 한다.

(4) 환경 문제를 일으키는 산업이나 전자 쓰레기는 주로 (선진국, 개발 도상국)에서 (선진국, 개발 도상국)으로 이동한다.

2. 유전자 재조합 농산물(GMO)의 대한 찬성과 반대 의견을 〈보기〉에서 찾아 각각 기호로 쓰시오.

보기

ㄱ. 수확량이 많다.　　　　　　ㄴ. 병충해에 강하다.

ㄷ. 생태계 교란 가능성이 있다.　　ㄹ. 인체에 대한 안정성 여부가 불확실하다.

(1) 찬성: (　　　　　　　　　　)

(2) 반대: (　　　　　　　　　　)

01 빈칸에 공통으로 들어갈 알맞은 말을 고른 것은?

> ☐☐☐☐ 수출이란 한 나라의 기업이나 제품이 다른 나라로 이동하여 그 나라에 대기 오염이나 수질 오염 등의 ☐☐☐☐을/를 일으키는 행위를 말한다.

① 공영
② 공장
③ 공해
④ 재난
⑤ 재해

02 다음 글을 읽고 추측한 옳은 내용을 〈보기〉에서 고른 것은?

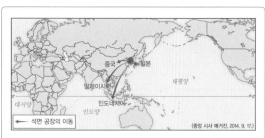

(중앙 시사 매거진, 2014. 9. 17.)

> 1970년대 초반 일본의 석면 기업은 공장을 부산으로 이전하였다. 그로부터 약 20년 후, 1992년 우리나라에 있던 석면 공장이 인도네시아의 시비농시로 이전하였으며, 우리나라는 2009년부터 석면 사용을 전면 금지하였다.

보기

ㄱ. 석면은 인체에 해로운 물질일 것이다.
ㄴ. 인도네시아는 일본보다 환경 관련 규제가 느슨할 것이다.
ㄷ. 석면 공장은 주로 개발 도상국에서 선진국으로 이전하였을 것이다.
ㄹ. 우리나라의 석면 산업에 대한 규제는 약화하였을 것이다.

① ㄱ, ㄴ
② ㄱ, ㄹ
③ ㄴ, ㄷ
④ ㄴ, ㄹ
⑤ ㄷ, ㄹ

03 (가)에 들어갈 알맞은 말을 쓰시오.

> ☐ (가) ☐(이)란 사용하고 난 전자 제품에서 나오는 폐기물을 말한다. 최근 선진국은 규제가 느슨한 개발 도상국으로 ☐ (가) ☐을/를 이전하여 해당 국가의 환경 오염을 심화하고 있다.

(   )

[04~05] 지도를 보고 물음에 답하시오.

(환경 보건 시민 센터, 2013년)

04 지도에 표시된 지역의 공통점으로 옳은 것은?

① 환경 관련 규제가 강력하다.
② 산업 재해로 환경이 오염되었다.
③ 하천을 둘러싼 갈등이 나타나고 있다.
④ 최신 기술의 설비를 갖춘 공장이 입지해 있다.
⑤ 공해 유발 산업을 주변 국가로 이전하고 있다.

05 지도에 표시된 지역의 환경 문제를 해결하기 위해 체결한 협약에 대한 옳은 설명을 〈보기〉에서 고른 것은?

보기

ㄱ. 온실가스 배출량을 제한하고자 하였다.
ㄴ. 선진국의 환경 규제를 강화하도록 유도하였다.
ㄷ. 개발 도상국이 선진국의 '폐기물 처리장'이 된다는 위기 의식에서 출발하였다.
ㄹ. 폐기물의 국가 간 이동 시 사전 통보하여 유해 폐기물의 이동을 줄이고자 하였다.

① ㄱ, ㄴ
② ㄱ, ㄹ
③ ㄴ, ㄷ
④ ㄴ, ㄹ
⑤ ㄷ, ㄹ

중요

06 신문 기사를 읽고 대화한 내용 중 옳은 이야기를 한 학생만을 고른 것은?

> 1984년 12월 2일 밤, 다국적 석유 화학 기업인 A가 인도 보팔에 세운 살충제 공장에서 메틸아이소사이안염 가스 40톤이 누출되었다. 이 사고로 현장에서 2,259명이 사망하고, 사고 후유증으로 지금까지 2만여 명이 더 사망했다.

> 갑: A 기업의 본국은 인도보다 경제적으로 발전한 국가일 거야.
> 을: 인도는 경제 발전을 위해 A 기업의 공장을 받아들였을 거야.
> 병: A 기업은 산업의 위험성에 대해서 전혀 몰랐겠지.
> 정: 인도는 공장을 유치했을 당시 법적 장치를 제대로 갖추지 못했을 거야.

① 갑, 을 ② 을, 정 ③ 병, 정
④ 갑, 을, 정 ⑤ 을, 병, 정

07 다음 중 환경 문제를 일으키는 원인이 <u>아닌</u> 것은?

① 수돗물을 틀어 놓은 채로 이를 닦았다.
② 학교에서 자가용을 타고 집으로 돌아왔다.
③ 어머니와 마트에 갈 때 장바구니를 챙겼다.
④ 방안의 난방 온도를 높이고 텔레비전을 켰다.
⑤ 교복을 깨끗하게 빨기 위해 세제를 적량보다 많이 넣었다.

[08~09] 다음 글을 읽고 물음에 답하시오.

> ____(가)____ 은/는 맛과 영양을 좋게 하거나 대량 생산이 가능하도록 유전자를 조작하여 재조합한 것으로 옥수수, 콩 등이 있다.

단답형

08 (가)에 들어갈 알맞은 말을 쓰시오.

(   )

중요

09 (가)의 장점으로 옳은 것을 〈보기〉에서 고른 것은?

> **보기**
> ㄱ. 병충해에 강하다.
> ㄴ. 인체에 미치는 안정성이 검증되었다.
> ㄷ. 종자를 가진 기업의 이익이 증가한다.
> ㄹ. 적은 비용으로 많은 양을 수확할 수 있다.

① ㄱ, ㄴ ② ㄱ, ㄹ ③ ㄴ, ㄷ
④ ㄴ, ㄹ ⑤ ㄷ, ㄹ

서술형

10 다음은 원자력 발전소 건설을 둘러싼 입장이다. (가), (나) 입장의 근거를 각각 서술하시오.

> (가) 원자력 발전소를 유치하면 경제적으로 큰 효과를 볼 수 있습니다.
> (나) 원자력 발전은 인체와 환경에 나쁜 영향을 줍니다.

(가): _____

_____

(나): _____

_____

01 환경 문제 해결을 위한 국가적 차원의 노력으로 옳은 것은?

① 신문지 재활용
② 쓰레기 분류 배출
③ 친환경 제품 사용
④ 환경 관련 법률 제정
⑤ 대중교통과 자전거 이용 활성화

[고난도]

02 (가)와 관련한 설명으로 옳지 <u>않은</u> 것은?

> [(가)](이)란 연안 갯벌을 대상으로 방조제를 건설한 후 해안을 메워 육지화하여 농토나 산업 부지로 쓰는 사업을 말한다. 이러한 [(가)]을/를 둘러싸고 개발과 보존 사이에서 갈등과 대립을 겪고 있다.

① (가)는 간척 사업을 뜻한다.
② 어민의 생존권에 위협이 된다.
③ 자연 생태계의 보호에 큰 도움이 된다.
④ 우리나라 서해안은 (가)에 유리하다.
⑤ (가)는 용지 공급 면에서 경제적 효용 가치가 크다.

[단답형]

03 ㉠, ㉡에 들어갈 알맞은 용어를 각각 쓰시오.

> 상당한 범위에 걸쳐 인체 혹은 동물에 심리적 장애를 주는 [㉠]은/는 일상생활에서 가장 많이 느끼는 공해 문제로 '보이지 않는 살인마'라는 별명이 있다. [㉡]은/는 물리적인 현상을 동반한다는 점에서 [㉠]와/과 다르다.

㉠ (   )

㉡ (   )

[고난도]

04 다음 글에 관한 설명으로 옳은 것만을 〈보기〉에서 있는 대로 고른 것은?

> 과거 세계 화훼 시장의 중심지는 A 국가였지만, 최근 유럽 시장에 공급되는 장미꽃 대부분은 B 국가에서 생산된다. 탄소 배출 비용 절감 등을 위해 A 국가의 화훼 농장이 B 국가로 이전했기 때문이다.

보기

> ㄱ. A 국가는 개발 도상국이다.
> ㄴ. B 국가의 환경이 파괴되고 있을 것이다
> ㄷ. A 국가보다 B 국가의 환경 규제가 미흡하다.
> ㄹ. B 국가는 A 국가보다 인건비가 저렴할 것이다.

① ㄱ, ㄴ   ② ㄱ, ㄹ   ③ ㄴ, ㄷ
④ ㄱ, ㄷ, ㄹ   ⑤ ㄴ, ㄷ, ㄹ

05 전자 쓰레기 문제의 해결 방안으로 옳지 <u>않은</u> 것은?

① 기업에 새로운 전자 제품 개발 비용을 지원한다.
② 제조업체들은 제품의 순환 주기에 책임을 져야 한다.
③ 소비자들은 깨끗한 물건을 만드는 회사를 지지해야 한다.
④ 제조업체들은 전자 제품을 생산할 때 위험한 물질을 쓰지 않는다.
⑤ 소비자들은 제품을 다 사용하면 안전하게 폐기하거나 재활용해야 한다.

06 다음은 유전자 재조합 농산물(GMO)을 둘러싼 의견이다. (가), (나)에 들어갈 내용을 바르게 연결한 것은?

> 찬성: 유전자 재조합 농산물은 병충해에 강하고 적은 비용으로 많은 양을 수확할 수 있습니다. 따라서 세계의 (가) 을(를) 해결할 수 있습니다.
> 반대: 유전자 재조합 농산물을 동물에게 먹인 여러 실험에서 (나) 이(가) 나타났습니다. 또한, 유전자 재조합 기술을 가진 기업에 많은 돈을 내야 합니다.

	(가)	(나)
①	식량 문제	부작용
②	식량 문제	효과
③	경제 문제	효과
④	오염 문제	부작용
⑤	오염 문제	효과

고난도

07 (가), (나)에 대한 옳은 설명을 〈보기〉에서 있는 대로 고른 것은?

> • (가) 은/는 소음에 의해 상당한 범위에 걸쳐 인체 혹은 동물에 심리적 장애를 주는 공해이다. 직업 능률을 떨어뜨리고 생활에 지장을 준다.
> • (나) 은/는 주로 공장의 기계, 교통 기관, 건설 장비 등에서 발생한다. 수면을 방해하고 업무 능률을 떨어뜨리며 장기간 지속할 경우 스트레스, 정서 장애, 생리 기능 장애 등을 초래한다.

보기

> ㄱ. (가)는 방조제를 설치함으로써 줄일 수 있다.
> ㄴ. (나)는 심할 경우 건물을 훼손하기도 한다.
> ㄷ. (나)는 물리적인 현상을 동반한다는 점에서 (가)와 다르다.
> ㄹ. (가)와 (나) 모두 동물에게 심리적 장애를 준다.

① ㄱ, ㄴ   ② ㄱ, ㄹ   ③ ㄷ, ㄹ
④ ㄱ, ㄴ, ㄷ   ⑤ ㄴ, ㄷ, ㄹ

서술형 문제

08 다음 글을 읽고 물음에 답하시오.

> 1992년, (가) 이/가 발효되었다. 이 협약 때문에 각 국가는 유해 폐기물인 전자 쓰레기를 다른 나라에 버릴 수 없게 되었다.

⑴ (가)에 들어갈 알맞은 용어를 쓰시오.

🖊 _____

⑵ 국제 사회가 (가)와 같은 협약을 맺은 목적을 서술하시오.

🖊 _____

_____

_____

09 지도를 보고, 전자 쓰레기의 주요 수출국과 수입국의 특징을 각각 서술하시오.

(휴먼 지오그래피, 2016년)

🖊 _____

_____

_____

_____

01 전 지구적 기후 변화와 해결 노력

01 (가), (나)에 대한 옳은 내용을 〈보기〉에서 찾아 바르게 연결한 것은?

> (가): 지구 온난화　　(나): 온실 효과

보기
ㄱ. 해수면 상승의 직접적인 원인이다.
ㄴ. 지구의 평균 기온이 높아지는 현상이다.
ㄷ. 지구 복사를 흡수하면서 발생하는 현상이다.
ㄹ. 자연적으로는 지구의 평균 기온을 유지하는 역할을 한다.

	(가)	(나)		(가)	(나)
①	ㄱ, ㄴ	ㄷ, ㄹ	②	ㄱ, ㄷ	ㄴ, ㄹ
③	ㄴ, ㄹ	ㄱ, ㄷ	④	ㄴ, ㄷ	ㄱ, ㄹ
⑤	ㄷ, ㄹ	ㄱ, ㄴ			

02 (가)~(나)에 해당하는 지역을 지도에서 고른 것은?

> (가) '물의 도시'라는 별명에 알맞게 400여 개의 다리가 섬과 섬 사이를 이어주는 모습이 장관이었다. 그런데 지나가는 사람들 이야기를 들어보니 2030년이 되면 이곳에는 아무도 살지 못할 것이라고 한다.
>
> (나) 예전에는 산맥과 대지, 빙하가 어우러져 멋진 경관을 보여주었다고 하는데, 지금은 빙하가 많이 녹아내려 호수가 되어버린 곳이 많았다.

	(가)	(나)		(가)	(나)
①	A	C	②	A	E
③	B	A	④	C	D
⑤	D	E			

03 다음은 탄소 배출권 거래제에 대한 학생들의 토론 모습이다. 옳지 <u>않은</u> 설명을 한 학생을 고른 것은?

> 갑: 탄소 배출권 거래 제도란 온실가스 방출량을 줄이기 위해 만들어진 제도야.
> 을: 맞아. 온실가스 배출 권리가 시장에서 거래돼.
> 병: 2015년 맺어진 파리 협정에서 도입되었어.
> 정: 정해진 기간 안에 이산화 탄소 배출량을 줄이지 못하면 탄소 배출권을 사야 하는 거지.
> 무: 지구 온난화를 해결하기 위해 세계가 협력하고 있는 사례 중 하나이지.

① 갑　　　② 을　　　③ 병
④ 정　　　⑤ 무

02 환경 문제 유발 산업의 국가 간 이전

04 신문 기사에 나타난 사건과 관련한 옳은 내용을 〈보기〉에서 고른 것은?

> 인도의 한 래퍼인 소피아가 ○○ 기업의 횡포에 일침을 놓는 랩을 선보여 주목을 받고 있다. 1984년 보팔에서 발생한 유독 가스 누출 사고로 사상자가 3만 명이 넘고 수십만 명이 후유증에 시달리고 있지만, 책임을 져야 할 기업은 지금까지 보상조차 제대로 하지 않고 있기 때문이다.
> - 「YTN 뉴스」, 2016. 8. 7.

보기
ㄱ. 전자 쓰레기의 국가 간 이전이 원인이다.
ㄴ. 인도와 ○○ 기업 본국의 산업화 시기와 속도는 비슷하다.
ㄷ. 인도는 ○○ 기업의 본국보다 유해 물질에 대한 규제가 허술하다.
ㄹ. 인도는 공장의 유해성보다는 경제적 이익을 우선시하였다.

① ㄱ, ㄴ　　　② ㄱ, ㄹ　　　③ ㄴ, ㄷ
④ ㄴ, ㄹ　　　⑤ ㄷ, ㄹ

05 (가), (나) 국가의 옳은 설명에만 ○ 표시한 학생을 고른 것은?

← 석면 공장의 이동
(중앙 시사 매거진, 2014. 9. 17.)

내용 \ 학생	갑	을	병	정	무
(가)는 (나)보다 경제적으로 발달하였다.	○		○		○
(나)는 (가)보다 환경을 위한 규제가 강력하다.		○	○		
현재 석면 위험 노출 정도는 (가)가 (나)보다 높다.	○		○	○	

① 갑
② 을
③ 병
④ 정
⑤ 무

---

03 생활 속의 환경 쟁점

06 (가)에 들어갈 내용으로 적절하지 <u>않은</u> 농산물은?

> GMO는 유전자를 조작하여 재조합한 농산물을 말한다. GMO를 생산하는 목적은 ⟨(가)⟩

① 생산량을 늘리기 위한 것이다.
② 병충해를 극복하기 위한 것이다.
③ 영양 성분을 강화하기 위한 것이다.
④ 식품의 안정성을 확보하기 위한 것이다.
⑤ 세계 식량 문제를 해결하기 위한 것이다.

서술형 문제

[07~09] 다음은 환경 쟁점을 둘러싼 다양한 의견이다. 이를 읽고 물음에 답하시오.

> ⟨원자력 발전을 둘러싼 의견⟩
> 찬성: 원자력 발전은 지구 온난화 방지를 위한 친환경 에너지로서의 역할을 해낼 수 있다. 또한 대체 에너지들보다 경제성이 우수하다.
> 반대: ⟨(가)⟩
>
> ⟨간척 사업을 둘러싼 의견⟩
> 찬성: 우리나라는 삼면이 바다로 둘러싸여 있어 간척에 유리하다. 간척지가 조성되면 농경지, 택지, 공장용지 등 용지 공급 면에서 경제적 효용가치가 크다.
> 반대: ⟨(나)⟩

07 (가)에 해당하는 의견의 근거를 <u>두 가지</u> 서술하시오.

✎ _____

_____

_____

08 (나)에 해당하는 의견의 근거를 <u>두 가지</u> 서술하시오.

✎ _____

_____

_____

09 제시된 사례 이외에 생활 속에서 나타날 수 있는 환경 쟁점 하나를 선택한 후, 그에 대한 자신의 의견을 근거를 들어 서술하시오.

✎ _____

_____

_____

최고난도 문제

01 그래프에 관한 학생들의 대화 중 옳지 <u>않은</u> 이야기를 한 학생은?

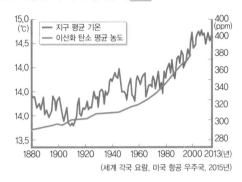

(세계 각국 요람, 미국 항공 우주국, 2015년)

① 승진: 지구의 기온은 꾸준히 상승하고 있어.
② 현진: 온실가스 배출량을 줄이는 것이 중요해.
③ 지욱: 국제 사회에서는 이와 관련하여 파리 협정을 맺었지.
④ 정구: 도시화 및 삼림 감소도 이러한 변화에 영향을 주고 있어.
⑤ 경오: 침엽수림의 분포 범위가 저위도 지역까지 확대되었을 거야.

풀이 비법

❶ 지구 평균 기온이 어떻게 변화하고 있는지 분석한다.
❷ 지구 평균 기온과 대기 중 이산화 탄소 농도의 관계는 어떠한지 분석한다.
❸ 그래프와 같은 변화로 어떠한 현상들이 발생할지 예측해 본다.
❹ 지구 평균 기온과 이산화 탄소와의 관련성을 생각하면서 기후 변화의 원인과 해결 방안을 생각해 본다.

02 다음 글은 선진국과 개발 도상국의 온실가스 배출량 감축에 관한 의견이다. 밑줄 친 ㉠~㉢에 대한 설명으로 옳지 <u>않은</u> 것은?

> ㉠: 개발 도상국의 ㉡ <u>온실가스 배출이 크게 늘고 있어서</u> 지구 온난화가 더욱 심화되고 있다고 생각합니다. 그러니 개발 도상국은 온실가스 감축에 적극 참여 바랍니다.
> ㉢: 그동안 선진국들이 경제 발전을 하는 과정에서 온실가스를 많이 배출했습니다. 지금은 우리가 ㉣ <u>과거의 선진국</u>처럼 경제 발전을 하고 있어서 ㉤ <u>의무적으로 감축</u>하는 데 어려움이 있습니다.

① ㉠ – 환경 문제 유발 산업을 국외로 이전하고 있다.
② ㉡ – 경제 개발이 급속히 이루어지고 있기 때문이다.
③ ㉢ – 환경 보호에 관련된 규제나 법규가 미약한 편이다.
④ ㉣ – 경제 발전을 위해 별다른 제제 없이 온실가스를 배출하였다.
⑤ ㉤ – 파리 협정을 통해 발효된 국제법적 구속력으로 감축하라는 의무를 말한다.

풀이 비법

❶ 선진국과 개발 도상국의 산업화 시기가 달랐음을 이해한다.
❷ 온실가스 감축을 둘러싸고 경제 성장을 이룬 선진국과 경제 성장을 해야 하는 개발 도상국의 입장 차이를 생각해 본다.

11

세계 속의 우리나라

01 우리나라의 영역과 독도

1. 영역과 우리나라

(1) 영역

① 의미: 국가의 <u>주권</u>이 영향을 미치는 지리적 범위 ┌ 다른 국가의 영향을 받지 않는 국가의 최고 권력

② 구성: 영토, 영해, 영공

(2) 우리나라의 영역

① 영토
  - 구성: 한반도와 주변 섬
  - 특징: 삼면이 바다로 둘러싸인 반도국, 간척 사업으로 국토 면적 확장

② 영해
  - 의미: <u>기선</u>으로부터 12해리(약 22 km)까지의 범위
  - 영해의 설정

통상 기선	• 해안선의 **최저 조위선**을 기준으로 적용 ── 썰물로 해수면이 가장 낮아졌을 때의 해안선임 • 동해안의 대부분 지역, 울릉도, 독도, 제주도
직선 기선	• 가장 바깥쪽에 있는 섬들을 직선으로 이은 선을 기준으로 적용 • 해안선이 복잡하고 주변에 섬들이 많은 **서해안과 남해안, 동해안 남부** • 대한 해협: 직선 기선 3해리 적용 ── 일본 쓰시마섬과 가까워 일본 영해와 중복되는 문제가 있기 때문

③ 영공: 영토와 영해의 수직적 상공, 보통 지표면에서 대기권까지의 하늘이 영공의 수직적 범위임

┌ 항공 교통의 발달, 인공위성의 증가 등으로 인해 영공의 수직적 범위에 대한 논란이 있음

2. 소중한 우리 영토 독도

(1) 위치

┌ 독도는 한반도의 부속 도서로, 동도와 서도 2개의 큰 섬과 90여 개의 바위섬으로 구성되어 있음

① 행정 구역: 경상북도 울릉군 울릉읍 독도리

② 위치: 울릉도와 87 km 거리의 동해에 위치, **우리나라 영토의 가장 동쪽에 위치**

┌ 일본에서 독도와 가장 가까운 오키섬은 독도와 157 km 이상 떨어져 있음   ┌ 해가 가장 먼저 뜸

(2) 독도의 다양한 가치

① 주권의 측면: 대한민국의 독립과 주권의 상징

② 군사 안보적 측면
  - 러시아 극동 지역과 일본 사이에 위치
  - 해상 교통의 요지로 북극 항로 이용과 함께 중요성 증가

④ 경제적 측면: **풍부한 어족 자원**, 주변 해역에 **메테인하이드레이트** 매장

⑤ 지질학적·생태적 측면 ── 한류와 난류가 만나는 조경 수역이 형성되어 있음   독도 주변 수심이 깊은 바닷속에 매장되어 있는 자원으로 '불타는 얼음'으로 불리는 미래 대체 에너지 자원
  - 우리나라에서 가장 오래된 **해저 화산 지형**
  - **생태계의 보고**: 육지에서 볼 수 없는 해양 생태계 간직

(3) 독도를 지키려는 노력

① 역사가 증명하는 우리 땅 독도: 다양한 고문헌, 고지도 등 기록물에서 독도가 우리 땅이라는 근거 발견

② 독도를 지킨 사람들: 독도 의용 수비대, 조선 시대 어부 **안용복**의 활약

③ 정부 기관, 민간단체, 개인이 모두 함께 노력

울릉도와 독도 인근 바다에서 불법으로 어업을 하던 일본인들을 쫓아내고 일본으로 건너가 일본 관리로부터 독도가 조선 땅임을 확답 받고 돌아옴

보충 우리나라의 4극

우리나라 영토의 동서남북 가장 끝을 4극이라고 한다. 독도는 우리나라의 가장 동쪽 끝에 위치한 섬으로, 극동에 해당한다. 4극을 기준으로 우리나라의 위도와 경도는 북위 33~43°, 동경 124~132°이다.

보충 배타적 경제 수역

영해 기준선으로부터 200해리까지의 바다 중 영해를 제외한 바다이다. 배타적 경제 수역에서는 국제 연합 해양법 조약에 근거하여 설정한 경제적 주권을 연안국이 가진다.

사례 독도 지킴이 노력 – 독도 의용 수비대

한국 전쟁 이후 일본의 독도 침탈 행위가 잦아지고, 독도에 일본 영토 푯말이 세워지자 독도를 수호하기 위해 한국 전쟁 참전 용사들이 중심이 되어 결성되었다. 일본 영토 푯말을 제거하고 동도 바위 벽에 한국령이라는 글을 새겨 넣었으며, 독도에 접근하는 일본 순시선을 격퇴하기도 하였다.

보충 고문헌, 고지도 속 독도

고문헌과 고지도는 오랜 옛날에 만들어진 책자와 지도를 말한다. 삼국사기와 세종실록지리지와 같은 고문헌에는 독도와 관련된 기록이 많이 남아 있다.

탐구 속 자료 & 개념

탐구 1 우리나라의 영해는 어떻게 정할까?

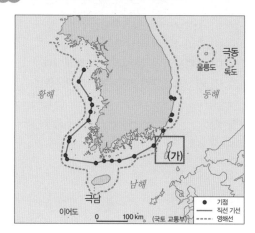

[자료 해설]

1. **직선 기선을 적용한 곳**: 서해안과 남해안, 동해안 남부
2. **통상 기선을 적용한 곳**: 동해안 대부분, 제주도, 울릉도, 독도
3. **대한 해협(가)**: 쓰시마섬과 지리적으로 가까운 곳, 직선 기선 3해리 적용

탐구 2 독도와 주변 영해는 어떤 가치가 있을까?

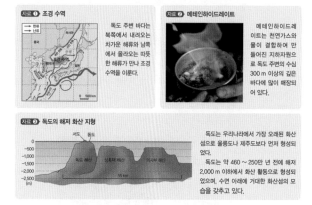

자료 ❶ 조경 수역

독도 주변 바다는 북쪽에서 내려오는 차가운 해류와 남쪽에서 올라오는 따뜻한 해류가 만나 조경 수역을 이룬다.

자료 ❷ 메테인하이드레이트

메테인하이드레이트는 천연가스와 물이 결합하여 만들어진 지하자원으로 독도 주변의 수심 300 m 이상의 깊은 바다에 많이 매장되어 있다.

자료 ❸ 독도의 해저 화산 지형

독도는 우리나라에서 가장 오래된 화산섬으로 울릉도나 제주도보다 먼저 형성되었다.
독도는 약 460 ~ 250만 년 전에 해저 2,000 m 이하에서 화산 활동으로 형성되었으며, 수면 아래에 거대한 화산섬의 모습을 갖추고 있다.

[자료 해설]

1. **조경 수역**: 한류와 난류가 교류하여 수산 자원 풍부
2. **메테인하이드레이트**: 차가운 고체 상태로 해저에 매장, 미래의 대체 에너지 자원으로 주목
3. **해저 화산 지형**: 해수면 아래에 거대한 화산체를 갖춤, 해저 화산 지형 연구에 소중한 지질학적 가치

개념 꿀꺽

1. 다음 내용에 알맞은 말을 골라 ◯표 하시오.

(1) 우리나라 (영토, 영해)는 한반도와 주변 섬들로 이루어져 있다.

(2) 영해는 기선으로부터 (12, 200)해리까지이다.

(3) 영공은 (영토, 영토와 영해)의 수직적 상공이다.

(4) 독도는 우리나라의 가장 (동쪽, 남쪽)에 위치한 섬이다.

2. (1)~(6) 지역에서 영해를 설정하는 방법을 〈보기〉에서 찾아 각각 기호로 쓰시오.

보기
ㄱ. 직선 기선 12해리　　　ㄴ. 통상 기선 12해리　　　ㄷ. 직선 기선 3해리

(1) 독도 (　　) 　　(2) 제주도 (　　) 　　(3) 서해안 (　　)

(4) 남해안 (　　) 　　(5) 대한 해협 (　　) 　　(6) 동해안 대부분 (　　)

3. 다음 빈칸에 들어갈 알맞은 말을 쓰시오.

(1) 독도는 화산의 폭발로 만들어진 □□□(이)다.

(2) 독도 인근 바다는 난류와 한류가 만나 □□ □□을/를 형성하는 곳으로 어족 자원이 매우 풍부하다.

정답
1. (1) 영토 (2) 12 (3) 영토와 영해 (4) 동쪽
2. (1) ㄴ (2) ㄴ (3) ㄱ (4) ㄱ (5) ㄷ (6) ㄴ
3. (1) 화산섬 (2) 조경 수역

01 (가)~(나)를 그림의 A~C에서 찾아 바르게 연결한 것은?

> (가) 항공 교통과 국방상의 중요성 때문에 그 주권이 인정되었다.
> (나) 일반적으로 기선으로부터 12해리에 이르는 수역이다.

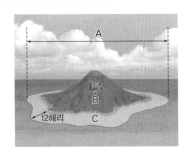

	(가)	(나)		(가)	(나)
①	A	B	②	A	C
③	B	A	④	B	C
⑤	C	A			

중요
02 영해에 관한 설명으로 옳은 것은?

① 통상 기선은 밀물 때의 해안선이다.
② 직선 기선은 최내곽 도서를 연결한 선이다.
③ 대한 해협의 영해 설정 기준은 해안선이다.
④ 영해로부터 188해리의 범위가 배타적 경제 수역이다.
⑤ 영해는 우리나라가 경제적 주권만 갖고 있는 바다이다.

03 다음 글과 관련이 있는 지역을 고른 것은?

> 직선 기선이란 가장 바깥쪽에 위치한 섬들을 직선으로 이은 선으로, 해안선이 복잡하고 주변에 섬이 많은 지역에서 영해를 설정할 때 기준으로 삼는다.

① 독도   ② 울릉도
③ 제주도   ④ 남해안
⑤ 동해안 대부분

중요
04 대한 해협에 대한 옳은 설명을 〈보기〉에서 고른 것은?

보기
> ㄱ. 통상 기선을 적용한다.
> ㄴ. 우리나라의 극남에 해당한다.
> ㄷ. 우리나라와 일본 사이의 해협이다.
> ㄹ. 기선으로부터 3해리까지가 영해이다.

① ㄱ, ㄴ   ② ㄱ, ㄷ   ③ ㄴ, ㄷ
④ ㄴ, ㄹ   ⑤ ㄷ, ㄹ

[05~06] 지도를 보고 물음에 답하시오.

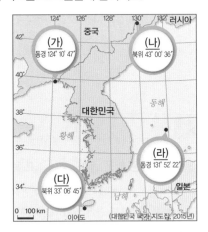

05 위 지도에 대한 설명으로 옳지 <u>않은</u> 것은?

① (가)는 우리나라의 극서이다.
② (나)는 우리나라의 극북이다.
③ (다)의 위도는 적도 이남이다.
④ (라)에는 독도가 해당한다.
⑤ (가)~(라) 모두 우리나라 영토에 포함된다.

단답형
06 (다), (라)에 해당하는 섬 이름을 각각 쓰시오.

(다) (   )
(라) (   )

[07~08] 다음 글을 읽고 물음에 답하시오.

> ___(가)___ 은/는 우리나라에서 해가 가장 먼저 뜨는 곳으로 우리나라의 동쪽 끝인 동시에 우리나라가 시작되는 지역이다.

(단답형)

07 (가)에 해당하는 지역을 쓰시오.

(   )

(중요)

08 (가)에 관한 옳은 설명만을 〈보기〉에서 있는 대로 고른 것은?

> **보기**
> ㄱ. 동경 131° 52′에 위치하고 있다.
> ㄴ. 이곳에서 가장 가까운 섬은 제주도이다.
> ㄷ. 행정 구역은 경상북도 울릉군에 해당한다.
> ㄹ. 주변 해역은 우리나라의 영해로 통상 기선이 적용된다.

① ㄱ, ㄴ   ② ㄴ, ㄷ   ③ ㄷ, ㄹ
④ ㄱ, ㄷ, ㄹ   ⑤ ㄴ, ㄷ, ㄹ

09 다음 글을 통해 알 수 있는 독도의 가치로 가장 적절한 것은?

> 독도 주변 바다는 북쪽에서 내려오는 차가운 해류와 남쪽에서 올라오는 따뜻한 해류가 만나 조경 수역을 이룬다.

① 수산 자원이 풍부하다.
② 대체 에너지 자원이 풍부하다.
③ 환경 생태적인 가치가 뛰어나다.
④ 군사 안보적인 면에서 중요하다.
⑤ 지질학적으로 소중한 가치가 있다.

10 사진 속 단체의 활동 내용으로 옳은 것은?

① 조선 시대에 일본 어부들을 내쫓았다.
② 동도 바위에 '한국령'이라고 글을 새겼다.
③ 일본에 건너가 독도가 조선 땅임을 확인 받았다.
④ 독도가 우리 땅임을 증명하는 역사적 자료들을 수집하고 연구한다.
⑤ 사이버 공간에서 독도가 우리나라 영토임을 전 세계에 알리고 있다.

(서술형)

11 제시된 그림과 가사를 통해 알 수 있는 독도의 가치를 독도의 위치와 관련지어 서술하시오.

> 러일 전쟁 직후에
> 임자 없는 땅이라고
> 억지로 우기면
> 정말 곤란해
> ···(후략)···

_____

_____

01 영역에 대한 설명으로 옳지 <u>않은</u> 것은?

① 영토, 영해, 영공으로 이루어진다.
② 영역 내에서는 국가의 주권이 인정된다.
③ 영공은 영토의 상공으로 대기권까지이다.
④ 영해는 일반적으로 기선에서 12해리까지이다.
⑤ 우리나라의 영토는 한반도와 주변 섬들까지 포함된다.

02 우리나라의 4극을 나타낸 지도이다. (가)~(라)에 속하는 지역이 <u>아닌</u> 것은?

① 평안북도 용천군 마안도
② 함경북도 온성군 풍서리
③ 인천광역시 옹진군 백령도
④ 경상북도 울릉군 울릉읍 독도
⑤ 제주특별자치도 서귀포시 마라도

단답형
03 ㉠~㉢에 들어갈 알맞은 용어를 각각 쓰시오.

> 영해는 한 국가의 주권이 미치는 해역으로 국제 해양법상 기선으로부터 [㉠]해리까지로 설정된다. 영해 설정에 사용되는 기선으로는 [㉡] 기선과 [㉢] 기선이 있다. 이 중 해안선이 단조로운 경우에 일반적으로 쓰는 기선은 [㉢] 기선이다.

㉠ (   )
㉡ (   )
㉢ (   )

04 ㉠~㉣에 들어갈 옳은 내용을 〈보기〉에서 고른 것은?

> [㉠]이/가 있는 곳은 [㉡] 기선으로부터 [㉢]해리까지를 영해로 정하고 있다. 그 이유는 일본과 가까워 [㉣]이/가 겹칠 수 있기 때문이다.

보기
ㄱ. ㉠ – 대한 해협   ㄴ. ㉡ – 직선
ㄷ. ㉢ – 12   ㄹ. ㉣ – 영토

① ㄱ, ㄴ   ② ㄱ, ㄷ   ③ ㄴ, ㄷ
④ ㄴ, ㄹ   ⑤ ㄷ, ㄹ

고난도
05 지도는 우리나라의 영해를 나타낸 것이다. 이에 대한 설명으로 옳은 것은?

① 남해에서는 해안선과 기선이 일치한다.
② 황해는 해안선에서 12해리까지가 영해이다.
③ 울릉도와 독도에서는 통상 기선을 적용한다.
④ 대한 해협에서는 예외적으로 6해리를 적용한다.
⑤ 동해는 밀물 때의 해안선을 기준으로 영해를 설정한다.

06 독도에 대한 설명으로 옳지 <u>않은</u> 것은?

① 우리나라의 극동 지역으로 해가 가장 먼저 뜬다.
② 조경 수역이 형성되어 좋은 어장을 갖추고 있다.
③ 동해의 중심적 위치로 군사 안보적으로 중요하다.
④ 수면 위에 거대한 화산이 있어 지질학적 가치가 뛰어나다.
⑤ 메테인하이드레이트 등 대체 에너지 자원이 매장되어 있다.

07 그림과 관련한 독도의 가치로 옳은 것은?

① 해상 교통의 요지이다.
② 우리 영토의 극동에 해당한다.
③ 독특한 화산섬으로 지질학적 가치가 높다.
④ 다양한 생물 종이 분포하는 생태계의 보고이다.
⑤ 한류와 난류가 교차하여 좋은 어장을 형성한다.

08 '독도는 우리 땅' 가사 중 일부이다. 밑줄 친 ㉠~㉤ 중 독도의 위치를 나타낸 내용만을 있는 대로 고른 것은?

> ㉠ 울릉도 동남쪽 뱃길 따라 87K
> 외로운 섬 하나 새들의 고향
> 그 누가 아무리 자기네 땅이라고 우겨도 독도는 우리 땅
> ㉡ 경상북도 울릉군 울릉읍 독도리
> ㉢ 동경 132, 북위 37
> 평균 기온 13도, 강수량은 1,800 독도는 우리 땅
> 오징어 꼴뚜기 대구 홍합 따개비
> ㉣ 주민 등록 최종덕 이장 김성도
> 19만 평방미터 799에 805 독도는 우리 땅
> ㉤ 지증왕 13년 섬나라 우산국
> 세종실록지리지 강원도 울진현
> ··· (후략) ···

① ㉠, ㉣   ② ㉡, ㉢   ③ ㉠, ㉢, ㉣
④ ㉠, ㉡, ㉢   ⑤ ㉢, ㉣, ㉤

09 사진과 관련된 독도 지킴이 노력을 고른 것은?

① 안용복
② 독도 경비대
③ 독도 연구소
④ 독도 의용 수비대
⑤ 사이버 민간 외교 사절단 반크

서술형 문제

10 다음 자료를 이용하여 독도가 우리 땅임을 주장하는 글을 서술하시오.

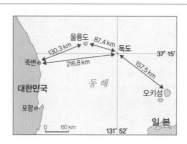

일본의 서북쪽 경계는 오키섬을 한계로 한다.
　　　　　　　　　 – 일본의 옛 문헌 『은주시청합기』

11 지도를 보고 서해안과 남해안에서 영해를 설정하는 방법을 서술하시오.

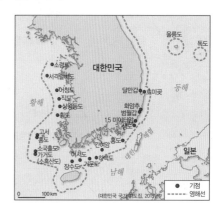

12 그림을 보고 독도의 형성 과정과 독도의 가치에 대해 서술하시오.

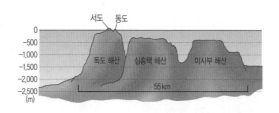

02/03 우리나라 여러 지역의 경쟁력 / 통일 이후 국토 공간

1. 우리나라 여러 지역의 경쟁력과 지역화 전략

(1) 지역의 의미와 지역성

① **지역**: 지역성이 다른 곳과 구분되는 지표상의 범위

② **지역성**: 다른 지역과 구별되는 지역의 특성

③ **세계화 시대의 지역성**: 지역만의 중요한 가치와 경쟁력을 제공

(2) 우리나라 여러 지역의 경쟁력

① 서로 다른 특징의 해안 지역 ┈ 갯벌 체험은 서해안에 위치한 충남 보령의 머드 축제가 유명하며, 남해안은 다도해와 한려 해상 국립 공원으로 유명함

서 · 남해안	갯벌 체험, 다도해
동해안	푸른 바다, 고운 모래사장, 해돋이 관광 명소

② 유네스코 세계 자연 유산 및 문화유산

세계 자연 유산	제주도 → 한라산, 용암동굴, 성산 일출봉 등
세계 문화유산	경주 → 석굴암, 불국사, 양동 마을 등

(3) 지역화 전략 ┈ 지역 발전은 물론 주민들의 단결과 화합 도모 ┈┈ 안동의 하회 마을과 함께 우리나라 전통 가옥 및 마을의 모습을 갖춘 대표적인 곳임

지역 브랜드	그 지역만의 고유한 특성과 매력의 이미지를 상품화하여 지역 발전 도모
장소 마케팅	• 장소성이나 장소 자산을 활용하여 지역을 홍보하고 판매하는 것 • 전략: 랜드마크, 지역 축제 등을 활용

┈┈ 우리나라 여러 지역에서는 그 지역만의 차별화된 특성을 바탕으로 다양한 축제가 개최됨

2. 우리나라 위치의 지리적 장점과 통일의 필요성

(1) 우리나라의 위치적 중요성

① 대륙과 해양을 잇는 육교적 위치 ┈ 중국과 몽골의 대륙 철도, 시베리아 횡단 철도 등을 이용하여 유럽 지역과 교류가 가능함

　• 북쪽으로는 육로를 통해 멀리 유럽까지 교류 가능

　• 남동, 남서쪽으로는 바다를 통해 세계 여러 지역과 교류 가능

② **동아시아의 중심적 위치**: 최근 동아시아의 경제력 급상승 → 동아시아의 관문이자 중심축 역할 ┈ 중국의 풍부한 자원과 노동력, 일본의 뛰어난 기술과 자본 등을 바탕으로 세계의 중심으로 성장

(2) 통일의 필요성과 통일의 미래 모습 ┈ 국토 분단으로 대륙 진출 통로가 단절됨

① **분단의 문제점**: 지리적 장점 상실, 국토 공간의 비효율적 이용, 민족 간 갈등과 대립, 전쟁 위험성과 정치적 불안, 높은 국방비 지출, 이산가족 발생 등

② 통일의 필요성

민족 통합	동질성 회복으로 평화 유지, 이산가족 문제 해결
국토의 잠재력 극대화	• 대륙과 해양을 연결하는 반도적 이점 회복 • 국가 경쟁력 및 국제적 지위 향상
경제적 효율성 증가	국방비 지출 감소 및 국토의 효율적 이용
한반도의 긴장 해소	한반도 평화와 세계 평화에 이바지

③ **통일의 미래 모습**: 한반도의 지리적 장점과 정치적 안정, 경제적 성장 등을 바탕으로 동아시아는 물론 세계 속에서 중심 국가로 발전 기대

보충 지역화 전략

지역의 경쟁력을 높이기 위해 다른 지역과 차별화되는 계획을 마련하는 것으로 주민의 정체성 확보, 자긍심 제고, 기업 유치 및 관광 개발에 따른 일자리 증가 등이 목적이다.

보충 랜드마크

지역을 대표할만한 상징물로 다른 지역에서는 찾아보기 힘든 건축물이 많다. 서울의 엔 서울 타워, 미국 뉴욕의 자유의 여신상 등이 대표적이며, 지역화 전략에 이용된다.

보충 우리나라의 지역 축제

자연 환경	김제 지평선 축제, 진도 신비의 바닷길 축제 등
생산 물	금산 인삼 축제, 횡성 한우 축제 등
역사 문화	강화 고인돌 축제, 남원 춘향제 등

보충 분단 비용

분단을 유지하는 데 들어가는 비용이다. 군사비 증가, 남북 이산가족의 아픔, 국토 공간의 비효율적 이용, 긴장과 갈등 등이 이에 해당한다.

보충 통일 비용

남북이 통일을 이루는 데 들어가는 경제적 비용을 말한다. 특히, 남과 북의 경제적 차이를 극복하고 함께 성장하는 데 많은 경제적 비용이 예상된다.

탐구 속 자료 & 개념

탐구 1 우리나라 여러 지역의 지역화 전략은 어떤 것이 있을까?

가 충청남도 보령시 / 나 강원도 평창군 HAPPY700 PyeongChang 2018 / 다 인천광역시 강화군 / 라 전라북도 남원시 / 마 강원도 횡성군

[자료 해설]

지역	지역화 전략
충청남도 보령시	머드 축제 → 넓은 갯벌의 풍부한 진흙과 해수욕장을 바탕으로 여름철에 열리는 세계적인 축제
강원도 평창군	여름은 서늘한 기후를 이용한 휴양지, 겨울철 많은 눈과 산지 지형을 이용한 동계 스포츠
인천광역시 강화군	고인돌 축제 → 선사 시대 유물과 유적을 바탕으로 지역 발전 도모
전라북도 남원시	춘향제 → 소설의 무대가 된 지역의 특징을 활용
강원도 횡성군	지역 특산물인 한우를 지역 브랜드로 개발

탐구 2 통일의 기대 효과는?

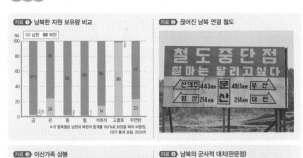

자료 ① 남북한 자원 보유량 비교 / 자료 ② 끊어진 남북 연결 철도

자료 ③ 이산가족 상봉 / 자료 ④ 남북의 군사적 대치(판문점)

[자료 해설]

통일의 기대 효과

1. **북한의 풍부한 자원 활용**: 한반도의 개발 잠재력 신장
2. **끊어진 남북 철도 복원**: 남북을 잇는 도로와 철도가 복원되면 한반도의 지리적 장점이 회복됨
3. **이산가족 상봉**: 서로 남과 북으로 헤어져 만나지도 못하는 슬픔 극복, 한민족의 동질감 회복
4. **남북의 군사적 대치 완화**: 군사비 감소, 한반도 평화와 세계 평화에 기여

개념 꿀꺽

1. 다음 내용에 알맞은 말을 골라 ◯표 하시오.

(1) 푸른 바다와 모래사장, 해돋이를 경험할 수 있는 곳은 (서해안, 동해안)이다.

(2) 인천광역시 강화군은 (고인돌 축제, 춘향제)로 유명하다.

(3) 제주특별자치도는 세계 (자연 유산, 문화유산)으로 지정되어 보호 받고 있다.

(4) 지역화 전략의 한 방법으로 상표 개념을 지역에 적용한 것을 (지역 브랜드, 지역 축제)라고 한다.

2. 분단으로 인해 감소하고 있는 것은 '감', 증가하고 있는 것은 '증'이라고 쓰시오.

(1) 군사비 지출 (   )

(2) 이산가족의 슬픔 (   )

(3) 한반도의 지리적 장점 활용도 (   )

(4) 동아시아와 세계 속에서 우리나라의 위상 (   )

정답
1. (1) 동해안 (2) 고인돌 축제 (3) 자연 유산 (4) 지역 브랜드
2. (1) 증 (2) 증 (3) 감 (4) 감

[01~02] 지도는 경쟁력이 있는 우리나라의 여러 지역을 나타낸 것이다. 이를 보고 물음에 답하시오.

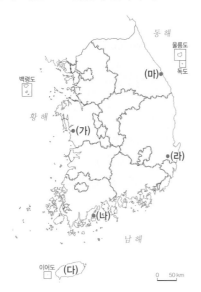

01 다음과 관련이 있는 곳을 지도에서 고른 것은?

> • 정동진에서 해돋이를!
> • 푸른 바다와 고운 모래사장에서 해수욕을!
> • 오징어와 신선한 회를 즐기세요!

① (가)   ② (나)   ③ (다)
④ (라)   ⑤ (마)

02 사진과 관련이 있는 곳을 지도에서 고른 것은?

① (가)   ② (나)   ③ (다)
④ (라)   ⑤ (마)

〔단답형〕

03 빈칸에 들어갈 알맞은 용어를 쓰시오.

> 아름다운 자연환경을 지닌 제주도는 세계적인 경쟁력을 갖춘 지역으로 이곳의 화산섬과 용암동굴을 유네스코에서 □□□□□(으)로 지정하였다.

( )

〔중요〕

04 지역화 전략에 대한 설명으로 옳은 것은?

① 국가 주도의 획일적인 개발 방식이다.
② 지역의 정체성과 특성을 살리게 된다.
③ 관광 산업 이외에는 큰 도움이 안 된다.
④ 다른 지역과 동질감을 높이려는 것이다.
⑤ 지역의 부정적인 이미지만 강화하게 된다.

〔단답형〕

05 다음 글에서 설명하고 있는 용어를 쓰시오.

> 지역만의 독특한 이미지를 상품화하는 것으로, 지역이 지닌 고유한 특성과 매력이 잘 드러날 수 있도록 개발해야 하며 로고나 슬로건, 캐릭터 등을 활용한다.

( )

06 (가), (나) 지역을 지도의 A~E에서 찾아 바르게 연결한 것은?

> (가) 진흙을 소재로 하는 관광객 체험형 축제가 열리며, 축제 동안 다양한 놀이를 즐길 수 있다.
> (나) 여름철 서늘한 기후를 이용한 휴양지와 겨울철 많은 눈과 산지 지형을 이용한 동계 스포츠로 유명하다.

	(가)	(나)		(가)	(나)
①	A	B	②	B	D
③	C	E	④	D	C
⑤	E	D			

중요

07 지도를 통해 알 수 있는 우리나라의 지리적 특성으로 옳은 것은?

(국제 연합, 기타)

① 육지와 해양을 연결하는 데 불리한 위치이다.
② 중국과 일본 사이에 있어 성장하는 데 불리하다.
③ 대륙의 가장자리에 있어 위치적 중요성이 떨어진다.
④ 삼면이 바다로 둘러싸여 있어 육로를 통한 진출에는 불리하다.
⑤ 세계 여러 지역과 육로와 바다를 통한 교류에 유리한 위치이다.

08 분단으로 인해 증가하고 있는 것은?

① 한반도의 개발 잠재력
② 남북 간의 교류와 협력
③ 우리나라의 지리적 장점
④ 남한과 북한의 군사비 지출
⑤ 세계 속에서 우리나라의 위상

09 사진은 남북 이산가족의 상봉 모습이다. 이와 관련된 국토 분단의 문제점으로 가장 적절한 것은?

① 국방비 지출 증가
② 민족 통합의 걸림돌
③ 국제 사회에서의 고립
④ 한반도의 위기감 고조
⑤ 지리적 장점 활용의 제한

10 사진은 판문점의 모습이다. 이를 보고 예측한 통일의 미래 모습으로 적절하지 않은 것은?

① 같은 민족 간에 대립이 사라진다.
② 과도한 군사비 지출을 줄일 수 있다.
③ 남북 간에 자유로운 왕래가 이루어진다.
④ 한반도와 세계 평화에 이바지할 수 있다.
⑤ 동아시아에서 우리나라의 위상이 약화된다.

서술형

11 자료를 보고 남과 북이 함께 노력해야 할 과제와 통일의 기대 효과를 서술하시오.

▲ 끊어진 남북 연결 철도

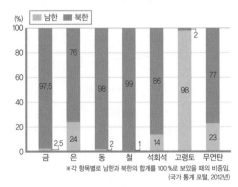

※각 항목별로 남한과 북한의 합계를 100%로 보았을 때의 비중임.
(국가 통계 포털, 2012년)

▲ 남북한 자원 보유량 비교

01 (가)~(다)와 같은 경관이 주로 나타나는 지역을 바르게 연결한 것은?

(가) (나) (다)

	(가)	(나)	(다)
①	서해안	동해안	남해안
②	서해안	남해안	동해안
③	남해안	서해안	동해안
④	남해안	동해안	서해안
⑤	동해안	남해안	서해안

02 다음 글과 관련 있는 두 곳을 지도에서 고른 것은?

우리나라는 지역마다 독특한 지역성을 지니고 있으며, 세계 자연 유산과 세계 문화유산으로 등재되는 등 국제적으로 그 가치를 인정받고 있다.

① (가), (나) ② (나), (다) ③ (나), (라)
④ (다), (라) ⑤ (다), (마)

단답형
03 빈칸에 들어갈 알맞은 용어를 쓰시오.

□□□와/과 같은 지역의 특정 장소를 상품화하여 경제적 가치를 높이는 장소 마케팅은 지역화 전략 중 하나이다.

( )

04 제시된 지역 브랜드에 관한 설명으로 옳은 것은?

① 지역 특산물을 이용한 지역화 전략이다.
② 푸른 바다와 해수욕장, 해돋이를 활용한다.
③ 따뜻한 기후 조건을 이용한 지역화 전략이다.
④ 풍부한 문화 유적을 바탕으로 지역을 홍보한다.
⑤ 서늘한 여름철 기온과 겨울철 눈, 산지 지형이 바탕이 되었다.

05 (가)~(다) 지역의 지역화 전략을 바르게 연결한 것은?

	(가)	(나)	(다)
①	머드 축제	춘향제	고인돌 축제
②	머드 축제	춘향제	한우 축제
③	한우 축제	고인돌 축제	춘향제
④	고인돌 축제	춘향제	한우 축제
⑤	고인돌 축제	머드 축제	춘향제

06 지역의 자연환경을 이용한 축제를 고른 것은?

① 남원 춘향제
② 강화 고인돌 축제
③ 화천 산천어 축제
④ 천안 흥타령 축제
⑤ 춘천 국제 마임 축제

07 다음과 같은 우리나라의 지리적 장점을 회복하기 위해 가장 우선으로 해결해야 할 과제를 고른 것은?

> 우리나라는 유라시아 대륙 동안에 있으며, 태평양과 인접한 곳에 위치한 반도국이다. 북쪽으로는 드넓은 대륙과 교류할 수 있고, 남쪽으로는 바다를 통해 세계 여러 나라와 교류하기에 유리하다.

① 신제품 생산과 수출 증대
② 주변 국가들과의 관계 개선
③ 기술 개발을 통한 경제 성장
④ 정치적 안정을 통한 활발한 외교
⑤ 남북 관계 개선 및 교류 협력 증대

고난도
08 그래프를 통해 추측할 수 있는 통일의 기대 효과로 옳지 <u>않은</u> 것은?

〈남북한 자원 보유량 비교〉

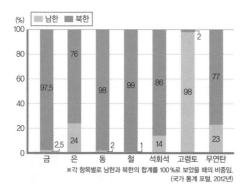

※각 항목별로 남한과 북한의 합계를 100 %로 보았을 때의 비중임.
(국가 통계 포털, 2012년)

① 한반도의 개발 잠재력이 높아진다.
② 우리나라의 대외 수입 의존도가 높아진다.
③ 남한의 부족한 자원 문제가 일부 해결된다.
④ 남북의 교류와 협력으로 경제 성장이 촉진된다.
⑤ 남한의 기술과 북한의 자원이 결합하여 경제적 효율성이 높아진다.

09 국토 분단에 따른 문제점을 〈보기〉에서 고른 것은?

보기
ㄱ. 국토 이용의 효율성이 낮아진다.
ㄴ. 체제 경쟁으로 국가적 위상이 상승한다.
ㄷ. 언어, 관습 등 문화적 이질성이 심화된다.
ㄹ. 군사 비용 증대로 국민의 불안감이 해소된다.

① ㄱ, ㄴ   ② ㄱ, ㄷ   ③ ㄴ, ㄷ
④ ㄴ, ㄹ   ⑤ ㄷ, ㄹ

10 제시된 두 지역의 지역화 전략이 무엇을 바탕으로 이루어지고 있는지 각각 서술하시오.

〈인천광역시 강화군〉　　〈강원도 횡성군〉

11 지도를 통해 알 수 있는 우리나라의 지리적 장점과 해결해야 할 과제를 서술하시오.

12 사진을 바탕으로 통일의 필요성을 <u>두 가지</u> 이상 서술하시오.

자신만만 **적중문제**

01 우리나라의 영역과 독도

01 지도를 보고 우리나라 영해에 대해 설명한 내용으로 옳지 **않은** 것은?

① 모든 지역의 영해는 12해리를 적용하고 있다.
② 동해안은 통상 기선과 직선 기선을 사용하는 지역이 구분된다.
③ 섬이 많고 해안선의 형태가 복잡한 곳은 직선 기선을 적용한다.
④ 해안선이 단조로운 해안 지역과 섬 지역은 통상 기선을 적용한다.
⑤ 직선 기선은 가장 바깥쪽에 있는 섬들의 해안을 직선으로 이은 것이다.

02 '독도는 우리 땅' 가사 중 제시된 부분과 관련된 독도의 가치를 나타낸 것은?

> 오징어 꼴뚜기 대구 홍합 따개비
> ···(중략)···

① 군사적·전략적 요충지이다.
② 독특한 화산섬으로 지질학적 가치가 높다.
③ 주변에는 메테인하이드레이트가 매장되어 있다.
④ 넓은 갯벌이 형성되어 있어 간척 사업에 유리하다.
⑤ 한류와 난류가 교차하는 지역으로 좋은 어장을 형성하고 있다.

02 우리나라 여러 지역의 경쟁력

03 동해안의 지역화 전략을 위한 홍보 문구로 가장 적절한 것은?

① 머드 축제를 아시나요?
② 다도해의 아름다운 절경!
③ 가족과 함께 갯벌 체험을!
④ 진도 신비의 바닷길 축제 보러 오세요.
⑤ 푸른 바다, 고운 모래사장에서 해돋이를!

04 제주특별자치도의 지역화 전략으로 옳지 **않은** 것은?

① 해돋이로 유명한 성산 일출봉을 상품화한다.
② 용암동굴 사진을 이용하여 홍보물을 만든다.
③ 한라산 백록담을 제주도의 상징물로 만든다.
④ 양동마을을 랜드마크로 하여 축제를 개최한다.
⑤ 제주도의 독특한 화산 지형을 지역 브랜드로 만든다.

05 다음과 같은 지역 브랜드가 만들어진 지역을 지도에서 고른 것은?

① (가) ② (나) ③ (다) ④ (라) ⑤ (마)

03 통일 이후 국토 공간

06 지도를 통해 알 수 있는 우리나라의 지리적 특성과 이러한 특성을 살리기 위한 해결 과제로 옳은 것은?

	지리적 특성	해결 과제
①	육교적 위치	수출 증대
②	대륙과 해양 연결	국토 통일
③	동아시아의 중심	국방력 강화
④	해상 교통의 요지	외교력 강화
⑤	철도 교통의 요지	유럽과의 관계 개선

07 빈칸에 들어갈 내용으로 옳지 <u>않은</u> 것은?

> 우리나라는 분단으로 인해 [   ]

① 국방비 지출이 증가하고 있다.
② 우리나라의 경쟁력이 높아지고 있다.
③ 한반도의 지리적 장점을 살리지 못하고 있다.
④ 국토 공간을 효율적으로 이용하지 못하고 있다.
⑤ 동아시아에서 우리나라의 위상이 약화되고 있다.

08 ㉠~㉤ 중 옳게 표시한 항목을 있는 대로 고른 것은?

※남북 통일의 당위성으로 옳으면 '예', 틀리면 '아니오'에 V 표시를 하시오.
(각 1점)

	예	아니오	
국토의 동질성이 회복된다.	□	V	㉠
국민들의 삶의 질이 향상된다.	V	□	㉡
한반도의 지리적 이점이 회복된다.	V	□	㉢
동아시아에 평화와 안정이 찾아온다.	V	□	㉣
분단에 소요된 비용을 경제 개발에 이용한다.	□	V	㉤

① ㉠, ㉡ ② ㉡, ㉤ ③ ㉢, ㉣
④ ㉠, ㉢, ㉤ ⑤ ㉡, ㉢, ㉣

서술형 문제

09 (가) 지역의 영해 설정 방식을 이유와 함께 서술하시오.

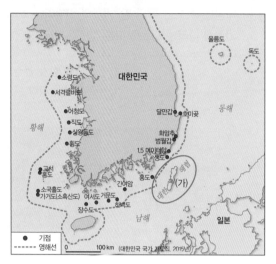

✎ _____
_____
_____

10 (가), (나)와 관련된 지역의 지명과 축제 명칭을 쓰고, 이러한 축제가 지역에 미치는 영향에 대해 서술하시오.

(가)   (나)

✎ _____
_____
_____

11 국토 통일의 필요성에 대해 <u>두 가지</u> 서술하시오.

✎ _____
_____
_____

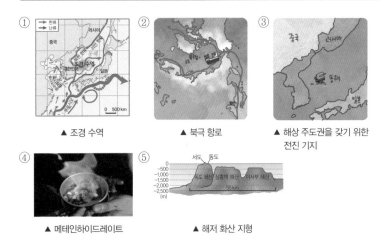

최고난도 문제

01 다음은 '독도는 우리 땅' 가사의 일부이다. 이 가사와 관련이 있는 독도의 가치를 나타낸 자료를 고른 것은?

> 러일 전쟁 직후에 임자 없는 땅이라고
> 억지로 우기면 정말 곤란해

① ▲ 조경 수역

② ▲ 북극 항로

③ ▲ 해상 주도권을 갖기 위한 전진 기지

④ ▲ 메테인하이드레이트

⑤ ▲ 해저 화산 지형

풀이 비법

❶ 일본은 왜 러시아와 전쟁을 시작하자마자 강제로 독도를 차지했을지 그 까닭을 생각해 본다.

❷ 제시된 5개의 자료 하나하나가 독도의 가치 중 무엇과 관련이 있는지 생각해 본다.

❸ 독도의 지정학적 위치가 지닌 가치를 생각해 본다.

02 (가)와 같았던 함평군에 (나)와 같은 변화가 생겼다. 이 원인을 분석한 보고서의 제목으로 가장 적합한 것은?

> (가) 전라남도 함평군은 65세 이상의 고령 인구가 20 % 이상을 차지하고, 1차 산업에 종사하는 사람이 많은 대표적인 농촌이었다. 특별한 관광 자원이 없어 이 지역을 찾는 관광객도 거의 없었다.

> (나) 환경친화적인 나비 축제를 개최하여 매년 100만 명 이상의 관광객이 이곳을 찾고 있다. 또한 함평군은 나비가 사는 밝고 따뜻한 청정 지역이라는 이미지를 갖게 되면서 지역에서 생산되는 농산물의 판매량도 늘어나고 있다.

① 지리적 표시제의 시행과 지역의 변화
② 농작물의 상품성 강화와 지역 인구 유입 증가
③ 거대한 지역 상징물 건설과 지역 경제의 발전
④ 지역의 도시화가 지역 인구 변화에 미치는 영향
⑤ 성공적인 지역화 전략이 지역 발전에 미치는 영향

풀이 비법

❶ 함평군에서 어떠한 변화가 나타났는지 분석한다.

❷ 함평군의 변화가 긍정적인지 부정적인지 분석한다.

❸ 그러한 변화를 가져온 원인이 무엇인지 제시문을 통해 도출한다.

❹ ❶~❸을 토대로 보고서의 제목을 정한다.

12

더불어 사는 세계

01

12. 더불어 사는 세계

지구상의 다양한 지리적 문제

1. 영토와 영해를 둘러싼 분쟁

(1) 분쟁의 발생 원인 ┌─ 아프리카는 전통적인 부족 경계와 국가 경계가
                      일치하지 않아 갈등이 발생하고 있음

① 모호한 국경선의 설정과 역사적 배경

② 민족 및 종교 간 갈등: 서로 다른 민족이나 종교 집단이 국경을 접하고 있거나 같은 국가 내에 존재할 경우 갈등이 발생할 수 있음

③ 자원 개발 및 자원 이동을 둘러싼 갈등
                        └─ 석유, 천연가스 등의 주요 자원이 지역적으로 편중되어
                           분포하기 때문임

(2) 영토·영해 분쟁 사례

팔레스타인	이스라엘(유대교, 유대인)과 팔레스타인(아랍족, 이슬람교)의 분쟁 지역
포클랜드	영국과 아르헨티나의 영토 분쟁, 현재 영국이 지배하고 있음
카슈미르	인도(힌두교)와 파키스탄(이슬람교)의 분쟁 지역
북극해 연안	북극해의 자원 개발을 둘러싼 러시아, 미국, 캐나다, 노르웨이, 덴마크 등의 영유권 분쟁
센카쿠 열도	일본과 중국의 영역 갈등
난사 군도	천연자원 및 수산 자원 개발을 둘러싼 중국, 필리핀, 타이완, 베트남, 말레이시아, 브루나이 등의 분쟁 지역

2. 기아 문제의 현황과 발생 원인
┌─ 식량 부족으로 충분한 영양을 섭취하지 못하면서 발생함

(1) 기아 문제 현황 ┌─ 전체 어린이 중 1/4 정도는 영양 결핍 상태임

① 8억 명 정도의 인구가 기아 문제를 겪고 있음

② 아프리카와 아시아가 유럽 및 아메리카보다 영양 결핍 인구 비율이 높음

(2) 기아 문제의 발생 원인 ┌─ 지구 온난화로 인해 홍수, 가뭄 등의 이상
                           기후 현상이 자주 발생하고 있음

① 식량 공급의 부족: 이상 기후나 전쟁 등으로 인한 생산량 감소

② 식량 작물의 용도 변화: 바이오 에너지 연료나 가축 사료로 이용되는 비중이 증가하면서 식량 작물의 가격이 상승함
                                                    └─ 옥수수는 현재 바이오 에너지의 연료나 가축
                                                       사료로 주로 이용되고 있음

③ 분배의 불균형: 곡물 다국적 기업들의 독과점으로 식량 가격의 불안정이 커지고 있음
                                          └─ 독점은 개인이나 하나의 단체가 생산과 시장을 지배하여
                                             이익을 독차지하는 것을 말하며, 과점은 몇몇 기업이 어떤
                                             상품 시장의 대부분을 지배하는 상태를 말함

3. 생물 다양성의 감소

(1) 생물 다양성: 동식물과 미생물, 그리고 이들이 유기적으로 연결된 생태계와 생물 종 안에 있는 유전자의 다양성을 모두 포괄하는 말

(2) 생물 다양성의 감소 원인과 영향

① 감소 원인: 산업화와 인구 증가로 인한 동식물의 서식지 파괴, 환경 오염과 무분별한 남획, 외래종의 유입으로 인한 토착종의 멸종 등

② 영향: 생태계의 안정성과 *자정 능력 파괴, 장기적으로 인류의 삶의 질 저하와 생존 위기 유발

③ 노력: 생물 다양성 유지를 위해 국제 연합은 1992년 생물 다양성 협약 채택

사례 **센카쿠 열도(댜오위다오)**

센카쿠 열도(댜오위다오)는 중국과 일본 사이의 바다에 위치하며, 서남아시아와 동북아시아를 잇는 해상 교통로이자 전략적 요충지이다. 석유 매장 가능성도 커지고 있어 자원 개발을 둘러싼 갈등이 심화될 전망이다.

보충 **국제 곡물 가격의 변화**

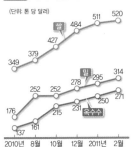

(시카고 상품 거래소, 한국 농촌 경제 연구원, 2012년)

최근 이상 기후로 인한 곡물 생산량의 변화, 바이오 에너지와 가축 사료로 이용되는 비중의 증가로 인해 주요 식량 작물의 가격이 지속적으로 상승하고 있다.

용어 **자정 능력**

스스로 안정과 균형을 유지하고자 하는 자연의 복원 능력을 의미한다.

탐구 1 기아 문제는 어디에서 일어나고 있을까?

영양 결핍 인구 비율(%)
- □ 5 미만
- ■ 5~15
- ■ 15~25
- ■ 25~35
- ■ 35 이상
- □ 자료 없음

(국제 연합 식량 농업 기구, 2015년)

[자료 해설]

1. **영양 결핍 인구 비율이 높은 지역**: 아프리카, 남부 아시아 지역
   - 아프리카: 오랜 기간의 가뭄, 내전 등으로 인해 식량 생산량이 감소하면서 기아 문제가 심각하게 발생함
   - 남부 아시아: 인도, 파키스탄 등은 식량 생산량에 비해 인구수가 많고 빈부 격차가 심해 영양 결핍 인구 비율이 높음
2. **영양 결핍 인구 비율이 낮은 지역**: 유럽 및 앵글로아메리카

유럽	산업화 시기가 이르고 경제 발전 수준이 높음
앵글로 아메리카	미국, 캐나다는 식량 생산량이 많으며 경제 발전 수준이 매우 높아 영양 결핍 인구 비율이 낮음

탐구 2 생물 다양성이 풍부한 지역은 어디일까?

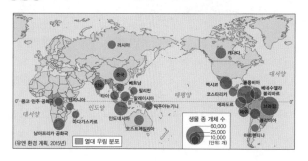

생물 종 개체 수
- 60,000
- 25,000
- 10,000
(단위: 개)

■ 열대 우림 분포

(유엔 환경 계획, 2015년)

[개념 쏙쏙]

1. **생물 다양성**
   - 동식물과 미생물, 그리고 이들이 유기적으로 연결된 생태계와 생물 종 안에 있는 유전자의 다양성을 의미함
   - 생태계가 변화에 적응하고 스스로 회복할 수 있는 기본 조건임
2. **생물 다양성이 가장 풍부한 지역**: 적도를 중심으로 한 저위도의 열대림 분포 지역
3. **생물 다양성 감소 원인**: 산업화와 도시화, 환경 오염과 무분별한 남획, 외래종의 유입 등으로 생태계 파괴 등

개념 꿀꺽

1. 다음 빈칸에 들어갈 알맞은 말을 쓰시오.

(1) ☐☐☐☐☐☐ 지역에 유대인 국가인 이스라엘이 세워지면서 원래 거주하던 아랍족과 이스라엘 간에 갈등이 발생하였다.

(2) ☐☐ 문제는 식량 부족으로 주민들이 충분한 영양을 섭취하지 못하여 발생한다.

2. 다음 내용에 알맞은 말을 골라 ◯표 하시오.

(1) 아프리카는 아메리카보다 영양 결핍 인구 비율이 (높다, 낮다).

(2) 유럽은 아시아보다 영양 결핍 인구 비율이 (높다, 낮다).

(3) 최근 식량 가격의 급격한 (상승, 하락)은 기아 문제를 더욱 악화시키고 있다.

3. 다음 설명의 ( )에 해당하는 말을 〈보기〉에서 찾아 기호로 쓰시오.

보기

ㄱ. 열대림   ㄴ. 산업화   ㄷ. 적도   ㄹ. 아프리카   ㅁ. 생태계

(1) ( )은/는 현재 세계에서 영양 결핍 인구 비율이 가장 높은 지역이다.

(2) 생물 다양성의 감소는 장기적으로 ( )의 안정성과 자정 능력을 해친다.

(3) ( )은/는 많은 생물의 서식처이자 맑은 공기를 제공해 주는 지구의 허파 역할을 한다.

(4) ( )을/를 중심으로 한 저위도의 열대림 분포 지역은 생물 다양성이 가장 풍부한 지역이다.

(5) ( ) 시기가 빨랐던 유럽은 경제 발전 수준이 높고 영양 결핍 인구 비율도 낮다.

정답
1. (1) 팔레스타인 (2) 기아
2. (1) 높다 (2) 낮다 (3) 상승
3. (1) ㄹ (2) ㅁ (3) ㄱ (4) ㄷ (5) ㄴ

01 부족 경계와 국경선의 불일치로 지역 분쟁이 발생하고 있는 지역을 고른 것은?

① 서유럽　　　② 아프리카　　　③ 북아메리카
④ 남아메리카　　　⑤ 동부 아시아

중요
02 지역 분쟁의 발생 원인을 〈보기〉에서 고른 것은?

보기
ㄱ. 유엔 국제 평화군의 역할 확대
ㄴ. 자원 개발을 둘러싼 이해관계의 대립
ㄷ. 종교, 민족의 차이로 인한 문화적 갈등
ㄹ. 선진국의 개발 도상국에 대한 경제적 지원

① ㄱ, ㄴ　　　② ㄱ, ㄷ　　　③ ㄴ, ㄷ
④ ㄴ, ㄹ　　　⑤ ㄷ, ㄹ

중요
03 지도의 A, B 지역을 둘러싼 갈등의 공통된 발생 원인으로 옳은 것은?

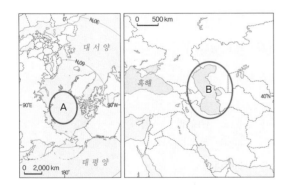

① 발전 수준의 차이
② 언어와 종교의 차이
③ 석유, 천연가스의 개발
④ 오랜 기간의 식민 지배
⑤ 서로 다른 민족 간의 대립

단답형
04 다음 글에서 설명하고 있는 식량 작물을 쓰시오.

미국의 생산량이 가장 많으며, 최근 바이오 에너지의 원료, 가축 사료로 이용되는 비중이 증가하면서 가격이 크게 상승하였다.

(　　　　　　　　　)

[05~06] 지도는 영역 갈등이 발생하고 있는 주요 지역들을 나타낸 것이다. 이를 보고 물음에 답하시오.

(국제 연합 난민 고등 판무관 사무소, 2009년; 르몽드 세계사, 2009년; 포린 폴리시, 2010년)

05 다음 글에서 설명하고 있는 지역을 지도에서 고른 것은?

석유, 수산 자원의 개발을 둘러싼 갈등 지역으로 현재 러시아가 지배하고 있다.

① A　　　　② B　　　　③ C
④ D　　　　⑤ E

중요
06 C 지역에 대한 옳은 설명을 〈보기〉에서 고른 것은?

보기
ㄱ. 영국이 실질적으로 지배하고 있다.
ㄴ. 분쟁 당사국은 인도와 파키스탄이다.
ㄷ. 석유와 천연가스의 주요 수송로이다.
ㄹ. 힌두교를 믿는 주민들과 이슬람교를 믿는 주민들 간의 충돌이 잦다.

① ㄱ, ㄴ　　　② ㄱ, ㄷ　　　③ ㄴ, ㄷ
④ ㄴ, ㄹ　　　⑤ ㄷ, ㄹ

07 기아 문제에 대한 설명으로 옳은 것은?

① 지역 격차가 매우 작게 나타난다.
② 이상 기후, 곡물 가격의 급등으로 악화되었다.
③ 아메리카는 아시아보다 기아 문제가 심각하다.
④ 다국적 곡물 기업의 활동으로 점차 해결되고 있다.
⑤ 식량 작물을 가축 사료로 이용하면서 점차 해결되고 있다.

08 다음 글에서 설명하고 있는 국가로 옳은 것은?

> 중앙아메리카에 위치해 있으며, 대지진 이후 경제가 악화되면서 심각한 식량난을 겪고 있다. 영양 결핍 인구 비율이 35% 이상으로 매우 높으며, 주민들은 허기를 달래기 위해 진흙으로 쿠키를 만들어 먹기도 한다.

① 인도　　② 수단　　③ 잠비아
④ 멕시코　　⑤ 아이티

09 다음과 같은 현상의 발생 배경을 조사하기 위한 적절한 항목을 〈보기〉에서 고른 것은?

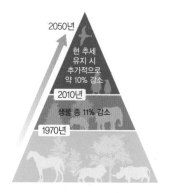

보기
ㄱ. 천연기념물 보존 현황
ㄴ. 열대림 파괴 면적 변화
ㄷ. 멸종 생물 개체 수 변화
ㄹ. 1인당 수산 자원 소비량 변화

① ㄱ, ㄴ　② ㄱ, ㄷ　③ ㄴ, ㄷ
④ ㄴ, ㄹ　⑤ ㄷ, ㄹ

10 지도에 대한 설명으로 옳은 것은?

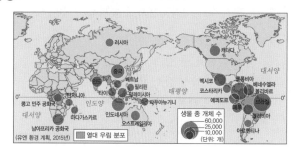

① 중국은 캐나다보다 생물 종 개체 수가 적다.
② 유럽은 아시아보다 생물 종 개체 수가 많다.
③ 열대 우림은 주로 고위도 지역에 분포해 있다.
④ 남아메리카는 아프리카보다 생물 종 개체 수가 많다.
⑤ 열대 우림이 분포하는 지역은 생물 종 개체 수가 적다.

서술형
11 지도는 세계의 기아 상태를 나타낸 것이다. 기아 상태가 심각한 지역들의 공통된 특징을 서술하시오.

01 세계의 주요 지리적 문제로 옳지 <u>않은</u> 것은?

① 기아 문제
② 급속한 인구 감소
③ 생물 다양성 감소 문제
④ 영토·영해를 둘러싼 분쟁
⑤ 문화적 차이로 인한 지역 갈등

[02~03] 지도는 세계의 주요 분쟁 지역을 나타낸 것이다. 이를 보고 물음에 답하시오.

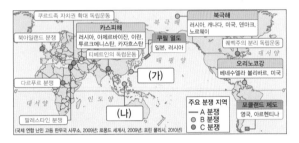

02 위 지도의 A~C에 해당하는 내용으로 옳은 것은?

	A	B	C
①	자원	국경	민족·종교
②	국경	민족·종교	자원
③	국경	자원	민족·종교
④	민족·종교	자원	국경
⑤	민족·종교	국경	자원

고난도
03 지도의 (가), (나) 분쟁 지역에 대한 옳은 설명을 〈보기〉에서 고른 것은?

> **보기**
> ㄱ. (가)는 현재 중국이 지배하고 있다.
> ㄴ. (나) 분쟁 지역은 석유, 천연가스의 개발과 관련된다.
> ㄷ. (가)는 (나)보다 분쟁 당사국 수가 더 많다.
> ㄹ. (가), (나)의 공통된 분쟁 당사국은 중국이다.

① ㄱ, ㄴ ② ㄱ, ㄷ ③ ㄴ, ㄷ
④ ㄴ, ㄹ ⑤ ㄷ, ㄹ

단답형
04 다음과 같은 분쟁이 발생하고 있는 지역을 쓰시오.

> 해양 자원과 지하자원이 풍부하며, 남극 진출의 전진 기지로서 중요한 위치를 차지하고 있다. 영국과 아르헨티나 간의 영역 분쟁이 지속되고 있으며 현재 영국이 지배하고 있다.

(   )

05 다음과 같은 분쟁의 갈등 당사국으로 옳은 것은?

> 남부 아시아에 위치한 이 지역에서는 대다수를 차지하는 이슬람교도들이 소수의 힌두교도들의 지배에 반대하여 갈등이 지속되고 있다.

① 인도, 네팔 ② 인도, 파키스탄
③ 네팔, 파키스탄 ④ 네팔, 방글라데시
⑤ 스리랑카, 방글라데시

고난도
06 지도를 보고 추론할 수 있는 옳은 내용을 〈보기〉에서 고른 것은?

> **보기**
> ㄱ. 국경 및 부족 경계가 대부분 일치한다.
> ㄴ. 부족 간의 갈등으로 인한 분쟁이 잦을 것이다.
> ㄷ. 한 국가 내에 서로 다른 부족이 공존하는 경우가 많다.
> ㄹ. 국경선은 아프리카 국가들의 자율적 의지에 의해 책정되었다.

① ㄱ, ㄴ ② ㄱ, ㄷ ③ ㄴ, ㄷ
④ ㄴ, ㄹ ⑤ ㄷ, ㄹ

07 그래프와 같이 주요 식량 작물의 가격이 지속적으로 급등하는 원인으로 옳지 <u>않은</u> 것은?

(단위: 톤 당 달러)

(시카고 상품 거래소, 한국 농촌 경제 연구원, 2012년)

① 다국적 곡물 기업의 독과점
② 가축 사료에 대한 수요 증가
③ 인구 감소로 인한 식량 수요 감소
④ 이상 기후 현상으로 인한 생산량 변화
⑤ 바이오 에너지 원료로 이용되는 비중 증가

08 다음 자료에 나타난 어업 방식을 지속할 경우 나타날 수 있는 변화로 가장 적절한 것은?

참치는 '혼획'이라 불리는 현대식 어업을 통해 다량으로 잡히는 생선 중 하나이다. 선망 어선은 길이 2 km, 길이 200 m 정도인 대형 그물을 이용하여 참치뿐만 아니라 상어, 가오리, 고래, 바다거북 등을 가리지 않고 잡아들인다.

① 해양 생물의 다양성이 증가할 것이다.
② 바다의 수질이 점차 깨끗해질 것이다.
③ 참치의 개체 수가 많이 증가할 것이다.
④ 생태계의 균형과 안정성이 유지될 것이다.
⑤ 멸종 위기에 처할 물고기의 종류가 늘어날 것이다.

09 A, B 지역의 공통된 분쟁 발생 원인을 간략히 서술하시오.

10 기아 문제가 발생하는 주요 원인을 <u>두 가지</u> 쓰시오.

11 지도를 보고, 열대림의 중요성을 서술하시오.

발전 수준의 지역 차/ 지역 간 불평등 완화를 위한 노력

1. 발전 수준의 지역 차 발생 배경

(1) **지역 차 발생 원인**

　① 부존자원의 정도 ─── 유럽, 북아메리카 등이 해당한다.

　② **산업화 시기**: 산업 혁명을 통해 일찍 산업화를 이룬 지역은 경제 발전 수준이 높음

　③ **정치적 안정**: 정치적으로 민주화되어 있고 안정된 지역은 대체로 경제 발전 수준이 높음

(2) **지역 간 발전 수준의 차이**: 선진국은 부유하지만 저개발 국가의 일부 주민들은 식량 부족과 빈곤 등 어려운 상황에 처해 있음

유럽 및 북아메리카	• 미국, 영국 등 경제 발전 수준이 높은 국가들이 많음 • 인구 증가율이 낮고 교육 수준과 삶의 질이 높음
아프리카 및 남부 아시아	• 정치적 불안이 지속되고 있거나 분쟁 지역이 많음 • 인구 증가율이 높고 문맹률이 높음

　　　　　　　　　　　　　　　　　　　　　　　배우지 못하여 글을 읽거나 쓸 줄 모르는 사람의 비율

(3) **지역별 발전 수준을 보여주는 다양한 지표**: 1인당 국내 총생산(GDP), *인간 개발 지수(HDI), 영아 사망률, *행복 지수 등

　GDP ─ 저소득 국가의 대부분은 아프리카와 남아시아에 집중되어 있음
　HDI ─ 선진국에서 높고, 개발 도상국에서 낮게 나타남
　영아 사망률 ─ 개발 도상국에서 높게 나타남
　행복 지수 ─ 선진국에서 높게 나타남

2. 저개발 지역의 발전을 위한 노력

(1) **저개발 지역의 높은 경제 성장률**: 아프리카, 라틴 아메리카, 아시아의 평균 경제 성장률이 유럽 및 북아메리카보다 높음

(2) **경제 발전을 위한 노력**

　① 적극적인 외국 자본과 기술의 유치 ─── 자본·기술의 유치를 통해 여러 가지 사회 기반 시설을 확충하고 발전을 위한 기초를 마련함

　② **저개발국 간의 경제 협력 체제 결성**: 선진국에 공동으로 대응하고자 함

　③ **부탄**: 질적 성장 지표인 '국민 총 행복 지수(GNH)' 도입

3. 불평등 완화를 위한 노력

(1) **국제 사회의 노력**

　① **공적 개발 원조**: 각국의 정부 기관들을 중심으로 저개발 국가들에 대한 자본 및 기술 지원

　② **비정부 기구(NGO)의 노력**: 저개발국의 지원에 대한 시민들의 자발적인 참여와 관심을 유도할 수 있음

　　─── 자발적으로 조직된 시민 단체로 권력이나 이윤을 추구하지 않고 국가 간의 정치적인 이해관계의 영향을 덜 받는 장점이 있음

(2) **노력의 성과와 한계**

　① **성과**: 저개발국 주민들의 최소한의 삶의 조건 보장, 경제 발전을 위한 자립적인 기반 조성 등

　② **한계**: 단기적인 성과 위주의 지원, 지원 대상 지역의 지역성을 고려하지 않은 지원으로 인한 갈등 유발, 국가 간의 이해관계로 인한 지원 체계의 불안정성 등 →*적정 기술 개발 지원, 공정 무역 활성화 등으로 극복

[용어] 인간 개발 지수(HDI)

한 나라의 개발 수준을 평가하기 위해 국제 연합 개발 계획(UNDP)이 고안한 지표이다. 저개발국과 선진국의 발전 수준의 차이를 단순히 경제적인 부분에서뿐 아니라 삶의 질, 복지 수준의 차이까지도 비교하기 위해 국민 소득, 고용, 교육, 건강 등을 종합적으로 고려하여 계산한다.

[용어] 행복 지수

국내 총생산, 기대 수명, 사회적 자본, 부패 지수, 관용 총 다섯 개의 지표를 종합한 결과로 유럽, 북아메리카, 오스트레일리아 등의 선진국에서 높게 나타난다.

[보충] 부탄의 국민 총 행복 지수 (GNH)

심리적 만족 / 건강 / 교육 / 국민 행복 지수 / 삶의 수준 / 문화 다양성 / 공동체 활력 / 민관 협력

국민 총 행복 지수에는 경제 발전 수준을 나타내는 지표가 아닌 건강, 삶의 만족도, 공동체 활력, 문화 다양성 등과 같은 삶의 질 지표가 많이 포함되어 있다.

[용어] 적정 기술

그 기술이 사용되는 사회 공동체의 정치적, 문화적, 자연적 조건을 고려해 해당 지역에서 지속적인 생산과 소비가 가능하도록 만들어진 기술을 뜻한다.

탐구 속 자료 &개념

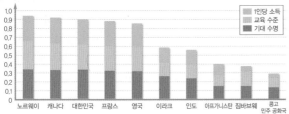

(국제 연합 개발 계획, 2015년)

[자료 해설]

1. 인간 개발 지수가 높은 지역

유럽	1인당 소득 수준과 교육 수준이 높고 의료 기술의 발달로 기대 수명도 높음
앵글로 아메리카	캐나다, 미국 등 소득 수준이 높고 산업이 발달한 선진국들이 분포함

2. 인간 개발 지수가 낮은 지역

아시아	출산율이 높고 인구 증가율이 높으며, 이에 비해 1인당 소득 수준은 높지 않음
아프리카	1인당 소득 수준과 교육 수준이 낮고 기대 수명도 매우 낮은 편임

공정 무역은 유통 단계를 줄이고 직거래를 활성화하여 유통비를 절약하고 생산자의 수익을 높일 수 있다.

[개념 쏙쏙]

공정 무역

의미	생산자의 노동에 정당한 대가를 지급하면서 소비자에게는 더 좋은 제품을 공급하기 위한 윤리적인 무역
장점	• 유통 단계가 줄어들기 때문에 유통에 들어가는 비용을 줄이고 대신, 생산자의 이익을 좀 더 보장해 줄 수 있음 • 생산자들이 주로 거주하는 저개발국들의 경제 발전에 도움이 될 수 있음
한계	• 홍보 부족으로 공정 무역의 의미가 알려지지 않음 • 공정 무역 제품의 판매량이 저조함
대표 제품	커피, 코코아, 바나나, 목화 등

개념 꿀꺽

1. 다음 내용이 맞으면 ○표, 틀리면 ×표 하시오.

(1) 일부 국가 및 지역은 여전히 극도로 빈곤하다. (   )

(2) 저소득 국가의 대부분은 사하라 이남 아프리카와 남아시아 등지에 집중되어 있다. (   )

(3) 인간 개발 지수는 경제 성장률만을 고려한 양적 성장 지표이다. (   )

(4) 인간 개발 지수는 유럽과 북아메리카가 아시아와 아프리카보다 높다. (   )

(5) 인간 개발 지수를 측정할 때 교육 수준, 기대 수명 등을 고려한다. (   )

(6) 공정 무역 제품은 주로 선진국에서 생산된다. (   )

(7) 공정 무역이 활성화될 경우 생산자의 이익은 현재보다 증가한다. (   )

2. 다음 내용에 알맞은 말을 골라 ◯표 하시오.

(1) 고소득 국가는 (북아메리카, 남아메리카)에 집중해 있다.

(2) 경제 발전 수준이 높은 국가들은 대체로 인간 개발 지수가 (높다, 낮다).

(3) 아시아는 아프리카보다 인간 개발 지수가 (높다, 낮다).

(4) 공정 무역은 일반 무역보다 유통 단계가 (많다, 적다).

(5) 공정 무역은 일반 무역보다 판매자에게 배분되는 이익 비율이 (높다, 낮다).

(6) 공정 무역이 활성화될 경우 소비자들은 보다 (비싸게, 저렴하게) 품질 좋은 제품을 구매할 수 있게 된다.

(7) 최근에는 정부 활동을 감시하고 시민들의 자발적인 모금과 참여를 통해 범국가적인 사회 문제를 해결하는 (공적 개발 원조, 비정부 기구)의 역할이 중요해지고 있다.

정답 1. (1) ○ (2) ○ (3) × (4) ○ (5) ○ (6) × (7) ○ 2. (1) 북아메리카 (2) 높다 (3) 높다 (4) 적다 (5) 낮다 (6) 저렴하게 (7) 비정부 기구

01 경제 발전 수준이 높은 국가에 해당하지 <u>않는</u> 것은?

① 미국　　　② 영국　　　③ 독일
④ 아이티　　⑤ 캐나다

02 지역 간 발전 수준의 차이에 영향을 미치는 주요 요인을 〈보기〉에서 고른 것은?

> **보기**
> ㄱ. 사망률　　　　　ㄴ. 산업화 시기
> ㄷ. 기술 발달 정도　ㄹ. 쾌적한 자연환경

① ㄱ, ㄴ　　② ㄱ, ㄹ　　③ ㄴ, ㄷ
④ ㄴ, ㄹ　　⑤ ㄷ, ㄹ

(중요)
03 그래프는 주요 국가별 인간 개발 지수를 나타낸 것이다. 이에 대한 옳은 설명을 〈보기〉에서 고른 것은?

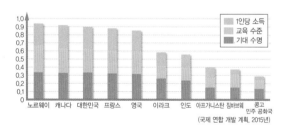

노르웨이 캐나다 대한민국 프랑스 영국 이라크 인도 아프가니스탄 짐바브웨 콩고 민주 공화국
(국제 연합 개발 계획, 2015년)

> **보기**
> ㄱ. 경제 발전 수준에 비례한다.
> ㄴ. 캐나다는 인도보다 인간 개발 지수가 높다.
> ㄷ. 아시아의 모든 국가는 유럽보다 인간 개발 지수가 낮다.
> ㄹ. 기대 수명이 낮은 국가들은 인간 개발 지수가 대체로 높다.

① ㄱ, ㄴ　　② ㄱ, ㄷ　　③ ㄴ, ㄷ
④ ㄴ, ㄹ　　⑤ ㄷ, ㄹ

(단답형)
04 다음 글에서 설명하고 있는 지표를 쓰시오.

> 경제 발전은 불교적 전통문화에 기초하여 국민의 삶의 질과 행복감을 높일 수 있는 방향으로 추진되어야 한다는 취지에서 경제적 발전만을 평가하는 기존의 국민 총생산, 국내 총생산을 대체하기 위해 부탄에서 고안되었다.

(　　　　　　　　)

(고난도)
05 (가) 지역과 비교한 (나) 지역의 특징으로 옳은 것은?

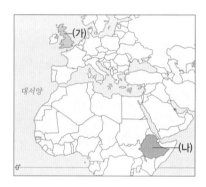

① 도시화율이 높다.
② 국내 총생산이 많다.
③ 유아 사망률이 높다.
④ 평균 교육 수준이 높다.
⑤ 1인당 자원 소비량이 많다.

06 비정부 기구(NGO)에 대한 설명으로 옳지 <u>않은</u> 것은?

① 민간 기구에 해당한다.
② 국제 연합(UN) 산하 기관이다.
③ 각종 캠페인, 홍보 활동을 수행한다.
④ 시민들의 자발적인 참여가 가능하다.
⑤ 굿네이버스, 그린피스 등이 해당한다.

07 (가)는 어느 국가의 발전 수준을 측정하기 위한 지표이다. 이에 대한 설명으로 옳은 것은?

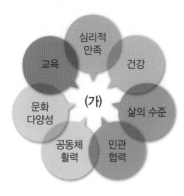

① 양적인 성장 지표이다.
② 빠른 경제 성장을 위해 개발되었다.
③ 주민들의 삶의 질 향상을 중시한다.
④ 수출액이 증가할수록 수치가 커질 것이다.
⑤ 환경, 교육의 질 개선보다는 소득 수준 향상에 중점을 둔다.

08 다음 글에서 설명하고 있는 기술 지원이 가장 필요한 지역으로 옳은 것은?

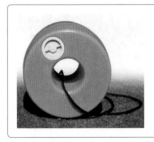

가볍고 운반하기 좋은 Q 드럼 물통을 사용하면서 물을 긷는 시간이 줄어들어 학교에 다닐 수 있는 아이들이 늘어날 것이다.

① 일 년 내내 추운 북극권
② 홍수가 잦은 동남아시아
③ 가뭄이 자주 발생하는 아프리카
④ 해발 5,000 m 이상의 안데스 산지 지역
⑤ 스위스, 오스트리아 등과 같은 내륙 국가

09 지도의 제목으로 가장 적절한 것은?

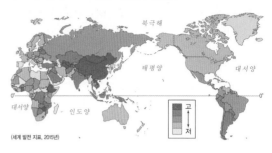

(세계 발전 지표, 2015년)

① 평균 기대 수명
② 1인당 국내 총생산
③ 연평균 경제 성장률
④ 1가구당 자동차 보유 대수
⑤ 고등 교육 기관(대학교) 졸업자 비율

서술형

10 그래프를 통해 확인할 수 있는 공정 무역의 한계점과 이를 해결하기 위한 방안을 서술하시오.

(http://www.mdpi.com/, 2013년)

01 세계 경제의 불평등을 해소하기 위한 방안으로 적절한 것을 〈보기〉에서 고른 것은?

보기

ㄱ. 국제 협력 기구의 지원 확대
ㄴ. 선진국에 대한 정보화 기기 지원
ㄷ. 비정부 기구(NGO)의 봉사 활동 지원
ㄹ. 다국적 기업의 활동에 대한 지원 강화

① ㄱ, ㄴ   ② ㄱ, ㄷ   ③ ㄴ, ㄷ
④ ㄴ, ㄹ   ⑤ ㄷ, ㄹ

02 (가), (나) 지역에 대한 설명으로 옳은 것은?

(가) 중·남부 아프리카, 동남아시아
(나) 북서부 유럽, 앵글로아메리카

① (가)는 (나)보다 교육 수준이 높다.
② (가)는 (나)보다 소득 수준이 높다.
③ (나)는 (가)보다 인구 증가율이 높다.
④ (나)는 (가)보다 산업화 시기가 늦다.
⑤ (나)는 (가)보다 인간 개발 지수가 높다.

단답형
03 다음 글에서 설명하고 있는 개념을 쓰시오.

한 나라의 개발 수준을 평가하기 위해 국제 연합 개발 계획(UNDP)이 고안한 지표이다. 저개발국과 선진국의 발전 수준의 차이를 단순히 경제적인 부분에서뿐 아니라 삶의 질, 복지 수준의 차이까지도 비교하기 위해 국민 소득, 고용, 교육, 건강 등을 종합적으로 고려하여 계산한다.

(   )

고난도
04 지도에 대한 설명으로 옳은 것은?

하루 1.25달러(약 1,466원) 보다 적은 돈으로 사는 사람들의 비율(%)
■ 50 이상 ■ 25~49.9
■ 10~24.9 □ 2~9.9
□ 2 이하 □ 자료 없음

(세계 발전 지표, 2015년)

① 지역 간 경제적 격차가 크다.
② 아시아, 아프리카는 유럽보다 소득 수준이 높을 것이다.
③ 남반구에 위치한 국가들은 대체로 경제 발전 수준이 높다.
④ 저위도에서 고위도 지역으로 갈수록 경제 발전 수준이 낮아진다.
⑤ 앵글로아메리카의 주민들은 라틴 아메리카의 주민들보다 소득 수준이 낮을 것이다.

05 다음 글에서 설명하고 있는 개념으로 옳은 것은?

선진국과 저개발국 간의 불공정한 무역으로 인해 발생하는 구조적인 빈곤 문제를 해결해 나가려는 시민운동이자 사업이다.

① 세계화   ② 자유 무역
③ 공정 무역   ④ 공간적 분업
⑤ 다국적 기업 활동

06 공적 개발 원조에 대한 옳은 설명을 〈보기〉에서 고른 것은?

보기

ㄱ. 무상 지원으로만 이루어진다.
ㄴ. 자본 및 기술 지원이 포함된다.
ㄷ. 비정부 기구가 중심이 되어 진행된다.
ㄹ. 저개발국의 경제 발전과 복지 증진을 목적으로 한다.

① ㄱ, ㄴ   ② ㄱ, ㄷ   ③ ㄴ, ㄷ
④ ㄴ, ㄹ   ⑤ ㄷ, ㄹ

07 표는 어떤 지표의 상위 5개국과 하위 5개국을 나타낸 것이다. 이 지표로 옳은 것은?

상위 5개국		하위 5개국	
순위	국가	순위	국가
1	노르웨이	184	부룬디
2	오스트레일리아	185	차드
3	스위스	186	에리트레아
4	덴마크	187	중앙아프리카 공화국
5	네덜란드	188	니제르

① 합계 출산율
② 인간 개발 지수
③ 국민 총 행복 지수
④ 1인당 국내 총생산
⑤ 연평균 경제 성장률

08 다음과 같은 노력이 지속될 경우 나타날 수 있는 변화로 가장 적절한 것은?

> 아프리카의 카카오를 원료로 만든 초콜릿 공장에서는 학교 수업 시간 중에는 아동 노동을 금지해 아동의 학습 권리를 보장하고 있다. 또한, 제3세계 어린이들이 직접 그려서 만든 엽서를 판매한 수익금은 다시 제3세계 어린이들을 위한 학교 건립 및 병원 건설비로 사용되고 있다.

① 지역 간 발전 수준의 차이가 벌어질 것이다.
② 저개발국의 정치적 민주화가 이루어질 것이다.
③ 저개발 지역 어린이들의 문맹률이 낮아질 것이다.
④ 선진국의 저개발국에 대한 지원이 중단될 것이다.
⑤ 학교에 가지 못하는 어린이 비율이 증가할 것이다.

09 (가), (나)와 같은 기술 지원을 무엇이라고 하는지 쓰고, 이 기술 지원 방식의 특징을 간략히 서술하시오.

(가)   (나)

▲ 폐자전거와 폐드럼통을 사용한 벼 탈곡기 제작 기술을 전수받아 쌀 수확량이 크게 증가한 케냐

▲ 병아리 사육 기술을 전수받아 닭 생산량을 크게 늘린 캄보디아

🖉 _____

_____

_____

10 유상 원조 방식의 장단점을 각각 쓰시오.

🖉 _____

_____

_____

11 다음 글은 중앙아메리카 공동 시장(CACM)에 대한 설명이다. 저개발국이 이와 같은 경제 협력 체제를 결성하는 이유를 간략히 서술하시오.

> 중앙아메리카 지역 통합 노력의 하나로 결성되었으며, 2017년 6월 현재 과테말라, 엘살바도르, 온두라스, 니카라과, 코스타리카가 회원국이다. 공동 시장이라는 명칭과는 달리 관세 동맹의 단계에서 경제 협력이 이루어지고 있다.

🖉 _____

_____

_____

자신만만 **적중문제**

01 지구상의 다양한 지리적 문제

[01~02] 지도를 보고 물음에 답하시오.

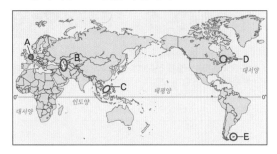

01 다음 글에서 설명하고 있는 갈등 지역을 지도의 A~E 에서 고른 것은?

> 이 지역은 대량의 석유와 천연가스가 매장되어 있는 것으로 밝혀지면서 주변 국가들 간의 갈등이 발생하고 있다. 이 지역을 호수로 볼 것이냐, 바다 로 볼 것이냐에 따라 주변 국가들의 자원 개발에 대한 권리와 이익 배분이 달라지기 때문이다.

① A ② B ③ C ④ D ⑤ E

02 A와 D 지역의 공통된 분쟁 발생 요인으로 가장 적절 한 것은?

① 종교 간 분쟁
② 독립 이후 영유권 분쟁
③ 서로 다른 언어의 사용
④ 자원 개발을 둘러싼 갈등
⑤ 지역 간 경제 발전 수준의 차이

03 다음은 어떤 현상의 주요 원인을 정리한 것이다. 이 현 상으로 옳은 것은?

> • 무분별한 남획
> • 외래종의 유입
> • 경제 개발로 인한 자연 훼손

① 사막화 현상   ② 영역 갈등 심화
③ 기아 문제 악화   ④ 생물 다양성 감소
⑤ 지구 온난화 현상

04 표의 (가)~(다)에 해당하는 지역을 지도의 A~C에서 고른 것은?

구분	(가)	(나)	(다)
실효 지배국	러시아	중국	일본
분쟁 당사국	러시아, 일본	중국, 베트남, 타이완	일본, 중국, 타이완
분포 자원	석유, 금, 수산물	석유, 천연가스, 구아노, 수산물	석유, 천연가스

	(가)	(나)	(다)
①	A	B	C
②	A	C	B
③	B	A	C
④	C	A	B
⑤	C	B	A

02 발전 수준의 지역 차

05 지도의 A~C 국가에 대한 옳은 설명을 〈보기〉에서 고 른 것은?

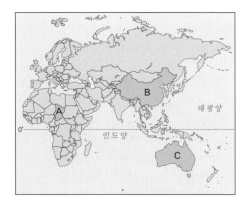

보기
> ㄱ. A는 B보다 총인구가 더 많다.
> ㄴ. A는 C보다 영양 결핍 인구 비율이 더 높다.
> ㄷ. C는 A보다 평균 소득 수준이 더 높다.
> ㄹ. C는 B보다 인구 밀도가 높다.

① ㄱ, ㄴ   ② ㄱ, ㄷ   ③ ㄴ, ㄷ
④ ㄴ, ㄹ   ⑤ ㄷ, ㄹ

06 지도는 세계 각국의 산업별 인구 구조를 나타낸 것이다. 이에 대한 설명으로 옳은 것은?

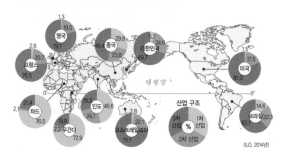

(ILO, 2014년)

① 아프리카는 아시아보다 1차 산업 비중이 높다.
② 중국은 미국보다 3차 산업 종사자 비중이 높다.
③ 우간다는 인도보다 3차 산업 종사자 비중이 높다.
④ 미국은 브라질보다 2차 산업 종사자 비중이 높다.
⑤ 경제 발전 수준이 높은 국가는 저개발국에 비해 1차 산업 종사자 비중이 높다.

03 지역 간 불평등 완화를 위한 노력

07 그림은 일반 커피와 공정 무역 커피의 수익 배분 구조를 나타낸 것이다. 이에 대한 옳은 설명을 〈보기〉에서 고른 것은?

일반 커피   공정 무역 커피

보기

ㄱ. 일반 커피는 공정 무역 커피보다 농민 수익 비중이 높다.
ㄴ. 일반 커피는 공정 무역 커피보다 유통 과정이 복잡하다.
ㄷ. 공정 무역 커피는 일반 커피보다 판매자의 이윤 비중이 높다.
ㄹ. 공정 무역 커피의 판매율이 높아질 경우 개발 도상국에 대한 개발 지원비가 증가할 것이다.

① ㄱ, ㄴ
② ㄱ, ㄷ
③ ㄴ, ㄷ
④ ㄴ, ㄹ
⑤ ㄷ, ㄹ

서술형 문제

08 지도는 아프리카의 국경과 부족 경계를 나타낸 것이다. 이 지도를 통해 추론할 수 있는 아프리카의 지리적 문제를 서술하시오.

—— 국경
—— 부족 경계

09 선진국과 저개발국의 지역 격차를 해소하기 위한 방안을 두 가지 서술하시오.

10 부탄의 '국민 총 행복 지수(GNH)'가 '국민 총생산(GNP)'을 비롯한 기존의 발전 지표와 다른 점을 간략히 서술하시오.

최고난도 문제

01 지도의 (가)~(다) 분쟁 지역에 대한 옳은 설명을 〈보기〉에서 고른 것은?

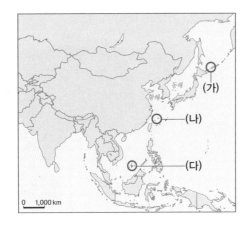

풀이 비법

❶ (가)~(다)가 어느 지역인지 확인한다.
❷ (가)~(다) 분쟁 지역의 당사국들이 어디인지 살펴본다.
❸ (가)~(다) 분쟁 지역의 분쟁 발생 원인을 확인한다.

보기

ㄱ. (가)는 현재 러시아가 실효 지배하고 있다.
ㄴ. (나)에서는 소수 민족의 분리·독립 운동이 진행되고 있다.
ㄷ. (다)는 (나)보다 분쟁 당사국 수가 더 많다.
ㄹ. (가)~(다)의 공통된 분쟁 당사국은 일본이다.

① ㄱ, ㄴ   ② ㄱ, ㄷ   ③ ㄴ, ㄷ
④ ㄴ, ㄹ   ⑤ ㄷ, ㄹ

02 지도는 인터넷 이용률이 70 % 이상인 국가 군과 30 % 미만인 국가 군을 나타낸 것이다. (가) 국가 군과 비교한 (나) 국가 군의 특징을 〈보기〉에서 고른 것은?

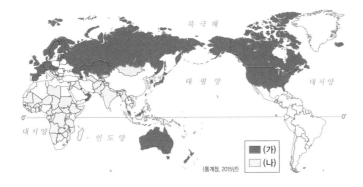

풀이 비법

❶ (가), (나) 국가 군 중 인터넷 이용률 70 % 이상인 국가 군과 30 % 미만인 국가 군을 구분해 본다.
❷ 인터넷 이용률이 높은 국가 군의 특징을 생각해 본다.
❸ 인터넷 이용률이 낮은 국가 군의 특징을 생각해 본다.

보기

ㄱ. 1인당 평균 소득이 높다.
ㄴ. 촌락 거주 인구 비중이 높다.
ㄷ. 1차 산업 종사자 비중이 높다.
ㄹ. 정보화 산업 발달 정도가 높다.

① ㄱ, ㄴ   ② ㄱ, ㄷ   ③ ㄴ, ㄷ
④ ㄴ, ㄹ   ⑤ ㄷ, ㄹ

핵심 내용 다시 보기

1 인권과 헌법

01 인권의 이해 ─────────────

인권	의미	인간이 인간답게 살아가기 위해 마땅히 누려야 할 권리
	중요성	인간이라면 누구나 자유롭고 평등한 권리를 누려야 하며, 인간으로서의 존엄과 가치를 존중받아야 함

기본권	의미	헌법에 의하여 보장되는 국민의 기본적인 권리
	인간의 존엄과 가치 및 행복 추구권	모든 기본권이 추구하고 지향해야 할 최고의 가치
	평등권	합리적인 이유 없이 차별받지 않을 권리
	자유권	국가 권력으로부터 간섭받지 않고 자유롭게 생활할 권리
	참정권	국가의 정치적 의사 형성과 국가 기관의 형성 과정에 참여할 수 있는 권리
	사회권	국가에 인간다운 생활의 보장을 요구할 수 있는 권리
	청구권	국가에 특정한 행위를 요구하거나 침해당한 기본권의 구제를 청구할 수 있는 권리

기본권 제한	필요성	기본권은 다른 사람의 권리를 해치지 않는 범위 내에서 보장되며, 공익이나 질서 유지를 위해 제한할 수 있음
	요건	국가 안전 보장, 질서 유지, 공공복리를 위하여 필요한 경우
	한계	• 국회에서 제정한 법률로써 제한해야 함 • 자유와 권리의 본질적인 내용은 침해할 수 없음

02 인권 침해와 구제 방법 ─────────────

인권 침해	의미	인간으로서 가진 권리 혹은 기본권을 존중받지 못하는 것
	국가 기관을 통한 구제 방법	• 법원: 소장 제출 → 재판을 통한 권리 구제 • 헌법재판소: 위헌 법률 심판, 헌법 소원 심판 • 국가 인권 위원회: 진정 → 조사를 통한 개선 권고

03 근로자의 권리와 노동권 침해의 구제 ─────────────

근로자의 권리	노동권	근로자가 쾌적한 환경에서 합당한 대우를 받으며 일할 권리
	헌법에 보장된 노동권	• 근로의 권리 • 노동 삼권 • 최저 임금제 시행
	근로 기준법	헌법에 따라 근로 조건의 기준을 정한 법률

노동 삼권	단결권	근로자가 근로 조건의 향상을 위해 노동조합 등의 단체를 결성하고 가입하여 활동할 수 있는 권리
	단체 교섭권	노동조합이 근로 조건 등에 관해 사용자와 의논하고 절충할 수 있는 권리
	단체 행동권	사용자와 의견이 일치하지 않으면, 노동조합이 이에 대항하여 일정한 절차를 거쳐 쟁의 행위를 할 수 있는 권리

노동권 침해	종류	부당 해고, 부당 노동 행위, 인권 침해 등
	구제 방법	지방 노동 위원회에 구제 신청 → 불복 시 중앙 노동 위원회에 재심 신청 → 불복 시 행정 소송 제기

2 헌법과 국가 기관

01 국회의 위상과 역할

국회	위상	• 국민이 선출한 사람들로 구성된 국민의 대표 기관 • 국민의 의사를 반영하여 법률을 만드는 입법 기관
	구성	• 국회 의원: 지역구 국회 의원, 비례 대표 국회 의원 • 국회 의장 1명, 부의장 2명 • 상임 위원회: 17개 분야로 나누어 전문성을 가진 의원들이 관련된 안건 심사 • 교섭 단체: 중요 사안에 대해 소속 의원들의 의사를 사전에 통합·조정

국회의 기능	입법에 관한 권한	법률의 제정 및 개정
	재정에 관한 권한	• 행정부가 제출한 예산안 심의·확정 • 정부의 예산 집행 심사
	일반 국정에 관한 권한	• 국정 감사권 • 국정 조사권 • 국무총리, 대법원장, 헌법재판소장 등의 임명에 대한 동의권

02 대통령과 행정부의 역할

대통령	행정부 수반으로서 권한	행정부 지휘·감독권, 공무원 임면권, 국군 통수권, 국무 회의 의장으로서의 권한 등
	국가 원수로서 권한	외교에 관한 권한, 헌법 기관 구성권, 긴급 명령권, 계엄 선포권 등

행정부	의미	법률을 집행하고, 정책을 수립·실행하는 국가 기관
	기능	• 법을 실행에 옮김 • 공익 실현과 국민 보호를 위한 정책 수행

행정부의 조직	대통령	행정부의 수반으로서 행정부 지휘·감독
	국무총리	• 대통령의 국정 운영 보좌 • 행정 각부 관리·감독
	행정 각부	구체적인 행정 사무 처리
	각부 장관	• 각부의 행정 사무 지휘·감독 • 국무 회의 참석
	국무 회의	행정부 최고 심의 기관
	감사원	• 세금이 제대로 쓰이는지 검사 • 행정 기관과 공무원의 직무 감찰

03 법원과 헌법재판소의 역할

사법(司法)	의미	법을 해석하고 적용하여 분쟁을 해결하는 국가 작용
	사법권의 독립	법관이 입법부나 행정부의 간섭 없이 헌법과 법률에 따라 독립하여 심판하는 것

법원의 조직	대법원	사법부 최고 법원으로 3심 재판 담당
	고등 법원	지방 법원의 1심 재판에 대한 항소 사건 담당
	지방 법원	민사 또는 형사 사건의 1심 재판 담당

헌법재판소의 위상과 역할	위상	• 기본권 보장 기관 • 헌법 수호 기관
	위헌 법률 심판	법률의 헌법 위반 여부 심판
	탄핵 심판	고위 공직자의 파면 여부 심판
	정당 해산 심판	헌법 이념에 어긋나는 정당의 해산 여부 심판
	권한 쟁의 심판	국가 기관 사이의 권한 다툼 심판
	헌법 소원 심판	국가 권력의 기본권 침해 여부 심판

3 경제생활과 선택

01 합리적 선택과 경제 체제

경제 활동	의미	재화와 서비스의 생산, 분배, 소비와 관련된 모든 활동
	생산	• 재화나 서비스를 만들어 내거나 가치를 증대시키는 활동 • 제조·운반·저장·판매 등이 포함됨
	분배	생산 요소를 제공하고 그 대가를 받는 활동
	소비	• 만족감을 얻기 위해 재화나 서비스를 사용하는 활동 • 분배를 통해 얻은 소득으로 소비 생활이 이루어짐

합리적 선택	자원의 희소성	인간의 욕구에 비해 이를 충족시킬 수 있는 자원이 한정되어 있음 → 선택의 문제 발생
	기회비용	어떤 것을 선택함으로써 포기하게 되는 여러 대안이 갖는 가치 중 가장 큰 것
	합리적 선택	편익이 기회비용보다 큰 대안을 선택해야 함

기본적인 경제 문제	종류	• 생산물의 종류와 수량의 문제 • 생산 방법의 문제 • 분배의 문제
	해결 방법	• 효율성: 최소의 비용으로 최대의 효과를 얻는 것 • 형평성: 생산에 기여한 대로 공정하게 분배하는 것 • 효율성과 형평성을 고려하여 해결해야 함

경제 체제	시장 경제 체제	개인과 기업의 자율적인 결정에 따라 경제 문제 해결
	계획 경제 체제	정부의 계획과 통제에 따라 경제 문제 해결
	혼합 경제 체제	시장 경제 체제와 계획 경제 체제가 혼합된 경제 체제

02 기업의 역할과 사회적 책임

기업	역할	생산 활동의 주체로서 재화나 서비스 생산
	긍정적 영향	• 일자리 창출 • 경제 활성화 • 정부 재정 확충
	기업의 사회적 책임	기업이 사회 전체의 이익에 부합하도록 의사 결정을 하는 것
	기업가 정신	새로운 아이디어로 상품을 개발하고 새로운 시장을 개척하려는 기업가의 혁신적인 자세

03 바람직한 금융 생활

일생 동안의 경제생활	시기에 따른 소득과 소비	• 소득은 청년기부터 중·장년기에 주로 발생 • 경제적 은퇴 이후에는 소득이 감소하지만, 소비는 지속됨
	경제생활	일생의 소득과 소비를 고려하여 경제생활을 계획하고 실천해야 함

자산 관리	필요성	불확실한 상황이나 노후 대비
	방법	• 예금과 적금 • 주식 • 채권 • 보험
	고려해야 할 사항	• 안전성 • 수익성 • 유동성

신용	의미	채무자의 상환 능력이나 이에 대한 믿음
	신용 관리의 중요성	• 신용이 낮으면 대출이 어렵고 대출이 가능하다고 해도 상대적으로 높은 이자를 지불해야 함 • 현대 사회는 신용 사용이 일상화되고 있음

4 시장 경제와 가격

01 시장의 의미와 종류

시장의 의미와 역할

의미	상품을 팔려는 사람과 사려는 사람이 만나 거래를 하는 곳
역할	• 거래에 들어가는 시간과 비용 절약 • 분업과 특화 촉진 • 수요와 공급을 연결하여 시장 가격 형성

다양한 시장의 종류

시장의 종류	재래시장, 대형 마트, 인터넷 쇼핑몰, 홈 쇼핑몰, 주식 시장, 노동 시장 등
시장의 형태	• 구체적 시장: 특정한 형태와 장소를 가짐 • 추상적 시장: 특정한 형태와 장소 없이 거래가 이루어짐
새롭게 등장하는 시장	• 인터넷·모바일 쇼핑몰 등의 전자 상거래 시장, 주식 시장 등 • 정보·통신 기술의 발달로 전자 상거래 시장의 비중이 확대됨

02 수요·공급과 시장 가격의 결정

수요와 수요 법칙

수요	상품을 구입하고자 하는 욕구
수요량	일정한 가격에서 소비자가 구입하고자 하는 상품의 양
수요 법칙과 수요 곡선	• 수요 법칙: 가격과 수요량의 역의 관계 • 수요 곡선: 수요 법칙을 나타낸 우하향 모양의 그래프

공급과 공급 법칙

공급	상품을 팔고자 하는 욕구
공급량	일정한 가격에서 공급자가 판매하고자 하는 상품의 양
공급 법칙과 공급 곡선	• 공급 법칙: 가격과 공급량의 정의 관계 • 공급 곡선: 공급 법칙을 나타낸 우상향 모양의 그래프

시장 가격의 결정

초과 수요	수요량 〉 공급량 → 가격 상승
초과 공급	수요량 〈 공급량 → 가격 하락
시장 가격	• 수요량과 공급량이 일치하는 점에서 결정됨 • 균형 가격: 시장 가격이 결정되는 점의 가격 • 균형 거래량: 시장 가격이 결정되는 점의 거래량

03 시장 가격의 변동

수요의 변동

의미	가격 이외의 요인이 변하여 수요가 증가하거나 감소하는 것
수요 증가	• 요인: 수요자 증가, 소득 증가, 대체재 가격 상승, 보완재 가격 하락 등 • 수요 곡선이 오른쪽으로 이동 → 균형 가격 상승, 균형 거래량 증가
수요 감소	• 요인: 수요자 감소, 소득 감소, 대체재 가격 하락, 보완재 가격 상승 등 • 수요 곡선이 왼쪽으로 이동 → 균형 가격 하락, 균형 거래량 감소

공급의 변동

의미	가격 이외의 요인이 변하여 공급이 증가하거나 감소하는 것
공급 증가	• 요인: 생산 기술의 발전, 생산 요소의 가격 하락, 공급자의 수 증가 등 • 공급 곡선이 오른쪽으로 이동 → 균형 가격 하락, 균형 거래량 증가
공급 감소	• 요인: 생산 요소의 가격 상승, 공급자의 수 감소 등 • 공급 곡선이 왼쪽으로 이동 → 균형 가격 상승, 균형 거래량 감소

5 국민 경제와 국제 거래

01 국내 총생산과 경제 성장

국내 총생산의 의미와 한계점	의미	한 국가의 국경 안에서 일정 기간 동안 새롭게 생산된 재화와 서비스들의 최종 시장 가치의 합
	1인당 국내 총생산	국내 총생산을 전체 인구수로 나눈 값
	국내 총생산의 한계점	• 시장에서 거래되는 것만을 대상으로 계산 • 개개인의 소득 수준을 나타내지 못함 → 사람들의 삶의 질이나 복지 수준을 설명하지 못함

경제 성장과 삶의 질	의미	경제 성장이란 국내 총생산의 증가를 의미
	영향	경제 성장 → 국민 소득 증가, 의료 서비스의 양과 질 확대, 교육 기회 확대, 다양한 문화 시설 보급 → 삶의 질 향상

02 물가 상승과 실업

물가 상승의 의미와 원인	의미	• 물가: 여러 상품들의 가격을 종합한 평균적인 가격 수준 • 인플레이션: 물가가 지속적으로 상승하는 현상
	원인	• 수요 측면: 전체적인 수요 〉 전체적인 공급 • 공급 측면: 생산 비용 상승

물가 상승의 영향과 대책	영향	• 화폐 가치 하락으로 구매력 하락 • 생산 요소 가격의 상승으로 인한 생산 둔화 • 부와 소득을 불공평하게 재분배함
	대책	• 과소비 자제 • 기업의 신기술 개발 • 정부의 물가 안정화 정책

실업의 원인과 대책	의미	일할 능력과 일할 의사가 있음에도 불구하고 일자리가 없는 상태
	원인	• 경기 침체 • 특정 산업의 쇠퇴 • 계절의 변화 • 자발적 의사
	영향	• 개인적 측면: 소득 감소, 자신감 하락, 심리적 불안 등 • 사회적 측면: 소비 둔화, 경기 침체, 인력 자원의 낭비
	대책	• 정부: 경기 회복 정책 실시, 취업 정보 제공 • 기업: 새로운 일자리 창출 • 근로자: 직업 능력 개발

03 국제 거래와 환율

국제 거래의 필요성과 확대	의미	국가 간에 이루어지는 상업적 거래(=국제 교역)
	교역의 이익	• 자기 나라에 없거나 부족한 상품·서비스 사용 • 상품 선택 기회 확대 • 외국 기업과의 경쟁을 통한 국내 기업의 생산성 향상
	확대	• 국제 거래 규모의 양적 확대 • 재화뿐만 아니라 서비스 및 자본, 노동으로 교역 대상 확대

환율의 의미와 결정	의미	자국 화폐와 외국 화폐의 교환 비율
	결정	• 외환 시장에서의 외화 수요와 공급에 의해 결정 • 환율 상승: 외화 수요가 증가하는 경우 환율 상승 • 환율 하락: 외화 공급이 증가하는 경우 환율 하락

6 국제 사회와 국제 정치

01 국제 사회의 특성과 행위 주체

국제 사회	의미	주권을 가진 여러 나라가 교류하며 공존하는 사회
	특징	• 중앙 정부가 존재하지 않음 • 자국의 이익 최우선 • 힘의 논리 지배 → 군사력과 경제력이 막강한 강대국이 이끌어 가는 경우가 많음 • 갈등과 협력의 공존

국제 사회의 행위 주체	국가	가장 기본적이고 전형적인 행위 주체
	국제기구	• 정부 간 국제기구 • 비정부 간 국제기구
	다국적 기업	국제를 무대로 경제 활동을 하는 기업
	개인	주요 국제기구 수장, 국가 원수 등

02 국제 사회의 모습과 공존을 위한 노력

국제 사회의 경쟁, 갈등, 협력	유형	• 자국의 이해관계에 따라 협력·경쟁 • 경쟁이 지나치면 갈등이 발생하기도 함 • 갈등이 지나치면 분쟁 및 전쟁으로 이어지기도 함
	주요 원인	• 민족과 종교의 차이 • 각국의 가치관과 역사적 경험의 차이 • 제한된 자원과 영토를 둘러싼 대립 • 세계 무역 시장에서 우위 확보 추구

국제 사회의 공존을 위한 노력	외교	• 의미: 한 국가가 국제 사회에서 평화적인 방법으로 자국의 이익을 달성하기 위한 활동 • 국제 사회의 문제를 해결하기 위한 활동의 기본이 됨
	오늘날 외교	• 효과적인 외교 정책의 중요성이 강조되고 있음 • 공식적 외교를 비롯하여 세계화, 개방화로 '민간 외교'도 중시됨

03 우리나라의 국가 간 갈등과 해결

독도 문제	역사적 사실	삼국 시대 이후로 독도는 줄곧 우리나라의 영토
	일본의 주장	독도 영유권이 일본에 있다고 억지 주장
	우리나라의 주장	수많은 고지도, 고문서 등 역사적 근거가 우리 땅임을 보여 주고 있음

일본·중국과의 갈등	일본과의 갈등	역사 교과서 왜곡 문제, 일본군 '위안부' 문제, 세계 지도 동해 표기 문제 등
	중국과의 갈등	중국의 동북공정과 관련된 역사 왜곡 문제, 중국 어선의 불법 조업 문제 등

우리나라의 국가 간 갈등 해결	중요성	• 세계화에 따른 국가 간 협력의 중요성이 커지고 있음 • 평화적이고 합리적인 대화를 통한 해결 필요 • 상호 존중의 자세 필요 • 시민 단체나 개인의 노력도 필요함

7 인구 변화와 인구 문제

01 인구 분포

세계 인구 분포	자연적 요인	지형, 기후, 식생, 토양 등의 영향
	인문적 요인	교통, 산업, 문화, 역사, 자원 등의 영향
	인구 밀집 지역	기후가 온화하고 산업이 발달한 지역
	인구 희박 지역	자연환경이 불리하고 생활 기반 시설이 미약한 지역

우리나라 인구 분포	인구 밀집 지역	수도권, 남동 임해 공업 지역, 지방 대도시와 인근 위성 도시
	인구 희박 지역	태백산맥과 소백산맥 일대의 산지 지역, 전라남도 지역, 농어촌 지역

인구 분포 요인의 변화	과거	주로 자연환경의 영향을 많이 받아, 기후가 온화하고 평야가 발달한 지역에 인구 집중 분포
	산업화 이후	인문 환경의 영향을 많이 받아, 일자리가 풍부한 도시 지역에 인구 집중 분포

02 인구 이동

인구 이동	의미	거주를 목적으로 한 장소에서 다른 장소로 이동하는 현상
	유형	국제 이동과 국내 이동, 일시적 이동과 영구적 이동, 강제적 이동과 자발적 이동 등
	요인	좋은 조건을 찾거나 나쁜 조건을 피하고자 이동

인구 유입·유출 지역	유입 지역	• 주로 선진국 • 북아메리카, 서부 유럽, 오세아니아
	유출 지역	• 주로 개발 도상국 • 중앙아메리카 및 남아메리카, 아프리카

인구 이동에 따른 갈등	유입 지역	원주민과 이주민 간의 문화 차이로 갈등 발생
	유출 지역	난민 문제, 노동력 부족 현상 발생

03 인구 문제

선진국의 인구 문제	저출산 문제	여성의 지위 향상과 사회 활동 증가로 출생률 저하
	고령화 문제	의학의 발달과 생활 수준의 향상 등으로 인구의 고령화
	대책	• 출산 장려금, 양육 보육 시설 확충 등 • 정년 연장, 연금 제도, 노인 복지 정책

개발 도상국의 인구 문제	인구 급증	농업 중심 사회로 인한 높은 출생률
	문제점	식량 자원 부족, 실업 문제, 주택 부족, 교통 혼잡, 환경 오염 유발 등
	대책	• 식량 증산을 위한 경제 개발로 인구 부양력 증대 • 인구 억제 정책

우리나라의 인구 문제	저출산 문제	여성의 사회적 진출 증가, 양육비 증가 등으로 인한 저출산
	고령화 문제	의학 기술 발달로 인한 평균 수명 연장
	대책	출산 지원금, 양육비 지급, 노인 복지 시설 확충, 실버산업 확충 등

8 사람이 만든 삶터, 도시

01 세계의 매력적인 도시

도시의 특징	인구 밀도	인구가 많고, 일정한 면적에 많은 사람이 거주하여 인구 밀도가 높음
	직업 구성	2·3차 산업 종사자의 비율이 높음
	토지 이용	집약적인 토지 이용으로 높은 건물이 증가
	기능	공산품과 고차원의 서비스 기능을 촌락에 제공하고 촌락으로 부터는 농산물과 여가 활동 공간을 제공 받음

세계적인 도시의 특징	유형	• 독특한 지형을 바탕으로 한 도시 • 문화 예술적인 자원이 풍부한 도시 • 오랜 역사를 보여주는 유산이 많은 도시 • 아름다운 자연 경관을 지닌 도시 • 종교적 색채를 품은 도시
	주요 랜드마크	자유의 여신상(미국 뉴욕), 피라미드(이집트 카이로), 타지마할(인도 아그라), 부르즈 할리파(아랍 에미리트 두바이), 에펠탑(프랑스 파리) 등

02 도시 내부의 다양한 경관

지역 분화	의미	도시의 규모가 커지고 기능이 다양해지면서 비슷한 종류의 기능끼리 분화되는 현상
	접근성	특정 지역에 도달하기 쉬운 정도, 도심 지역이 높음
	지대	토지 이용을 통해 얻을 수 있는 수익 또는 타인의 토지를 이용하고 지불해야 하는 비용
	지가	토지의 가격을 의미, 땅의 임대료 등을 포괄한 땅의 가치

도시 내부 구조	도심	중추 관리 기능, 전문 서비스업, 고급 상점 등이 집중, 인구 공동화 현상
	부도심	도심의 기능을 일부 분담하여 도심의 과밀화 해소
	주변 지역	대규모 주택 단지와 학교, 공장이 들어섬

03 선진국과 개발 도상국의 도시화

선진국의 도시화	과정	도시화가 점진적으로 진행
	도시 문제	오래된 건물과 노후화된 도시 시설

개발 도상국의 도시화	과정	도시화가 급속히 진행
	도시 문제	주택 부족, 교통 혼잡, 환경 오염 등

04 살기 좋은 도시

도시 문제	교통 문제	교통 체증, 주차 시설 부족
	주택 문제	주택 부족, 낡은 불량 주택
	환경 오염 문제	대기 오염, 수질 오염, 쓰레기 처리 문제

살기 좋은 도시의 조건	기준	국가, 인종, 개인의 취향에 따라 기준이 다르지만 일정 부문 공통점이 있음
	공통 조건	• 아름다운 자연환경 • 안전한 생활 • 다양한 편의 시설 • 편리한 교통

9 글로벌 경제 활동과 지역 변화

01 농업의 세계화와 지역의 변화

농업의 세계화	의미	전 세계를 대상으로 한 농작물의 생산과 판매
	배경	교통·통신의 발달로 지역 간 교류 증가, 자유 무역 확대

농업의 기업화	의미	많은 자본과 기술을 투입하여 대량으로 농작물 재배
	특징	• 대량 생산 • 다국적 기업이 농작물의 생산, 가공, 상품화의 전 과정 담당

농업 생산 구조와 토지 이용 변화	선진국	• 대규모의 상업적 농업 발달 • 농작물의 대량 생산 • 농업 생산의 기업화
	개발 도상국	• 플랜테이션 중심의 농업으로 곡물 생산량 및 자영농 감소 • 곡물 수입 증가, 상업적 농업 확대

02 다국적 기업과 생산 지역의 변화

다국적 기업	의미	국경을 넘어 제품의 기획·생산·판매 활동을 하는 기업
	성장 배경	교통과 통신의 발달, 세계 무역 기구(WTO)의 등장, 자유 무역 협정(FTA)의 확대 → 경제 활동의 세계화 촉진
	성장 과정	기업의 규모가 커지면서 본사, 연구소, 생산 공장, 영업 지점 등이 세계 각지로 분산

공간적 분업	의미	기업의 기획 및 관리, 연구, 생산, 판매 기능이 공간적으로 분리되는 공간적 분업 현상
	기능별 입지	• 본사와 연구소: 선진국에 주로 입지 • 생산 공장: 땅값이 저렴하고 값싼 노동력이 풍부한 개발 도상국에 주로 입지

다국적 기업과 지역의 변화	본국	공장이 다른 지역으로 이동하면 일자리 감소, 실업자 증가, 지역 경제 침체 등의 문제 발생
	생산 지역의 긍정적 영향	• 고용 창출 • 지역 경제 활성화 • 기술 및 경영 기법의 습득
	생산 지역의 부정적 영향	• 해외 경제 의존도 심화 • 산업 경쟁력 약화 • 환경 오염 증대

03 서비스업의 변화와 주민 생활

탈공업화 사회	의미	제조업보다 서비스업이 산업이 경제 성장을 이끄는 사회
	배경	공업의 기계화와 자동화 → 공업의 노동력이 서비스업으로 이동
	특징	• 생산과 고용에서 공업 비중 감소, 서비스업 비중 증가 • 대부분의 선진국이 해당

서비스업의 세계화	배경	• 교통의 발달로 세계 각국의 교류 확대 • 관광·금융·유통 등의 분야에서 국가 간의 경계가 약화됨
	영향	• 선진국은 서비스업 업무의 일부를 개발 도상국으로 분산하여 운영 • 다국적 기업들이 세계 각지에 전화 상담실 운영

유통업의 변화	현황	전자 상거래의 확대
	영향	• 상품 구매의 시간과 공간적 제약 극복 • 택배 산업의 발달과 물류 창고업의 발달 • 전 세계적으로 전자 상거래 성장
	전자 상거래	• 유통업 발전의 주요 역할 담당 • 상품 구매의 편리성 때문에 전 세계적으로 성장

10 환경 문제와 지속 가능한 환경

01 전 지구적 기후 변화와 해결 노력

기후 변화	의미	기후 환경이 자연적·인위적 요인의 영향으로 변화하는 현상
	자연적 요인	• 화산 활동에 따른 화산재 분출 • 태양 활동의 변화
	인위적 요인	• 화석 연료 사용 증가에 따른 온실가스 배출 • 무분별할 토지 및 삼림 개발 • 도시화

온실 효과와 온실 가스	온실 효과	온실가스가 지구 복사 에너지가 방출되는 것을 방해하여 지구 표면의 온도가 높게 유지되는 현상
	온실가스	이산화탄소, 메탄 등 온실 효과를 일으키는 가스

지구 온난화	의미	대기 중에 온실가스의 양이 많아지면서 온실 효과가 과도하게 나타나 지구의 평균 기온이 높아지는 현상
	영향	• 극지방과 고산 지역의 빙하 감소 • 해수면 상승: 일부 섬나라의 존립을 위협 • 빈번한 집중 호우와 홍수 등 이상 기후 발생 증가

지구 온난화 해결을 위한 노력	국제 사회	• 국제 협약 체결: 파리 협정, 교토 의정서 등 • 과제: 선진국과 개발 도상국의 입장 차 존재
	정부	기후 변화 대응책 마련
	개인	일상생활 속에서 실천하는 노력이 필요

02 환경 문제 유발 산업의 국가 간 이전

오염 수출	특징	선진국에서 개발 도상국으로 환경 문제 유발 산업이 이전
	문제	개발 도상국의 환경 오염 심화

전자 쓰레기	의미와 특징	• 사용하고 난 전자 제품에서 나오는 폐기물 • 치명적인 중독을 일으키거나 유독 화합물을 발산함
	이동	• 기부를 명목으로 사실상 전자 쓰레기 교역이 이루어지고 있음 • 이동 방향: 선진국 → 개발 도상국
	규제	바젤 협약 등으로 유해 폐기물의 교역을 규제

03 생활 속의 환경 쟁점

환경 쟁점	의미	환경 문제 중 그 원인과 해결 방안이 입장에 따라 서로 다른 것
	주요 환경 쟁점	유전자 재조합 농산물(GMO), 원자력 발전소, 간척 사업 등

유전자 재조합 농산물 (GMO)	의미	생물체의 유전자를 특정 목적에 맞도록 일부 변형하여 만든 농산물
	찬성 입장	• 저렴한 비용, 병충해에 강함 • 많은 생산량으로 식량 부족 해결 등
	반대 입장	• 인체에 대한 안정성 확보 미비 • 유전자 재조합 식품 완전 표시제 필요 등

원자력 발전소	의미	핵분열을 통해 전력을 생산하는 발전소
	찬성 입장	• 전력 생산 효율성이 높음 • 이산화 탄소 발생량이 적음
	반대 입장	• 방사능 오염 등의 문제 발생 • 사고 발생 시 막대한 피해 발생

간척 사업	의미	갯벌을 메워 육지화하여 농업 및 공업 용지로 사용
	찬성 입장	농경지나 산업 부지가 늘어남
	반대 입장	생태계와 어민 생활권 파괴

11 세계 속의 우리나라

01 우리나라의 영역과 독도

영역	의미	한 나라의 주권이 미치는 범위, 국민 생활이 이루어지는 생활 터전
	구성	영토, 영해, 영공

영토	구성	한반도와 부속 섬
	특징	삼면이 바다로 둘러싸인 반도국

영해	구성	영토 주변 바다, 기준선으로부터 12해리까지의 범위
	영해의 설정 기준	• 통상 기선: 최저 조위선 • 직선 기선: 가장 외곽에 있는 섬이나 곶을 연결한 선
	우리나라의 영해	• 동해안, 제주도, 울릉도, 독도: 통산 기선으로부터 12해리 적용 • 서해안, 남해안, 동해안 일부: 직선 기선으로부터 12해리 적용 • 대한 해협: 직선 기선으로부터 3해리 적용

영공	구성	영토와 영해의 상공, 대기권까지로 제한
	특징	최근 통신 및 항공 교통 발달로 중요성이 커짐

독도	위치	• 우리나라의 극동 • 울릉도에서 동남쪽으로 87.4 km 떨어진 곳에 위치
	가치	• 영역적 가치: 태평양을 향한 전진 기지 역할 • 경제적 가치: 조경 수역으로 풍부한 어족 자원, 메탄하이드레이트 매장 • 환경 및 생태적 가치: 다양한 동식물 서식, 독특한 화산 지형
	역사 속의 독도	다양한 고문헌과 고지도에서 독도가 우리땅이라는 근거 발견
	독도를 지키기 위한 노력	안용복, 독도 의용대, 사이버 외교 사절단 반크 등

02 우리나라 여러 지역의 경쟁력

여러 지역의 경쟁력	해안 지역의 특징	• 서해안: 갯벌 발달 • 남해안: 다도해 • 동해안: 모래사장과 해돋이 명소
	세계 유산 등재	• 세계 자연 유산: 제주 화산섬과 용암동굴 • 세계 문화유산: 경주 역사 유적 지구, 화성 등

지역화 전략	의미	지역의 경쟁력을 높이기 위해 다른 지역과 차별화되는 계획을 마련하는 것
	목적	주민의 정체성 확보, 자긍심 제고, 지역의 경제 발전 등
	지역 브랜드	차별화된 지역 특성을 상품화
	지역 축제	• 소재: 자연환경, 역사·문화적 특징, 산업, 인물 등 • 지역 발전, 주민 화합에 이바지

03 통일 이후 국토 공간

우리나라의 지리적 장점	육교적 위치	유라시아 대륙과 태평양을 잇는 위치, 동아시아 교통의 요지
	동아시아의 중심	동아시아의 관문이자 중심축 역할 기대

통일의 필요성	분단 문제	• 한반도의 위상 약화 • 과도한 군사비 지출 • 민족 간 대립 심화 • 이산가족 문제
	필요성	• 한반도의 지리적 장점 회복 • 한반도의 평화와 세계 평화에 기여 • 우리나라 위상 강화
	통일 이후의 미래 모습	• 민족 동질감 회복 • 한반도의 잠재력 발휘와 경제 성장 • 세계의 중심 국가로 발전

12 더불어 사는 세계

01 지구상의 다양한 지리적 문제

영역을 둘러싼 분쟁	영역 분쟁	영토 또는 영해의 주권을 두고 벌어지는 국가 간의 분쟁
	원인	민족·종교 갈등, 자원 개발을 둘러싼 갈등 등
	영토 갈등	팔레스타인, 포클랜드, 카슈미르 분쟁 등
	영해 갈등	북극해 연안, 센카쿠 열도, 난사 군도 등

기아 문제의 현황	발생	식량 부족으로 충분한 영양을 섭취하지 못해 발생
	특징	지역 차가 매우 큼
	지역	아프리카, 아시아의 기아 문제 심각

기아 문제의 원인	자연적 요인	지구 온난화로 인한 홍수, 가뭄과 병충해 등
	식량 작물의 용도 변화	바이오 에너지 연료나 가축 사료 작물로 이용되는 비중 증가
	분배 불균형	• 다국적 곡물 기업의 독과점 • 선진국과 저개발국의 식량 분배 불균형 심화

생물 다양성 감소	현황	매년 2만 5천여 종의 동식물이 멸종되고 있음
	원인	• 산업화와 도시화 • 인구 증가와 환경 요염 • 외래종의 유입 등
	영향	• 생태계 안정성과 자정 능력 파괴 • 인류의 삶의 질 저하와 생존 위기 유발
	노력	생물·다양성 유지를 위해 국제 연합은 1992년 생물 다양성 협약 채택

02 발전 수준의 지역 차

발전의 지역 차	원인	• 부존자원의 차이 • 산업화 시기, 정치적 안정도
	현황	유럽 및 북아메리카는 아시아, 아프리카에 비해 발전 수준이 높음

발전을 위한 노력	외국 자본 유치	투자 유치를 통한 사회 기반 시설 확충
	경제 협력 체제 결성	선진국에 공동으로 대응하기 위함

03 지역 간 불평등 완화를 위한 노력

지역 간 불평등 문제	특징	선진국은 부유하지만 저개발 국가의 일부 주민들은 식량 부족과 빈곤 등 어려운 상황

국제 사회의 노력	국제 기구의 역할	• 지역 간 불평등 문제 해결과 국가 간 협력을 유도 • 국제 연합(UN)과 그 산하 기구, 경제 협력 개발 기구(OECD) 등
	공적 개발 원조	저개발 국가의 빈곤 문제를 해결하기 위해 국제 사회가 재정 및 기술 물자 등을 지원 하는 것
	국제 비정부 기구(NGO)	• 자발적 시민 단체 • 시민들의 참여 독려, 관심 유발 • 그린피스, 국경 없는 의사회, 세이브 더 칠드런 등
	공정 무역	선진국과 저개발 국가 사이의 불공정한 무역을 개선하여 저개발 국가의 생산자에게 정당한 가격을 지급하는 무역 방식

성과와 한계	성과	• 경제 발전을 위한 기반 조성 • 최소한의 삶의 조건 보장
	한계	• 안정적 지원 체계 마련이 어려움 • 주민 간의 갈등 유발

MEMO

정답과 해설

01 인권의 이해

기초튼튼 기본문제   8~9쪽

01 ②   02 ③   03 ③   04 기본권
05 ④   06 ②   07 ②   08 ③   09 ④
10 ③   11 해설 참조

01 인간이 인간답게 살아가기 위해 마땅히 누려야 할 권리는 인권이다.

02 인권은 인간이 태어나면서부터 당연히 가지는 권리로, 모든 사람에게 차별 없이 부여된다.

03 인권은 모든 사람에게 평등하게 주어지며 누구에 의해서도 침해될 수 없다.
| **오답 피하기** | ㄱ. 인권은 법에 규정되어 있지 않아도 당연히 보장받아야 할 보편적인 권리이다. ㄹ. 인권은 인간이라면 누구나 태어나면서부터 당연히 가지는 권리이다.

04 기본권은 헌법에 규정함으로써 보장되는 국민의 권리를 의미한다.

05 기본권은 헌법을 통해 보장되는 국민의 권리로 인권을 바탕으로 만들어지며, 인간의 존엄과 가치 및 행복 추구권은 기본권의 토대로서 모든 기본권이 지향하고 추구해야 할 근본 가치이다.
| **오답 피하기** | ㄱ. 기본권은 헌법에서 규정하고 있다. ㄷ. 기본권은 국가별로 규정된 내용에 따라 다르다.

06 모든 국민은 인종, 성별, 종교, 신분 등에 의해 차별받지 않고 동등하게 대우받을 권리를 가지는데, 이를 평등권이라고 한다.

07 (가)는 자유권, (나)는 참정권에 해당하는 헌법 조항이다. 자유권이란 모든 국민이 국가 권력으로부터 간섭을 받지 않고 자유롭게 생활할 권리이며, 참정권은 국민이 국가의 정치적 의사 형성과 국가 기관의 형성 과정에 직접 또는 간접적으로 참여할 수 있는 권리이다.

08 (가)는 청구권, (나)는 사회권과 관련된 사례이다. 청구권은 국민이 국가에 대하여 특정한 행위를 요구하거나 침해당한 기본권의 구제를 청구할 수 있는 권리이며, 사회권은 국가에 대하여 인간다운 생활의 보장을 요구할 수 있는 권리이다.

| **오답 피하기** | ① (가)는 청구권과 관련 있다. ② 공무 담임권은 참정권에 해당한다. ④ 참정권을 통해 국가의 의사 결정 과정에 참여할 수 있다. ⑤ 모든 기본권이 궁극적으로 지향하는 것은 인간의 존엄과 가치 및 행복 추구권이다.

09 기본권을 제한하기 위해서는 목적이 정당해야 할 뿐만 아니라 반드시 법률로써 제한하여야 한다.

10 과속을 단속하는 것은 개인의 안전뿐 아니라 사회 질서 유지를 위한 기본권 제한이다.

11 | **예시 답안** | 국가 권력이 함부로 국민의 기본권을 제한하지 못하도록 하여 국가 권력의 남용을 방지하고, 국민의 자유와 권리를 보장하기 위해서이다.

| **채점 기준** |

상	국가 권력이 함부로 기본권을 제한하지 못하도록 하여 국민의 자유와 권리를 보장하기 위함이라고 서술하였다.
중	국가 권력이 함부로 기본권을 제한하지 못하도록 하기 위함이라고만 서술하였다.
하	기본권 제한에 한계를 둔 것이라고만 서술하였다.

실력쑥쑥 실전문제   10~11쪽

01 ⑤   02 ②   03 인간의 존엄과 가치 및 행복 추구권
04 ④   05 ②   06 ④   07 ⑤   08 ②
09 해설 참조   10 해설 참조   11 해설 참조

01 인권이란 인간이 인간답게 살기 위해 마땅히 누려야 할 권리로 인간의 존엄성을 위한 필수적 권리이다.
| **오답 피하기** | ① 인권은 인간이 태어나면서부터 평생 갖는 권리이다. ② 인권은 국가 권력은 물론 누구에게도 침해될 수 없다. ③ 인권은 인종·성별 등과 관계없이 모든 사람에게 부여된다. ④ 인권은 인간이 태어나면서부터 당연히 가지는 권리이다.

02 기본권은 인권을 바탕으로 만들어지며, 헌법에 기본권을 규정함으로써 인권을 실질적으로 보장할 수 있다.
| **오답 피하기** | ㄴ. 기본권의 내용은 국가별로 규정하므로 모든 국가가 같다고 할 수는 없다. ㄹ. 인권은 모든 사람이 가지는 권리이며, 기본권은 성인뿐 아니라 모든 국민이 가지는 권리이다.

03 제시된 헌법 제10조에 나타난 인간의 존엄과 가치 및 행복 추구권은 모든 기본권의 토대이자 출발점이다.

04 제시된 사진은 참정권과 관련 있다. 참정권은 국민이 국가의 정치적 의사 형성과 국가 기관의 형성 과정에 직접 또는 간접적으로 참여할 수 있는 권리로 선거권, 공무 담임권, 국민 투표권 등이 있다.

| 오답 피하기 | ① 자유권에 대한 설명이다. ② 청구권에 대한 설명이다. ③ 사회권에 대한 설명이다. ⑤ 참정권은 국민이 공직을 맡을 수 있는 공무 담임권을 포함한다.

05 (가)는 평등권, (나)는 자유권, (다)는 사회권에 해당하는 헌법 조항이다.

06 ㄴ은 재판 청구권, ㄹ은 청원권으로 둘 다 청구권에 해당한다. ㄱ은 사회권, ㄷ은 자유권에 속한다.

07 갑의 사례는 인간다운 생활을 할 권리, 을의 사례는 교육을 받을 권리와 관련 있다. 두 권리는 모두 사회권에 해당한다.

08 기본권 제한의 한계는 헌법 제37조 제2항에서 규정하고 있다.

| 오답 피하기 | ① 국가 안전 보장, 질서 유지, 공공복리를 목적으로 한다. ③ 국회에서 제정한 법률로써 제한해야 한다. ④ 공공복리를 위해서도 제한할 수 있다. ⑤ 자유와 권리의 본질적인 내용은 어떠한 경우에도 침해할 수 없다.

09 | 예시 답안 | 인권은 인간이라면 당연히 누려야 할 보편적인 권리이고, 기본권은 헌법에 규정되어 있는 국민의 권리이다.

| 채점 기준 |

상	인권은 모든 인간의 보편적 권리이고, 기본권은 헌법에 규정된 국민의 권리임을 제대로 서술하였다.
하	인권에 대한 설명 없이 기본권은 헌법에 규정되어 있다고만 서술하였다.

10 | 예시 답안 | (1) 평등권 (2) 평등권이란 생활의 모든 영역에서 합리적인 이유 없이 차별받지 않고, 동등하게 대우받을 권리를 의미한다.

| 채점 기준 |

상	평등권을 쓰고, 그 의미를 구체적으로 서술하였다.
중	평등권을 쓰고, 그 의미를 추상적으로 서술하였다.
하	평등권만 썼다.

11 | 예시 답안 | 법정 전염병 관리 대상자를 격리하는 것은 다른 시민의 건강상 안전이라는 공공복리를 위한 기본권 제한으로, 정당하다고 할 수 있다.

| 채점 기준 |

상	사례에서 공공복리를 위해 기본권을 제한하였음을 밝히고, 그 정당성을 서술하였다.
중	사례에서 공공복리를 위해 기본권을 제한하였다고만 서술하였다.
하	사례에 나타난 기본권 제한이 정당하다고만 서술하였다.

**02/03 인권 침해와 구제 방법 /
근로자의 권리와 노동권 침해의 구제**

기초튼튼 기본문제   14~15쪽

01 ④	02 ⑤	03 법원	04 ③	05 ④
06 ②	07 ③	08 ②	09 ④	10 ①

11 해설 참조

01 인권 침해란 인간으로서 가진 권리 혹은 기본권을 존중받지 못하고 개인이나 국가 기관 등에 의해 침해되는 것을 의미한다.

| 오답 피하기 | ㄱ. 인권 침해를 해결하기 위해서는 전문가들과 국가의 노력뿐 아니라, 타인의 인권을 존중하기 위한 개인의 노력도 필요하다. ㄷ. 헌법에서 명시하고 있지 않더라도 인간으로서 가진 권리를 침해당했다면 인권 침해에 해당한다.

02 안전띠 미착용에 대한 범칙금 부과는 국민의 안전과 질서 유지를 위한 정당한 국가 작용으로 인권 침해라고 할 수 없다.

03 법원은 각종 분쟁 해결과 국민의 권리 보호를 위하여 재판하는 국가 기관이다.

04 헌법에 어긋나는 법률이나 국가 권력에 의한 기본권 침해는 헌법재판소를 통해 구제받을 수 있다.

05 국가 인권 위원회는 인권과 관련된 법령이나 정책, 인권 침해 실태를 조사하여 개선을 권고하는 국가 기관이다.

| 오답 피하기 | ① 정부의 역할이다. ② 법원의 역할이다. ③ 국회의 역할이다. ⑤ 헌법재판소의 역할이다.

06 노동권은 쾌적한 환경에서 합당한 대우를 받으며 일할 근로자의 권리이다. 우리 헌법에서는 노동 삼권으로 단결권, 단체 교섭권, 단체 행동권을 보장하고 있다.

07 제시된 사례는 사용자와 의견이 일치하지 않을 때 쟁의 행위를 할 수 있는 단체 행동권과 관련 있다.

08 ㄱ은 근로자의 인권 침해, ㄷ은 부당 노동 행위에 해당하여 노동권 침해라고 볼 수 있다.
| **오답 피하기** | ㄴ. 사용자는 연장 근로, 야간 근로, 휴일 근로에 대하여 통상 임금의 50 %를 가산하여 지급해야 한다. ㄹ. 경영상의 이유로 근로자를 해고하기 위해서는 30일 전에 예고하여야 한다.

09 노동권 침해를 당한 근로자는 3개월 이내에 지방 노동 위원회에 구제 신청을 할 수 있다.

10 노동권 침해를 당한 당사자는 3개월 이내에 지방 노동 위원회에 구제 신청을 할 수 있으며, 지방 노동 위원회의 판정에 불복 시에는 중앙 노동 위원회에 재심을 신청할 수 있다. 중앙 노동 위원회의 판정에도 불복 시에는 행정 소송을 제기할 수 있다.
| **오답 피하기** | ② 중앙 노동 위원회의 판정에 불복하여 행정 소송을 제기할 수 있다. ③ 3개월 이내에 지방 노동 위원회에 구제 신청을 할 수 있다. ④ 행정 소송은 중앙 노동 위원회의 재심에 불복 시 제기할 수 있다. ⑤ 지방 노동 위원회의 판정에 불복 시 중앙 노동 위원회에 재심을 신청할 수 있다.

11 | **예시 답안** | (1) 정당한 이유 없이 부당하게 근로자를 해고하였다. (2) 3개월 이내에 지방 노동 위원회에 구제 신청을 한다.

| **채점 기준** |

상	사례에 나타난 문제점이 부당 해고임을 파악하고, 3개월 이내에 지방 노동 위원회에 구제 신청을 해야 한다고 서술하였다.
중	사례에 나타난 문제점이 부당 해고임을 파악하고, 지방 노동 위원회에 구제 신청을 해야 한다고만 서술하였다.
하	사례에 나타난 문제점이 부당 해고라고만 서술하였다.

실력쑥쑥 실전문제   16~17쪽

01 ④   02 ⑤   03 ①   04 ③   05 ①
06 ⑤   07 ②   08 단체 교섭권   09 ③
10 해설 참조   11 해설 참조

01 인권 침해를 당한 경우 법원, 헌법재판소, 국가 인권 위원회 등의 국가 기관을 통해 구제받을 수 있다.

| **오답 피하기** | ① 후진국뿐만 아니라 모든 국가에서 발생할 수 있다. ② 범죄 행위도 인권 침해에 해당한다. ③ 개인에 의해서도 발생한다. ⑤ 헌법에 규정된 기본권에 대한 침해도 인권 침해에 해당한다.

02 헌법재판소는 헌법에 어긋나는 법률이나 국가 권력에 의해 권리를 침해당했을 때 헌법 재판을 통해 구제하는 국가 기관이다.
| **오답 피하기** | ① 형사 재판은 법원이 담당한다. ② 법률의 헌법 위반 여부를 가리는 것은 헌법재판소이다. ③ 국가 인권 위원회는 국가 기관이다. ④ 인권 관련 정책 조사와 개선 권고는 국가 인권 위원회의 역할이다.

03 (가)의 경우 법원에서 재판을 통해 문제를 해결할 수 있으며, (나)의 경우 헌법재판소의 헌법 재판을 통해 문제를 해결할 수 있다.

04 제시된 사례에서 하니는 범인을 상대로 법원에 손해 배상 청구 소송을 제기할 수 있다. 또한, 해킹은 범죄에 해당하므로 수사 기관에 고소하여 처벌을 요구할 수 있다.

05 국가 인권 위원회는 인권의 보호와 향상을 위한 업무를 수행하는 국가 기관으로, 인권 교육과 인권 침해에 대한 상담을 제공한다.
| **오답 피하기** | ㄷ. 국회의 역할이다. ㄹ. 헌법재판소의 역할이다.

06 노동권은 근로자가 쾌적한 환경에서 합당한 대우를 받으며 일할 권리로, 근로자가 사용자보다 불리한 위치에 있으므로 보장이 필요하다.

07 제시된 사례에서 연구소는 갑이 노동조합에 가입하여 활동했다는 이유로 불이익을 주었으므로 부당 노동 행위에 해당한다.
| **오답 피하기** | ① 부당 노동 행위는 노동권 침해이다. ③ 노동조합 탈퇴 강요는 부당 노동 행위로 불법이다. ④ 노동조합 활동은 헌법에서 보장하고 있다. ⑤ 부당 노동 행위에 대해서는 3개월 이내로 지방 노동 위원회에 구제 신청을 할 수 있다.

08 단체 교섭권이란 노동조합 등의 근로자 단체가 사용자와 근로 조건의 유지·개선에 관하여 의논하고 절충할 수 있는 권리이다.

09 노동권 침해를 당한 당사자는 3개월 이내에 지방 노동 위원회에 구제 신청을 할 수 있으며, 지방 노동 위원회의 초심 판정에 불복 시에는 10일 이내에 중앙 노동 위원회에 재심을 신청할 수 있다.

| **오답 피하기** | ㄱ. 중앙 노동 위원회의 판정에 불복하여 행정 소송을 제기할 수 있다. ㄹ. 지방 노동 위원회의 판정에 불만이 있을 때는 중앙 노동 위원회에 재심을 신청할 수 있다.

10 | **예시 답안** | (1) 햇빛을 받을 권리를 침해당하고 있으므로 인권 침해에 해당한다. (2) 법원에 건설사를 상대로 손해 배상 청구 소장을 제출하여 재판을 통해 손해 배상을 받을 수 있다.

| **채점 기준** |

상	사례가 인권 침해에 해당함을 파악하고, 소장을 제출하여 법원의 재판을 통해 손해 배상을 받을 수 있다고 서술하였다.
중	사례가 인권 침해에 해당함을 파악하고, 법원을 통해 구제받을 수 있다고만 서술하였다.
하	사례가 인권 침해에 해당한다고만 서술하였다.

11 | **예시 답안** | 근로자가 사용자보다 불리한 위치에 있으므로 노동권을 보장하기 위해 노동 삼권을 헌법에 규정하고 있다.

| **채점 기준** |

상	근로자가 사용자보다 불리한 위치에 있으므로 노동권 보장을 위해 해당 조항을 헌법에 규정하고 있다고 서술하였다.
하	노동권 보장을 위해 해당 조항을 헌법에 규정하고 있다고만 서술하였다.

대단원 마무리

자신만만 적중문제

01 ①   02 ①   03 ④   04 ⑤   05 ④
06 단결권, 단체 교섭권, 단체 행동권   07 ④
08 해설 참조   09 해설 참조

01 선거법의 개정으로 재외 국민이 보장받게 된 기본권은 참정권이다. 참정권은 국민이 국가의 정치적 의사 형성과 국가 기관의 형성 과정에 직접 또는 간접적으로 참여할 수 있는 권리이다.
| **오답 피하기** | ② 평등권에 대한 설명이다. ③ 청구권에 대한 설명이다. ④ 사회권에 대한 설명이다. ⑤ 자유권에 대한 설명이다.

02 기본권은 국가 안전 보장, 질서 유지 또는 공공복리를 위하여 법률로써 제한할 수 있으며, 제한하는 경우에도 자유와 권리의 본질적인 내용은 침해할 수 없다.
| **오답 피하기** | ㄷ. 질서 유지를 위하여 필요한 경우에도 제한할 수 있다. ㄹ. 목적이 정당하더라도 법률에 의해서만 제한할 수 있다.

03 ㉠은 법원, ㉡은 헌법재판소이다. 법원은 재판을 통해 침해된 권리를 구제하며, 헌법재판소는 헌법 재판을 통해 헌법에 어긋나는 법률이나 국가 권력에 의한 권리 침해를 구제한다.
| **오답 피하기** | ③ 국가 인권 위원회에 대한 설명이다. ⑤ 헌법재판소는 법원의 역할을 대신하지 않는다.

04 제시된 글은 국가 인권 위원회의 활동이다. 국가 인권 위원회는 인권과 관련된 법령이나 정책, 인권 침해 실태 등을 조사하여 개선을 권고하는 국가 기관이다.

05 노동권은 근로자가 쾌적한 환경에서 합당한 대우를 받으며 일할 권리로, 우리 헌법에서는 근로의 권리와 노동 삼권, 최저 임금제 시행 등을 규정하여 노동권을 보장하고 있다.
| **오답 피하기** | ㄱ. 최저 임금제는 최소한의 임금을 정하고 그 이상의 임금을 지급하도록 함으로써 노동권을 보장한다. ㄷ. 노동권은 모든 근로자를 대상으로 한다.

06 우리 헌법 제33조 제1항에서는 단결권, 단체 교섭권, 단체 행동권을 노동 삼권으로 보장하고 있다.

07 노동권 침해를 당한 당사자는 3개월 이내에 지방 노동 위원회에 구제 신청을 할 수 있으며, 지방 노동 위원회의 판정에 불복 시에는 중앙 노동 위원회에 재심을 신청할 수 있다. 중앙 노동 위원회의 판정에도 불복 시에는 행정 소송을 제기할 수 있다.

08 | **예시 답안** | (1) 자유권을 제한하고 있다. 자유권은 국가 권력으로부터 간섭을 받지 않고 자유롭게 생활할 권리이다. (2) 도로의 폭주를 단속하는 것은 사회 질서 유지를 위해 필요한 조치로 그 목적이 정당하다.

| **채점 기준** |

상	자유권과 그 의미를 바르게 쓰고, 질서 유지 측면에서 기본권 제한의 목적이 정당하다고 서술하였다.
중	자유권과 그 의미를 바르게 쓰고, 기본권 제한의 목적이 정당하다고만 서술하였다.
하	자유권과 그 의미만을 서술하였다.

09 | 예시 답안 | 사용자가 노동조합과의 단체 교섭을 정당한 이유 없이 거부하는 것은 부당 노동 행위로 노동권 침해에 해당한다.

| 채점 기준 |

상	사용자의 정당한 이유 없는 단체 교섭 거부는 부당 노동 행위이므로 노동권 침해에 해당한다고 서술하였다.
중	사용자의 정당한 이유 없는 단체 교섭 거부는 노동권 침해에 해당한다고만 서술하였다.
하	노동권 침해에 해당한다고만 서술하였다.

최고난도 문제   20쪽

01 ②   02 ③

01 ⓒ은 사회권으로, 사회권에는 쾌적한 환경에서 살 권리, 사회 보장을 받을 권리 등이 있다.

함정 피하기 ① 참정권은 국가의 정치적 의사 형성과 국가 기관의 형성 과정에 직접 또는 간접적으로 참여할 수 있는 권리이다. ③ 인권에 대한 설명이다. 기본권은 헌법에 규정되어 있는 국민의 권리이다. ④ 재판을 통해 인권 침해를 구제하는 국가 기관은 법원이다. ⑤ 국가 인권 위원회는 기본권뿐만 아니라 인권의 침해를 조사하여 개선을 권고하는 국가 기관이다.

02 호주제는 남성 위주의 가부장제적 가족 제도로 여성의 평등권을 침해한다는 비판을 받았다. 이에 따라 헌법재판소에서는 해당 조항에 대해 헌법 불합치 결정을 내렸다. 이처럼 헌법재판소는 법률이 헌법에 위반되는지를 가려 국민의 침해된 권리를 구제해 주는 역할을 한다.

2 헌법과 국가 기관

01 국회의 위상과 역할

기초튼튼 기본문제   24~25쪽

01 ②   02 ④   03 국회 의원   04 ⑤
05 ④   06 ②   07 ④   08 ④   09 ④
10 국정 감사   11 해설 참조

01 국회는 국민이 선출한 사람들로 구성된 국민의 대표 기관으로 국민의 의사를 반영하여 법률을 만드는 입법 기관이다.

02 제시된 사진은 국회 의사당이다. 국회는 국민의 의사를 반영하여 법을 제정하는 기관이다.

| 오답 피하기 | ① 사법부에 대한 설명이다. ② 행정부에 대한 설명이다. ③ 국회는 대의 민주제에서 국민을 대표하는 기관이다. ⑤ 국회는 국민이 선출한 국회 의원으로 구성된다.

03 국회는 국민이 각 지역에서 선거로 뽑은 지역구 국회 의원과 정당별 득표율에 따라 선출된 비례 대표 국회 의원으로 구성된다.

04 제시된 글은 국회의 원활한 의사 진행을 위해 만들어진 상임 위원회에 대한 설명이다.

05 교섭 단체는 일정 수 이상의 국회 의원이 속한 단체로서 중요한 사안에 대해 소속 의원들의 의사를 사전에 통합·조정하여 국회의 원활한 의사 진행을 돕는다.

| 오답 피하기 | ㄱ. 국회를 대표하는 것은 국회 의장이다. ㄷ. 국회의 의사를 최종적으로 결정하는 곳은 본회의이다.

06 국회는 입법, 예산안 심의·확정, 국정 감사, 국정 조사, 대통령의 국무총리 등 임명에 대한 동의권 행사 등의 기능을 담당한다. ② 법률을 집행하는 것은 행정부의 역할이다.

07 제시된 신문 기사는 국회의 법률 제정 및 개정 기능을 보여 주는 사례이다.

08 제시된 글은 국회의 일반 국정에 관한 권한과 관련된 것으로, 국회는 대통령이 국무총리, 대법원장 등을 임명할 때 동의권을 행사한다.

09 국회는 재정에 관한 기능으로 행정부가 제출한 예산안을 심의·확정하며, 정부가 1년 동안 예산을 제대로 집행하였는지 심사한다.

| **오답 피하기** | ㄱ, ㄷ은 국회의 일반 국정에 관한 권한으로, 국정을 감시 및 통제하는 기능을 한다.

10 국회는 매년 국정을 제대로 운영하고 있는지 점검하는 국정 감사를 진행한다.

11 | **예시 답안** | 국회는 국민이 선거로 선출한 대표로 구성된 국민의 대표 기관이며, 입법 기관으로서 국민의 의사를 반영하여 법률을 만든다.

| **채점 기준** |

상	국민의 대표 기관이자 입법 기관임을 서술하였다.
하	국민의 대표 기관과 입법 기관 중 한 가지만 서술하였다.

실력쑥쑥 실전문제   26~27쪽

01 ⑤	02 ④	03 ⑤	04 ㉠ 지역구, ㉡ 비례 대표
05 ⑤	06 ②	07 ②	08 ② 09 해설 참조

10 해설 참조

01 국회는 국민의 대표 기관이자 입법 기관으로서 정부를 감시하고 통제하는 역할을 한다.
| **오답 피하기** | ① 행정부에 대한 설명이다. ② 국회는 국민의 선거로 선출된 국회 의원으로 구성된다. ③ 국회는 국민의 요구와 의사를 반영하여 법률을 제정한다. ④ 법원에 대한 설명이다.

02 상임 위원회는 효율적인 의사 진행을 위해 17개 분야로 나뉘어 각 분야에 전문성을 가진 의원들이 관련된 안건을 심사한다.
| **오답 피하기** | ① 국회 의장은 1명 선출된다. ② 국회 의원은 국민의 선거에 의해 선출된다. ③ 교섭 단체는 소속 의원들의 의사를 사전에 통합·조정하는 역할을 한다. ⑤ 비례 대표 국회 의원은 정당별 득표율에 따라 선출된다.

03 ㉠은 상임 위원회이다. ⑤ 20인 이상의 소속 의원을 가진 정당은 하나의 교섭 단체가 된다.

04 국회는 지역구 국회 의원과 비례 대표 국회 의원으로 구성된다.

05 국회에 20인 이상의 소속 의원을 가진 정당은 하나의 교섭 단체가 되며, 소속 의원들의 의사를 사전에 통합·조정하여 국회의 의사 진행을 원활하게 한다.

| **오답 피하기** | ㄱ. 국회 의장과 부의장은 국회에서 선출한다. ㄴ. 상임 위원회에 대한 설명이다.

06 국회는 매년 국정을 제대로 운영하고 있는지 점검하는 국정 감사를 진행하여 국민을 대신해서 국정을 감시하고 통제한다.

07 첫 번째 공약을 통해 법률 제정 및 개정 기능을, 두 번째 공약을 통해 예산안 심의·확정 기능을 알 수 있다.

08 (가)는 입법권, (나)는 대통령의 국무총리 등 임명에 대한 동의권 행사와 관련 있다. 법률은 국민의 의견을 반영하여 만들어지고 개정된다.
| **오답 피하기** | ① 입법은 국회의 본질적인 기능이다. ③ 국정 감사권에 대한 설명이다. ④ 예산 집행 심사는 재정에 관한 권한이다. ⑤ 입법은 가장 대표적인 국회의 기능이다.

09 | **예시 답안** | (1) 교섭 단체 (2) 교섭 단체는 소속 의원들의 의사를 사전에 통합·조정하여 국회의 의사 진행을 원활하게 운영한다.

| **채점 기준** |

상	교섭 단체를 쓰고, 그 역할을 구체적으로 서술하였다.
중	교섭 단체를 쓰고, 그 역할을 추상적으로 서술하였다.
하	교섭 단체만 썼다.

10 | **예시 답안** | 국회는 국정 감사를 통해 국민의 대표 기관으로서 국정을 감시하고 통제하여 국가 권력의 남용을 방지한다.

| **채점 기준** |

상	국정 감사를 통해 국정을 감시하고 통제하여 국가 권력의 남용을 방지한다고 서술하였다.
하	국정을 감시하고 통제한다고만 서술하였다.

---

02 대통령과 행정부의 역할

기초튼튼 기본문제   30~31쪽

01 ②	02 ①	03 ②	04 국무 회의
05 ⑤	06 ②	07 ①	08 ② 09 ③

10 ②   **11** 해설 참조

01 대통령은 국가 원수이자 행정부 수반의 지위를 가진다.

02 대통령은 국민의 직접 선거로 선출되며 임기는 5년으로, 국가 원수와 행정부 수반으로서 지위를 동시에 가지고 그에 따른 역할을 수행한다. ① 법적 분쟁을 해결하고 판결을 내리는 것은 사법부의 역할이다.

03 대통령은 행정부 수반으로서 공무원을 임명하거나 해임할 수 있으며 국군을 통솔할 권한이 있다.
| 오답 피하기 | ㄴ, ㄹ은 대통령의 국가 원수로서 권한에 해당한다.

04 대통령은 국무 회의의 의장으로서 국무 회의를 주재하고 중요한 정책에 관해 심의한다.

05 대통령은 국가 원수로서 국가 비상사태 시 군대가 해당 지역의 질서를 유지하는 계엄을 선포할 수 있다.
| 오답 피하기 | ① 행정부를 지휘·감독할 수 있다. ② 국무총리를 임명할 때는 국회의 동의가 필요하다. ③ 국가 원수로서 외국과 조약을 체결할 수 있다. ④ 공무원을 임명하거나 물러나게 할 수 있다.

06 대통령은 국가 원수로서 외국과의 조약 체결 등 외교에 관한 권한과 국가의 중대한 위기 상황에 긴급 명령권을 행사할 수 있다.

07 제시된 글은 행정부인 교육부가 「학교 폭력 예방 및 대책에 관한 법률」을 집행한 사례이다. 행정부는 법률을 집행하고 공익 실현을 위한 다양한 정책을 수립·실행하는 역할을 한다.

08 (가)는 감사원, (나)는 국무 회의에 대한 설명이다.

09 국무총리는 대통령을 보좌하고 행정 각부를 관리·감독하며, 대통령이 궐위되거나 사고가 있을 때 대통령의 권한을 대행한다. ③ 국무총리는 국민의 직접 선거가 아닌 국회의 동의를 얻어 대통령이 임명한다.

10 행정 각부는 각부 장관의 지휘 아래 구체적인 행정 사무를 처리하며, 대통령은 입법부, 사법부와 동등한 지위를 지닌다.
| 오답 피하기 | ㄴ. 행정 각부의 장은 국무 회의에 참석하여 국정 전반에 관한 의견을 제시한다. ㄹ. 감사원은 대통령 소속의 독립성을 갖는 헌법 기관이다.

11 | 예시 답안 | (가)는 대통령이 국무 회의 의장으로서 국무 회의를 진행하는 것으로 행정부 수반으로서 권한에 해당한다. (나)는 외교에 관한 권한을 행사하는 것으로 국가 원수로서 권한에 해당한다.

채점 기준		
상	(가)는 행정부 수반으로서 권한, (나)는 국가 원수로서 권한에 해당함을 구체적으로 서술하였다.
중	(가)는 행정부 수반으로서 권한, (나)는 국가 원수로서 권한에 해당한다고만 서술하였다.
하	(가) 행정부 수반으로서 권한, (나) 국가 원수로서 권한 중 하나에 대해서만 서술하였다.

실력쑥쑥 실전문제 32~33쪽

01 ③	02 ③	03 ②	04 ③	05 ⑤
06 ③	07 ②	08 ④	09 해설 참조	
10 해설 참조		11 해설 참조		

01 ①, ②, ④, ⑤는 대통령의 행정부 수반으로서 권한에 해당한다. ③은 국가 원수로서 권한이다.

02 제시된 헌법 조항은 대통령의 국가 원수로서의 지위를 나타낸다. 대통령은 국가 원수로서 외교에 관한 권한과 긴급 명령권을 가진다.
| 오답 피하기 | ㄱ, ㄹ은 대통령의 행정부 수반으로서 권한에 해당한다.

03 제시된 글은 대통령이 행정부 수반으로서 국군을 통솔하는 국군 통수권과 관련 있다.

04 (가)는 공무원 임면권으로 대통령의 행정부 수반으로서 권한에 해당하며, (나)는 외교에 관한 권한으로 대통령의 국가 원수로서 권한에 해당한다.

05 행정부는 법률을 집행하고 공익 실현과 국민 보호를 위해 정책을 수립·실행한다. ⑤ 법을 제정하는 것은 국회의 역할이다.

06 국무 회의는 행정부 최고의 심의 기관으로 정부의 중요 정책을 심의한다.

07 대통령은 행정부의 수반이며, 감사원은 세금이 제대로 쓰이고 있는지 검사하고 행정 기관과 공무원의 직무를 감독한다.
| 오답 피하기 | ㄴ. 국무총리가 국무 회의를 주재하기도 하지만 의장은 대통령이다. ㄹ. 국무총리에 대한 설명이다.

08 감사원은 대통령 직속 헌법 기관으로 국가의 세입·세출의 결산을 검사하고, 행정 기관과 공무원의 직무를 감독한

다. ④ 구체적인 행정 사무는 행정 각부에서 처리한다.

09 **| 예시 답안 |** 국가 원수로서 대통령은 외국과의 조약 체결 등 외교에 관한 권한을 행사할 수 있다. 또한 헌법 기관 구성권을 가지며, 위급한 상황에는 긴급 명령권을 행사할 수 있다.

| 채점 기준 |

상	대통령이 국가 원수로서 가지는 권한을 세 가지 서술하였다.
중	대통령이 국가 원수로서 가지는 권한을 두 가지만 서술하였다.
하	대통령이 국가 원수로서 가지는 권한을 한 가지만 서술하였다.

10 **| 예시 답안 |** 청년 장병들의 진로 문제 해결을 위해 대책을 마련하는 것처럼 행정부는 공익 실현과 국민 보호를 목적으로 국민에게 필요한 다양한 정책을 세우고 수행한다.

| 채점 기준 |

상	제시된 기사와 연결 지어 국민에게 필요한 다양한 정책을 세우고 수행한다고 서술하였다.
중	제시된 기사와 연결 짓지 않고 국민에게 필요한 정책을 세우고 수행한다고만 서술하였다.
하	정책을 세운다고만 서술하였다.

11 **| 예시 답안 |** 국무총리는 대통령을 보좌하고, 행정 각부를 관리·감독하는 역할을 한다.

| 채점 기준 |

상	국무총리의 역할을 두 가지 서술하였다.
하	국무총리의 역할을 한 가지만 서술하였다.

03 법원과 헌법재판소의 역할

기초튼튼 기본문제 36~37쪽

01 ④	02 ⑤	03 ④	04 ②	05 ④
06 ③	07 ①	08 ②	09 ⑤	10 ④

11 해설 참조

01 제시된 글은 사법(司法)에 대한 설명이다.

02 개인적인 생활 관계를 규율하는 것은 사법(司法)이 아닌 사법(私法)에 관련된 내용이다.

03 제시된 헌법 조항은 사법권의 독립과 관련된 내용이다. 사법권의 독립이란 공정한 재판을 위하여 입법부나 행정부 등의 간섭 없이 법관이 독립적으로 심판하는 것을 의미한다.

04 제시된 글의 밑줄 친 '이 제도'는 심급 제도이다. 심급 제도는 잘못된 판결로 생길 수 있는 피해를 줄여 공정한 재판을 실현하는 데에 그 목적이 있다.

05 1심 판결을 내리는 곳은 ㉠ 지방 법원이며, 고등 법원에 2심 재판을 청구하는 것을 ㉡ 항소라고 한다.

06 (가)는 대법원이다. 대법원은 사법부의 최고 법원으로 최종 재판인 3심 재판을 담당한다.
| 오답 피하기 | ① 사법부의 최고 법원이다. ② 고등 법원에 대한 설명이다. ④ 대법원은 특허 법원에서 올라온 최종 재판도 담당한다. ⑤ 지방 법원에 대한 설명이다.

07 헌법재판소는 헌법 재판을 담당하는 국가 기관으로, 기본권 보장 기관이자 헌법 수호 기관으로서의 위상을 가진다. 법률이 헌법에 위반되는지는 헌법재판소의 위헌 법률 심판을 통해 가릴 수 있다.
| 오답 피하기 | ㄷ. 독립된 국가 기관이다. ㄹ. 탄핵 심판을 통해 고위 공무원의 파면 여부를 결정한다.

08 제시된 사례는 법률의 위헌 여부가 재판의 전제가 된 것으로 위헌 법률 심판을 통해 해결할 수 있다. 동성동본 간의 결혼 금지를 규정한 민법 제809조 제1항은 헌법재판소의 헌법 불합치 결정에 따라 1997년 폐지되었다.

09 제시된 글은 권한 쟁의 심판에 대한 설명이다.

10 제시된 사례는 국가 권력으로 인해 국민의 권리가 침해당한 것으로 헌법재판소에 헌법 소원 심판을 청구하여 구제받을 수 있다. 해당 사건에 대하여 헌법재판소는 검사의 행위가 헌법에 위반된다고 결정하였다.

11 **| 예시 답안 |** 헌법재판소는 위헌 법률 심판을 통해 법률이 헌법에 위반되는지를 심판하는데, 헌법에 위반된다고 결정할 경우 그 법률은 효력을 잃는다.

| 채점 기준 |

상	위헌 법률 심판을 통해 헌법에 위반되는 법률의 효력을 잃게 한다고 서술하였다.
중	위헌 법률 심판을 한다고만 서술하였다.
하	위헌 법률 심판이라는 용어를 사용하지 않고 법률이 헌법에 위반되는지를 심판한다고만 서술하였다.

01 ⑤   02 ③   03 ④   04 ④   05 ④
06 ①   07 ④   08 해설 참조   09 해설 참조

01 사법부는 법을 적용하여 분쟁을 해결하는 국가 기관으로 법질서를 유지하고 국민의 권리를 보호하는 역할을 한다.
| **오답 피하기** | ①, ③ 행정부에 대한 설명이다. ② 사법부는 입법부나 행정부 등의 외부 간섭 없이 독립하여 심판해야 한다. ④ 법을 만드는 것은 국회의 역할이다.

02 사법권의 독립을 위해서는 법원이 입법부와 행정부로부터 독립하여야 하며, 법관의 양심에 따른 독립적인 재판이 보장되어야 한다.

03 지방 법원은 민사 및 형사 사건의 1심 재판을 담당한다.

04 대법원은 사법부의 최고 법원으로서 최종 재판인 3심 판결을 담당한다.
| **오답 피하기** | ① 법을 만드는 것은 국회의 역할이다. ② 3심 판결이 최종적인 효력을 가진다. ③ 고등 법원은 주로 1심 판결에 대한 항소 사건을 담당한다. ⑤ 3심 재판에서는 1심과 다른 판결이 내려질 수 있다.

05 헌법재판소는 법률이 헌법에 위반되거나 국가 권력이 국민의 기본권을 침해하는 경우 헌법 재판을 진행한다.

06 (가)의 영우 씨는 헌법재판소에 헌법 소원 심판을 청구하여 침해된 권리를 구제받을 수 있다. 2007년 헌법재판소는 재외 국민에 대하여 선거권을 인정하지 않은 공직 선거법 규정이 선거권 및 평등권을 침해한다고 결정하였다. (나) 사례의 경우, 2005년 헌법재판소는 자녀가 아버지의 성과 본을 따르도록 한 민법 규정에 대하여 개인의 존엄과 양성평등을 침해한다는 이유로 위헌 결정을 내렸다.
| **오답 피하기** | ② (가)에 나타난 문제는 헌법재판소를 통해 해결할 수 있다. ③ (나)의 민규 씨는 위헌 법률 심판을 통해 문제를 해결할 수 있다. ④ 헌법재판소에서 위헌 결정을 한 법률은 효력을 잃는다. ⑤ (가)와 (나) 모두 헌법재판소를 통해 권리를 구제받을 수 있다.

07 제시된 글에 나타난 국가 기관 사이의 권한 다툼은 헌법재판소의 권한 쟁의 심판을 통해 해결할 수 있다. 해당 사건에 대하여 헌법재판소는 △△군(현 특별자치도)에 ○○섬에 대한 관할권이 있다고 결정하였다.

08 | **예시 답안** | 사법권의 독립을 통해 공정한 재판이 이루어지도록 하여 국민의 자유와 권리를 보장하기 위함이다.

| **채점 기준** |

상	제시된 헌법 조항이 사법권의 독립에 관한 것임을 파악하고, 그 이유를 공정한 재판과 국민의 권리 보장 측면에서 서술하였다.
중	사법권의 독립을 보장하기 위해서라고만 서술하였다.
하	사법권의 독립이라는 용어를 사용하지 않고 공정한 재판을 위해서라고만 서술하였다.

09 | **예시 답안** | (1) 헌법 소원 심판 (2) 헌법재판소는 국민의 권리를 보호하는 기본권 보장 기관이라는 위상을 지닌다.

| **채점 기준** |

상	헌법 소원 심판을 쓰고, 헌법재판소가 기본권 보장 기관으로서의 위상을 가진다고 정확히 서술하였다.
중	헌법 소원 심판을 쓰고, 헌법재판소의 위상을 추상적으로 서술하였다.
하	헌법 소원 심판만 썼다.

대단원 마무리

01 ④   02 ②   03 ③   04 ㉠ 집행, ㉡ 행정
05 ④   06 ②   07 ②   08 해설 참조
09 해설 참조   10 해설 참조

01 ㉠은 국회이다. 상임 위원회는 17개의 분야로 나뉘어 각 분야에 전문성을 가진 의원들이 관련된 안건을 심사함으로써 국회의 효율적인 의사 진행을 돕는다.
| **오답 피하기** | ① 법률을 제정하는 입법 기관이다. ② 국회 의장 1명, 부의장 2명을 선출한다. ③ 국민이 선출한 국회 의원으로 구성된다. ⑤ 교섭 단체는 소속 의원들의 의사를 사전에 통합·조정하는 역할을 한다.

02 (가)는 국정 감사, (나)는 예산안 심의·확정에 해당한다. 국정 감사를 통해 국회는 국정을 감시하고 통제하는 역할을 한다.
| **오답 피하기** | ④ 국회의 가장 대표적인 기능은 입법이다. ⑤ (나)만 국회의 재정에 관한 권한이다.

03 대통령은 헌법 제66조 제1항에서 명시하고 있는 국가 원수로서 외국과의 조약 체결권, 긴급 명령권 등을 가지며, 제4항에서 명시하고 있는 행정부 수반으로서 행정부 지휘·감독권, 국무 회의 의장으로서의 권한 등을 가진다.

04 행정은 법률을 집행하고 다양한 정책을 수립·실행하는 국가 작용을 의미한다.

05 감사원은 국민이 낸 세금이 제대로 쓰이고 있는지 검사하고, 행정 기관과 공무원의 직무를 감독하는 기관이다.
| 오답 피하기 | ① 행정부의 수장은 대통령이다. ② 국무 회의는 행정부 최고 심의 기관이다. ③ 행정 각부의 장은 국무 회의에 참여하여 국정 전반에 관한 의견을 제시한다. ⑤ 행정 각부는 각부 장관의 지휘 아래 구체적인 행정 사무를 처리한다.

06 고등 법원은 1심 판결에 대한 항소 사건인 2심 재판을 담당한다.

07 ㉠은 위헌 법률 심판, ㉡은 헌법 소원 심판에 해당한다. 위헌 법률 심판을 통해 해당 법률이 헌법에 합치하지 않는다는 결정이 나면 그 법률은 효력을 잃는다. 두 번째 사례의 경우, 1998년 헌법재판소는 개발 제한 구역의 지정으로 토지 소유자에게 가혹한 부담이 발생하는 경우에 대하여 보상 규정을 두지 않은 것은 헌법에 어긋난다고 결정하였다.
| 오답 피하기 | ① 위헌 법률 심판은 법률의 위헌 여부가 재판의 전제가 될 때 법원의 제청에 의해 이루어진다. ③ 권한 쟁의 심판에 대한 설명이다. ④ 정당 해산 심판에 대한 설명이다. ⑤ 헌법 재판은 국민의 권리 보장과 헌법 수호를 목적으로 한다.

08 | 예시 답안 | 국민의 의사를 반영하여 법률을 제정하거나 개정한다. 행정부가 제출한 예산안을 심의·확정한다. 매년 국정 감사를 진행하여 국정을 제대로 운영하고 있는지 점검한다. 등

| 채점 기준 |

상	국회의 기능을 세 가지 서술하였다.
중	국회의 기능을 두 가지만 서술하였다.
하	국회의 기능을 한 가지만 서술하였다.

09 | 예시 답안 | 헌법에 규정된 국민의 공무 담임권을 보장한 사례를 통해 헌법재판소가 국민의 기본권 보장 기관이자 헌법 수호 기관임을 알 수 있다.

| 채점 기준 |

상	제시된 사례와 연결하여 국민의 기본권 보장 기관이자 헌법 수호 기관이라고 서술하였다.
중	제시된 사례와 연결하지 않고 국민의 기본권 보장 기관이자 헌법 수호 기관이라고 서술하였다.
하	제시된 사례와 연결하지 않고 국민의 기본권 보장 기관과 헌법 수호 기관 중 한 가지만 서술하였다.

10 | 예시 답안 | 각 기관이 서로를 견제함으로써 균형을 이루고, 권력의 남용을 방지하여 국민의 권리를 보장하기 위함이다.

| 채점 기준 |

상	견제와 균형을 통한 권력 남용 방지와 국민의 권리 보장 측면에서 서술하였다.
하	견제와 균형을 통한 권력 남용 방지와 국민의 권리 보장 중 한 가지 측면에서만 서술하였다.

최고난도 문제   42쪽

01 ④   **02** ①

01 (가)는 국회의 입법 작용, (나)는 행정부의 행정 작용으로 둘 다 공익 실현과 국민의 권리 보호를 목적으로 한다. 법률은 국민의 의견을 반영하여 제정되며, 다른 국가 작용의 근거가 된다.
함정 피하기 ㄱ. (가)의 주체는 국회이다. ㄷ. (나)의 주체는 행정부로 법을 집행하고 실행한다.

02 제시된 자료는 우리나라의 삼권 분립을 보여 준다. ㉠에는 법률안 거부권, ㉡에는 국정 감사권, ㉢에는 위헌 법률 심사 제청권, ㉣에는 대법원장 임명 동의권, ㉤에는 대법관 임명권 등이 해당한다.

3 경제생활과 선택

01 합리적 선택과 경제 체제

기초튼튼 기본문제 46~47쪽

01 ③ 02 ④ 03 ③ 04 ③ 05 기회비용
06 ④ 07 ⑤ 08 ④ 09 ③ 10 ⑤
11 해설 참조

01 재화나 서비스를 만들어 내거나 기존에 있던 상품의 가치를 증대 시키는 활동은 생산이다.

02 (가)는 철수가 생산 요소인 노동력을 제공하고 그에 대한 대가인 월급을 받은 것으로 분배에 해당한다. (나)는 영희가 재화인 케이크를 구입한 것으로 소비에 해당한다.

03 ③은 생산에 해당한다. ①, ②, ④, ⑤는 생산 요소를 제공하고 그에 대한 대가를 받은 것으로 분배에 해당한다.

04 짜장면, 짬뽕, 탕수육을 모두 먹고 싶다는 것은 인간의 욕구가 무한함을 의미한다. 하지만 한 가지만 먹을 수 있는 돈을 가지고 있으므로 자원이 한정되어 있음을 알 수 있다. 인간의 욕구에 비해 이를 충족시킬 수 있는 자원이 한정되어 있음을 뜻하는 개념은 자원의 희소성이다.

05 합리적인 선택을 하려면 편익이 기회비용보다 커야 한다. 기회비용이란 어떤 것을 선택함으로써 포기하게 되는 여러 대안이 갖는 가치 중 가장 큰 것을 말한다.

06 아무리 편익이 큰 것이라도 자신이 지불해야 할 비용을 고려하여 선택하는 것이 합리적이다.

07 (가)는 생산 방법을 정하는 문제이고, (나)는 생산물을 누구에게 지급할 것인가를 정하는 것으로 분배의 문제이다.

08 최소의 비용으로 최대의 효과를 얻고자 하는 것은 효율성을 추구하는 것이다.

09 시장 경제 체제는 어떤 상품을 얼마나 생산하고 어떻게 생산하며 누구에게 분배할지를 개인과 기업이 자율적으로 결정한다.
| 오답 피하기 | ① 경제 체제는 경제 문제의 해결 방식에 따라 구분된다. ② 시장 경제 체제에서 경제 문제는 개인과 기업이 결정한다. ④ 시장 경제 체제를 바탕으로 정부의 계획과 통제를 따르는 것은 혼합 경제 체제이다. ⑤ 계획 경제 체제에서 경제 문제는 정부의 계획과 통제에 따라 해결한다.

10 우리나라는 시장 경제 체제를 바탕으로 공익을 위하여 정부가 개입하는 혼합 경제 체제를 따르고 있다.

11 | 예시 답안 | 영수의 아이스크림 구매에 대한 편익은 9이고, 기회비용은 과자에 대한 편익 10이므로 아이스크림을 사면 기회비용이 편익보다 커서 합리적인 선택으로 볼 수 없다.

| 채점 기준 |

상	영수의 아이스크림 구매에 따른 편익과 기회비용을 정확히 파악하고 합리적 선택으로 볼 수 없다고 서술하였다.
중	영수의 아이스크림 구매에 따른 편익과 기회비용 중 하나만 파악하고 합리적 선택으로 볼 수 없다고 서술하였다.
하	합리적 선택으로 볼 수 없다고만 서술하였다.

실력쑥쑥 실전문제 48~49쪽

01 ① 02 ② 03 ㉠ 생산, ㉡ 서비스 04 ④
05 ① 06 ③ 07 ② 08 해설 참조
09 해설 참조

01 미나가 아르바이트로 아이스크림을 판매한 것은 생산에 해당한다. 지호가 극장에서 영화를 관람한 것은 소비에 해당한다.

02 제시된 설명에 해당하는 것은 분배이다. ② 오페라 배우가 월급을 받은 것은 생산 요소인 노동력을 제공하고 그에 대한 대가를 받은 것으로 분배에 해당한다.
| 오답 피하기 | ①, ③, ④, ⑤ 상품을 제조·운반·판매하는 활동은 생산 활동에 해당한다.

03 생산은 경제 활동의 대상인 재화나 서비스를 만들어 내거나 기존에 있던 상품의 가치를 증대시키는 활동이다.

04 개인의 취향이나 가치관에 따라 선택으로 느끼는 만족감이 다르므로 개인마다 기회비용은 다르다.

05 ㄱ. 수현이가 만족감의 크기를 고려하여 영화 관람을 선택한 것은 편익을 고려한 합리적 선택이다. ㄴ. 수현이가 영화를 보기로 한 것은 영화 관람의 편익이 노래방의 편익보다 크다는 것을 의미한다.
| 오답 피하기 | ㄷ. 영화보다 노래방을 더 좋아한다는 것은 영화 관람의 편익보다 노래방의 편익이 더 큼을 의미하므로 수현이와는 달리 노래방을 선택했을 것이다. ㄹ. 노래방을 선택할 때의 기회비용은 선택을 포기한 영화 관람의 편익이다.

06 □□자동차 회사가 생산 증가를 위해 자동화 설비 도입과 생산직 근로자 고용 확대를 놓고 고민하는 것은 생산 방법을 결정하는 것으로 '어떻게 생산할 것인가?'에 관한 경제 문제이다.

07 갑국은 시장 경제 체제, 을국은 계획 경제 체제이다. 시장 경제 체제에서 경제 문제는 시장의 자율성에 의해 해결한다.
| 오답 피하기 | ① 갑국은 시장 경제 체제이다. ③ 을국은 정부의 계획과 통제가 강조된다. ④ 을국은 계획 경제 체제이다. ⑤ 시장 경제 체제의 문제점이다.

08 | 예시 답안 | 다현이가 연극 관람을 선택한다면 아르바이트를 해서 받을 수 있는 임금을 포기해야 하므로, 이때 포기한 임금 16,000원이 기회비용이다.

| 채점 기준 |

상	기회비용이 16,000원임을 그 이유를 들어 정확하게 서술하였다.
중	기회비용이 16,000원이라고 썼으나 그 이유를 추상적으로 서술하였다.
하	기회비용이 16,000원이라고만 서술하였다.

09 | 예시 답안 | 헌법 제119조 제1항은 우리나라가 시장 경제 체제를 기반으로 하고 있음을 보여 주고, 제2항은 경제 활동에 대한 정부의 개입을 인정하고 있음을 명시한 것이다. 따라서 우리나라 경제 체제는 시장 경제 체제를 기반으로 필요한 경우 정부가 개입하는 혼합 경제 체제이다.

| 채점 기준 |

상	제시된 헌법 조항을 바탕으로 우리나라 경제 체제가 시장 경제 체제를 기반으로 하는 혼합 경제 체제임을 서술하였다.
중	우리나라가 혼합 경제 체제라고만 서술하였다.
하	혼합 경제 체제라는 용어를 사용하지 않고 시장 경제 체제와 계획 경제 체제가 합쳐져 있다고만 서술하였다.

---

02 / 03 **기업의 역할과 사회적 책임/ 바람직한 금융 생활**

기초튼튼 기본문제 52~53쪽

01 ②	02 ③	03 ①	04 사회적 책임	
05 ③	06 ⑤	07 ②	08 ④	09 ③
10 ①	11 ③	12 해설 참조		

01 자유 시장 경제에서 생산 활동을 담당하는 주체는 기업이다.

02 기업의 생산 활동이 활발하면 생산이 확대되는 과정에서 일자리가 늘어나 고용이 증가한다.

03 기업의 생산이 증가하면 일자리가 늘어나 고용이 증가하고, 고용이 증가하면 가계가 받는 임금이 늘어나 가계 소득이 증가한다.

04 오늘날에는 기업이 사회 전체의 이익에 부합하도록 의사 결정을 하는 기업의 사회적 책임이 커지고 있다.

05 기업의 사회적 책임이란 기업이 사회 전체의 이익에 부합하도록 의사 결정을 하는 것이다. ㄴ, ㄷ은 기업의 사회적 책임 중 자선적 책임에 해당하는 사례이다.

06 기업가 정신이란 새로운 아이디어로 상품을 개발하고 새로운 시장을 개척하려는 기업가의 자세로, 이를 통해 기업은 더 많은 이윤을 획득하고 성장할 수 있다.

07 은퇴 이후에도 생활필수품 구입, 의료비 지출 등 소비 생활은 지속된다.

08 중·장년기에는 일반적으로 왕성한 경제 활동을 하므로 소득이 높지만, 자녀 교육비 등으로 인해 소비도 많다.
| 오답 피하기 | ㄱ. 결혼과 출산은 일반적으로 20대~30대에 이루어진다. ㄷ. 직업 선택을 위한 준비는 일반적으로 20대 이하와 초반에 이루어진다.

09 주식은 수익성이 높지만, 안전성이 낮아 원금을 손실할 우려가 있다.
| 오답 피하기 | ① 예금과 적금은 수익성이 낮다. ② 채권은 발행 기관에 따라 안전성이 다르다. ④ 자산을 관리할 때는 수익성과 유동성, 안전성을 모두 고려해야 한다. ⑤ 현대 사회에는 평균 수명이 늘어나 노후 대비를 위한 자산 관리의 중요성이 더욱 커지고 있다.

10 예금은 수익성이 낮지만, 원금 손실이 적어 안전성이 높다. 반면, 주식은 높은 수익을 기대할 수 있지만, 원금이 손실될 우려가 크다. 채권은 비교적 안전성과 수익성이 높은 편이다. 따라서 ⊙은 예금, ⓒ은 주식, ⓒ은 채권이다.

11 신용은 금전 거래에서 약속한 금액을 갚을 수 있는 능력 또는 이에 대한 믿음으로 원활한 경제생활을 위해 필요하다.

12 | 예시 답안 | 신용이 떨어지면 금융 기관에서 돈을 빌리기 어려워지고, 빌린다고 해도 다른 사람보다 높은 이자를 부담해야 하는 어려움이 생긴다.

| 채점 기준 |

상	금융 기관에서 돈을 빌리기 어려워지고, 높은 이자를 부담해야 한다고 서술하였다.
하	금융 기관에서 돈을 빌리기 어려워진다고만 서술하였다.

실력쑥쑥 실전문제
54~55쪽

01 ①　　02 ⑤　　03 ㉠ 임금, ㉡ 가계　　04 ②

05 ④　　06 ③　　07 ④　　08 해설 참조

09 해설 참조　　10 해설 참조

01 기업은 생산의 주체로, 생산 과정에서 사람들을 고용하여 일자리를 제공한다.

| 오답 피하기 | ㄷ. 가계는 기업에 노동력을 제공하고 그에 대한 대가로 임금을 받는다. ㄹ. 기업은 재화와 서비스를 생산한다.

02 ○○컴퓨터 회사가 수출량이 증가해 국내 공장을 확장하면 기업의 이윤이 증가함에 따라 더 많은 세금을 납부하여 국가 재정에 이바지할 것이다.

| 오답 피하기 | ① 기업의 긍정적 영향에 해당하지 않는다. ② 공장이 확장되면 지역 경제가 활성화될 것이다. ③ 생산 활동이 활발해지면 고용 증가로 가계 소득이 늘어난다. ④ 생산 시설을 확장하는 과정에서 고용이 늘어날 것이다.

03 기업은 생산의 주체로서 일자리를 제공하고, 일한 대가로 가계에 임금을 지급한다.

04 제시된 사례의 자동차 회사는 눈앞의 이익만 추구하여 공익을 해쳤으므로 기업의 사회적 책임이 요구된다.

| 오답 피하기 | ㄴ. 기업은 판매를 위해 소비자를 대상으로 제품을 홍보할 수 있다. ㄹ. 기업은 이윤과 함께 사회 전체의 이익도 추구해야 한다.

05 기업가 정신이란 새로운 아이디어로 새로운 상품을 개발하고 새로운 시장을 개척하려는 기업가의 혁신적인 자세이다. 이를 통해 기업은 더 많은 이윤을 획득하고 성장할 수 있다.

06 ㉠은 예금 또는 적금, ㉡은 주식 투자에 해당한다.

| 오답 피하기 | ① 예금 또는 적금은 수익성이 낮은 편이다. ② 예금 또는 적금은 원금 손실의 우려가 적어 안전하다. ④ 보험에 대한 설명이다. ⑤ 주식은 안전성이 낮아 가장 안정적인 자산 관리 방법이라고 할 수 없다.

07 (가)는 수익성, (나)는 유동성이다. 자산 관리 방법을 선택할 때는 안전성, 수익성, 유동성을 고려해야 한다.

| 오답 피하기 | 안전성은 원금이 손실되지 않는 정도를 의미한다.

08 | 예시 답안 | 공장 건설을 통해 일자리가 창출되고 가계 소득이 늘어나 지역 경제가 활성화되었다.

| 채점 기준 |

상	일자리 창출과 가계 소득의 증가를 서술하였다.
하	일자리 창출과 가계 소득의 증가 중 한 가지만 서술하였다.

09 | 예시 답안 | 노년기에는 소득이 중단되어도 소비가 지속되기 때문에 이에 대비하여 안정적인 노후 생활을 위한 자산 관리가 필요하다.

| 채점 기준 |

상	그래프를 통해 노년기의 소득과 소비를 확인하고 이를 분석하여 구체적으로 서술하였다.
중	그래프를 통해 노년기의 소득과 소비 중 한 가지만 확인하여 추상적으로 서술하였다.
하	노년기의 소득과 소비에 대한 언급 없이 안정적인 노후 생활을 위해 필요하다고만 서술하였다.

10 | 예시 답안 | 현대 사회는 신용 카드의 이용도가 높아 개인의 신용 사용이 일상화되고 있다. 따라서 원활한 경제생활을 위해 신용을 꾸준히 관리해야 한다.

| 채점 기준 |

상	신용이 일상화되었음을 쓰고 원활한 경제생활을 위해 신용 관리가 필요하다고 서술하였다.
하	신용이 일상화되었다고만 서술하였다.

대단원 마무리

자신만만 적중문제
56~57쪽

01 ④　　02 ④　　03 ④　　04 ①　　05 ⑤

06 ④　　07 해설 참조　　08 해설 참조

01 생산의 대상으로는 재화와 서비스가 있으며, 경제 활동은 인간이 살아가는 데 필요한 것을 만들어 내고(생산), 나누고(분배), 사용(소비)하는 모든 활동을 말한다.

| 오답 피하기 | ㄱ. 상품을 운반하고 판매하는 활동은 생산에 해당한다. ㄷ. 재화나 서비스를 구매하여 사용하는 활동은 소비이다.

02 정수 어머니가 8시간 동안 분식집을 운영하며 장사를 하면 대형 마트에서 계산원으로 일해서 벌 수 있는 80,000원의 급여를 포기해야 한다. 따라서 분식집을 운영하는 8시간의 기회비용은 80,000원이고 1시간의 기회비용은 10,000원이다.

| 오답 피하기 | ①, ②, ③ 8시간 동안 분식집을 운영하여 얻는 편익이 50,000원인 반면에 기회비용은 80,000원이므로 계속 분식집을 운영하는 것은 합리적인 선택이라고 할 수 없다. ⑤ 분식집을 운영하는 데 따르는 기회비용은 80,000원으로 대형 마트에서 계산원으로 일할 때의 기회비용 50,000원보다 크다.

03 제시된 글에서 □□도는 수도권 기업들을 이전시키기 위해 설명회를 개최하였다. ㄴ. 수도권 기업이 해당 지역으로 이전하면 기업이 세금을 납부하기 때문에 해당 지방 자치 단체는 재정을 확보할 수 있다. ㄹ. 기업은 생산 과정에서 고용을 창출하여 일자리를 제공하는데, 이는 가계의 소득 증가와 경제 활성화로 이어진다.

04 제시된 글에서 사장은 혁신적인 자세를 강조하면서 새로운 시장 개척을 목표로 삼고 있는데, 이는 기업가 정신을 강조한 것이라고 할 수 있다.

05 (가)는 중·장년기, (나)는 청년기, (다)는 아동기, (라)는 노년기에 해당한다.

06 소득은 중·장년기에 가장 높으며, 소비는 평생 이루어진다. ④ 주식은 수익성이 높지만, 안전성은 낮으므로 확실한 고수익이 보장된다고는 할 수 없다.

07 **| 예시 답안 |** 기업은 생산 활동에서 환경을 보호하고 사람들의 안전을 중시하며 사회 전체의 이익에 부합하도록 경영을 해야 한다.

| 채점 기준 |

상	기업의 환경 보호 및 안전의 중요성과 함께 사회 전체의 이익에 부합하도록 경영을 해야 한다고 서술하였다.
하	기업이 사회 전체의 이익에 부합하도록 경영을 해야 한다고만 서술하였다.

08 **| 예시 답안 |** (1) (가) 보험, (나) 주식, (다) 예금
(2) (나) 주식은 (다) 예금보다 수익성이 높은 장점이 있지만, 안전성이 낮다는 단점이 있다.

| 채점 기준 |

상	(가)~(다)를 쓰고, 수익성과 안전성을 활용하여 예금과 비교한 주식의 장단점을 서술하였다.
중	(가)~(다)를 쓰고, 예금과 비교한 주식의 장단점 중 한 가지만 서술하였다.
하	(가)~(다)에 해당하는 자산 관리 방법만 썼다.

최고난도 **문제** 58쪽

01 ④ **02** ①

01 기회비용이란 어떤 것을 선택함으로써 포기하게 되는 여러 대안이 갖는 가치 중 가장 큰 것을 말한다. 제시된 자료에서 지민이는 영화 관람 만족감이 3,000으로 가장 크다. 따라서 도서 구매과 저축에 대한 기회비용은 3,000으로 동일하다.

함정 피하기 ① 지민이가 저축할 경우의 기회비용은 포기한 가치(영화 3,000과 도서 구입 1,500) 중 가장 큰 것이므로 3,000이다. ② 합리적인 선택은 기회비용보다 편익이 커야 한다. 저축하면 편익(만족감)은 2,000, 기회비용은 3,000이므로 저축하는 것은 합리적인 선택이 아니다. ③ 지민이가 영화 관람을 할 경우의 기회비용은 포기한 가치(저축 2,000과 도서 구입 1,500) 중 가장 큰 것이므로 2,000이다.

02 ㄱ. 일반적으로 장년기에는 소비보다 소득이 많고, 유소년기와 노년기에는 소득보다 소비가 많다. 따라서 ㉠은 소비 곡선, ㉡은 소득 곡선이다. ㄴ. 노년기에는 소득이 없어도 소비가 지속되므로 소득이 소비보다 많은 장년기에 저축이 필요하다.

함정 피하기 ㄷ. A와 C 모두 소득보다 소비가 많다. ㄹ. 주식은 높은 수익을 기대할 수 있지만, 원금이 손실될 우려가 크다. 따라서 여유 자금을 주식에 집중 투자하는 것은 바람직하지 않다. 주식보다 안전성이 높고 수익성은 낮은 예금과 적금 등 다른 자산 관리 방법과 병행하는 것이 바람직하다.

4 시장 경제와 가격

01 시장의 의미와 종류

기초튼튼 기본문제   62~63쪽

| 01 ③ | 02 ④ | 03 ① | 04 ② | 05 ⑤ |
| 06 ④ | 07 ⑤ | 08 ③ | 09 ③ | 10 해설 참조 |

01 재화나 서비스를 사고파는 장소는 시장이다. 시장에서는 상품을 사려는 사람과 팔려는 사람 간의 교환과 거래가 이루어진다.

02 시장은 상품을 팔려는 사람과 사려는 사람이 만나 거래를 하는 곳으로 잉여 생산물을 교환하는 과정을 거쳐 자연스럽게 형성되었다.

03 시장은 상품을 사고파는 장소를 말하지만, 구체적인 장소만을 뜻하지는 않는다. 전자 상거래 시장처럼 상품에 대한 교환과 거래가 이루어지면 시장이라고 할 수 있다.

04 (가)는 특화, (나)는 분업에 대한 설명이다.

05 인터넷 쇼핑몰은 구체적인 장소가 없는 추상적 시장의 예이다.
| 오답 피하기 | ①, ②, ③, ④는 구체적인 장소가 있는 눈에 보이는 시장이다.

06 제시된 글의 밑줄 친 내용은 구체적인 장소가 없는 추상적 시장에 대한 설명이다. 인터넷 쇼핑몰, 게임 아이템 거래 시장 등이 추상적 시장에 해당한다.
| 오답 피하기 | ㄱ의 전자 상가, ㄷ의 수산물 시장은 특정한 장소를 가지고 있는 구체적 시장에 해당한다.

07 A는 눈에 보이지 않는 시장인 추상적 시장, B는 눈에 보이는 시장인 구체적 시장에 해당한다. (가)에는 '눈에 보이는 시장인가?', '구체적인 장소가 있는가?' 등이 들어갈 수 있다. ㄷ. 전자 상거래 시장 등과 같은 눈에 보이지 않는 시장은 현대 사회에 들어서며 등장하였기 때문에 정보화가 되기 이전의 전통 사회 구성원들은 A 추상적 시장보다 B 구체적 시장에 많이 참여하였다.
| 오답 피하기 | ㄱ. 정보화가 되면서 A 추상적 시장이 증가하였다. ㄴ. 백화점, 복합 영화관은 B 구체적 시장에 해당한다.

08 제시된 포스터는 신입 사원 채용이 이루어지기도 하는 청년 취업 박람회 홍보 포스터이다. 취업 박람회는 일자리를 구하는 구직자와 새로 직원을 채용하려는 기업을 연결해 주

는 곳으로 일종의 노동 시장에 해당한다. ③ 거래되는 상품은 노동이라는 서비스이다.
| 오답 피하기 | ④ 취업 박람회는 해당하는 기간에만 일시적으로 형성되는 시장이다.

09 제시된 사례에서 민수네 학급이 단체 티셔츠를 구입한 인터넷 쇼핑몰은 눈에 보이지 않는 추상적 시장으로, 정보·통신 기술의 발달로 등장한 새로운 시장에 해당한다. ㄴ. 인터넷 쇼핑몰은 다양한 상품을 비교하면서 볼 수 있으므로 시간이 절약된다.
| 오답 피하기 | ㄱ. 인터넷 쇼핑몰은 구체적인 장소가 없는 추상적 시장이다. ㄹ. 눈에 보이는 시장에서는 원하는 상품을 고르기 위해서 시간을 내어 직접 찾아다녀야 하므로 인터넷 쇼핑몰보다 시간과 비용이 더 많이 든다.

10 | 예시 답안 | 시장을 통해 사람들은 자신이 필요로 하는 상품을 모두 다 생산할 필요가 없어졌으며, 더 잘 생산할 수 있는 분야에 특화가 가능해졌다.

| 채점 기준 |

상	특화의 측면에서 구체적으로 서술하였다.
중	특화가 가능해졌다고만 서술하였다.
하	특화라는 용어를 사용하지 않고 추상적으로 서술하였다.

실력쑥쑥 실전문제   64~65쪽

01 ④	02 ①	03 ⑤	04 ⑤	05 ②
06 ④	07 ⑤	08 ⑤	09 전자 상거래	
10 해설 참조		11 해설 참조		

01 시장은 재화나 서비스를 사고파는 장소로 교환과 거래가 이루어진다.
| 오답 피하기 | ㄱ. 시장은 분업과 특화를 촉진한다. ㄷ. 구체적인 장소가 없어도 상품에 대한 교환과 거래가 이루어지면 시장이라고 할 수 있다.

02 시장이 생겨나면서 사람들은 자신이 필요로 하는 상품을 모두 다 생산할 필요가 없어졌다. 따라서 시장은 자급자족 경제에서 벗어난 교환 경제를 활성화한다.

03 제시된 대화에서 몽룡이는 바다까지 갈 필요 없이 버섯을 시장에서 팔아 생선을 살 수 있다. 따라서 시장을 통해 거래에 드는 시간을 줄이고 거래 상대를 쉽게 찾을 수 있다.

| 오답 피하기 | ㄱ. 시장은 재화를 거래할 수 있게 해 준다. ㄴ. 제시된 대화에서의 밑줄 친 시장은 버섯, 생선과 같은 생산물이 거래된다.

04 상품을 만드는 과정을 여러 단계로 나누어 각자가 맡은 일만 하도록 하는 것을 분업이라고 한다.

05 분업 이전에는 능숙한 기술자도 하루에 20개 정도의 바늘만 생산할 수 있었으나, 분업 이후에는 4,800개의 바늘을 생산할 수 있었다. 이는 분업을 통해 생산성이 향상되었음을 의미한다.

06 제시된 사진은 인터넷 쇼핑몰로, 구체적인 장소가 없는 추상적 시장에 해당한다. 추상적 시장에는 주식 시장, 노동 시장 등이 있다.
| 오답 피하기 | ①, ②, ③, ⑤는 눈에 보이는 장소가 있는 구체적 시장에 해당한다.

07 분홍색 원피스는 재화에 해당한다.

08 인터넷 쇼핑몰, 노동 시장은 눈에 보이지 않는 추상적 시장으로, 구체적인 장소 없이 거래가 이루어진다.
| 오답 피하기 | ㄱ. 인터넷 쇼핑몰, 노동 시장에서는 물물교환이 아니라 가격을 매개로 거래가 이루어진다. ㄴ. 인터넷 쇼핑몰에서는 재화, 서비스 모두 거래된다.

09 오늘날에는 정보·통신 기술의 발달로 등장한 전자 상거래 시장이 확대되고 있다.

10 | 예시 답안 | 은행에서 돈이 남는 사람과 돈이 필요한 사람 간에 거래가 이루어지므로, 은행이 시장이라고 할 수 있다.
| 채점 기준 |

상	은행을 통해 거래가 이루어졌음을 근거로 은행이 시장이라고 서술하였다.
하	이유를 들지 않고 은행이 시장이라고만 서술하였다.

11 | 예시 답안 | (1) 인터넷 쇼핑몰 (2) 인터넷 쇼핑몰은 상품이 거래되지만 구체적인 장소가 없는 추상적 시장이다.
| 채점 기준 |

상	인터넷 쇼핑몰을 쓰고, 구체적인 장소가 없는 추상적 시장이라고 서술하였다.
하	인터넷 쇼핑몰만 썼다.

---

02 수요·공급과 시장 가격의 결정

기초튼튼 기본문제   68~69쪽

01 ③	02 ③	03 ②	04 ④	05 ①
06 ①	07 공급 법칙		08 ④	09 ④
10 해설 참조				

01 소비자들이 어떤 상품을 사려고 하는 욕구를 수요라고 하며, 일정한 가격에 사고자 하는 상품의 양을 수요량이라고 한다.

02 수요 곡선은 우하향하는 모양으로 가격과 수요량은 역의 관계이다.
| 오답 피하기 | ①, ② 수요는 어떤 상품을 가지고 싶다는 막연한 욕구가 아니라 값을 치를 능력이 있으면서 그 상품을 구입하려는 욕구이다. ④ 수요 법칙을 그림으로 표현한 것은 수요 곡선이다. ⑤ 수요 법칙에 따라 상품의 가격이 오르면 수요량은 감소한다.

03 제시된 표는 수요표이다. 수요표를 통해 수요 법칙을 알 수 있으며, 수요 법칙은 우하향하는 곡선으로 나타낼 수 있다.
| 오답 피하기 | ㄴ. 가격이 오르면 수요량은 감소하고, 가격이 내리면 수요량은 증가한다. ㄹ. 수요표는 일정한 가격에서 사고자 하는 상품의 양을 나타낸 것이다.

04 수요 곡선은 우하향하는 모양이다.

05 제시된 그래프는 수요 곡선에 해당한다. 수요 곡선은 수요 법칙을 나타낸 것으로, 가로축 ㉠은 수요량이다.
| 오답 피하기 | ㄷ. 가격이 오를수록 수요량은 감소하고, 가격이 내릴수록 수요량은 증가하므로 가격과 수요량은 역의 관계를 나타내고 있다. ㄹ. 수요 곡선은 가격 변동에 따른 수요량의 변화를 나타낸 것이다.

06 공급 법칙에 따라 가격과 공급량은 정의 관계이다.
| 오답 피하기 | ② 가격이 오르면 공급량은 증가한다. ③ 가격이 내리면 수요량은 증가한다. ④ 공급 법칙을 나타낸 공급 곡선은 우상향 모양이다. ⑤ 수요 법칙을 나타낸 수요 곡선은 우하향 모양이다.

07 가격이 오르면 공급량이 증가하고, 가격이 내려가면 공급량이 감소하는 것을 공급 법칙이라고 한다.

08 제시된 그래프는 우상향하는 모양으로 공급 곡선에 해당한다. 점 A에서 점 B로 이동한 것은 가격이 상승하여 공급량이 증가한 것을 나타낸다.

09 수요량과 공급량이 일치하는 점에서 시장 가격이 결정되는데, 이때의 가격을 균형 가격, 거래량을 균형 거래량이라고 한다.

| **오답 피하기** | ① 공급량보다 수요량이 많은 초과 수요 상태에서는 가격이 올라간다. ② 수요량보다 공급량이 많은 초과 공급 상태에서는 가격이 내려간다. ③ 시장 가격이 결정되는 점의 거래량을 균형 거래량이라고 한다. ⑤ 상품 가격이 균형 가격보다 낮으면 초과 수요 상태가 발생한다.

10 | **예시 답안** | ⑴ 균형 가격 700원, 균형 거래량 9만 개 ⑵ 가격이 600원이면 수요량은 12만 개, 공급량은 6만 개가 된다. 즉 수요량이 공급량보다 많아 초과 수요가 발생하여 가격이 올라간다.

| **채점 기준** |

상	균형 가격과 균형 거래량을 정확히 쓰고, 연필이 600원일 때 초과 수요가 발생하여 가격이 올라간다고 서술하였다.
중	균형 가격과 균형 거래량을 정확히 쓰고, 연필이 600원일 때 초과 수요가 발생한다고만 서술하였다.
하	균형 가격과 균형 거래량을 정확히 썼으나 연필이 600원일 때 발생하는 상황을 잘못 서술하였다.

실력쑥쑥 실전문제 70~71쪽

01 ③　02 ④　03 ④　04 ③　05 시장 가격
06 ④　07 ⑤　08 해설 참조　09 해설 참조

01 공급이란 생산자가 어떤 상품을 팔고자 하는 욕구를 의미하며, 일정한 가격에 팔고자 하는 상품의 양을 공급량이라고 한다.

02 제시된 그래프는 우하향하는 모양으로 수요 곡선을 나타낸 것이다. 수요 곡선을 통해 가격과 수요량이 역의 관계임을 알 수 있다.

| **오답 피하기** | ㄱ. 제시된 그래프는 수요 곡선을 나타낸 것이다. ㄷ. 수요 곡선은 가격에 따른 수요량의 변화를 나타낸다. 가격이 올라가면 수요량이 감소한다.

03 제시된 그래프는 수요 곡선이다. 점 A에서 점 B로의 이동은 가격이 내려가서 수요량이 증가했음을 나타낸다.

| **오답 피하기** | ① 수요 법칙에 따른 변화이다. ② 가격에 따른 수요량의 변화이다. ③ 수요 곡선상에서의 점의 이동이다. ⑤ 가격의 변동에 따라 수요량이 증가했다.

04 공급 법칙을 나타낸 공급 곡선은 우상향 모양이다. 공급 법칙에 따라 가격이 오르면 공급량이 증가하고, 가격이 내리면 공급량이 감소한다.

| **오답 피하기** | ㄱ. 가격과 공급량은 정의 관계에 있는데, 이를 공급 법칙이라고 한다. ㄹ. 공급은 생산자가 어떤 상품을 팔고자 하는 욕구를 의미한다.

05 수요량과 공급량이 일치하는 점에서 시장 가격이 결정된다.

06 A는 공급량, B는 수요량이다. 수요량은 가격과 역의 관계이다. 균형 가격과 균형 거래량은 수요량과 공급량이 일치하는 900원, 70개이다.

| **오답 피하기** | ㄱ. A는 공급량이다. ㄷ. 가격이 800원일 때 공급량은 60개, 수요량은 80개이므로 초과 수요가 발생한다.

07 가격이 4,000원일 때 수요량은 100개, 공급량은 300개이므로 200개의 초과 공급이 발생한다. 초과 공급이 발생하면 공급자 간의 경쟁으로 가격이 하락한다.

08 | **예시 답안** | 수요 법칙은 가격과 수요량의 역의 관계를 나타내고, 공급 법칙은 가격과 공급량의 정의 관계를 나타낸다.

| **채점 기준** |

상	가격과 수량의 관계 측면에서 역의 관계, 정의 관계라는 용어를 사용하여 서술하였다.
하	역의 관계, 정의 관계라는 용어를 사용하지 않고 가격과 수량의 관계에 대해서 추상적으로 서술하였다.

09 | **예시 답안** | ⑴ 수요량이 90개, 공급량이 70개로 수요량이 공급량보다 많아 초과 수요가 발생하여 가격이 올라간다. ⑵ 수요량이 70개, 공급량이 90개로 공급량이 수요량보다 많아 초과 공급이 발생하여 가격이 내려간다.
⑶ 균형 가격과 균형 거래량은 수요량과 공급량이 일치하는 지점에서 결정되므로 균형 가격은 700원, 균형 거래량은 80개이다.

| **채점 기준** |

상	초과 수요와 초과 공급을 파악하고, 균형 가격 및 균형 거래량과 결정 원리를 정확하게 서술하였다.
중	초과 수요와 초과 공급을 파악하고, 균형 가격과 균형 거래량을 결정 원리를 제시하지 않고 서술하였다.
하	초과 수요와 초과 공급만 파악하고, 균형 가격과 균형 거래량을 서술하지 못하였다.

기초튼튼 기본문제 74~75쪽

01 (가) 대체재, (나) 보완재 　 02 ② 　 03 ③
04 ① 　 05 ④ 　 06 ② 　 07 ④ 　 08 ④
09 ③ 　 10 ③ 　 11 해설 참조

01 (가)에서 콜라와 사이다는 쓰임과 용도가 비슷해서 대신하여 사용할 수 있는 대체재 관계이며, (나)에서 삼겹살과 상추는 같이 소비할 때 더 큰 만족을 얻을 수 있는 보완재 관계이다.

02 오렌지는 귤의 대체재이다. 대체재인 오렌지 가격이 하락하면 소비자는 귤 대신 오렌지를 소비하므로 귤 수요는 감소한다.

03 수요의 변동이란 가격 이외의 요인이 변하여 수요가 증가하거나 감소하는 것을 말한다.

04 대체재의 가격, 수요자의 소득은 수요의 변동 요인이다.
｜오답 피하기｜ ㄷ, ㄹ은 공급의 변동 요인이다.

05 토마토의 항암 효과가 뛰어나다고 보도된 이후 토마토에 대한 수요자의 선호도가 높아졌기 때문에 수요가 증가하였다.

06 그래프는 우하향 모양의 수요 곡선이고, 수요 곡선 자체가 오른쪽으로 이동한 것은 수요 증가를 의미한다. 수요자 수의 증가는 수요 증가의 요인이 된다.
｜오답 피하기｜ ㄴ. 수요량의 변화는 수요 곡선상 점의 이동으로 나타난다. ㄹ. 생산 기술 향상은 공급의 변동 요인이다.

07 근로자의 임금은 생산 요소에 해당하며, 임금 상승은 생산 요소 가격 상승으로 공급 감소의 요인이 된다.

08 생산 기술이 향상되거나 생산 요소의 가격이 하락하면 공급이 증가한다.
｜오답 피하기｜ ㄱ. 공급 감소의 요인이다. ㄷ. 수요 증가의 요인이다.

09 대체재의 가격이 하락하면 수요가 줄어들어 균형 거래량이 감소하고, 균형 가격이 하락한다.
｜오답 피하기｜ ① 수요가 증가하면 균형 가격이 상승한다. ② 수요가 감소하면 균형 거래량이 감소한다. ④ 공급 곡선이 왼쪽으로 이동하는 것은 공급 감소로, 공급이 감소하면 균형 가격이 상승한다. ⑤ 공급이 증가하면 균형 가격이 하락하고, 균형 거래량이 증가한다.

10 공급 곡선이 왼쪽으로 이동한 것은 공급 감소를 의미한다. 공급자 수가 감소하면 공급이 감소하고 균형 가격은 상승한다.
｜오답 피하기｜ ①, ②, ⑤ 공급 증가의 요인으로 공급이 증가하면 균형 가격은 하락한다. ④ 수요 증가의 요인으로 수요가 증가하면 균형 가격은 상승한다.

11 **｜예시 답안｜** ⑴ 소득 증가, 선호도 증가, 수요자의 수 증가, 대체재의 가격 상승, 보완재의 가격 하락 등
⑵ 균형 가격은 상승하고 균형 거래량은 증가했다.
｜채점 기준｜

상	수요 증가의 변화 요인을 두 가지 쓰고, 균형 가격과 균형 거래량의 변화를 정확하게 서술하였다.
중	수요 증가의 변화 요인을 두 가지 쓰고, 균형 가격과 균형 거래량 중 한 가지의 변화만을 서술하였다.
하	수요 증가의 변화 요인 두 가지만 썼다.

실력쑥쑥 실전문제 76~77쪽

01 ② 　 02 ① 　 03 ⑤ 　 04 ④ 　 05 ②
06 ㉠ 증가, ㉡ 감소 　 07 ④ 　 08 해설 참조
09 해설 참조

01 고구마의 소비자 수 증가는 수요 증가의 요인이다. 수요 증가에 따라 수요 곡선은 오른쪽으로 이동한다.

02 고구마의 수요가 증가하면 균형 가격은 상승하고 균형 거래량은 증가한다.

03 수요 곡선이 왼쪽으로 이동한 것은 수요 감소를 의미한다. 대체재 가격이 하락하면 수요는 감소한다.
｜오답 피하기｜ ① 콜라의 가격이 상승하면 수요량이 감소하여 수요 곡선상의 점이 이동할 뿐, 수요 곡선 자체가 이동하지는 않는다. ②, ③, ④ 수요 증가의 요인이다.

04 제시된 글에서 조류 인플루엔자로 인해 닭고기의 수요가 감소하였다. 닭고기 대신 돼지고기를 구매하게 되면 돼지고기의 수요가 증가하여 돼지고기의 수요 곡선은 오른쪽으로 이동할 것이다.
｜오답 피하기｜ ㄱ. 수요 감소로 인해 닭고기의 가격은 하락할 것이다. ㄷ. 닭고기 대신 돼지고기를 구매한 것으로 볼 때 닭고기와 돼지고기는 대체재 관계이다.

05 무더위로 인해 에어컨의 수요가 증가하면서 가격이 상승하였다.

06 수요가 증가하면 시장 가격은 오르고 거래량은 증가한다. 반면, 공급이 감소하면 시장 가격은 오르고 거래량은 감소한다.

07 사과의 대체재인 배의 가격이 하락하면 사과 수요가 감소하여 수요 곡선은 왼쪽으로 이동한다. 사과 재배 기술 발달은 공급 증가의 요인으로 공급 곡선은 오른쪽으로 이동한다. 따라서 이동한 두 곡선이 만나는 D 점으로 시장 가격이 변동된다.

08 | 예시 답안 | (1) 아이스크림의 수요는 증가하고, 공급은 감소하였다. (2) 생산 요소의 가격 상승, 공급자 수 감소, 미래의 가격 상승 예상 등

| 채점 기준 |

상	수요 증가와 공급 감소를 파악하고, 공급 감소의 요인을 두 가지 서술하였다.
중	수요 증가와 공급 감소를 파악하고, 공급 감소의 요인을 한 가지만 서술하였다.
하	수요 증가와 공급 감소만을 서술하였다.

09 | 예시 답안 | 두 변화는 모두 사이다의 수요 증가 요인으로, 균형 가격은 상승하고 균형 거래량은 증가할 것이다.

| 채점 기준 |

상	사이다의 수요가 증가함을 파악하고, 균형 가격과 균형 거래량의 변화를 정확하게 서술하였다.
중	사이다의 수요가 증가함을 파악하고, 균형 가격과 균형 거래량 중 한 가지의 변화만을 서술하였다.
하	사이다의 수요가 증가한다고만 서술하였다.

대단원 마무리

자신만만 적중문제   78~79쪽

01 ①   02 ④   03 ③   04 ⑤   05 보완재
06 ①   07 ①   08 해설 참조   09 해설 참조

01 제시된 사진은 인터넷 쇼핑몰로 눈에 보이지 않는 시장이다. 인터넷 쇼핑몰과 같은 전자 상거래 시장은 정보·통신 기술의 발달에 따른 정보화를 통해 등장하였으므로 정보 사회 이전에는 형성되지 않았다.

| 오답 피하기 | ㄷ. 인터넷 쇼핑몰은 구체적인 장소가 없는 추상적 시장이다. ㄹ. 전자 상거래 시장은 오늘날 점점 그 규모가 커지고 있다.

02 (나)의 구인·구직 △△사이트는 일자리(노동)가 거래되는 노동 시장이다.
| 오답 피하기 | ① 영수가 산 가방은 재화이다. ② ○○사이트는 눈에 보이지 않는 시장이다. ③ △△사이트는 추상적 시장이다. ⑤ (가), (나)에 나타난 시장 모두 일정한 장소가 없다.

03 상품의 가격이 상승하면 수요량은 감소하고, 공급량은 증가한다. 반면, 상품의 가격이 하락하면 수요량은 증가하고, 공급량은 감소한다.

04 ㉠은 초과 공급, ㉡은 초과 수요 상태에 해당하며 균형 가격은 200원, 균형 거래량은 400개이다. ⑤ 100원은 균형 가격 200원보다 저렴하므로 공급자보다 수요자가 선호하는 가격이다.

05 상추와 삼겹살은 같이 소비할 때 더 큰 만족을 얻을 수 있는 보완재 관계이다.

06 삼겹살과 보완재 관계인 상추 가격이 인상되면 삼겹살의 수요가 감소한다. 수요가 감소하면 수요 곡선은 왼쪽으로 이동한다.

07 커피의 공급자 수 증가는 공급 증가의 요인이 된다. 공급이 증가하면 가격은 하락한다.
| 오답 피하기 | ②, ③, ④ 수요 증가의 요인으로 수요가 증가하면 커피 가격은 상승한다. ⑤ 공급 감소의 요인으로 공급이 감소하면 가격은 상승한다.

08 | 예시 답안 | (가)는 배추 가격이 상승하여 수요량이 감소한 것을 나타낸다. (나)는 배추 수요가 증가하여 가격이 상승한 것을 나타낸다.

| 채점 기준 |

상	(가)와 (나)의 변화를 제시된 용어를 모두 활용하여 구체적으로 서술하였다.
중	(가)와 (나)의 변화를 제시된 용어 중 두 가지만 활용하여 서술하였다.
하	(가)와 (나)의 변화를 제시된 용어 중 한 가지만 활용하여 서술하였다.

09 | 예시 답안 | 모자의 수요가 증가하고 공급이 감소하면 점 A가 점 B로 이동한다. 수요 증가와 공급 감소로 인해 시장 가격은 상승한다.

상	모자의 수요 증가와 공급 감소를 쓰고, 시장 가격이 상승함을 서술하였다.
중	모자의 수요 증가와 공급 감소만 서술하였다.
하	모자의 수요 증가와 공급 감소 중 한 가지만 서술하였다.

최고난도 문제   80쪽

01 ④   02 ②

01 (가)는 수요 곡선이 왼쪽으로 이동했으므로 수요 감소, (나)는 공급 곡선이 왼쪽으로 이동했으므로 공급 감소를 나타낸다. 배추 대체재의 가격이 하락하면 배추의 수요가 감소하고, 생산자 수가 감소하면 배추의 공급이 감소한다.

함정 피하기 ① 선호도 증가는 수요 증가, 생산 기술의 발전은 공급 증가의 요인이다. ② 소비자 수 감소와 보완재 가격 상승은 수요 감소의 요인이다. ③ 소비자의 소득 증가는 수요 증가, 대체재의 가격 하락은 수요 감소의 요인이다. ⑤ 보완재의 가격 하락은 수요 증가, 생산 요소 가격 상승은 공급 감소의 요인이다.

02 오징어가 성인병 예방에 좋다는 보도는 오징어에 대한 선호도를 증가시켜 수요 증가의 요인이 된다. 오징어의 수요가 증가하면 수요 곡선은 오른쪽으로 이동한다. 수온이 높아져 오징어의 어획량이 감소하면 공급이 감소한다. 오징어의 공급이 감소하면 공급 곡선은 왼쪽으로 이동한다.

함정 피하기 ① 수요 증가, 공급 증가를 나타낸 것이다. ③ 수요 감소, 공급 증가를 나타낸 것이다. ④ 수요 감소, 공급 감소를 나타낸 것이다. ⑤ 수요 증가를 나타낸 것이다.

5 국민 경제와 국제 거래

01 국내 총생산과 경제 성장

기초튼튼 기본문제   84~85쪽

01 ①   02 ⑤   03 ②   04 ④   05 ⑤
06 ③   07 ④   08 ②   09 국내 총생산
10 ⑤   11 해설 참조

01 국내 총생산(GDP)은 일정 기간 동안 한 나라 안에서 생산된 최종 생산물의 시장 가치를 모두 더한 것이다. 국내 총생산은 한 나라의 경제 규모와 생산 능력을 보여 준다. ② 국민 총생산(GNP)은 한 나라의 국민이 생산지에 상관없이 일정 기간 동안 새롭게 생산한 최종 생산물의 가치를 합한 것이다. 국민 총생산은 영토가 아닌 국적을 기준으로 측정한다.

02 국내 총생산은 재화와 서비스들의 최종 시장 가치를 모두 더한 것으로, 한 국가의 국경 안에서 일정 기간 동안 새롭게 생산된 것이다.

| 오답 피하기 | ㄱ. 국내 총생산으로 개개인의 소득 수준을 알 수는 없다. 한 나라 국민의 평균적인 생활 수준은 1인당 국내 총생산을 통해 파악할 수 있다. ㄴ. 자국민이 해외에서 생산한 것은 국경 밖에서 생산된 것이기 때문에 국내 총생산에 포함되지 않는다.

03 외국 회사에서 생산한 것이라도 국내에서 생산한 것이라면 국내 총생산에 포함된다.

| 오답 피하기 | ①, ⑤ 자국민에 의한 것이지만 국경 밖에서 생산된 것이기 때문에 국내 총생산에 포함되지 않는다. ③, ④ 시장에서 거래된 것이 아니기 때문에 국내 총생산에 포함되지 않는다.

04 최종 생산물인 식빵을 만드는 데 원료로 사용된 밀가루, 우유, 설탕의 가치는 국내 총생산의 계산에 포함되지 않는다. 이는 국내 총생산에 다른 상품의 생산을 위해 사용된 중간 생산물은 포함되지 않기 때문이다.

05 국내 총생산은 그 나라 국민이 생산했어도 국외에서 생산했거나, 시장에서 거래되지 않은 경제 활동은 포함시키지 않는 특성이 있다. 대전의 타이어 회사에서 타이어를 생산한 것과 국내에 진출한 미국 유통업체에서 일하고 월급을 받은 것은 모두 국내 총생산에 포함되지만, 전업주부의 가사 노동은 시장에서 거래된 경제 활동이 아니기 때문에 국내 총생산에 포함되지 않는다.

06 국내 총생산을 전체 인구수로 나눈 값을 1인당 국내 총생산이라고 하며, 이는 국민의 평균적인 생활 수준을 파악하는 자료로 이용된다.

07 국내 총생산은 국가의 생산 능력이나 경제 규모를 나타내는 지표이다. 표에서 국내 총생산 수치를 보면, 우리나라가 노르웨이보다 크며, 중국이 우리나라보다 7배 이상 큰 것을 알 수 있다.
| **오답 피하기** | ㄱ. 국내 총생산만으로는 국민의 삶의 질을 알 수 없다. ㄷ. 중국의 국내 총생산이 일본의 국내 총생산보다 2배 이상 크지만, 이는 경제 규모, 즉 생산 능력이 2배 이상 크다는 것이지, 국민의 평균 소득이 2배 이상 많다는 것은 아니다. 국민의 평균 소득은 1인당 국민 소득을 통해 알 수 있다.

08 경제가 성장한다고 해서 국민들 간 소득 불평등이 사라져 빈부 격차가 해결되는 것은 아니다. 소득 불평등은 선진국을 포함한 어느 국가에나 존재한다.

09 경제 성장이란 국내 총생산의 규모가 커지는 것이며, 국내 총생산이 증가한다는 것은 국민 경제의 생산 능력이 향상되는 것을 의미한다.

10 국내 총생산은 그 나라 국민 전체의 소득 수준을 나타내는 지표이지만, 나라마다 인구 규모가 다르기 때문에 국민 개개인의 삶의 질을 제대로 보여 주지는 못한다. 국민의 평균적인 생활 수준을 알기 위해서는 국내 총생산을 인구수로 나눈 1인당 국내 총생산 자료가 필요하다. 국내 총생산은 시장에서 거래되지 않는 경제 활동은 포함되지 않는다는 특징이 있다.
| **오답 피하기** | ㄷ. 국내 총생산은 그 나라 국민 전체의 소득 수준을 나타내는 지표이다. ㄹ. 국내 총생산을 통해 그 나라의 경제 규모와 생산 능력을 알 수 있다.

11 | **예시 답안** | 지진과 같은 자연재해가 발생하면 삶의 질은 떨어진다. 그런데 지진 피해 복구 비용이 국내 총생산에 반영되면서 오히려 국내 총생산은 증가하게 된다. 이처럼 국내 총생산은 삶의 질을 제대로 보여 주지 못하는 한계가 있다.
| **채점 기준** |

상	국내 총생산이 삶의 질을 제대로 보여 주지 못하는 한계가 있음을 이유와 함께 정확하게 서술하였다.
하	국내 총생산이 삶의 질을 제대로 보여 주지 못한다는 내용만 서술하였다.

01 ④	02 ③	03 ④	04 ⑤	05 ③
06 ④	07 국내 총생산		08 ⑤	09 ④
10 해설 참조		11 해설 참조		

01 국내 총생산은 국적이 아닌 영토를 기준으로 경제 활동을 측정한 경제 지표이다. 국적을 기준으로 경제 활동을 측정한 지표에는 국민 총생산이 있다.

02 국내 총생산은 최종 생산물의 시장 가치의 합이다. 제시된 자료에서 최종 생산물의 빵 판매 금액인 700만 원이 국내 총생산이다. 한편, 국내 총생산은 각 생산 단계에서 발생한 부가 가치를 합하여 구할 수도 있다. 제시된 자료에서 영희가 밀을 생산하면서 500만 원의 부가 가치를, 철수가 밀가루를 만들면서 100만 원의 부가 가치를, 도성이가 빵을 만들면서 100만 원의 부가 가치를 발생시켰고, 각 단계의 부가 가치를 합하면 700만 원이다.

03 최종 생산물인 빵의 시장 가치인 700만 원이 국내 총생산이다.
| **오답 피하기** | ① 영희가 만들어낸 부가 가치는 500만 원이다. ② 최종 생산물의 가치는 부가 가치의 총합과 동일하다. ③ 영희가 만들어낸 부가 가치는 500만 원, 철수가 만들어낸 부가 가치는 100만 원으로 합은 600만 원이다. ⑤ 도성이가 생산 과정에서 만들어낸 부가 가치는 100만 원이다.

04 국내 총생산은 한 국가의 국경 안에서 일정 기간 동안 새롭게 생산한 최종 시장 가치를 모두 더한 것이다. ㄷ과 ㄹ 모두 우리나라 국경 안에서 생산되었으므로 국내 총생산에 포함된다.
| **오답 피하기** | ㄱ과 ㄴ은 우리나라 국경 밖인 해외에서 이루어진 경제 활동이므로 국내 총생산에 포함되지 않는다.

05 국내 총생산은 한 국가의 국경 안에서 일정 기간 동안 새롭게 생산된 최종 시장 가치를 모두 더한 것이다. 따라서 자동차 판매액 1,000억 원과 자동차 사고 처리 비용 30억 원이 국내 총생산에 포함된다.
| **오답 피하기** | 중고차값 100억 원은 새롭게 생산된 것이 아니므로 국내 총생산에 포함되지 않는다. 또한, 자동차 회사가 기부한 불우 이웃 돕기 성금 10억 원은 시장에서 거래된 것이 아니므로 국내 총생산에 포함되지 않는다. 자동차 생산 비용에 포함된 부품 20억 원은 자동차의 가치에 이미 포함된 것이므로 국내 총생산의 계산에 포함되지 않는다.

06 국내 총생산에는 일정한 기간 동안 새롭게 생산된 것만 포함되기 때문에 중고품 가격은 포함되지 않는다.

07 국내 총생산은 한 나라의 경제 규모와 생산 능력을 보여 준다. 한편, 1인당 국내 총생산은 국내 총생산을 인구수로 나눈 값이다.

08 1인당 국내 총생산은 국민의 평균적인 생활 수준을 나타낸다. ㄷ. 1인당 국내 총생산으로 한 나라의 빈부 격차 정도를 알 수 없다. ㄹ. 1인당 국내 총생산이 크다는 것은 평균적인 생활 수준이 높다는 것을 의미한다.

| 오답 피하기 | ㄱ. 한 나라의 경제 규모는 1인당 국내 총생산이 아니라 국내 총생산을 통해서 알 수 있다. ㄴ. 행복의 기준은 사람마다, 국가마다 다양하기 때문에 1인당 국내 총생산이 크다고 해서 더 행복하다고 할 수 없다.

09 경제가 성장한다고 해서 빈부 격차가 해소되어 평등 사회가 실현되는 것은 아니다.

10 | 예시 답안 | 질병이나 범죄의 발생은 삶의 질을 떨어뜨리는 요인이다. 그런데 병원 치료 비용이나 늘어난 경찰관의 임금 등이 국내 총생산에 반영되면서 국내 총생산은 증가하게 된다. 이처럼 국내 총생산은 삶의 질을 제대로 반영하지 못하는 한계가 있다.

| 채점 기준 |

상	국내 총생산이 삶의 질을 제대로 보여 주지 못하는 한계가 있음을 질병 발생으로 인한 치료비의 상승과 범죄 발생으로 인한 경찰관 임금 상승 등을 사례로 정확하게 서술하였다.
중	국내 총생산이 삶의 질을 제대로 보여 주지 못한다는 한계를 서술하였으나, 그 원인을 서술하는 데 미흡하였다.
하	국내 총생산이 삶의 질을 제대로 보여 주지 못한다는 점만을 서술하였다.

11 | 예시 답안 | 국가마다 인구 규모가 다르기 때문에 국내 총생산으로는 국민의 평균적인 생활 수준을 알 수 없기 때문이다.

| 채점 기준 |

상	국내 총생산으로는 국민의 평균적인 생활 수준을 알 수 없다는 것을 이유와 함께 정확하게 서술하였다.
중	국내 총생산으로는 국민의 평균적인 생활 수준을 알 수 없다는 점과 그 이유를 모두 서술하였지만 한 가지가 미흡하였다.
하	국내 총생산으로는 국민의 평균적인 생활 수준을 알 수 없다는 점과 그 이유 중에서 한 가지만을 서술하였다.

02 물가 상승과 실업

기초튼튼 기본문제 90~91쪽

01 ②	02 ③	03 ③	04 ⑤	05 ①
06 ④	07 ②	08 실업	09 ④	10 ⑤
11 ⑤	12 해설 참조			

01 물가는 시장에서 거래되는 여러 상품의 가격을 종합한 평균적인 가격 수준을 말한다. ④ 환율은 자기 나라 돈과 다른 나라 돈의 교환 비율을 말한다. ⑤ 이자는 남에게 돈을 빌려 쓴 대가로 치르는 일정 비율의 돈을 말한다.

02 경제 성장이란 국민 경제의 생산 능력이 향상되어 국내 총생산이 증가하고 경제 규모가 커지는 것을 말한다. 경제가 성장하면 일반적으로 물가가 상승한다.

03 인플레이션은 지속적으로 물가가 상승하는 현상이다. ㄴ. 원자재 가격이 상승하여 생산 비용이 오르면 기업이 공급을 줄이게 되어 물가가 상승한다. ㄷ. 전체적인 수요가 전체적인 공급보다 많으면 물가가 상승한다.

| 오답 피하기 | ㄱ. 생산 비용이 하락하면 물가도 하락한다. ㄹ. 개별 상품의 가격이 전반적으로 하락하면 물가도 하락한다.

04 성수기 휴가지에서 숙박 시설은 공급이 제한되어 있지만 숙박 시설을 원하는 수요는 갑자기 많아진다. 이는 전체적인 수요가 전체적인 공급보다 많다는 것을 의미하며 물가 상승의 원인이 된다.

05 인플레이션이 발생하면 화폐 가치가 하락한다.

| 오답 피하기 | ② 인플레이션이 발생하면 화폐 가치가 하락하여 소비자들의 구매력이 작아진다. ③ 인플레이션이 발생하면 기업의 생산 비용이 증가한다. ④ 인플레이션이 발생하면 부동산 투기 등으로 돈을 벌려고 하는 반면, 이익을 낼지 불분명하여 기업의 신규 투자가 위축된다. ⑤ 인플레이션이 발생하면 수출품의 가격이 상승하여 수출이 감소한다.

06 인플레이션이 발생하면 화폐 가치가 하락하여 부동산 보유자, 채무자는 유리해지는 반면 화폐 자산 보유자, 채권자는 불리해진다.

| 오답 피하기 | ① 화폐 자산 보유자, ② 화폐로 매달 봉급을 받는 자, ③ 채권자, ⑤ 연금 생활자 등은 인플레이션이 발생하면 불리해진다.

07 인플레이션이 발생하면 ㄱ. 가계는 과소비를 자제하고, ㄷ. 정부는 공공요금 인상을 자제해야 한다.

| 오답 피하기 | ㄴ. 생산 비용 상승은 인플레이션의 원인이

된다. ㄹ. 원자재 가격 상승은 생산 비용 상승으로 이어져 인플레이션 발생의 원인이 된다.

08 일할 능력도 있고 일을 하고 싶은 의사도 있는데, 일자리가 없는 상태를 실업이라고 한다.

09 제시된 자료를 보면 제1차 세계 대전 이후 미국은 재고가 증가하고 전체적인 경제 활동이 마비되면서 기업이 도산하고 실업자가 크게 증가하였다. 이는 경제 활동의 전반적인 침체가 실업의 원인이 되었음을 말해 준다.

10 실업은 일할 능력이 있고 일을 하고 싶은 의사가 있는데 일자리가 없는 상태이다. 선경이의 경우 대학을 졸업했다는 것은 일할 능력이 있음을 의미하며, 일자리를 찾고 있으나 아직 구하지 못했기 때문에 실업에 해당한다.
| 오답 피하기 | ① 중학생은 일할 능력도 없고 일을 하고 싶은 의사도 없기 때문에 실업자가 아니다. ② 병수는 일할 능력은 있으나 일할 의사가 없기 때문에 실업자가 아니다. ③ 영희는 학생으로, 현재 일할 의사와 능력이 없기 때문에 실업자가 아니다. ④ 선영은 운전 면허가 없어 택배기사로 일할 능력이 없기 때문에 실업자가 아니다.

11 실업자가 되면 생계비를 벌 수 없기 때문에 삶에 대한 자신감이 떨어지고 안정적인 경제생활이 어려워진다.
| 오답 피하기 | ㄱ. 실업자가 되면 소득이 끊기게 된다. 소득세는 소득이 있는 근로자를 대상으로 부과되며, 소득이 많아질수록 부담이 높아진다. ㄴ. 자기 개발은 대개 여가 시간을 활용해 이루어지며, 많은 경우 자기 개발을 위해서는 돈이 필요하다. 실업 상태에서는 자신감이 떨어지고 소득이 끊기기 때문에 자기 개발 기회가 확대된다고 볼 수 없다.

12 **| 예시 답안 |** 개인적인 차원에서 근로자는 새로운 일자리를 얻기 위한 직업 능력을 개발해야 한다. 사회적 차원에서 기업은 새로운 일자리를 창출하고 정부는 경기 회복 정책을 실시하며 구직자를 대상으로 취업 관련 정보를 제공해야 한다.

| 채점 기준 |

상	실업에 대한 개인적 차원에서의 대책과 사회적 차원에서의 대책을 모두 적절하게 서술하였다.
중	실업에 대한 개인적 차원에서의 대책과 사회적 차원에서의 대책 중 한 가지는 정확하게 서술하였지만, 다른 한 가지는 미흡하였다.
하	실업에 대한 개인적 차원에서의 대책과 사회적 차원에서의 대책 중 한 가지만을 서술하였다.

실력쑥쑥 실전문제 92~93쪽

01 ③	02 ②	03 ①	04 ⑤	05 ③
06 ③	07 ①	08 ⑤	09 해설 참조	
10 해설 참조				

01 국제 석유 가격 상승과 임금 상승은 기업의 생산 비용 상승으로 이어져 인플레이션 발생의 원인이 된다.
| 오답 피하기 | ㄱ. 기업의 생산 비용 상승이 인플레이션의 원인이 된다. ㄹ. 인플레이션은 상품에 대한 전체적인 수요가 전체적인 공급보다 많을 때 발생한다.

02 가격은 개별 상품의 값이고, 물가는 여러 상품의 종합적인 가격 수준이다. 한 상품에 대한 수요가 공급보다 많으면 가격이 오르는 것처럼 재화나 서비스에 대한 전체적인 수요가 전체적인 공급보다 많을 때 물가가 상승한다.

03 인플레이션이 발생하면 화폐 가치가 하락하여 화폐 자산 소유자인 채권자, 연금 생활자는 불리해진다.
| 오답 피하기 | 인플레이션이 발생하면 부동산 소유자와 같은 실물 자산 소유자가 유리해진다. 또한 채권자에 비해 채무자도 유리해진다.

04 석유 파동 당시 국제 석유 가격이 인상된 것은 기업의 생산 비용 증가로 이어졌다. 이로 인해 우리 경제는 인플레이션을 겪게되었다.

05 물가 지수가 120이라는 것은 기준 연도에 비해 비교 연도 물가가 20 % 상승했다는 것을 의미한다.

06 물가가 상승하면 화폐 가치가 하락하여 소비자들의 부담이 증가하고, 부와 소득이 불공평하게 재분배된다.
| 오답 피하기 | ㄱ. 물가가 상승하면 화폐 가치가 하락한다. ㄹ. 화폐 가치가 하락하여 같은 돈으로 살 수 있는 상품의 양이 줄어든다.

07 우리나라의 스키장은 겨울에만 개장하기 때문에 스키 강사 또한 겨울에만 일자리를 얻을 수 있다. 여름철에 스키장이 문을 닫아 스키 강사가 실업 상태에 처하는 것은 계절적 요인에 의한 실업에 해당한다.

08 정부의 실업 대책으로는 경기 회복 정책 실시, 구직자에 대한 일자리 정보 소개 및 직업 교육 등을 들 수 있다.
| 오답 피하기 | ① 실업자는 소득이 끊긴 상태이므로 세금을 인하해 부담을 덜어주어야 한다. ② 생산성 향상은 정부가 아닌 기업의 역할이다. ③ 일자리 탐색은 실업자 개인의 역할이다. ④ 신기술 개발로 일자리를 창출하는 것은 기업의 역할이다.

09 | **예시 답안** | (1) 인플레이션 (2) 인플레이션이 발생하면 화폐 가치가 하락하기 때문에 화폐 자산 소유자와 채권자가 불리해진다.

채점 기준	
상	인플레이션이 발생했을 때 불리해지는 사람들을 화폐 가치 하락과 관련지어 적절하게 서술하였다.
중	인플레이션이 발생했을 때 불리해지는 사람들과 이유를 모두 서술했으나, 원인에 대한 서술이 미흡하였다.
하	인플레이션이 발생했을 때 불리해지는 사람들과 그 이유 중에서 한 가지만을 서술하였다.

10 | **예시 답안** | 4차 산업 혁명으로 인한 산업 구조 변화로 대량 실업이 발생할 것이다. 이와 같은 대량 실업에 대한 대책으로는 4차 산업 혁명이 요구하는 새로운 직업 능력을 개발하는 것이다.

채점 기준	
상	대량 실업의 발생 원인과 대책을 모두 적절하게 서술하였다.
중	대량 실업의 발생 원인과 대책을 모두 서술하였지만 내용이 미흡하였다.
하	대량 실업의 발생 원인과 대책 중 한 가지만을 서술하였다.

03 국제 거래와 환율

기초튼튼 기본문제   96~97쪽

01 국제 거래	02 ②	03 ①	04 ④
05 ②	06 ⑤	07 환율	08 ③	09 ③
10 ①	11 ④	12 해설 참조	

01 국제 거래는 국가 간에 이루어지는 상업적 거래로, 국제 교역이라고도 한다.

02 교역은 나라와 나라 사이에서 물건을 사고팔고 하여 서로 바꾸는 것이다. 교역의 대상은 과거에는 원자재, 의류, 기계와 같은 재화 위주였지만, 현재는 교통·통신의 발달과 자유 무역주의의 확산으로 노동, 자본, 기술과 같은 생산 요소와 관광, 운수 등 서비스 부문으로 까지 확대되었다.

03 국제 거래 즉 교역의 대상에는 재화, 서비스, 자본, 노동력 등이 있다. (가) 우리나라가 미국으로 수출한 자동차는 재화이며, (나) 미국의 금융 회사가 우리나라의 반도체 회사에 투자한 것은 자본이다.

04 국제 거래는 국가 간에 이루어지는 상업적 거래이다. 우리나라 국민인 미정이가 뉴질랜드 관광 안내 책자를 제작한 것은 뉴질랜드로 여행을 가고자 하는 한국인에게 판매되는 것이기 때문에 국제 거래에 포함되지 않는다.

05 제시문의 내용은 세계화를 설명한 것이다. 세계화로 인해서 국제 거래의 규모가 커지고 있고, 국제 거래의 대상 국가도 증가하고 있다.
| **오답 피하기** | ㄴ. 세계화는 노동력의 국가 간 이동도 확대시키고 있다. ㄹ. 세계화로 인해 이윤 추구를 위한 상업적 국제 거래의 비중이 확대되고 있다.

06 국내 해운 회사에 취업한 외국인 선원의 비중이 높아지는 것으로 미루어볼 때 국제 거래의 대상은 노동력이다.

07 두 나라 사이의 화폐 교환 비율을 환율이라고 한다.

08 그림은 외국 화폐인 달러가 거래되고 있는 상황이다. 100달러의 가격이 106,500원인 것으로 미루어볼 때 100달러는 106,500원과 교환되며, 1달러의 가격(106,500원÷100달러)은 1,065원이다.
| **오답 피하기** | ㄱ. 달러를 구입하기 위하여 원화를 지불하고 있으므로 거래 대상은 원화가 아닌 달러이다. ㄹ. 한국으로 여행을 오는 외국인은 원화가 필요하기에 달러가 아닌 원화를 구입할 것이다. 100달러를 환전하는 사람은 달러를 화폐로 사용하는 외국으로 여행을 떠나려는 한국인일 것이다.

09 환율은 고정되어 있지 않고 외화의 수요와 공급에 따라 변동된다.

10 원/달러 환율이 1달러당 1,000원에서 1,100원으로 변동한 것은 환율이 상승한 것이다. 환율이 상승하면 원화 가치가 하락한다.
| **오답 피하기** | ㄷ. 수출 증가와 외국인의 국내 투자 증가는 공급 증가의 요인이다. 외화의 공급이 증가하면 환율은 하락한다. ㄹ. 환율 상승은 외화의 수요가 공급보다 많을 때 나타난다.

11 우리나라 기업이 해외로 수출하면 수출 대금으로 외화를 받게 되므로 외화 공급이 증가한다.
| **오답 피하기** | ① 한국 학생이 미국으로 유학을 가면 미국에서 사용할 달러가 필요하기 때문에 외화 수요가 증가한다. ② 수입을 위해서는 외화가 필요하므로, 수입은 외화 수요가 증가하는 요인이다. ③ 한국인이 유럽으로 해외여행을 가면 유럽에서 사용할 외화가 필요하기에 외화 수요가 증가한다. ⑤ 한국 기업이 해외에 투자를 하려면 외화가 필요하기에 외화 수요가 증가한다.

12 | 예시 답안 | 외국인의 국내 관광 증가로 외환 시장에 외화 공급이 증가하여 환율이 하락할 것이다.

| 채점 기준 |

상	외국인 관광객 증가에 따른 외환 시장의 변화와 환율 변동의 결과를 모두 정확하게 서술하였다.
중	외국인 관광객 증가에 따른 외환 시장의 변화와 환율 변동의 결과 중 한 가지는 정확하게 서술하였지만, 다른 한 가지는 미흡하였다.
하	외국인 관광객 증가에 따른 외환 시장의 변화와 환율 변동의 결과 중 한 가지만을 서술하였다.

실력쑥쑥 실전문제   98~99쪽

01 ①	02 ①	03 ⑤	04 ③	05 ④
06 ②	07 ㉠ 하락, ㉡ 하락, ㉢ 증가		08 ②	
09 ①	10 해설 참조	11 해설 참조		

01 그래프와 같이 세계 무역액이 증가한 것은 교통·통신의 발달과 세계화·개방화로 인한 국제 거래의 대상 확대 때문이다.

| 오답 피하기 | ㄷ. 세계 무역액이 증가한다는 것은 국가 간 상호 의존성이 강화된다는 것을 의미한다. ㄹ. 수출과 수입의 필요성이 커지기 때문에 세계 무역액이 증가한다.

02 재화의 거래는 과거에도 활발하게 이루어졌다. 오늘날에는 과거와 달리 서비스, 자본, 기술, 노동력의 거래도 활발하다.

03 국제 거래는 국경이라는 장벽 때문에 국내 거래에 비해 토지, 노동과 같은 생산 요소의 이동이 자유롭지 못하다.

04 재화와 서비스를 수출하면 그 대금으로 외화를 받으며, 외국인이 국내에 투자하는 경우에도 외화가 국내에 공급된다.

| 오답 피하기 | ㄱ. 한국인의 해외여행, ㄹ. 중동으로부터의 원유 수입을 위해서는 외화가 필요하기 때문에 이는 외화의 수요 요인이 된다.

05 (가) 재화 수입과 (나) 해외여행을 위해서는 외화가 필요하므로 외화의 수요가 증가한다.

06 수입하기 위해서는 대금으로 외화를 지불해야 하므로 외화 수요가 증가한다. 외화 수요 증가는 환율 상승의 요인이 된다.

| 오답 피하기 | ① 수출이 증가하면 외화 공급이 증가하여 환율은 하락한다. ③ 외국인의 국내 투자가 증가하면 외화 공급이 증가하여 환율은 하락한다. ④, ⑤ 한국인의 해외여행 감소와 한국인의 해외 투자 감소는 외화 수요를 감소시켜 환율은 하락한다.

07 환율이 상승하면 원화의 가치가 하락한다. 이는 외화로 표시된 수출품의 가격을 하락시켜 수출을 증가시킨다.

08 외화의 공급 곡선이 우측으로 이동한 것은 외화 공급 증가를 의미한다. 외화 공급이 증가하면 환율이 하락한다. 외화의 공급이 증가하는 경우로 수출 증가, 외국인의 국내 투자 증가 등이 있다.

| 오답 피하기 | ㄴ. 환율 하락은 원화 가치의 상승을 의미한다. ㄹ. 한국인의 해외여행 증가는 외화 수요를 증가시켜 외화의 수요 곡선을 우측으로 이동시킨다.

09 환율이 상승하면 원화 가치가 하락하여 외국인의 국내 여행 경비가 감소하므로 한국으로 여행을 온 외국인은 유리해진다.

| 오답 피하기 | 환율이 상승하면 원화 가치는 하락하고, 외화 가치는 상승하여 ②, ③, ④, ⑤와 같이 외화를 필요로 하는 사람은 불리해진다.

10 | 예시 답안 | (1) 노동력 (2) 국내 거래와 달리 국제 거래에서는 나라마다 다른 제도에 따른 제한이 있다.

| 채점 기준 |

상	국제 거래의 대상, 국내 거래와의 차이점을 모두 적절하게 서술하였다.
중	국제 거래의 대상, 국내 거래와의 차이점 중에서 차이점에 대한 서술이 미흡하였다.
하	국제 거래의 대상, 국내 거래와의 차이점 중에서 한 가지만을 서술하였다.

11 | 예시 답안 | 외화의 수요 곡선이 우측으로 이동한 것은 외화의 수요가 증가했음을 의미한다. 외화 수요의 증가 요인으로는 수입 증가, 자국민의 해외여행 증가, 자국민의 해외 투자 증가 등이 있으며, 외화 수요가 증가하여 환율이 상승하였다.

| 채점 기준 |

상	외환 시장의 변화 요인과 환율 변동 결과를 모두 적절하게 서술하였다.
중	외환 시장의 변화 요인과 환율 변동 결과를 모두 서술하였지만 한 가지 서술이 미흡하였다.
하	외환 시장의 변화 요인과 환율 변동 결과 중 한 가지만을 서술하였다.

자신만만	적중문제			100~101쪽
01 ④	02 ⑤	03 ②	04 ⑤	05 ③
06 ⑤	07 해설 참조		08 해설 참조	

01 국내 총생산은 한 국가의 국경 안에서 일정 기간 동안 새롭게 생산된 상품의 최종 시장 가치를 모두 더한 것이다. 시장에서 거래되지 않은 전업주부의 가사 노동, 중고차 판매 대금, 최종 생산물인 석유 화학 제품을 생산하는 데 사용된 원유는 제외된다. 제시된 자료에서는 교통사고 피해 복구 비용 500억 원, 석유 화학 제품 300억 원을 더한 800억 원이 국내 총생산이다.

02 국내 총생산(GDP)은 한 나라의 경제 규모와 생산 능력을, 1인당 국내 총생산은 그 나라 국민의 평균적인 생활 수준을 나타낸다. 미국의 국내 총생산이 중국과 일본의 국내 총생산을 합한 것보다 크다는 것은 미국의 경제 규모가 중국과 일본의 경제 규모를 합한 것보다 크다는 것을 의미한다. 1인당 국내 총생산은 국내 총생산을 인구수로 나눈 값이다.
| 오답 피하기 | ㄱ. 미국의 1인당 국내 총생산이 일본의 1인당 국내 총생산보다 크다고 해서 미국 국민이 일본 국민보다 행복하다고 단정할 수는 없다. ㄴ. 나이지리아와 노르웨이의 국내 총생산이 비슷하다는 것은 두 나라의 국민 생활 수준이 비슷함을 의미하는 것이 아니라 두 나라의 경제 규모가 비슷하다는 것을 의미한다.

03 물가가 지속적으로 오르는 것은 인플레이션이다. 인플레이션이 발생하면 화폐 가치가 하락해 화폐 자산 소유자는 불리해지고, 실물 자산 소유자는 유리해진다. 또한 채권자에 비해 채무자는 유리해진다.
| 오답 피하기 | ① 대화의 주제는 '물가 상승으로 인한 영향'이다. ③ 연금 생활자는 화폐 자산 소유자이므로 불리해진다. ④ 인플레이션이 발생하면 실물 자산 소유자는 유리해진다. ⑤ 인플레이션이 발생하면 화폐 가치가 하락하여 월급을 받는 사람은 불리해진다.

04 실업이란 일할 능력과 일하고 싶은 의사가 있음에도 일자리가 없는 상태를 말한다. 대학을 졸업한 사람은 일할 능력을 갖추었다고 말할 수 있다. 하지만 대학을 졸업하고도 구직 활동을 하지 않은 것은 일할 의사가 없다는 것이며, 이런 경우는 실업자가 아닌 비경제 활동 인구에 포함된다.
| 오답 피하기 | ① 전업 주부는 일할 의사가 없는 비경제 활동 인구에 포함되며 실업자가 아니다. ② 대학생은 일할 의

사가 없기 때문에 비경제 활동 인구에 포함된다. ③ 초등학생은 15세 미만이기 때문에 비경제 활동 인구에 포함되지 않는다. ④ 지난 1주 동안 5시간 아르바이트를 하였으므로 취업자에 포함된다.

05 그래프를 보면 수요 곡선은 왼쪽으로 이동(수요 감소)하고, 공급 곡선은 오른쪽으로 이동(공급 증가)하였다. 결국 수요 곡선과 공급 곡선이 만나는 점이 아래로 이동하였으며, 이는 환율이 하락한 것이다. 환율이 하락하면 원화의 가치가 상승하고, 반대로 외채에 대한 상환 부담은 감소한다. 수출이 증가하면 상품을 판매한 대가로 들어오는 외화가 증가하므로 외화의 공급이 증가한다. 한국인의 해외 투자가 감소한다는 것은 해외로 투자하기 위한 외화가 덜 필요한 것이므로 외화 수요가 감소하는 원인이 된다.

06 환율은 자국 화폐와 외국 화폐의 교환 비율을 말하는 것으로, 교사가 말한 원/달러 환율은 우리나라 원화와 미국 달러의 교환 비율이다. 원/달러 환율이 하락하면 달러에 비해 원화의 가치는 상승한다. 따라서 우리나라를 찾는 외국인 관광객은 여행 비용에 대한 부담이 증가한다. 결국 환율이 하락하면 외국인 관광객 수가 감소할 수 있다.
| 오답 피하기 | ① 원/달러 환율이 하락했다는 것은 원화의 가치는 상승하고 달러의 가치는 하락한 것이므로, 수출품의 외화 표시 가격이 상승하여 수출품의 가격 경쟁력이 낮아지기 때문에 수출업자는 불리해진다. ② 환율이 하락하면 원화의 가치가 상승하므로 해외여행을 위해 원화와 외국 화폐를 교환할 때 원화가 환율 하락 이전보다 덜 필요하다. 따라서 환율이 하락하면 해외여행을 계획하는 사람은 유리해진다. ③ 환율이 하락하면 원화의 가치가 상승하므로 외채 상환 부담이 감소한다. ④ 환율이 하락하면 원화의 가치가 상승하므로 유학에 필요한 달러를 교환할 때 필요한 원화가 환율 하락 이전보다 덜 필요하게 된다. 따라서 환율이 하락하면 미국 유학을 계획하고 있는 사람은 유리해진다.

07 | 예시 답안 | 석유 가격과 임금의 상승으로 기업의 생산 비용이 증가하여 물가가 상승한다. 물가 상승은 화폐 가치 하락으로 이어지는데, 화폐 가치가 하락하면 실물 자산 소유자, 채무자 등이 유리해진다.

| 채점 기준 |

상	경제 상황이 물가에 끼치는 영향을 적절하게 서술하고 물가 변동으로 유리해지는 사람의 예를 적절하게 들었다.
중	경제 상황이 물가에 끼치는 영향과 물가 변동으로 유리해지는 사람의 예를 서술하였으나 내용이 미흡하였다.
하	경제 상황이 물가에 끼치는 영향과 물가 변동으로 유리해지는 사람 중 한 가지만을 서술하였다.

08 | 예시 답안 | (1) 외화 수요 증가와 외화 공급 감소로 환율이 상승한다.

(2) 외화의 수요 증가 요인으로는 수입 증가, 자국민의 해외여행 증가, 자국민의 해외 투자 증가 등이 있으며, 외화의 공급 감소 요인으로는 수출 감소, 외국인의 국내 투자 감소 등이 있다.

| 채점 기준 |

상	외화 수요 측면과 외화 공급 측면, 환율 변동을 모두 정확하게 서술하였다.
중	외화 수요 측면과 외화 공급 측면, 환율 변동 중 두 가지만 정확하게 서술하였다.
하	외화 수요 측면과 외화 공급 측면, 환율 변동 중 한 가지만 서술하였다.

최고난도 문제　　　　　　　　　　102쪽

01 ②　**02** ③

---

01 그래프의 세로축인 물가 상승률과 가로축인 실업률은 역(逆)의 관계이다. 즉, 물가 상승하면 실업률이 하락하고, 물가가 하락하면 실업률이 상승한다. 호황기에는 전체적인 수요가 전체적인 공급보다 많아 물가가 상승하며, 불황기에는 생산 규모가 감소하여 실업률이 증가한다.

함정 피하기 ㄴ. 물가가 상승하면 실업률이 낮아지고, 물가가 하락하면 실업률이 높아진다. ㄹ. A는 호황기, B는 불황기를 나타낸다. 호황기에는 기업이 미래를 낙관하기 때문에 투자를 확대한다. A 상황에서 B 상황으로 변한 것은 기업이 미래를 불안하게 보고 투자를 축소했기 때문이다.

02 자동차 수출이 증가하면 외화 공급이 증가하여 외화 공급 곡선은 오른쪽으로 이동한다. 자국민의 해외여행 감소는 외화 수요를 감소시켜 외화 수요 곡선은 왼쪽으로 이동한다.

함정 피하기 ① 외화 수요는 증가하고 외화 공급은 감소하였다. ② 외화 수요, 외화 공급 모두 감소하였다. ④ 외화 수요, 외화 공급 모두 증가하였다. ⑤ 외화 수요와 외화 공급이 변동하지 않았다.

---

6 국제 사회와 국제 정치

01 / 02　국제 사회의 특성과 행위 주체 /
국제 사회의 모습과 공존을 위한 노력

기초튼튼 기본문제　　　　　　　　106~107쪽

01 ②	02 ④	03 ③	04 국제기구	05 ⑤
06 ⑤	07 ③	08 ④	09 ④	10 ②

11 해설 참조

---

01 전 세계 여러 나라가 서로 밀접하게 영향을 주고받으며, 국제적 공동생활을 영위하는 사회를 국제 사회라고 한다. ③ 국제 연합은 제2차 세계 대전 후 국제 평화와 안전의 유지를 위하여 창설한 국제기구이며, ④ 국제 연맹은 국제 연합 창설 이전에 있었던 국제기구이다. ⑤ 유럽 연합은 유럽의 정치적 통합과 경제·사회 발전을 위해 결성된 국제기구이다.

02 국제 사회는 주권을 가진 여러 나라가 교류하며 공존하는 사회로 가장 기초적인 단위는 개별 주권 국가이다.

03 국제 사회가 성립되기 위해서는 개별 주권 국가가 필요하며, 국제 사회에는 세계 정부가 존재하지 않는다.
| 오답 피하기 | ㄱ. 국제 사회에서는 자국의 이익을 최우선시한다. ㄹ. 국제 사회에서 이루어지는 정치, 경제 행위는 지구촌 전체에 영향을 미친다.

04 국제 사회의 행위 주체에는 국가, 국제기구, 다국적 기업, 개인 등이 있다. 이 중에서 국제기구는 각 나라의 정부를 회원으로 하여 국제 평화를 유지하고 다양한 영역에서 상호 협력하는 국제적 행위 주체를 의미한다. 국제 연합(UN), 유럽 연합(EU), 국제 적십자사 등이 있다.

05 국제 사회의 행위 주체 중 다국적 기업은 어느 한 나라에 본사를 두고 세계 여러 나라에 자회사와 공장을 설립하여 국제적 규모로 상품을 생산하고 판매하는 기업을 의미한다.

06 국제기구는 정부나 민간단체, 개인 등을 회원으로 하는 국제 사회의 행위 주체로서, 국가의 범위를 넘어 국제적으로 영향력을 행사한다.
| 오답 피하기 | ㄱ. 국제기구는 한 국가 내부의 일부가 아닌, 국제 사회의 행위 주체이다. ㄴ. 소수 인종이나 민족, 노동조합 등은 국제 사회가 아닌 국가 내부의 행위 주체에 해당한다.

07 국제 사회에서 지나친 경쟁은 갈등을 일으키고 갈등이 심해지면 분쟁이나 전쟁으로 이어진다.

08 제시된 글은 외교 활동의 사례를 보여주고 있다. 외교란 한 국가가 자국의 이익을 달성하기 위해 다른 나라나 국제 사회를 전체를 상대로 평화적인 방법으로 펼치는 대외 활동을 의미한다.

09 카슈미르 지역은 이슬람교도가 70 %를 차지하지만, 1947년 영국에서 독립할 당시 힌두교를 주로 믿는 인도에 편입이 되면서 갈등이 시작되었다. 이슬람교도와 힌두교도 간의 종교 분쟁에 인도, 파키스탄, 중국의 영역 분쟁까지 더해진 분쟁으로 전쟁과 폭력 사태가 발생하여 수많은 사람들이 희생되었다.

10 제시된 사례를 보면 15개 나라 중 13개 나라가 찬성을 하였지만, 상임 이사국이자 강대국인 중국과 러시아가 반대하여 시리아에 대한 제재가 무산되었다. 국제 사회에는 힘의 논리가 작용함을 보여주고 있다.

11 | 예시 답안 | 국제 사회에서는 국가의 이념이나 도덕보다 정치, 경제 등과 관련된 자국의 이익을 최우선시하여 행동하기 때문이다.

| 채점 기준 |

상	국제 사회에서 경쟁과 갈등이 발생하는 이유를 국제 사회의 특성과 관련지어 정확히 서술하였다.
중	국제 사회에서 경쟁과 갈등이 발생하는 이유를 서술하였으나, 국제 사회의 특성과 관련짓는 부분이 미흡하였다.
하	국제 사회에서 경쟁과 갈등이 발생하는 이유를 서술하였으나, 자국의 이익을 최우선 한다는 내용의 서술이 미흡하였다.

실력쑥쑥 실전문제 108~109쪽

01 ③	02 ②	03 ⑤	04 국가	05 ②
06 ⑤	07 ③	08 ⑤	09 ⑤	10 해설 참조
11 해설 참조		12 해설 참조		

01 개인과 민간단체도 국제 사회의 행위 주체에 포함되기는 하지만 국제 사회에서 주된 행위자는 개별 주권 국가이다.

02 우리의 남북 관계와 마찬가지로, 중국은 대만을 공식적으로 하나의 국가로 인정하지 않고 있다. 우리나라는 대만과 외교 관계를 유지하다가, 중국의 국제적 영향력이 강해지자 우리나라의 이익을 위해 중국과 국교를 수립하고 대만과는 단절하였다.

03 국제 사회는 환경, 빈곤, 인권 등 전 지구적인 문제에 공동으로 대응하기 위하여 국제기구를 결성하여 협력하고 있다.

04 제시된 사례는 한국, 중국, 일본이 국제 사회에서 활동하는 모습이다. 한국, 중국, 일본과 같은 국가는 국제 사회의 주요 행위 주체이다.

05 국제 사회의 행위 주체에는 국가, 국제기구, 다국적 기업, 개인 등이 있다.

| 오답 피하기 | ㄴ. 전통적으로 국제 사회의 가장 기본적인 행위 주체는 국가이다. ㄹ. 개인이라도 강대국의 전·현직 국가 원수 등은 국제 사회의 행위 주체가 될 수 있다.

06 국제 연합은 제2차 세계 대전 후 국제 평화와 안전의 유지를 위하여 창설한 국제기구이다. 국제 적십자사는 1864년 설립된 국제적인 민간 조직으로 전시에는 부상자의 간호·포로의 송환·난민과 어린이의 구호를, 평시에는 재해·질병의 구조와 예방을 목표로 활동한다. 국제 통화 기금은 가맹국의 출자로 공동의 기금을 만들어, 각국이 이용하도록 함으로써 외화 자금의 조달을 원활히 하고, 세계 각국의 경제적 번영을 도모하기 위하여 설립한 국제 금융 결제 기관이다. 이들 단체들은 모두 국제 기구이다. ⑤ 자국의 이익을 추구하기 위해 활동하는 것은 국가이다.

07 국제 사회에서 경쟁과 갈등이 끊이지 않는 이유는 각 국가가 자국의 이익을 최우선시하기 때문이다.

08 제시된 사례는 세금을 회피하려는 다국적 기업과 세금을 부과하려는 개별 국가 사이에 나타나는 갈등이다.

09 외교 활동은 한 국가가 국제 사회에서 평화적인 방법으로 자국의 이익을 달성하려는 활동을 말한다. 외교 활동은 전통적으로 국가를 중심으로 이루어졌지만, 오늘날에는 일반 시민들에 의한 민간 외교도 활발하다.

10 | 예시 답안 | 개인과 민간단체를 회원으로 하는 국제기구이다.
해설: 국제기구는 정부를 회원으로 하는 정부 간 국제기구와 개인, 민간단체를 회원으로 하는 국제 비정부 기구로 나눌 수 있다. 국제 적십자사는 1864년 설립된 국제적인 민간 조직으로 난민 구호와 재해·질병 등의 구조, 예방 활동을 한다. 그린피스는 핵무기 반대와 환경 보호를 목표로 국제적 활동을 벌이고 있는 민간단체이다. 국경 없는 의사회는 자연재해, 질병, 전쟁 등으로 고통 받는 사람들을 대상으로 긴급 구호 활동을 하는 민간 의료 구호 단체이다.

| 채점 기준 |

상	개인과 민간단체를 회원으로 한다는 점과 국제기구라는 점을 모두 서술하였다.
하	개인과 민간단체를 회원으로 한다는 점과 국제기구라는 내용 중 한 가지만을 서술하였다.

11 | 예시 답안 | 국제 사회는 인권 등 전 지구적인 문제에 공동으로 대응하기 위하여 협력한다.

해설: 국제 사회는 국제적 갈등을 조정하는 중앙 정부가 존재하지 않는다는 점, 자국의 이익을 최우선한다는 점, 강대국이 더 많은 영향력을 행사하는 등 힘의 논리가 지배한다는 점, 갈등과 협력이 공존한다는 점 등의 특징이 있다. 제시된 글은 국제 사회에 협력이 공존한다는 특성에 해당하는 것으로, 국제 사회가 인권이나 기후 변화와 같은 전 지구적 문제에 공동 대응하기 위해 협력한다는 특성을 나타낸 것이다.

| 채점 기준 |

상	전 지구적 문제, 공동 대응, 협력 등의 용어를 활용하여 현대 국제 사회의 특징을 적절하게 서술하였다.
하	전 지구적 문제, 공동 대응, 협력 등의 용어를 활용하여 현대 국제 사회의 특징을 서술하였지만, 내용이 미흡하였다.

12 | 예시 답안 | 과거에는 국가를 대표하는 공식적 외교가 주를 이루었지만, 최근에는 스포츠나 문화 등을 활용한 '민간 외교'도 점점 증가하고 있는 추세이다.

| 채점 기준 |

상	과거의 공식적 외교와 최근 스포츠나 문화 등을 활용한 민간 외교의 증가를 관련지어 서술하였다.
중	과거의 공식적 외교와 최근의 스포츠나 문화 등을 이용한 민간 외교를 비교하여 서술하였지만, 관련성이 미흡하였다.
하	과거의 외교 특성과 최근의 외교 특성 중 한 가지만을 서술하였다.

03 우리나라의 국가 간 갈등과 해결

기초튼튼 기본문제 112~113쪽

01 ①	02 ①	03 ⑤	04 독도	05 ①
06 ⑤	07 ①	08 ⑤	09 ④	10 해설 참조

01 일본은 독도에 대한 영유권을 주장하며, 우리나라와 갈등을 빚고 있다.

02 독도는 삼국 시대에 신라의 장군 이사부가 우산국(울릉도)을 정벌한 이후 줄곧 우리나라의 영토였다.

03 일본도 고문서 자료를 근거로 독도에 대한 영유권을 주장하고는 있지만, 자료의 수량에서 우리의 근거 자료와 비교될 것이 못되며, 그 근거 또한 신빙성이 결여되거나 불법적으로 작성된 자료가 많다.

04 1877년 일본 메이지 시대 정부의 최고 행정 기관인 태정관은 '울릉도 외 1도(독도)는 일본과 관계없음을 명심할 것'이라는 태정관 지령을 내무성과 시마네현에 내렸다.

05 야스쿠니 신사에는 A급 전범이 안치되어 있다. 따라서 야스쿠니 신사 참배는 전쟁을 미화하고 식민지 지배를 반성하지 않는 일본의 모습을 보여 준다.

06 제시된 사례는 일본이 한국의 고대 역사를 왜곡한 역사 교과서 왜곡 문제이다.

| 오답 피하기 | ① 동북공정은 중국의 국경 안에서 전개된 모든 역사를 중국의 역사로 편입하려는 연구를 말하는 것으로, 중국은 우리나라의 고대 국가인 고조선, 고구려, 발해의 역사를 중국 고대 지방 정권의 일부였던 것으로 역사를 왜곡하고 있다. ② 일본군 '위안부' 문제는 제2차 세계 대전 당시 일본군에 의해 불법적으로 징용 또는 납치되어 고통을 당한 우리나라 여성들과 관련된 문제를 말한다. ③ 야스쿠니 신사 참배 문제는 제2차 세계 대전의 A급 전범이 안치되어 있는 일본의 야스쿠니 신사에 일본 정치 지도자들이 참배를 하면서 전쟁을 미화하고 식민지 지배를 반성하지 않는 문제를 말한다. ④ 세계 지도에 동해 표기 문제는 세계 지도에 우리나라와 일본 사이의 바다 명칭을 표기하는 문제를 두고 우리나라와 일본이 갈등하는 문제이다. 일본은 두 개 이상의 국가가 공유하는 지형물에 대하여 협의가 되지 않을 경우 각각의 국가에서 사용하는 지명을 함께 적는다는 국제 지도 제작의 원칙을 무시하면서 오직 '일본해' 표기만을 주장하고 있다.

07 우리나라는 동북공정과 관련된 역사 왜곡 문제, 불법 조업 문제 등으로 중국과 갈등을 겪고 있다.

| 오답 피하기 | ㄷ. 신사 참배 문제와 ㄹ. 세계 지도에 동해 표기 문제는 일본과 겪고 있는 갈등이다.

08 주변 국가와는 오랜 역사 속에서 경제적으로나 정치적·문화적으로 긴밀한 관계를 맺고 있으므로, 대화나 협상을 통해 평화적이고 합리적으로 문제를 해결해야 하며, 상호 존중하는 자세가 필요하다.

09 한·중·일 3국 공동 역사 편찬 위원회의 공동 역사 교과서 출간은 3국이 자국만의 시각에서 벗어나, 서로를 존중하며 올바른 역사 인식을 공유하기 위한 목적이 있다.

10 | 예시 답안 | 세계화가 진전되면서 국가 간의 상호 의존성이 높아지고 있다. 특히 일본과 중국은 우리나라와 정치·경제적으로 서로에게 미치는 영향이 매우 크기 때문에 서로 간의 협력이 매우 중요하다.

상	세계화의 진전, 국가 간 상호 의존성 심화, 정치·경제적 영향 등을 관련지어 서술하였다.
중	세계화의 진전, 국가 간 상호 의존성 심화, 정치·경제적 영향 중 두 가지만을 관련지어 서술하였다.
하	세계화의 진전, 국가 간 상호 의존성 심화, 정치·경제적 영향 중 한 가지만을 서술하였다.

실력쑥쑥 실전문제   114~115쪽

01 ①	02 ③	03 ③	04 동해	05 ③
06 ②	07 ④	08 ①	09 ⑤	10 해설 참조
11 해설 참조		12 해설 참조		

01 ㄱ. 세종실록지리지에 울릉도와 독도의 지리적 내용이 기술되어 있다. ㄴ. 삼국사기에 신라 장군 이사부가 우산국(울릉도)을 정벌한 기록이 있다.

| 오답 피하기 | ㄷ. 일본은 독도를 침략하여 강제로 자신들의 영토로 편입하였다. ㄹ. 제2차 세계 대전 후 연합국 최고 사령부는 독도를 일본의 통치 범위에서 제외하였다.

02 대한 제국 칙령 제41조에서 울릉군수가 울릉도 본섬과 함께 독도를 관할할 것을 확고히 하였으며, 이는 독도가 우리 땅이라는 것에 대한 역사적 근거가 되고 있다.

| 오답 피하기 | ① 조선왕국전도는 1737년 프랑스의 지리학자 당빌이 그린 조선 지도로 울릉도와 독도가 조선의 영토로 표현되어 있다. ② 세종실록지리지는 조선 시대에 간행된 지리지로 각 도의 연혁, 특산물, 지형 따위가 자세하게 기록되어 있으며, 독도가 강원도에 속하는 섬이라고 기록되어 있다. ④ 샌프란시스코 강화 조약은 1951년 연합국과 패망한 일본이 체결한 평화 조약으로 이 조약의 제2조 (a)항에 "일본은 한국의 독립을 승인하고 제주도, 거문도 및 울릉도를 포함한 한국에 대한 모든 권리, 권원, 그리고 청구권을 포기한다."라고 규정하였다. 그런데 이 조항을 두고 일본은 '독도'가 빠져 있으니 독도는 일본 영토라고 주장하고 있다. ⑤ 연합군 최고 사령관 각서는 1946년 1월 29일 연합군의 최고 사령관이 패망한 일본 정부에 하달한 문서로, 독도를 울릉도, 제주도와 마찬가지로 한국의 영토로 분류하고 있다.

03 일본의 잘못된 역사 인식으로 인하여 역사 교과서 왜곡 문제가 나타났다.

04 제시된 내용은 세계 지도에 동해 표기 문제를 두고 일본과 갈등하는 내용이다.

05 독도에 우리나라 주민이 살고 있고, 우리 경찰이 경비를 한다는 것은 우리나라가 독도에 주권을 행사하고 있음을 보여 준다.

| 오답 피하기 | ㄱ. '다케시마'는 일본이 독도를 부르는 이름이다. ㄹ. 국제 사법 재판소에 문제의 해결을 맡기는 것은 오히려 국제적인 분쟁으로 확대되는 것으로 이는 일본이 추진하고 있는 방식이다.

06 어선 불법 조업 문제는 우리나라가 중국과 겪고 있는 갈등이다.

07 동북공정은 중국의 국경 안에서 전개된 모든 역사를 중국의 역사로 편입하려는 연구이다. 여기에 고조선, 고구려, 발해의 역사가 포함된다.

08 국제 사회에서 당면한 문제는 평화적인 방법으로 해결하는 것이 가장 바람직하다.

09 동북공정은 중국의 국경 안에서 전개된 모든 역사를 중국의 역사로 편입하려는 연구이다. 이는 중국 내 소수 민족의 독립을 막고, 우리나라의 통일에 대비하여 동북 지역 영토 및 문화의 우위를 차지하려는 의도이다.

| 오답 피하기 | ㄱ. 몽골 영토가 중국 영토라고 하는 것은 북방공정에 대한 내용이다. ㄴ. 국제 사법 재판소에서 중국의 동북공정을 다루고 있지는 않다.

10 | 예시 답안 | 세종실록지리지와 신증동국여지승람에 독도가 한국의 강원도에 속하는 섬이라고 기록되어 있다. / 1900년 대한 제국은 칙령 제41조를 공포하여 독도가 우리 영토임을 명확히 하였다. / 제2차 세계 대전 후 일본을 통치했던 연합국 총사령부는 각서 제677호, 제1033호를 통해 독도를 일본의 통치적·행정적 범위에서 제외하였다. / 팔도총도(1531년), 동국대지도(18세기), 아국총도(18세기 후반), 해좌전도(19세기 중반) 등의 우리 옛 지도에 독도를 우리의 영토로 표현하고 있다. / 프랑스 당빌의 조선왕국전도(1737년), 일본 하야시 시헤이의 삼국접양지도(1785년), 러시아 해군의 조선동해안도(1857년) 등 일본이나 서양의 옛 지도에도 독도가 우리의 영토로 표현되어 있다.

| 채점 기준 |

상	독도가 대한민국의 영토라는 점을 역사적 근거를 바탕으로 적절하게 서술하였다.
하	독도가 대한민국의 영토라는 점을 서술하였지만, 역사적 근거 제시가 미흡하였다.

11 | 예시 답안 | 한반도 통일 이후 발생할 수 있는 영토 분쟁을 사전에 방지하고, 우리의 활동 무대였던 지역을 중국의 역사로 만들려는 의도이다.

| 채점 기준 |

상	한반도 통일 이후 발생할 수 있는 영토 분쟁 사전 방지와 우리의 활동 무대였던 지역을 중국의 역사로 만들려고 함을 관련지어 서술하였다.
하	한반도 통일 이후 발생할 수 있는 영토 분쟁 사전 방지와 우리의 활동 무대였던 지역을 중국의 역사로 만들려는 의도 중 한 가지만을 서술하였다.

12 | **예시 답안** | 상호 존중의 자세와 평화적이고 합리적인 대화를 통해 문제를 해결하려는 외교적인 노력이 중요하다.

| 채점 기준 |

상	상호 존중의 자세와 평화적이고 합리적인 대화를 통해 문제를 해결하려는 외교적 노력이 필요하다고 서술하였다.
하	상호 존중의 자세, 평화적이고 합리적인 대화 중 한 가지만 서술하였다.

대단원 **마무리**

자신만만 적중문제   116~117쪽

01 ③   02 ④   03 ⑤   04 ①   05 ②
06 ③   07 해설 참조   08 해설 참조
09 해설 참조

01 밑줄 친 '사회'는 국제 사회이다. 국제 사회는 이념, 도덕보다 자국의 이익을 더 중시한다는 특성을 지닌다.

02 제시된 글이 설명하는 행위 주체는 정부 간 국제기구이다. '국경 없는 의사회'는 민간단체를 회원으로 하는 국제 비정부 기구에 해당한다.

03 국제 사회의 특성 중 하나는 자국의 이익을 우선적으로 추구한다는 것이다. 그리고 그 과정에서 경쟁과 갈등이 발생한다.

04 오늘날에는 일반인들에 의한 민간 외교가 활발하게 전개되고 있는데, 민간 외교란 정부 관계자가 아닌 일반 시민이 예술, 문화, 체육 등의 분야에서 하는 외교를 의미한다.

05 은주시청합기(1667년)는 일본 최초의 독도에 관한 기록이 담긴 역사책으로, 은주(현재의 일본 오키섬)에 관한 보고서이다. 이 책에서는 "일본의 서북쪽 경계를 오키섬으로 한다."라고 하여 독도를 일본의 땅으로 보고 있지 않음이 나타나 있다. 독도가 강원도에 속하는 섬이라고 기록한 역사책은 조선 시대의 지리서인 신증동국여지승람(1530년)이다.

06 제시된 글은 중국의 동북공정에 대한 내용이며, 중국은 이를 통해 동북 지역 영토 및 문화의 우위를 차지할 목적을 지니고 있다.

07 | **예시 답안** | 국제 사회는 경제력과 군사력이 강한 강대국은 더 많은 영향력을 행사하고 약소국은 이를 인정하여 힘의 논리가 작용한다.

| 채점 기준 |

상	경제력과 군사력이 강한 강대국은 더 많은 영향력을 행사하고 약소국은 이를 인정함을 힘의 논리와 관련지어 서술하였다.
하	강대국의 영향력 행사와 약소국의 인정에 대해서만 서술하였다.

08 | **예시 답안** | 미국과 쿠바는 적대 관계를 청산하고 국교 정상화를 위해 외교 정책을 활용했다. 이처럼 외교란 한 국가가 국제 사회에서 평화적인 방법으로 자국의 이익을 달성하려는 활동을 말한다.

| 채점 기준 |

상	미국과 쿠바의 국교 정상화를 사례로 외교의 의미를 정확하게 서술하였다.
중	외교의 의미를 서술하였지만, 미국과 쿠바의 국교 정상화 사례와의 관련성이 미흡하였다.
하	미국과 쿠바의 국교 정상화 사례를 적절하게 서술하였지만, 외교의 의미 서술이 미흡하였다.

09 | **예시 답안** | 발해사나 고구려사 왜곡 문제에 대해 지속적인 관심을 표하고, 국가적 차원에서 우리 고대사에 대한 연구 등을 실시한다.

| 채점 기준 |

상	발해사나 고구려사 왜곡 문제에 대한 지속적인 관심과 국가적 차원에서 우리 고대사에 대한 연구가 필요하다고 서술하였다.
하	발해사나 고구려사 왜곡 문제에 대한 지속적인 관심, 국가적 차원에서 우리 고대사에 대한 연구 중에서 한 가지만을 서술하였다.

최고난도 문제   118쪽

01 ④   02 ⑤

01 영국이 유럽 연합(EU)에서 차지하는 비중이 큼에도 불구하고, 탈퇴를 결정한 것은 유럽 연합 분담금에 대한 부담과 자국민들의 일자리가 부족해지는 등의 불이익을 당하지 않기 위해서이다. 이는 국제 사회에서 자국의 이익을 우선적

으로 추구하는 모습이라고 할 수 있다.

함정 피하기 ㄱ. 국제 사회에서 나타나는 갈등은 때론 전쟁으로 이어지는 경우도 있기 때문에 모두 평화적으로만 해결되는 것은 아니다. ㄷ. 국제 사회에서는 갈등이 일어난다고 해도 이를 해결하는 중앙 정부가 따로 존재하지 않는다.

02 지도는 중국의 동북공정과 관련된 자료이다. 지도를 보면 2009년 발표 때 8,851.8 km였던 만리장성의 길이가 12,344.4 km가 늘어나 총 21,196.2 km가 되었음을 알 수 있다. 특히 동쪽으로 헤이룽장성의 무단장까지 확장한 것을 볼 때, 고구려와 발해의 역사를 중국의 역사로 편입시키려는 의도가 내포되어 있다고 볼 수 있다. 이처럼 중국은 동북공정을 통해 역사를 왜곡하여 우리나라를 비롯한 주변국과의 갈등을 유발하고 있다. 이러한 갈등을 해결하기 위해서는 상호 존중의 자세와 평화적이고 합리적인 자세가 필요하다.

함정 피하기 ㄱ. 국제 갈등은 주로 자국의 이익을 앞세우기 때문에 발생하는 것으로, 국가 간에 정치, 경제 체제가 다를 때는 물론, 같을 때도 나타난다. ㄴ. 국가 간의 갈등은 국제 사법 재판소의 판결뿐만 아니라 대화와 타협을 통해서도 해결할 수 있다.

01 / 02 인구 분포 / 인구 이동

기초튼튼	기본문제		122~123쪽
01 ③	02 ①	03 ②	04 ㉠ 자연, ㉡인문
05 ③	06 ⑤	07 ⑤	08 ③ 09 ⑤
10 ③	11 해설 참조		

01 세계 인구는 산업 발달 지역에 밀집되어 분포하며, 과학 기술의 발달로 거주 지역이 점차 확대되고 있다.
| 오답 피하기 | ㄱ. 인구는 세계 전체에 불균등하게 분포하고 있으며, ㄹ. 최근에는 사회적·경제적 요인이 자연적 요인보다 중요해지고 있다.

02 세계 인구의 분포를 대륙별로 보면 아시아 대륙이 약 60%로 가장 많고, 아프리카(약 16%), 유럽(약 10%), 북아메리카(약 8%)가 뒤를 잇는다. 유럽은 면적에 비해 많은 인구가 분포하지만, 인구가 가장 많이 분포하는 대륙은 아니다.

03 지도에서 A는 서부 유럽, B는 사하라 사막, C는 동아시아, D는 캐나다 북부, E는 아마존강 유역이다. 하천 유역에 넓은 평야가 발달되어 있어 벼농사에 유리한 지역은 아시아의 계절풍 지대(C)이며, 경제가 발달하여 일자리가 풍부한 지역은 서부 유럽(A)에 해당한다.

04 과거에는 자연적 요인이 인구 분포에 영향을 끼쳤지만, 산업화 이후 과학 기술과 경제가 발달하면서 인문적 요인이 큰 영향을 끼치고 있다.

05 우리나라 인구는 산업화 이전에는 농업이 발달한 남서부 평야 지역에 집중되었으나, 산업화 이후 이촌 향도 현상이 심화되면서 대도시로 집중하였다.

06 우리나라의 인구 분포는 1960년대 이전에는 자연환경의 영향을 많이 받았으나, 1960년대 이후부터는 산업 발달 등 사회적 요인의 영향을 더 크게 받고 있다.
| 오답 피하기 | ① 1960년대 이후에는 대도시로의 인구 집중이 뚜렷하다. ② 현재 산지 지역과 농어촌 지역은 인구가 감소하고 있다. ③ 1960년대 이전에는 벼농사에 유리한 자연적 조건이 인구 분포에 큰 영향을 주었다. ④ 현재 우리나라 인구가 가장 밀집된 지역은 수도권이다.

07 전쟁이나 분쟁에 시달리는 아프가니스탄, 시리아, 수단, 이라크 등에서 다른 지역으로의 이동은 정치적 이동에 해당한다.

| **오답 피하기** | ① 미국으로 유학을 떠나는 학생은 교육을 위한 자발적 이동이다. ② 아메리카로 떠난 영국의 청교도는 종교적 이동이다. ③ 동남아시아로 이동하는 화교는 경제적 이동이다. ④ 유럽으로 이주한 북아프리카 사람들은 경제적 이동이다.

08 인구의 흡인 요인에는 높은 임금, 높은 생활 수준, 쾌적한 환경, 풍부한 일자리 등이 있으며, 인구의 배출 요인에는 열악한 환경, 정치적 불안, 자연재해 등이 있다.

09 영국의 청교도들은 종교적 자유를 찾아 신대륙으로 이동하였으며, 미국 남부 농장의 노동력을 확보하기 위해 흑인 노예가 아메리카로 이동한 것은 강제적 이동이다.
| **오답 피하기** | ㄱ. 이민은 다른 나라에서 살기 위해 이주하는 것으로 영구적 이동에 해당한다. ㄴ. 해외 어학연수는 국제 이동이기는 하나 일시적 이동이다.

10 오늘날 개발 도상국에서 선진국으로 인구 이동은 경제적 원인으로 인한 이동이 대부분이다.
| **오답 피하기** | ① 서부 유럽과 미국은 대표적인 인구 유입 지역이다. ② 인구 유출 지역에서는 배출 요인이 작용한다. ④ 개발 도상국에서 선진국으로 인구 이동은 경제적 이유가 대부분이다. ⑤ 선진국은 인구 유입이, 개발 도상국은 인구 유출이 많다.

11 ⑴ | **예시 답안** | (가) 시기는 농업 중심의 사회로 벼농사에 유리한 평야가 발달되어 있는 남서부에 인구가 집중되었다.

| **채점 기준** |

상	농업 중심의 사회로 벼농사에 유리한 평야 지대가 발달되어 있다는 점을 서술하였다.
하	농업 중심 사회와 평야가 발달하였다는 내용 중 한 가지만을 서술하였다.

⑵ | **예시 답안** | 농업 중심의 사회에서는 자연환경이 농업에 유리한 지역에 인구가 집중하여 (가)와 같은 분포가 나타났으며, 산업화로 인해 대도시로 인구가 집중하면서 (나)와 같은 분포가 나타나게 되었다.

| **채점 기준** |

상	(가) 시기와 (나) 시기의 인구 분포의 특징과 원인을 바르게 서술하였다.
중	(가) 시기와 (나) 시기의 인구 분포의 특징과 원인 중 특징을 미흡하게 서술하였다.
하	(가) 시기와 (나) 시기의 인구 분포의 특징과 원인 중 원인을 미흡하게 서술하였다.

01 ②	02 ④	03 ⑤	04 오스트레일리아	
05 ②	06 ④	07 ④	08 ⑤	09 ④
10 해설 참조		11 해설 참조		12 해설 참조

01 계절풍(중위도 지역), 강수량(건조 지역), 기온(캐나다 북부 지방) 등은 기후에 영향을 끼치는 요인이다.

02 안데스 산지의 키토(에콰도르의 수도)는 해발 고도가 높지만 연중 날씨가 온화한 고산 기후가 나타나기 때문에 인구가 밀집되어 있다.

03 A는 서부 유럽, B는 사하라 사막, C는 동남아시아, D는 캐나다 북부, E는 아마존강 유역이다. 아미존강 유역은 연중 고온 다습하고 빽빽한 밀림이 있어 인간 거주에 불리하다. 산업이 발달하여 인구가 집중되어 있는 지역으로는 서부 유럽(A)이나 미국의 동부 지역이 대표적이다.

04 오스트레일리아 서부 내륙 지역은 건조한 기후가 나타나 인구가 희박하다. 사람들은 주로 시드니, 캔버라, 멜버른 등 동남부 해안 지역에 분포한다.

05 지도에서 진하게 표현된 지역과 흐리게 표현된 지역을 비교해 보면, 인구 분포를 나타낸 지도임을 알 수 있다. '(가)' 지역 즉, 진하게 표현된 지역은 서부 유럽, 동남아시아, 미국 동부 등 인구가 밀집되어 있는 지역이며, 흐리게 표현된 사하라 사막 일대, 시베리아, 캐나다 북부, 아마존 밀림 지역 등은 인구가 희박한 지역이다.

06 자료의 인구 밀도는 1960년대 이후 대도시 지역의 공업, 서비스업 발달과 같은 사회·경제적 요인의 영향을 받아 이루어졌다. ④ 자연환경이 인구 분포에 큰 영향을 끼친 것은 1960년대 산업화와 도시화가 이루어지기 이전의 시기로, 이 시기에는 남서부 평야 지대와 서남 해안 지역의 인구 밀도가 높았다.

07 인구의 배출 요인은 인구를 밀어내는 요인으로 빈곤, 낮은 임금, 일자리 부족, 열악한 생활 환경, 전쟁과 분쟁 등이 있다.
| **오답 피하기** | 높은 임금과 정치적 안정 등은 인구를 끌어들이는 흡인 요인이다.

08 남아메리카 지역에서 미국으로의 인구 이동은 일자리를 얻기 위한 경제적 이동이 대부분을 차지한다.
| **오답 피하기** | ① 북아메리카는 서부 유럽과 더불어 대표적인 인구 유입 지역이다. ② 북부 아프리카는 유럽으로 이동하는 사람이 많은 인구 유출 지역이다. ③ 3차 산업이 발달

한 국가일수록 인구의 유입율이 높다. ④ 오늘날에도 전쟁이나 종교적 이유로 인한 난민의 발생이 증가하고 있다.

09 프랑스는 경제 성장에 필요한 노동력 부족 문제를 해결하기 위해 북부 아프리카의 알제리와 아시아의 베트남 등으로부터 200만 명의 이주 노동자를 받아들였다. 특히 과거 프랑스의 식민지국이었으며, 프랑스와 가까운 알제리에서 많은 이주 노동자가 일자리를 찾아 프랑스로 건너오고 있다. 하지만 이슬람교도가 대부분을 차지하는 이주 노동자와 원주민인 프랑스인 간의 문화 차이로 갈등이 발생하여 사회 문제가 되기도 한다.

10 **| 예시 답안 |** A는 동남아시아 지역이다. 이 지역은 계절풍 기후의 영향으로 강수량이 풍부하고 평야가 발달하여 벼농사에 유리하며, 이로 인해 인구가 밀집되어 있다.

| 채점 기준 |

상	동남아시아 지역이 기후 조건, 벼농사 발달 등으로 인구가 집중되었음을 서술하였다.
중	인구가 집중된 원인 두 가지를 서술하였으나, 한 가지 설명이 미흡하였다.
하	인구가 집중된 원인을 한 가지만 서술하였다.

11 **| 예시 답안 |** 우리나라는 1960년대 이후 산업화와 도시화로 인해 이촌 향도 현상이 증가하면서 서울 및 수도권과 남동 임해 공업 지역 주변의 대도시로 인구가 집중하였다.

| 채점 기준 |

상	인구 분포의 원인을 주어진 단어를 사용하여 적절하게 서술하였다.
중	주어진 단어를 모두 사용하였으나, 구체적인 원인 설명이 미흡하였다.
하	주어진 단어를 모두 사용하지 못하고 설명하였다.

12 **| 예시 답안 |** 북동부 해안에 집중 분포했던 인구가 온화한 기후와 쾌적한 환경을 찾아 남서부 지역과 태평양 연안 지역으로 이동하였다.

| 채점 기준 |

상	동부 해안 지역에서 남서부 지역과 태평양 연안 지역으로 이동한 미국 내 인구 이동의 경향과 그 배경을 모두 정확하게 서술하였다.
중	동부 해안 지역에서 남서부 지역과 태평양 연안 지역으로 이동한 미국 내 인구 이동의 경향과 그 배경 중 배경에 대한 서술이 미흡하였다.
하	동부 해안 지역에서 남서부 지역과 태평양 연안 지역으로 이동한 미국 내 인구 이동의 경향과 그 배경 중 한 가지만을 서술하였다.

03 **인구 문제**

기초튼튼 기본문제 　　　　　128~129쪽

01 ①	02 ③	03 ⑤	04 ②	05 고령화
06 ②	07 ⑤	08 ⑤	09 ②	10 ②
11 ④	12 해설 참조			

01 선진국은 낮은 출생률과 고령화로 노동력 부족, 노인 부양 부담 증가 등의 문제가 발생한다.
| 오답 피하기 | 높은 인구 증가율, 낮은 인구 부양력, 각종 시설 부족은 개발 도상국의 인구 문제이다.

02 개발 도상국은 높은 출생률, 의학 발달, 생활 환경 개선 등으로 사망률이 낮아 인구가 급증하고 있으며, 대도시로 인구가 집중하여 실업 문제, 식량 부족, 각종 시설 부족 등의 문제가 발생한다.

03 (가)는 개발 도상국, (나)는 선진국에 해당한다. 세계 인구는 산업 혁명 이후 급격하게 증가하였다.
| 오답 피하기 | ① 세계 인구는 1800년대 중반 이후 과학 기술의 발달로 급격하게 증가하였다. ② 고령화 문제를 겪고 있는 지역은 (나) 선진국이다. ③ 인구 급증의 문제가 발생하는 지역은 (가) 개발 도상국이다. ④ 인구가 급격하게 증가하고 있는 (가)는 개발 도상국, 인구가 서서히 증가하고 있는 (나)는 선진국에 해당한다.

04 (가)는 인구가 급증하는 개발 도상국에 해당한다. 영국은 선진국의 인구 문제가 나타나고 있다.

05 저출산 현상으로 유소년층 인구가 감소하고, 평균 수명이 늘어나면, 65세 이상 노년층의 인구가 증가하는 고령화 현상이 심화된다.

06 제시된 인구 피라미드를 보면, 15세 미만 유소년층의 인구 비율이 높고, 65세 이상 노년층의 인구 비율이 낮은 개발 도상국의 인구 구조를 나타내고 있다. 개발 도상국은 급격한 인구 증가로 식량 부족, 일자리 부족 등의 문제가 발생한다. 따라서 인구 부양력을 증대시킬 수 있는 인구 정책이 필요하다. 출산 장려 정책, 외국인 근로자 고용, 실버산업 육성, 노인 일자리 확대 등은 선진국의 인구 문제에 대한 대책이다.

07 제시된 인구 피라미드는 선진국의 인구 구조를 나타내고 있다. 이러한 인구 구조가 나타나는 국가는 우리나라를 비롯하여 미국, 일본, 영국 등의 선진국이 해당한다.
| 오답 피하기 | ⑤ 인도는 인구가 급격히 증가하는 지역으로 피라미드 형태의 인구 구조를 보인다.

08 성비는 여자 100명당 남자의 수를 나타내는 것으로 성비가 100 이상일 때 남초 현상이라고 한다. 남초 현상은 남아 선호 사상의 영향으로 나타나며, 성비가 높은 국가로 중국과 인도 등이 있다.

09 제시된 인구 포스터는 출산을 장려하는 내용으로서 저출산 문제를 해결하기 위한 노력이다.
| **오답 피하기** | ①, ③ 임금 피크제와 실버산업 육성은 고령화 사회를 대비하기 위한 것이다. ④ 출산 장려 정책이 필요하다. ⑤ 저출산 문제를 해결하기 위해 여성의 사회 진출을 제한하는 것은 바람직하지 않다.

10 우리나라의 인구와 관련해서는 저출산 문제와 고령화 문제가 가장 심각하다. ㄱ. 낮은 출생률, 의학 기술의 발달에 따른 평균 수명의 증가로 인구의 고령화 현상이 심화되고 있다. ㄷ. 여성의 사회 진출 증가로 인한 사회적 지위의 향상, 양육비와 사교육비 증가, 가치관의 변화 등으로 출산율이 감소하면서 저출산 문제가 나타나고 있다.
| **오답 피하기** | ㄴ. 우리나라는 출산율이 낮아져 유소년층 (0~14세)의 인구 비율이 감소하고 있다. ㄹ. 성비 불균형이 심한 국가로는 중국, 인도 등이 있다. 이들 나라들은 남아 선호 사상의 영향으로 여아에 비해 남아의 숫자가 지나치게 늘어나 심각한 사회 문제가 되고 있다.

11 그래프의 기울기가 일본보다 우리나라가 급한 것을 보면, 우리나라가 일본보다 고령화가 빠르게 진행되고 있음을 알 수 있다.
| **오답 피하기** | ㄱ. 제시된 자료에는 성비가 나타나 있지 않다. ㄷ. 우리나라의 고령 인구 증가 속도는 점차 빨라지고(기울기가 급해지고) 있다.

12 | **예시 답안** | 합계 출산율이 지속적으로 감소하면 저출산 문제가 나타나며, 노년 인구 비율이 지속적으로 증가하면 고령화 현상이 나타난다. 저출산 문제는 노동력 부족 문제로 이어지며, 고령화 현상은 노인 부양 부담비 증가 문제 등으로 이어진다.
| **채점 기준** |

상	저출산·고령화로 인한 노동력 부족 문제와 노인 부양 비용 증가 문제를 적절히 서술하였다.
중	저출산·고령화로 인한 노동력 부족 문제와 노인 부양 비용 증가 문제 중 한 가지가 미흡하게 서술되었다.
하	저출산·고령화로 인한 노동력 부족 문제와 노인 부양 비용 증가 문제 중 한 가지만 서술하였다.

01 ⑤	02 고령화	03 ④	04 ⑤	05 ④
06 ⑤	07 이촌 향도		08 ②	09 ②
10 해설 참조		11 해설 참조		

01 아시아와 같은 개발 도상국은 인구 성장률이 높으며 북아메리카와 유럽 등의 국가들은 인구 성장률이 낮다. 개발 도상국은 선진국에 비해 출산율과 사망률 모두 높다.

02 전체 인구 중에 노년층이 차지하는 비율이 증가하는 현상을 고령화라고 한다.

03 고령화 사회에 나타나는 문제점으로 노인 소외, 노동력 부족, 세금 부담 증가, 사회 복지 비용 증가 등이 있다. 식량 부족은 개발 도상국의 인구 문제이다.

04 개발 도상국의 인구 문제로는 인구 급증에 따른 식량 문제, 도시로의 인구 집중에 따른 도시 교통 혼잡 문제, 남아 선호 사상으로 인한 성비 불균형 등이 있다.
| **오답 피하기** | ⑤ 외국인 노동자의 유입으로 인한 갈등은 선진국에서 주로 볼 수 있다.

05 자료는 시간이 지날수록 저출산·고령화 문제가 심화되는 선진국의 인구 문제를 나타내고 있다. 이러한 문제를 해결하기 위해서는 출산 장려 정책과 노인 복지 정책 등이 필요하다.
| **오답 피하기** | ㄱ, ㄷ은 개발 도상국의 인구 문제를 해결하기 위한 노력이다.

06 인구 피라미드를 보면 유소년층 인구 비율이 낮고 노년층 인구 비율이 높은 저출산·고령화 문제가 나타나고 있음을 알 수 있다. 이러한 문제를 해결하기 위해서는 영유아 보육 시설을 확충하여 출산율을 높이고, 노인 소외가 발생하지 않도록 노력해야한다.
| **오답 피하기** | ⑤ 산아 제한 정책은 인구 급증을 막기 위한 대책이다.

07 인구가 촌락(시골)을 떠나 도시로 이동하는 현상을 이촌 향도라고 한다. 이촌 향도 현상은 특히 개발 도상국의 근대화 과정에서 나타나는 현상으로 대도시 인구 증가의 주요 원인 중 하나이다.

08 자료를 보면 일본이나 우리나라는 합계 출산율이 OECD 평균보다 낮은 저출산 문제를 보이고 있다. 이러한 문제를 해결하기 위해서는 보육 시설을 확대하고 출산 및 육아 수당을 지급하는 등의 정책이 필요하다.
| **오답 피하기** | ㄴ. 산아 제한 정책은 개발 도상국에서 인구

급증에 대비하기 위한 정책이다.

09 그래프를 보면 우리나라의 고령화 추세는 선진국보다 훨씬 빠르게 진행될 것으로 예측된다. 이로 인해 노동력이 부족해지고 노인 복지 비용이 증가할 것이다.
| 오답 피하기 | ㄴ. 성비 불균형, ㄹ. 인구 급증은 개발 도상국의 인구 문제이다.

10 | 예시 답안 | (가)는 개발 도상국에 해당하며, 높은 출생률로 인구가 급증하여 식량 부족, 실업 문제 등을 겪고 있다. (나)는 선진국에 해당하며, 낮은 출생률과 낮은 사망률로 인해 노동력 부족, 노인 부양 비용 부담 증가 등의 문제가 발생하고 있다.

| 채점 기준 |

상	선진국과 개발 도상국의 구분, 인구 구조의 특징, 인구 문제를 모두 서술하였다.
중	선진국과 개발 도상국의 구분, 인구 구조의 특징, 인구 문제 중 두 가지만 서술하였다.
하	선진국과 개발 도상국의 구분, 인구 구조의 특징, 인구 문제 중 한 가지만 서술하였다.

11 | 예시 답안 | (가)와 (나) 시기, 즉 6.25 전쟁 이후 베이비 붐 시대에는 급격한 인구 증가를 막기 위해 산아 제한 정책을 펼쳤다. 그러나 (다) 시기, 즉 1990년 이후에는 출생률이 급격히 줄어들고 여성의 사회적 진출 증가와 가치관의 변화 등으로 출산율이 급격히 떨어지게 되어 출산 장려 정책을 펼치게 되었다.

| 채점 기준 |

상	인구 정책의 변화 원인을 구체적으로 바르게 서술하였다.
중	인구 정책의 변화와 원인 중 한 가지 서술이 미흡하였다.
하	인구 정책의 변화와 원인 중 한 가지 만 서술하였다.

대단원 마무리

자신만만 적중문제

132~133쪽

01 ③ **02** ② **03** ② **04** ⑤ **05** ⑤
06 ⑤ **07** 해설 참조 **08** 해설 참조

01 인구 밀도가 높다고 해서 반드시 서비스업이 발달하는 것은 아니다. 동남아시아의 경우 서비스업보다는 벼농사에 유리한 자연환경 조건 때문에 인구 밀도가 높다.

02 제시된 자료는 우리나라의 최근 인구 분포로서 우리나라는 1960년 이후 도시화와 산업화가 진행되면서 서울과 남동 임해 공업 지역 주변의 대도시로 인구가 집중되었다.
| 오답 피하기 | ② 남한에서 지하자원이 풍부한 강원 지역은 인구 밀도가 높지 않다.

03 미국은 과거 인구가 밀집했던 북동부 해안에서 기후가 온화하고 환경이 쾌적한 남부 지역과 태평양 연안으로 많은 사람들이 이동하였다.

04 지도에서 A는 영국, B는 프랑스, C는 독일이다. (가)는 독일로, 선진국에 해당하는 독일은 저출산, 고령화 문제를 겪고 있으며, 주변의 개발 도상국에서 노동력이 유입되고 있다. (나)는 프랑스로, 프랑스 역시 저출산, 고령화 문제를 겪고 있으며, 과거에 식민지였던 국가에서 노동력이 유입되고 있다.

05 세계의 인구 성장을 보면 개발 도상국은 인구가 급증하고 있으며, 선진국은 완만한 증가를 보이고 있다. 선진국은 인구 증가가 둔화되고 고령화 현상이 나타나기 때문에 출산율 증대와 노인 복지에 힘써야 한다.
| 오답 피하기 | ㄱ. 인구가 급증하는 지역은 개발 도상국이다. ㄴ. 세계 인구는 지속적으로 증가하고 있다.

06 우리나라는 합계 출산율이 매우 낮으며 고령화의 속도는 빠르게 진행되고 있다.
| 오답 피하기 | ⑤ 저출산 문제 해결을 위해서는 여성이 경제 활동과 육아를 병행할 수 있게 다양한 지원 정책을 펼쳐야 한다.

07 | 예시 답안 | A는 서부 유럽, B는 동남아시아 지역이다. 서부 유럽은 상공업 발달로 인구가 집중 분포하고 있으며, 동남아시아 지역은 벼농사에 유리한 기후로 농업이 발달하여 인구가 집중 분포한다.

| 채점 기준 |

상	두 지역에 인구가 집중된 원인을 모두 적절하게 서술하였다.
중	두 지역 중 한 지역의 서술 내용이 미흡하였다.
하	두 지역 중 한 지역의 내용만을 서술하였다.

08 | 예시 답안 | 유럽으로의 인구 유입으로 노동력이 풍부해지는 장점이 있지만, 원주민과 이주민 간의 문화적 갈등이 발생할 수 있다.

최고난도 문제
134쪽

01 ② 02 ④

01 (가)는 인구 유입 지역으로 주로 선진국에 해당되며, (나)는 인구 유출 지역으로 주로 개발 도상국에 해당된다.

함정 피하기 ㄴ. 1인당 국내 총생산량은 주로 인구 유입 지역인 선진국이 인구 유출 지역인 개발 도상국보다 더 높다. ㄹ. 난민의 발생 비율은 주로 배출 요인이 작용하여 인구가 유출되는 개발 도상국에서 높다.

02 (가)는 프랑스로서 저출산, 고령화 문제를 해결하기 위한 정책을 펼치고 있으며, (나)는 인도로서 인구 급증 문제를 해결하기 위한 정책을 펼치고 있다.

함정 피하기 ㄱ. 출생률은 (나) 인도가 더 높다. ㄷ. 유소년층의 인구 비율은 인구가 급증하는 (나) 인도가 더 높다.

8 사람이 만든 삶터, 도시

01 / 02 세계의 매력적인 도시 / 도시 내부의 다양한 경관

기초튼튼 기본문제
138~139쪽

01 ⑤	02 ②	03 ③	04 랜드마크	05 ④
06 ①	07 ②	08 ④	09 ⑤	10 ③

11 해설 참조

01 ③ 도시는 한정된 공간에 많은 사람이 거주하기 때문에 토지 이용의 효율성을 위하여 토지를 집약적으로 이용한다. ⑤ 도시는 기후, 지형, 토양 등의 자연환경보다 인구, 교통, 산업, 문화와 같은 인문 환경의 영향을 더 많이 받는다.

02 (가)는 촌락, (나)는 도시의 경관이다. 도시는 촌락보다 인구 밀도, 건물의 평균 높이가 높다. 또한 주로 2·3차 산업에 종사하는 사람들이 많아 주로 1차 산업에 종사하는 사람이 많은 촌락에 비해 직업 구성이 다양하다.

03 도시는 촌락에 공산품과 고차원의 상업·교육·문화 등의 기능을 제공하고, 촌락은 도시에 농산품과 여가 공간을 제공한다.

04 어떤 지역을 상징적으로 대표하는 건축물이나 조형물을 랜드마크라고 한다.

05 에펠탑(가)은 프랑스 파리, 피라미드와 스핑크스(나)는 이집트 카이로, 타지마할(다)은 인도 아그라의 대표적인 랜드마크이다.

06 지가와 지대, 접근성이 높아 고층 건물이 밀집해 있으며, 인구 공동화 현상이 나타나는 지역은 도심이다.

07 높은 지가를 감당하기 어렵고 넓은 땅을 필요로 하는 주택, 학교, 공장 등은 접근성이 낮더라도 땅값이 싼 도시 외곽 지역에 입지하게 된다.

| 오답 피하기 | 도심은 지가가 비싸지만 접근성이 높기 때문에 높은 지가를 감당할 수 있는 ㄴ. 대기업 본사, ㄹ. 금융 기관 등이 들어설 수 있다.

08 제시된 도시는 브라질에 위치한 리우데자네이루이다. 리우데자네이루는 브라질에서 두 번째로 큰 도시이며, 코르코바두산 위에 위치한 예수상은 리우데자네이루의 대표적인 랜드마크이다. ① 런던은 영국의 수도로 버킹엄 궁전, 대영 박물관, 런던 아이 등이 랜드마크로 알려져 있다. ② 뉴욕은 미국 동부에 위치한 미국 최대의 도시로 자유의 여신상, 센

트럴 파크 등이 랜드마크로 유명하다. ③ 베이징은 중국의 수도로 톈안먼 광장(천안문 광장)이 랜드마크로 알려져 있다. ⑤ 부에노스아이레스는 아르헨티나의 수도로 기념탑인 오벨리스크가 랜드마크로 유명하다.

09 거주자의 평균 통근 거리는 지역 내 일자리가 풍부한 도심이 가깝고 주변 지역이 멀다.
|오답 피하기| ① 도심은 인구 공동화 현상으로 상주인구가 매우 적다. ② 주변 지역은 도심보다 상주인구가 많기 때문에 초등학생 수가 더 많다. ③ 도심은 주변 지역보다 접근성이 높기 때문에 상업지 땅값이 더 비싸다. ④ 주변 지역은 대체로 주거 기능이 발달되어 있다.

10 세계 최대 규모의 증권 거래소와 국제 연합 본부, 자유의 여신상이 있는 곳은 뉴욕으로 지도의 C에 해당한다. 지도의 A는 캐나다 몬트리올, B는 미국 시애틀, D는 미국 로스앤젤레스, E는 멕시코 수도 멕시코시티이다. 캐나다의 몬트리올은 노트르담 대성당, 미국의 시애틀은 스페이스니들 전망대, 미국의 로스앤젤레스는 할리우드 언덕, 멕시코의 멕시코시티는 소칼로 광장 등이 지역의 랜드마크로 알려져 있다.

11 |예시 답안| 도시 규모가 작을 때에는 도시 내 여러 기능들이 함께 섞여 나타난다. 이후 도시가 성장하면서 유사한 기능끼리 모이고 서로 다른 기능끼리는 분리되는 현상이 나타나게 되는데, 이것은 접근성과 지대·지가가 지역에 따라 다르게 나타나기 때문이다. 특히 도시의 규모가 클수록 이러한 현상은 더 뚜렷하게 나타난다.

|채점 기준|

상	지역 분화의 원인을 접근성과 지대·지가를 관련지어 적절하게 서술하였다.
중	지역 분화의 원인을 접근성과 지대·지가를 관련지어 서술하였지만, 이 중 하나의 서술이 미흡하였다.
하	지역 분화의 원인을 접근성과 지대·지가 중 한 가지만 관련지어 서술하였다.

실력쑥쑥 실전문제 140~141쪽

01 ① 　　02 ④ 　　03 ⑦ 접근성, ⓒ 지대 　04 ②
05 ① 　　06 ⑤ 　　07 ④ 　　08 해설 참조
09 해설 참조

01 집약적 토지 이용이란 좁은 면적에 많은 자본과 노동력 등을 투입하여 면적 대비 높은 수익을 창출하는 토지 이용 방법이다. 도시는 촌락에 비해 인구 밀도가 높고, 땅값이 비싸기 때문에 집약적으로 토지를 이용한다.

02 학생이 여행가고 싶은 도시는 아랍 에미리트의 두바이이다. 두바이는 아랍 에미리트 최대의 도시로, 조개잡이와 어업 등을 주요 산업으로 하던 작은 도시였으나, 석유가 발견되고 수출하면서 부를 축적하였다. 이후 혁신적인 대형 건설 프로젝트와 국제적인 스포츠 행사를 개최하면서 세계적인 주목을 받고 있다. 도시의 대표적인 랜드마크로 '더 월드'나 '팜 아일랜드'와 같은 인공 섬, 초고층 호텔, 세계에서 가장 큰 쇼핑몰, 세계 초고층 빌딩 중 하나인 부르즈 할리파 등이 있다. 지도의 A는 영국 런던, B는 프랑스 파리, C는 이집트 카이로로, E는 인도 아그라이다.

03 접근성이란 '한 장소에서 다른 장소로 도달하기에 편리한 정도'를 말하는데 거리, 통행 시간 등에 의해 결정된다. 지대는 '토지 이용을 통해서 얻을 수 있는 수익'을 의미한다. 지대가 높은 지역은 지가, 즉 땅값이 높아진다.

04 백화점, 은행, 시청 등이 위치하는 것으로 보아 도심임을 알 수 있다. 도심은 교통이 편리하며 접근성이 높다.
|오답 피하기| ① 도심은 대기 오염이 심하지만 접근성이 좋아 지가가 높다. ③ 도심은 인구 공동화 현상으로 상주인구가 적어 학교 수도 적다. ④, ⑤ 아파트와 산업 단지 등은 지가가 저렴한 외곽 지역에 분포한다.

05 세 지역 모두 해당 도시의 중심부이다. 인구 변화를 보면 도심에 위치해 있던 주거 기능이 높은 지가 때문에 외곽으로 이전하고 사무실이나 상가 등으로 전환되면서, 도심의 상주인구가 감소하는 인구 공동화 현상이 나타나고 있음을 알 수 있다.

06 (가)는 도심, (나)는 주거 기능이 밀집된 지역이다. 도심은 상업·업무 기능이 밀집되어 상주인구에 비해 주간 인구가 많다.
|오답 피하기| ① 도심은 지가가 가장 높은 지역이다. ② 인구 공동화 현상은 도심에서 나타난다. ③ 초등학교 수는 도심보다 주변 지역이 많다. ④ 접근성은 도심이 주변 지역보다 높다.

07 지가는 대체로 접근성의 차이에 의해 결정된다. 도시 내에서 일반적으로 도심의 접근성이 가장 높기 때문에 지가 또한 가장 높게 나타나며 주변부로 갈수록 낮아진다. 서울에서 종로는 도심, 영등포는 부도심에 해당한다.

08 |예시 답안| A는 주변 지역, B는 도심에 해당된다. 도심은 주변 지역에 비해 주간 인구는 많지만 상주인구가 줄어들면서 인구 공동화 현상이 나타난다. 이로 인하여 통근 시간대 교통 혼잡이 심하다.

채점 기준	
상	도심의 인구 공동화 현상과 통근 시간대 교통 혼잡을 관련지어 서술하였다.
중	도심의 인구 공동화 현상과 통근 시간대 교통 혼잡을 관련지어 서술하였으나 이 중 한 가지 내용이 미흡 하였다.
하	도심의 인구 공동화 현상과 통근 시간대 교통 혼잡 내용 중 한 가지만을 서술하였다.

09 | 예시 답안 | A는 부도심으로 도심의 기능을 일부 분담하여 도심의 과밀화를 해소하는 역할을 한다. B는 주변 지역으로 도심에 비해 지가가 낮아 대규모 주택 단지와 학교, 공장이 들어선다.

채점 기준	
상	부도심과 주변 지역의 특징을 모두 정확하게 서술하였다.
중	부도심과 주변 지역의 특징을 모두 서술하였지만 이 중 하나의 서술이 미흡하였다.
하	부도심과 주변 지역의 특징 중 한 가지만 서술하였다.

03 / 04 선진국과 개발 도상국의 도시화 / 살기 좋은 도시

기초튼튼 기본문제
144~145쪽

| 01 ④ | 02 ④ | 03 ⑤ | 04 도시화 | 05 ② |
| 06 ① | 07 ⑤ | 08 ⑤ | 09 ③ | 10 해설 참조 |

01 도시화 곡선은 S자 형태를 보이며, 개발 도상국은 도시화의 가속화 단계 기간이 매우 짧아 급격한 도시화가 이루어졌다.

02 도시화의 과정은 초기 - 가속화 - 종착의 3단계로 나눌 수 있다. 초기 단계는 도시화율이 낮은 농업 중심의 전통 사회로 전국에 걸쳐 인구가 고르게 분포하는 단계이다. 가속화 단계는 산업화에 따른 이촌 향도 현상으로 도시 인구가 급증하는 단계이다. 종착 단계는 전체 인구의 70 % 이상이 도시에 거주하며 도시 인구 성장률이 둔화되는 단계로 역도시화 현상이 발생하기도 한다. 그래프에서 (가)는 도시화의 초기 단계, (나)는 가속화 단계, (다)는 종착 단계이다. A는 농촌에서 도시로 이동하는 이촌 향도 현상을 나타낸 그림이고, B는 도시에서 농촌으로 이동하는 역도시화를 나타낸 그림이다. 따라서 A는 (나), B는 (다)에 해당된다.

03 도시의 수는 도시화 초기 단계인 (가)에서 가속화 단계인 (나), 종착 단계인 (다) 시기로 갈수록 많아진다.
| 오답 피하기 | ① 도시화는 도시 인구 비율이 낮은 초기 단계에서 도시 인구가 급증하는 가속화 단계, 도시 성장률이 둔화되는 종착 단계로 진행된다. ② (가)에서 (다)로 갈수록 경제 발전 수준은 높아진다. ③ 역도시화는 주로 (다) 단계에서 잘 나타난다. ④ 이촌 향도 현상은 주로 (나) 단계에서 활발하다.

04 도시화란 도시에 거주하는 인구가 증가하고 도시적인 생활 양식과 경관이 확대되며 2·3차 산업 종사자의 비율이 늘어나는 현상을 말한다.

05 지도를 보면 영국, 프랑스, 에스파냐, 한국, 일본, 미국 등이 상위 10개국에 해당하고, 아프리카에 위치한 우간다, 에티오피아, 케냐, 탄자니아 등과 동남아시아 및 남부 아시아에 위치한 인도, 방글라데시, 미얀마, 베트남 등이 하위 10개국에 해당한다. 경제 발전 수준이 높은 선진국이 개발 도상국보다 상대적으로 높게 나타나는 도시화율이 가장 적절하다.
| 오답 피하기 | ① 총인구는 중국, 인도, 미국, 인도네시아, 브라질 등이 상위 국가에 해당하고, 태평양의 섬나라들이 하위권에 해당한다. ③ 인구 증가율은 경제 발전 수준이 낮은 개발 도상국에서 높게 나타난다. ④, ⑤ 촌락 거주 인구와 농업 종사자 비중은 선진국에서 낮게 나타나고, 저개발국에서 높게 나타난다.

06 A는 선진국이고, B는 개발 도상국이다. 선진국은 개발 도상국보다 산업화가 시작된 시기와 도시화의 가속화 단계에 진입한 시기가 이르다. 한편 역도시화 현상은 도시화의 종착 단계에서 나타나기 때문에 개발 도상국보다 선진국에서 발생 가능성이 높다.

07 2015년 기준 (가)의 도시화율은 약 82 %, (나)는 약 56 %, (다)는 약 20 %이다. 따라서 (가)는 도시화의 종착 단계, (나)는 가속화 단계, (다)는 초기 단계이다.

08 지도의 A는 에티오피아, B는 중국, C는 미국이다. (가)는 도시화율이 높고 종착 단계에 있는 미국, (나)는 급격한 도시화가 진행되고 있는 중국, (다)는 도시화율이 가장 낮은 에티오피아이다.

09 브라질의 쿠리치바는 제2차 세계 대전 이후 인구가 급증하여 교통 문제가 심각하였다. 그러자 버스 승강장에서 미리 요금을 지불하여 엔진의 불필요한 공회전을 줄이고, 굴절 버스를 도입하는 등의 대중교통 체계를 개선하여 문제를 해결하였다.

10 ┃예시 답안┃ ㉠은 도시화의 초기 단계, ㉡은 가속화 단계 ㉢은 종착 단계에 해당된다. 1990년대 중반 이후 서울의 인구가 감소한 이유는 과도한 인구 집중으로 인한 주택 문제, 교통 문제, 환경 오염 등이 심화되어 서울 주변 지역으로 인구가 이동했기 때문이다.

┃채점 기준┃

상	도시화 단계와 서울의 과밀화로 인한 인구 감소를 정확하게 서술하였다.
중	도시화 단계와 서울의 과밀화로 인한 인구 감소를 모두 서술하였으나, 이 중 한 가지 내용이 미흡하였다.
하	도시화 단계와 서울의 과밀화로 인한 인구 감소 중에서 한 가지만 서술하였다.

실력쑥쑥 실전문제

146~147쪽

01 ③ 02 ① 03 ㉠ 종착, ㉡ 역도시화
04 ② 05 ④ 06 ① 07 ④ 08 해설 참조
09 해설 참조

01 도시화가 촌락에서 도시로의 인구 이동을 의미한다면, 역도시화는 반대로 도시에서 촌락으로의 인구 이동을 의미한다. 역도시화 현상은 도시화 단계 중 주로 종착 단계에서 나타난다.

02 도시화는 전체 인구 중에서 도시에 거주하는 인구가 증가하는 현상이다. (가)는 초기 단계, (나)는 가속화 단계, (다)는 종착 단계이다. 초기 단계는 도시화율이 낮고 증가 속도가 완만하게 나타나는 시기로 도시보다 촌락에 거주하는 인구가 많다.

03 우리나라는 1990년대 이후 종착 단계에 진입하여 현재는 도시 성장률이 둔화되고 있으며, 전체 인구의 90 % 이상이 도시에 거주하고 있다. 종착 단계에서는 도시화율이 낮아지는 역도시화 현상이 나타나기도 한다.

04 (나)에 비해 기간이 길고 기울기가 완만한 (가)는 선진국의 도시화 곡선, (가)에 비해 기간이 짧고 기울기가 급한 (나)는 개발 도상국의 도시화 곡선을 나타낸 것이다.
┃오답 피하기┃ ㄴ. (가)에 비해 (나)는 그래프의 기울기가 가파른 것으로 보아 도시화 속도가 빨랐음을 알 수 있다. ㄷ. (나)는 도시의 수용 능력이 작은 상태에서 이촌 향도 현상이 급격히 나타나므로 주택난, 실업난, 환경 문제 등 각종 도시 문제가 많이 발생한다.

05 우리나라는 1990년대 이후 종착 단계에 진입하여 현재는 도시 성장률이 둔화되고 있으며, 전체 인구의 90 % 이상이 도시에 거주하고 있다.

06 (가) 국가군은 도시화율이 낮은 케냐, 우간다, 니제르, 캄보디아 등의 개발 도상국이다. (나) 국가군은 도시화율이 높은 벨기에, 스웨덴, 캐나다, 오스트레일리아 등의 선진국이다. 선진국은 개발 도상국에 비해 경제 발전 수준이 높고, 산업화 시기는 이르며, 농업 종사자 비중은 낮다.

07 (가)는 인도의 뭄바이로, 인구 과밀화로 인한 도시 문제가 나타나고 있다. (나)는 프랑스의 파리로, 역사적인 공간과 현대적인 공간이 조화를 이루고 있다. 개발 도상국의 도시인 (가)는 선진국의 도시인 (나)보다 이촌 향도 현상이 활발하다.
┃오답 피하기┃ ㄱ. 도시화의 역사는 선진국의 도시인 (나)가 더 오래되었다. ㄷ. 개발 도상국의 도시는 대체로 도시 기반 시설에 비해 지나치게 많은 인구와 기능이 도시에 집중하여 각종 도시 문제가 발생하는 경우가 많다.

08 ┃예시 답안┃ 그림에 나타난 도시 문제에는 주택 부족 문제, 환경 오염 문제, 교통 체증 문제 등이 있다. 이러한 도시 문제는 주로 개발 도상국에서 급속한 도시화로 인해 좁은 지역 안에 많은 인구와 기능이 집중되면서 발생한다.

┃채점 기준┃

상	그림에 나타난 도시 문제의 종류와 원인을 도시 인구를 고려하여 적절하게 서술하였다.
중	그림에 나타난 도시 문제의 종류를 모두 서술하였지만, 원인 서술에서 도시 인구에 대한 고려가 미흡하였다.
하	그림에 나타난 도시 문제의 종류와 원인 중 한 가지만을 서술하였다.

09 ┃예시 답안┃ (가) – 재개발 및 불량 주택 지구 정비 등을 통해 해결할 수 있다. (나) – 버스와 지하철 등 대중교통망을 확충한다. (다) – 녹지 확대 및 에너지 소비량 감소가 필요하다.

┃채점 기준┃

상	(가)~(다)에 대한 대책을 모두 정확하게 서술하였다.
중	(가)~(다)에 대한 대책 중 두 가지를 정확하게 서술하였지만, 한 가지가 미흡하였다.
하	(가)~(다)에 대한 대책 중 한 가지만을 정확하게 서술하였다.

01 촌락은 농경지의 비율이 높고, 주민의 대부분이 1차 산업에 종사한다. 면적은 넓고 인구는 적어 토지 이용의 집약도가 낮다. 반면, 도시는 좁은 면적에 많은 인구가 거주하기 때문에 효율적인 토지 이용을 위해 고층 건물과 복합적인 기능을 하는 건물을 많이 짓는 등 집약적인 토지 이용이 이루어진다.

┃ **오답 피하기** ┃ ㄷ. 도시는 촌락에 공업 및 서비스업 종사자 비중이 높아 직업 구성이 다양하다. ㄹ. 도시는 인구가 많고 자동차와 공장 등 각종 대기 오염 물질 배출원도 많기 때문에 대기 오염 문제가 더 심각하다.

02 (가) 콜로세움은 이탈리아의 로마, (나) 오페라하우스는 오스트레일리아의 시드니, (다)자금성은 중국의 베이징에 위치해 있다. 지도의 A는 로마, B는 베이징, C는 시드니이다.

03 (가)는 주택이 없고, 밤에 한산하다는 것을 통해 상업 및 업무 기능이 집중된 도심, (나)는 아파트와 학교가 있다는 것을 통해 주변 지역, (다)는 상업 및 업무용 고층 빌딩과 아파트가 혼재되어 있다는 것을 통해 부도심임을 알 수 있다.

04 사진에서 (가)는 도심, (나)는 주변(외곽) 지역에 해당한다. 도심은 접근성과 지대가 높아 토지 이용의 집약도가 높게 나타난다. 인구 공동화 현상으로 상주인구가 적고, 상주인구가 적기 때문에 초등학생 수도 적다. 따라서 그래프의 B가 도심(가)의 특징에 해당한다.

05 도시화율을 시기별로 그래프로 나타내면 S자 형태의 도시화 곡선이 그려지게 되는데, 개발 도상국은 선진국에 비해서 도시화 시기가 늦지만 짧은 기간 동안 도시 인구 비율이 급격하게 증가하는 경향을 보인다.

┃ **오답 피하기** ┃ (가) 선진국은 역도시화, (나) 개발 도상국은 이촌 향도 현상이 나타날 가능성이 많다.

06 선진국의 경우 점진적으로 도시화가 이루어지는데 비해 개발 도상국의 경우 급속하게 도시화가 진행되고 있다. (가)는 선진국인 영국, (나)는 개발 도상국인 중국의 도시화율을 나타낸 것이다.

┃ **오답 피하기** ┃ ㄷ. 도시화율의 격차는 줄어들고 있다.

07 〈질문 1〉의 답은 지역 분화, 〈질문 2〉의 답은 인구 공동화, 〈질문 3〉의 답은 부도심, 〈질문 4〉의 답은 도시화율이다. 퍼즐 판에서 각 질문의 답에 해당하는 글자를 지우면, 퍼즐 판에는 빈칸 (가)와 '역도시화'라는 글자만 남게 된다. 따라서 빈칸 (가)에는 〈질문 3〉의 답에 해당하는 '부도심'이 들어간다. 그리고 〈질문 5〉는 '역도시화'가 답이 되는 질문 내용이 들어가야 한다.

08 ┃ **예시 답안** ┃ 대도시의 과밀화로 쾌적한 환경에 대한 수요가 늘어남에 따라 도시 지역의 인구가 농촌으로 이동하여 도시화율이 낮아지는 현상은?

┃ **채점 기준** ┃

상	'역도시화'의 의미를 포함하여 '역도시화'가 답이 되는 질문을 정확하게 서술하였다.
하	'역도시화'가 답이 되는 질문을 서술하였지만, '역도시화'의 의미에 대한 서술이 미흡하였다.

01 자료의 A는 개발 제한 구역, B는 주변 지역, C는 부도심, D는 도심이다. 부도심은 주로 도심의 상업 기능을 분담하여 도심의 과밀화를 완화시킨다. 집심 현상은 높은 땅값을 낼 수 있는 기능들이 도시의 중심으로 모여드는 현상을 말하며, 이심 현상은 높은 땅값을 낼 수 없거나 접근성이 좋은 곳에 입지할 필요가 없는 기능들이 도시 외곽으로 빠져나가는 현상을 말한다.

함정 피하기 ① A는 도시의 무질서한 팽창 방지와 녹지 공간 보전을 위해 주택이나 각종 시설이 새로 들어올 수 없도록 지정한 개발 제한 구역이다. ② B는 주변 지역으로 아파트 단지와 같은 주거 기능 비중이 높게 나타난다. ④ D는 도심으로 출근 시간대에 유입 인구가 유출 인구보다 많다. ⑤ A~D 중 지가가 가장 높게 나타나는 지역은 도심(D)이다.

02 선진국은 산업화 이후 오랜 시간에 걸쳐 점진적으로 도시화가 진행되어 온 반면, 개발 도상국은 20세기에 들어와 본격적인 산업화 과정을 거치면서 도시화가 진행되었다. 급속한 도시화가 진행되고 있는 개발 도상국에서는 환경 오염, 실업 문제, 교통 체증, 주택 부족 등의 각종 도시 문제가 발생하고 있다.

함정 피하기 ② 도시화 단계에서 도시 인구 증가율이 가장 높은 시기는 가속화 단계이다.

9 글로벌 경제활동과 지역 변화

01 농업의 세계화와 지역의 변화

01 오늘날 교통·통신의 발달로 농산물의 국제 교역량이 크게 늘어 전 세계를 대상으로 농산물의 생산이 이루어지는 농업의 세계화가 진행되고 있다. 또한 농업 생산의 기업화로 농산물의 생산, 유통, 판매는 이전보다 전문적이고 대규모로 이루어지고 있으며, 자급적 농업에서 시장에 판매할 목적으로 생산하는 상업적 농업 형태로 바뀌고 있다.

02 오늘날 교통·통신의 발달로 지역 간 교류가 증가하고, 자유 무역이 확대되면서 공산품뿐만 아니라 농산물의 국제 교역량이 크게 늘고 있다. 이에 따라 전 세계를 대상으로 농산물의 생산이 이루어지는 농업의 세계화가 진행되고 있다.

03 상업적 농업이란 농산물을 판매할 목적으로 재배하는 농업을 말한다. 오늘날에는 원예 농업, 기업적 곡물 재배와 기업적 목축 등 판매를 통해 이익을 추구하는 상업적 농업이 발달하였다. 이동식 화전 농업은 자급적 농업에 해당한다.
| 오답 피하기 | ① 낙농업은 젖소나 염소 등을 길러 그 젖을 원료로 유제품을 만드는 농업이다. ② 원예 농업은 과일, 채소, 화훼 등을 재배하는 농업이다. ③ 기업적 목축은 넓은 초지에서 대규모로 행해지는 목축을 말한다. ④ 플랜테이션은 선진국의 자본 및 기술과 원주민의 노동력을 결합하여 커피, 카카오, 천연 고무, 바나나 등의 상품을 대규모로 재배하는 것을 말한다.

04 플랜테이션은 서구 열강의 식민지 지배 과정에서 열대 및 아열대 기후 지역의 특정한 기호 및 원료 작물을 대규모로 재배하여 본국으로 수출하면서 발전한 농업 형태이다.

05 ㄱ. 교통이 발달하여 농산물의 생산지에서 소비지로의 국제 이동이 활발하게 이루어지고 있다. ㄷ. 시장 판매를 목적으로 하는 상업적 농업이 발달하고 있다. ㄹ. 오늘날 세계화로 농산물의 국제 교역량이 급증하면서 세계 주요 농업 지역에서 농업의 기업화가 이루어지고 있다.
| 오답 피하기 | ㄴ. 식량 작물보다는 채소나 과일과 같이 시장에서 더 높은 가치에 거래되는 작물을 많이 재배하려는 경향이 있다.

06 차는 인도, 카카오는 코트디부아르, 커피는 브라질이 대표적인 생산지이다. 네덜란드는 원예 작물의 대표적인 생산지이다.

07 세계화에 따른 개방에 따라 물밀 듯이 쏟아지는 '글로벌 푸드'에 맞서 지역 농산물을 해당 지역에서 우선 소비하자는 '로컬 푸드(Local food)' 운동이 대안으로 떠오르고 있다. 로컬 푸드 운동은 운송 과정에서 많은 화석 연료를 소비하는 문제와 농산물을 재배하는 농민보다 유통업자와 판매자에게 수익이 더 많이 분배되는 문제를 해결하고자 하는 운동이다.

08 (가)는 벼(쌀), (나)는 밀이다. 쌀은 대부분 생산지에서 소비되므로 국제 이동량이 적으며, 주요 재배 지역이 계절풍의 영향을 받는 고온 다습한 아시아의 충적 평야이므로 밀보다 재배 면적이 좁다. 반면 미국에서 재배되는 밀은 농업의 기업화 정도가 높아 국제 이동량이 많으며, 재배 면적 또한 쌀에 비해 넓다.

09 곡물 메이저라고 불리는 세계적인 농업 기업은 주로 선진국에 위치한다. 곡물 메이저는 많은 자본과 기술을 통해 대량으로 작물을 재배하며, 세계 농산물 및 가공 식품 가격과 농업의 생산 구조 및 소비 특성에 영향을 준다.

10 | 예시 답안 | 쌀 시장 개방이 확대되면 수입량이 증가하여 식량 안보 문제가 제기될 수 있다. 또한, 벼농사를 포기하고 다른 작물 재배로 전환하는 농가도 생겨날 것이다.

| 채점 기준 |

상	식량 안보 문제에 대해 정확히 서술하였다.
중	식량 안보 문제에 관해 서술하였으나 내용이 미흡하였다.
하	식량 안보 문제에 대해 제대로 서술하지 못하였다.

01 농업 생산의 기업화와 농산물 시장 개방 확대로 세계 여러 지역에서 생산된 농산물이 유통되면서 외국에서 생산된 다양한 농산물을 먹을 수 있으며 국내의 부족한 농산물을 충당할 수 있다.
| 오답 피하기 | 병: 외국 농산물 소비가 증가하면 식량 자원을 수입해야 하기 때문에 식량 자급률이 떨어질 수 있다. 정:

외국에서 수입된 농산물은 장거리 이동에 따른 부패를 막기 위해 화학 보존제가 첨가되기 때문에 안전성 문제가 제기되기도 한다.

02 열대·아열대 지방에서 선진국의 자본·기술과 원주민의 노동력이 결합하여 상품 작물을 주로 재배하는 플랜테이션 농업은 주로 차, 커피, 카카오 등 기호 작물 등을 재배한다.

03 전통적으로는 스스로 식량을 마련하는 자급 자족적 농업이 발달하였고, 최근에는 시장 판매를 위한 상업적 농업이 발달하고 있다.

04 한 나라의 식량 소비량 중 국내에서 생산 및 공급하는 식량의 비율을 식량 자급률이라 한다. 식량 자급률이 낮으면 국제 곡물 가격 상승시 경제적 어려움을 겪을 수 있다.

05 오늘날에는 세계화로 농산물의 국제 교역량이 증가하면서 세계 주요 농업 지역에서 농업의 기업화가 이루어지고 있다. 이러한 변화는 전 세계에 농산물 생산 시설을 대규모로 갖추고 국제 유통을 주도하는 다국적 기업의 활동과도 관련이 있다.
| **오답 피하기** | ㄱ. 직접 생산하여 소비하는 자급자족 체제는 전통적 농업 방식이다. 농업의 기업화는 상업적 농업에 해당한다.

06 인도네시아의 팜유 생산은 열대 우림 파괴 문제와 함께 원주민의 주거 지역 축소, 오랑우탄의 멸종 위기를 초래했다.
| **오답 피하기** | ㄴ. 플랜테이션 농업으로 인해 기존 식량 작물 재배 지역이 축소되어 식량 자급률이 낮아지고 있다. ㄹ. 팜유는 플랜테이션 농업 형태로 채취되고 있다.

07 농업의 세계화로 판매를 통해 이익을 추구하는 상업적 농업이 발달하고 있으며, 수출용 상품 작물 재배를 위해 식량 작물 재배지가 축소되기도 한다.

08 | **예시 답안** | 커피와 카카오의 재배 지역은 열대 기후가 나타나는 적도 부근에 집중되어 있으며, 선진국의 자본과 현지의 노동력이 결합되어 대량으로 작물을 생산하는 플랜테이션 방식으로 재배한다.
| **채점 기준** |

상	커피와 카카오를 재배하는 지역의 특징과 농업 방식을 모두 바르게 서술하였다.
중	커피와 카카오를 재배하는 지역의 특징과 농업 방식을 모두 서술하였으나 내용이 미흡하였다.
하	플랜테이션만 썼다.

09 | **예시 답안** | 커피와 카카오는 주로 산업이 발달하지 못한 열대 기후 지역에서 생산되어 산업이 발달한 유럽과 미국에 수출되고 있다.
| **채점 기준** |

상	열대 기후 지역에서 생산되어 산업이 발달한 지역으로 이동함을 정확하게 서술하였다.
하	내용을 서술하였으나, 내용이 미흡하였다.

10 | **예시 답안** | 기상 이변이나 병충해 등에 의한 피해가 증가하고, 작물의 국제 가격 변화에 따른 주민 생활의 불안정성이 증가할 수 있다. 또한 대부분의 식량을 수입에 의존하면 식량 자급률이 낮아질 수 있다.
| **채점 기준** |

상	어려움 두 가지를 모두 정확하게 서술하였다.
하	어려움을 한가지만 서술하였다.

02 다국적 기업과 생산 지역의 변화

기초튼튼 **기본문제**　　　　　　　160~161쪽

01 ⑤　　02 ②　　03 공동화　04 ④　　05 ④
06 ③　　07 ②　　08 ①　　09 해설 참조

01 기업의 규모가 커지고 조직이 복잡해지면 기능이 세분화된다. 이때 기업 조직의 다양한 기능들의 입지에는 서로 다른 조건이 요구되므로 각 기능에 따라 지역별로 나뉘어 입지하게 되는데, 이를 공간적 분업이라고 한다.

02 다국적 기업의 본사는 일반적으로 자본과 정보 확보에 유리한 선진국에 입지하고, 연구소는 전문 기술 인력을 확보하기 쉬운 선진국에 입지하며, 생산 공장은 노동력이 풍부하고 임금이 저렴한 개발 도상국에 입지한다.

03 제조업의 해외 현지 생산 등 해외 직접 투자가 활성화되면서 국내 산업이 쇠퇴해 가는 현상을 산업 공동화라고 한다.

04 신발이나 의류 기업은 생산비에서 노동비가 차지하는 비중이 높으므로 일반적으로 저임금의 노동력 확보를 위해 개발 도상국으로 공장이 이전된다. 한편, 현지 시장 개척이라든지 무역 장벽을 피하고자 선진국에 생산 공장을 설립하는 예도 있다.

05 다국적 기업의 본사는 주로 선진국에 입지하여 경영 전략을 세우고 기업 전체를 관리한다. 연구소는 전문 인력이 많고 정보 수집이 유리한 지역에 입지한다. 생산 공장은 임금이 저렴하고 시장이 넓으며 현지 정부가 적극적으로 지원하는 개발 도상국에 입지하는 경우가 많다.

06 그림은 휴대 전화 산업에 필요한 부품이 세계 여러 나라에서 생산되어 조립되었다는 것을 보여준다. 이를 통해 국제적 분업과 국제적인 협업이 이루어지고 있음을 알 수 있다.

07 제시된 자료를 보면 기업의 본사는 미국, 생산 공장은 베트남에 위치해 있다. 기업의 본사는 다양한 정보와 인력의 확보를 위해 대도시와 같은 핵심 지역에 입지하는 반면, 공장은 생산비 절감을 위해 값싼 지가와 노동력을 확보할 수 있는 지방이나 개발 도상국으로 이동한다.

08 지도에 제시된 국가들을 살펴보면 미국, 독일 등 선진국과 경제 성장률이 높은 중국이 있는 것으로 보아 다국적 기업들의 본사임을 알 수 있다. 다국적 기업의 본사는 대부분 선진국인 본국에 위치한다.

09 | 예시 답안 | 생산 공장을 해외에 건설하고, 판매 지점을 개설하여 제품을 직접 공급하며 다국적 기업으로 성장하게 된다.

| 채점 기준 |

상	생산 공장이 해외에 진출한다고 정확히 서술하였다.
하	생산 공장이 해외에 진출한다고 서술하였으나 내용이 미흡하였다.

실력쑥쑥 | 실전문제 162~163쪽

01 ④ 02 ④ 03 ③ 04 ① 05 ④
06 ⑤ 07 ③ 08 해설 참조 09 해설 참조

01 다국적 기업은 생산비를 절약하고자 저임금의 노동력 확보가 유리한 지역에 생산 공장을 설립하는 경우가 많다. 한편, 현지 시장 개척이나 무역 장벽을 피하려고 생산 공장을 설립하는 경우도 있다.
| 오답 피하기 | ㄹ. 전문 기술 인력 확보는 다국적 기업의 생산 공장 이전과 관련이 적다.

02 서부 유럽은 저임금 노동력이 풍부한 지역이 아니다. 저임금 노동력이 풍부한 지역의 사례로는 동남아시아 국가들을 꼽을 수 있다.

03 다국적 기업의 형성 단계는 먼저 단일 기업으로 시작하여 대도시에 입지하고(ㄱ), 국내에서 분공장, 지방 영업 지점을 통해 확장을 모색하게 된다(ㄹ). 이후 해외 진출을 위해 해외 영업 지점을 설립하고(ㄴ), 해외에 공장을 세워 본격적인 다국적 기업 조직 형성에 나서게 된다(ㄷ).

04 연구소는 미국, 유럽 등 대체로 전문 기술 인력이 많은 선진국에 입지해 있다.
| 오답 피하기 | ② 본사는 일본에 위치해 있다. ③ 생산 공장은 미국, 유럽 등 선진국에도 입지해 있다. ④ 제시된 기업은 다국적 기업으로 세계를 범위로 기업이 활동한다. ⑤ 기업 전체를 관리하는 기능은 본사에서 이루어지므로 일본에서 한다.

05 다국적 기업은 각 기능의 공간적 분업을 추구함으로써 생산비를 낮추고 판매를 쉽도록 하여 기업 활동의 효율성을 높일 수 있다.

06 (가)는 기업의 모든 기능이 국내에만 입지해 있는 단계이다. (나)는 기업의 각 기능과 조직이 다양해지면서 판매 지사가 국외로 진출하는 단계이다. (다)는 (나)에 이어 기업의 성장과 진출이 확대되어 생산 공장이 국외에 입지하는 단계이다.
| 오답 피하기 | ㄱ. 기업의 국제 분업은 (나)에서부터 나타나고 있다. ㄴ. (나)는 생산 공장이 국외로 이전하기 전단계로 산업 공동화 현상이 나타난다고 볼 수 없다.

07 산업 공동화 현상이란 국내 기업이 비용을 절감하고 생산성을 높이기 위해 생산비가 저렴한 국외에 투자를 강화하고 공장을 옮길 경우 국내에서 해당 산업이 쇠퇴하는 현상이다. 따라서 미국에서 공장을 옮겼기 때문에 산업 공동화 현상은 멕시코가 아니라 미국에서 나타난다.

08 | 예시 답안 | 다국적 기업은 생산비를 절약하고자 저임금의 노동력 확보가 유리한 지역에 생산 공장을 설립하는 경우가 많다. 한편, 현지 시장 개척이나 무역 장벽을 피하려고 생산 공장을 설립하는 경우도 있다.

| 채점 기준 |

상	생산비 절감과 현지 시장 개척을 모두 정확히 서술하였다.
하	생산비 절감과 현지 시장 개척 중 하나만 서술하였다.

09 | 예시 답안 | 다국적 기업이 지역에 미치는 긍정적인 영향으로 생산 공장을 유치한 국가는 자본 유입 및 고용 창출로 지역 경제가 활성화되기도 한다.

| 채점 기준 |

상	고용 창출과 지역 경제 활성화를 모두 정확히 서술하였다.
하	고용 창출과 지역 경제 활성화 중 하나만 서술하였다.

---

03 서비스업의 변화와 주민 생활

기초튼튼 기본문제   166~167쪽

01 ④   02 ②   03 ①   04 전자 상거래
05 ⑤   06 ⑤   07 ①   08 ③   09 ②
10 해설 참조

01 서비스업은 다른 산업이나 일반 소비자들에게 재화와 용역을 제공하는 활동을 의미한다. 편의점에서 생필품을 판매하는 것과 은행에서 자금을 빌려주는 것은 재화의 공급과 관련된 활동이다.
| 오답 피하기 | ㄱ. 쌀을 수확하는 것은 1차 산업(농업, 임업, 수산업)에 해당하는 활동이다. ㄴ. 공장에서 노트와 필기구를 만드는 것은 2차 산업(제조업)에 해당하는 활동이다.

02 (가)는 농업 사회, (나)는 정보화 사회, (다)는 공업화 사회를 각각 나타내고 있다. 따라서 오래된 시기 순서대로 배열하면 (가)-(다)-(나) 순이 된다.

03 세계화는 교통의 발달로 인해 가속화되고 있으며, 그로 인해 국경의 의미 축소, 다국적 기업의 발달, 국가 간 경제의 연관성 확대 등의 변화를 가져온다. 특히 세계화로 인하여 국가 간 교류가 활성화되고 생산 요소의 이동에 대한 제약이 완화되면 다국적 기업의 공간적 분업이 더욱 활성화된다.

04 인터넷, TV 홈 쇼핑 등과 같은 정보 통신 네트워크를 이용한 상품 거래를 전자 상거래라고 한다. 정보·통신 기술이 발달하면서 전자 상거래를 통한 판매액이 빠르게 증가하고 있다.

05 온라인상에서 거래가 이루어지는 전자 상거래는 상품을 진열할 매장을 필요로 하지 않는다. 단지 물품 창고가 필요한데, 빠른 배송을 위해 고속 도로 진입로 근처에 입지하는 편이다.

06 (가)는 세계화이다. 세계화는 국제 사회에서 상호 의존성이 증가함에 따라 세계가 단일한 체계로 나아가고 있음을 가리키는 말이다.

07 TV 홈쇼핑과 인터넷 쇼핑몰은 전자 상거래의 대표적인 유형이다. 기존의 상거래 방식은 전자 상거래 방식보다 상대적으로 유통 단계가 복잡하므로 유통 비용이 많이 들고 상거래의 공간적 제약과 구매 활동의 시간적 제약이 크다. 반면에 전자 상거래는 유통 단계가 단순하여 유통 비용이 저렴하며, 시간과 장소의 제약을 받지 않아 상품을 구매하는 데 드는 시간과 비용을 절약할 수 있다. 또한, 온라인을 통해 주문을 받고 상품을 직접 배달해 주는 형태의 상거래로 판매자와 소비자의 대면 접촉이 없이 거래가 성사되는 것이 특징이며, 택배업과 물류업, 금융 거래 등의 관련 산업도 성장하게 된다.

08 (가)는 소비자가 직접 구매하면서 상품의 유통 단계가 복잡하고 상품의 판매 범위가 좁은 것으로 보아 슈퍼마켓이다. (나)는 소비자가 직접 구매하면서 상품의 유통 단계가 복잡하지 않으며 상품의 판매 범위가 넓은 것으로 보아 대형마트이다. (다)는 직접 보지 않고 구매하고 유통 단계가 단순하며 상품의 판매 범위가 넓은 것으로 보아 인터넷 쇼핑몰이다.

09 (가)는 미국계 대형 마트, (나)는 일본계 편의점의 해외 진출을 나타낸 것으로 유통의 세계화와 관련 있다. 유통의 세계화란 생산과 소비를 연결하는 유통이 국가를 초월하여 전 세계적으로 확대되는 것을 의미한다. 오늘날에는 편의점이나 대형 마트를 운영하는 다국적 유통 업체들이 세계 각 지역에 진출하면서 유통의 세계화가 이루어지고 있다.

10 | 예시 답안 | 인도는 미국보다 임금이 저렴하며, 영어가 공용어이므로 영어에 능통한 인력이 풍부하고, 정보 통신 산업의 발달로 원거리 서비스 대행 시스템이 가능해 지면서 서비스 산업의 입지가 자유로워졌기 때문이다.

| 채점 기준 |

상	인도에 전화 상담실이 발달한 배경을 두 가지 이상 정확히 서술하였다.
하	인도에 전화 상담실이 발달한 배경을 한 가지만 정확히 서술하였다.

실력쑥쑥 실전문제   168~169쪽

01 ⑤   02 ②   03 세계화   04 ③   05 ④
06 ④   07 ③   08 해설 참조   09 해설 참조

01 C는 2차 산업의 비중이 줄고 3·4차 산업의 비중이 증가하는 탈공업화 사회라고 볼 수 있다. 탈공업화 사회에 접어들게 되면 정보 및 지식 산업이 발달하게 된다.
|오답 피하기| ㄱ. 전공업화 사회에서는 주로 농업이 산업의 중심이므로 사람들은 농촌에 거주한다. ㄴ. A는 1차 산업의 비중이 높은 농업 사회, B는 1차 산업의 비중이 감소하면서 2차 산업의 비중이 증가하는 공업화 사회이다.

02 택배 산업은 정보화 사회에서 빠르게 발달하는 산업으로 통신 발달에 따른 인터넷 인구의 증가와 이에 따른 전자 상거래 발달이 배경이다.

03 인간의 공간적 활동 범위가 국경의 제한을 넘어 전 세계가 같은 정치적·경제적·사회적·문화적 생활권을 형성해 나가는 흐름과 추세를 세계화라고 한다.

04 교통의 발달은 접근성의 향상을 가져오기 때문에 사람과 물자의 이동이 활발해진다. 또한, 다국적 기업이 성장할 수 있는 기반이 된다.
|오답 피하기| ㄱ. 교통의 발달로 먼 거리를 보다 빨리 이동할 수 있게 되면서 시간 거리는 짧아졌다. ㄹ. 국제적 상호 연계성이 증대되면서 경제 활동의 국경 제한이 점차 사라지고 있다.

05 정보 및 지식 사회에서는 고도로 발달한 정보 기술을 이용하여 정보를 수집·처리·전달하는 행위가 경제 활동의 중심이 되고, 사회 구성원 개개인의 욕구를 충족시키는데 지식과 정보가 핵심적 역할을 하게 된다. 이러한 사회에서는 교통·통신 기술의 발달로 경제 활동의 공간적 제약이 완화된다.

06 제시된 그림은 발달한 통신 시설을 이용하여 온라인으로 상품을 구매하는 방식을 나타낸 것이다. 전자 상거래는 매장을 직접 소비자가 방문하지 않아도 되기 때문에 시간 절약 등의 각종 편리함이 있다. 전자 상거래의 발달로 기업은 점포 없이 전국 또는 전 세계를 상권으로 할 수 있게 되었다.
|오답 피하기| ① 상품의 유통 단계는 단순해 진다. ② 상점을 따로 필요로 하지 않으며, 고속 도로 진입로 근처 등 배송이 편리한 곳에 물품 창고가 입지한다. ③ 상품 구매의 시간적 제약이 작아진다. ⑤ 상품 거래에 거리가 미치는 영향은 감소한다.

07 최근 교통과 통신의 발달로 시·공간이 압축되고 지역 간 상호 의존성이 증가하면서 세계화가 빠르게 진행되면서 정치·경제·문화 등의 활동 범위가 전 세계로 확대되었다. 김치 저장 공간이 김장독에서 김치 냉장고로 바뀐 것은 기술 발달과 관련이 있다.

08 **|예시 답안|** 교통수단, 특히 항공 교통의 발달로 지역 간의 이동 시간이 줄어들면서 시·공간적 제약이 약화하였다.
|채점 기준|

상	교통 및 운송 수단의 발달을 정확히 서술하였다.
하	교통 및 운송 수단의 발달을 서술하였으나 내용이 미흡하였다.

09 **|예시 답안|** (가) 상업 활동의 시·공간적 제약이 적다, 매장 관리 비용이 저렴하다. 등, (나) 택배 산업
|채점 기준|

상	(가), (나)를 모두 정확하게 썼다.
중	(가)만 정확하게 쓰거나, (나)를 썼으나 (가)의 내용이 미흡하다.
하	(나)만 썼다.

대단원 마무리

자신만만 적중문제 170~171쪽

01 ② **02** ⑤ **03** ⑤ **04** ① **05** ⑤
06 ④ **07** 해설 참조 **08** 해설 참조

01 (가)는 동남아시아 일대의 벼 수확을, (나)는 미국의 밀 수확 모습을 나타낸 것이다. 미국과 같이 신대륙의 밀 농사는 기업화 정도가 높아 국제 이동량이 많다. 또한, 기계를 통해 농사를 짓기 때문에 가족 노동 중심의 벼농사 지역에 비해 한 사람이 생산해 낼 수 있는 농산물의 양은 더욱 많아 노동 생산성이 높다.

02 로컬 푸드 운동은 소비지 인근에서 생산된 농산물을 소비하자는 운동이다. 운송 과정에서 많은 화석 연료를 소비하는 문제와 농산물을 재배하는 농민보다 유통업자와 판매자에게 수익이 더 많이 분배되는 문제를 해결하고자 한다.

03 (가)는 단일 공장이 입지한 지역과 밀접한 관계를 맺고 성장하는 단계이다. (나)는 지방에 분공장이나 영업 지점을 설치하여 네트워크로 연계하는 단계이다. (다)는 해외에 영업 대리점 및 지점을 설치하는 단계이다. (라)는 해외에 분공장을 세워 다국적 기업으로 통합된 기업 조직을 형성하는 단계이다. 따라서 다국적 기업의 형성 과정 순서는 (가) → (나) → (다) → (라)이다.

04 (가)는 본사, (나)는 연구소, (다)는 생산 공장이다. 지도의 A는 본사, B는 연구소, C는 생산 공장이다.

05 전화 상담실이나 데이터 입력 등은 선진국에 본사를 둔 다국적 기업의 하청을 통해 이루어진다. 인도와 필리핀은 모두 선진국보다 임금 수준이 낮으며, 영어 구사 능력을 갖춘 노동력이 풍부하다.

| 오답 피하기 | ㄱ. 제조업의 발달은 전화 상담실 업무와 관련이 없다. 전화 상담실 업무는 서비스업에 해당되며, 교통·통신의 발달과 관련이 있다. ㄴ. 두 나라 모두 미국과는 지리적으로 멀리 떨어진 곳에 위치한다.

06 전자 상거래가 발달하면 유통량 확대에 따른 생산량 증가가 예상되나, 소품종 대량 생산 방식보다는 다품종 소량 생산 방식이 보편화한다.

07 **| 예시 답안 |** 1980년대 이후 인건비 상승에 따라 다국적 기업은 상대적으로 인건비가 저렴한 국가로 생산 공장을 이전하게 되었다. 이러한 공장 이전으로 기존 공장 지역은 실업이 증가하여 경제가 침체되며 산업 공동화가 발생한다.

| 채점 기준 |

상	이전한 이유와 기존 공장이 있던 지역에 미친 영향을 모두 정확히 서술하였다.
중	이전한 이유와 기존 공장이 있던 지역에 미친 영향을 모두 서술하였으나, 하나의 내용이 미흡하다.
하	이전한 이유와 기존 공장이 있던 지역에 미친 영향 중 하나만 서술하였다.

08 **| 예시 답안 |** ① 정보 통신망의 활용도: (가)는 기존의 상거래, (나)는 전자 상거래에 해당한다. 전자 상거래는 인터넷 등을 통해 상품을 판매하기 때문에 정보 통신망의 활용도가 높다.
② 상품의 유통 단계: (가)의 유통 단계는 기업 → 도매상 → 소매상 → 소비자의 유통 구조이고, (나)의 유통 단계는 기업 → 소비자이다. 따라서 (가)보다 (나)의 유통 단계가 단순하다.
③ 거래 가능 시간: (가)는 영업 시간 내에서만 상품을 주문할 수 있는 데 비해 (나)의 소비자는 언제든지 주문할 수 있어 시간적 제약을 극복할 수 있다.
④ 물품 구매 시 이동 거리: (가)는 물건 구매 시 소비자가 직접 방문해야 하지만, (나)는 상점을 방문할 필요 없이 자신이 원하는 곳에서 상품을 받아 볼 수 있으므로 물품 구매 시 이동 거리가 짧은 장점이 있다.

| 채점 기준 |

상	기존의 유통 구조와 전자 상거래의 비교를 네 가지 모두 정확히 서술하였다.
중	기존의 유통 구조와 전자 상거래의 비교 중 세 가지만 정확히 서술하였다.
하	기존의 유통 구조와 전자 상거래의 비교 중 두 가지 이하만 서술하였다.

⎯⎯⎯⎯⎯⎯⎯⎯⎯

(최고난도) 문제   172쪽

  01 ④   **02** ③

01 (가)는 상업적인 성격이 강하고, 기계화율이 매우 높은 작물로 미국의 대규모 곡물 농업이 해당한다. (나)는 열대 기후 지역에서 자급적인 성격이 강한 작물로 아프리카의 이동식 화전 농업이 해당한다. 이동식 화전 농업은 숲에 불을 질러 만든 밭에 카사바, 얌, 타로, 옥수수 등의 식량 작물을 재배하다가 토양의 양분이 떨어지면 다른 곳으로 이동하여 같은 방식으로 농사를 짓는 방식이다.

함정 피하기 ① 뉴질랜드의 목축업은 작물에 해당하지 않으며, 상업적인 성격이 강하다. ② 인도네시아의 벼농사는 자급적 성격이 강하고, 유럽의 혼합 농업은 열대 기후 지역과 관련이 없다. ③ 코트디부아르의 카카오는 상업적인 성격이 강한 플랜테이션 방식으로 재배된다. ⑤ 브라질의 커피는 상업적인 성격이 강한 플랜테이션 방식으로 재배된다.

02 ㄴ. △△국의 분공장 B는 △△ 시장에만 판매하는 것으로 보아 현지 시장을 개척하고 무역 규제를 피하기 위하기 위해 설립되었음을 알 수 있다. ㄷ. A는 국내 공장이고, B와 C는 해외의 분공장으로 A가 B, C보다 먼저 형성되었다.

함정 피하기 ㄱ. A에서 생산된 완제품은 국내 시장뿐만 아니라 해외 시장에서도 판매한다. ㄹ. C 공장은 A와 □□국의 공장으로부터 부품을 공급받으며, B로부터 부품 공급을 받지 않는다.

10 환경 문제와 지속 가능한 환경

01 전 지구적 기후 변화와 해결 노력

기초튼튼 기본문제

01 온실 효과	02 ③	03 ③	04 ⑤
05 지구 복사 에너지	06 ④	07 ④	08 ⑤
09 ①	10 ①	11 해설 참조	12 해설 참조

01 수증기, 이산화 탄소, 메탄 등의 기체는 온실의 유리나 비닐처럼 대기와 지표면 온도를 높이는 역할을 한다. 이러한 작용을 온실 효과라고 한다.

02 그림에 표시된 지역들은 현재 모두 관광지로서의 특색을 가지고 있는 곳이지만, 지구 온난화의 영향으로 침수 위기에 처해 있어 가까운 미래에 관광지로서의 특색을 상실할 수 있는 곳이다.

03 지구 온난화가 지속되면 기상 이변이 자주 발생하며, 빙하가 녹아 해수면이 상승하고 그로 인해 해안 저지대의 침수 피해가 증가한다.

| 오답 피하기 | 인삼은 서늘한 기후에서 잘 자란다. 따라서 국내 인삼 재배 가능지는 축소된다. 또한 극지방과 고산 지역의 빙하는 감소한다.

04 인위적인 요인은 자연적인 것이 아닌 인간의 활동으로 발생하는 요인을 말한다. 화산 분출에 의한 화산재 분출은 기후 변화의 요인이지만 인위적인 요인이 아닌 자연적인 요인에 속한다.

05 온실 효과는 온실가스가 온실의 유리와 같이 지구 복사 에너지가 방출되는 것을 방해하여 지구 표면의 온도가 높게 유지되는 현상이다.

06 지구 온난화는 산업화로 대기 중 이산화 탄소, 메탄 등 온실가스의 증가, 무분별한 토지 개발, 삼림 파괴 등으로 발생한다. 지구 온난화로 빙하가 녹아 해수면이 상승하면서 남태평양 투발루는 해안 저지대가 침수되고 있다. 우리나라에서는 수온이 높아지면서 명태 등 한류성 어족의 어획량이 감소하고 있다.

07 파리 협정은 195개 나라가 서명한 기후 합의이다. 2020년 이후의 기후 변화 대응에 대해 담고 있으며, 산업화 이전과 비교하여 지구 평균 기온 상승 폭을 2 ℃ 이내로 제한하고자 하지만, 국제법상 구속력이 없다.

08 지구 온난화 등의 환경 문제는 전 지구적 차원에서 발생하므로 발생 범위가 매우 넓고, 지구 상의 대부분 지역에 동시에 영향을 미칠 수 있으므로 이의 해결을 위해 국제 사회의 광범위한 협력과 공동 노력이 요구된다.

09 오늘날 세계 여러 나라는 국제 협약을 맺고 환경 문제를 해결하고자 서로 협력하고 있다. 그러나 구체적인 실천 방안을 논의하는 과정에서 선진국과 개발 도상국 간의 입장 차이가 발생하고 서로 다른 이해관계가 대립하여 갈등을 겪기도 한다. 대표적으로 기후 변화를 둘러싸고 개발 도상국은 그동안 산업화 과정에서 선진국이 배출한 온실가스가 많으므로 선진국의 책임이 크며, 산업화를 통한 경제 성장이 시급하여 온실가스 배출량을 의무적으로 감축하는 데에는 어려움이 있다고 주장하고 있다.

| 오답 피하기 | 선진국은 온실가스 배출량을 줄이려는 노력에 개발 도상국을 포함한 전 세계가 협력해야 한다고 주장한다.

10 물의 도시라고 일컬어지며 수많은 다리와 건물이 조화를 이룬 도시는 이탈리아의 베네치아이다. 학자들에 의하면 2030년에는 베네치아에 사람이 살 수 없을 것이라고 한다. 베네치아는 지도의 A에 해당한다.

11 | 예시 답안 | 지구는 태양으로부터 에너지를 받아들이고 적절한 양을 우주로 내보내 항상 일정한 온도를 유지한다. 그러나 이산화 탄소와 같은 온실가스가 많아지면 우주로 빠져나가는 열을 가두게 되어 온실 효과가 강화되면서 지구의 평균 기온이 상승하게 된다.

| 채점 기준 |

상	이산화 탄소가 온실가스라는 점과 온실 효과가 강화된다는 점을 모두 서술하였다.
중	온실가스와 온실 효과 중 한 가지만을 바르게 서술하였다.
하	제대로 서술하지 못하였으나, 온실가스와 온실 효과 용어를 언급하였다.

12 | 예시 답안 | 탄소 배출권 거래 제도는 온실가스 의무 감축량을 초과 달성한 국가가 그 초과분을 의무 감축량을 달성하지 못한 국가에 팔 수 있도록 한 제도로, 온실가스 감축을 통한 지구 온난화 규제 및 방지를 위해 만들었다.

| 채점 기준 |

상	탄소 배출권 거래 제도의 개념과 해당 제도를 만든 이유에 대해 정확하게 서술하였다.
중	탄소 배출권 거래 제도의 개념에 관해서 서술하였으나, 해당 제도를 만든 이유를 서술하지 못하였다.
하	제도의 개념과 목적을 제대로 서술하지 못하였으나, 지구 온난화에 관한 내용을 언급하였다.

01 ③   02 ①   03 온실가스   04 ③
05 ②   06 지구 온난화   07 ①   08 ②
09 해설 참조   10 해설 참조

01 그래프를 보면 이산화 탄소 평균 농도가 증가하고 지구의 평균 기온이 점차 상승하고 있음을 알 수 있다. 따라서 이러한 변화가 나타나게 된 원인은 온실가스 배출량의 증가임을 알 수 있다.
| 오답 피하기 | 조림 사업과 신·재생 에너지의 사용량 증가는 모두 지구 온난화를 방지하기 위한 노력에 해당한다.

02 지구 온난화가 지속되면 냉대림이 대부분인 침엽수림의 분포 면적은 점차 감소하게 된다.

03 지구 온난화의 심화에 직접적인 영향을 주는 온실가스 배출이 최근 개발 도상국에서 크게 늘고 있어 문제가 되고 있다.

04 지도는 우리나라의 농작물 재배 지역이 북상하고 있음을 보여주고 있다. 농작물 재배 지역이 북상하게 된 원인은 지구 온난화로 우리나라의 평균 기온이 높아졌기 때문이다.
| 오답 피하기 | 을: 한라봉의 재배 지역이 북쪽으로 확대되면서 생산량은 증가하였을 것이다. 병: 농작물 재배 지역이 점점 북쪽으로 이동하고 있다.

05 지구 온난화 문제를 해결하기 위해서는 자가용 이용을 줄여야 한다. 가까운 거리는 걷거나 자전거·대중교통 등을 이용함으로써 온실가스 배출량을 줄이려는 노력을 해야 한다.

06 대기 중에 온실가스의 양이 증가하면 과도한 온실 효과로 지구 온난화 현상이 나타난다.

07 역사적으로 지구의 기온 변화는 지속하여 왔다. 하지만 현재 지구 온난화라고 일컬어지는 기온 변화는 문제라고 제기되고 있다. 그 이유는 이전보다 너무 빠른 속도로 변화하기 때문이다.

08 글에 해당하는 국제 협약은 파리 협정이다.
| 오답 피하기 | ① 바젤 협약은 유해 폐기물의 국가 간 이동을 규제하는 협약이다. ③ 교토 의정서는 기후 변화 협약의 구체적 이행 방안을 제시한 것으로 1997년에 채택되었다. ④ 람사르 협약은 국제적으로 중요한 갯벌과 습지를 지정하고 보전하는 내용을 담고 있는 협약이다. ⑤ 몬트리올 의정서는 오존층을 파괴하는 물질을 규제하는 협약이다.

09 | 예시 답안 | 개발 도상국은 경제 발전에만 몰입되어 환경을 위한 법규나 규제가 미흡하며, 개발 도상국의 온실가스 배출이 크게 늘고 있어서 지구 온난화가 더욱 심화하고 있다. 따라서 개발 도상국은 온실가스 감축에 적극적으로 참여해야 한다.

| 채점 기준 |

상	근거를 들어 반론을 정확하게 서술하였다.
하	반론을 서술하였으나. 내용이 미흡하다.

10 | 예시 답안 | 우리나라의 인삼 재배지 변화의 원인은 지구 온난화로 인한 평균 기온 상승이다. 지구 온난화에 따른 또다른 현상으로는 한류성 어족의 어획량 감소, 기상 이변 증가, 해수면 상승에 따른 저지대 침수 등이 있다.

| 채점 기준 |

상	인삼 재배지 변화의 원인과 예상되는 피해 모두 정확하게 서술하였다.
중	인삼 재배지 변화의 원인과 예상되는 피해 중 하나만 정확하게 서술하였다.
하	인삼 재배지 변화의 원인과 예상되는 피해 모두 서술하지 못하였다.

02/03 환경 문제 유발 산업의 국가 간 이전 / 생활 속의 환경 쟁점

01 ③   02 ①   03 전자 쓰레기   04 ②
05 ⑤   06 ④   07 ③   08 유전자 재조합 농산물
(GMO)   09 ②   10 해설 참조

01 한 나라의 기업이나 제품이 다른 나라로 이동하여 그 나라에 대기 오염이나 수질 오염 등을 일으키는 것을 공해 수출이라고 한다.

02 석면은 1급 발암 물질로 과거 일본 정부는 석면 규제를 강화하였다. 우리나라에는 1970년대에 석면 기계가 들어왔으나 정부의 환경 관련 규제가 강화되면서 2009년에 석면 사용을 전면 금지하였다. 석면 공장은 주로 환경 규제가 엄격한 선진국에서 환경 규제가 느슨한 개발 도상국으로 이동한다.

03 전자 쓰레기는 주로 컴퓨터와 주변 전자기기에서 발생

하며 아프리카와 아시아의 개발 도상국으로 옮겨가 버리는 것이 논란이 되고 있다.

04 지도에 표기된 지역은 세계 10대 오염 지역이다. 이 지역들은 공장이나 폐기물 처리 시설이 위치하고 있어 그곳에서 나오는 오염 물질과 방사성 물질 누출 등의 산업 재해로 환경이 오염되고 있다.

05 지도에 나타난 지역의 오염을 막기 위한 협약으로는 바젤 협약이 있다. 바젤 협약은 유해 폐기물의 국가 간 이동 시 사전 통보하여 유해 폐기물의 이동을 줄이기 위한 협약이다.
| **오답 피하기** | ㄱ. 온실가스 배출 규제와 관련된 국제 협약은 기후 변화 협약(1992), 파리 협정(2015) 등이 있다. ㄴ. 선진국 보다는 개발 도상국의 환경 규제와 관련이 있다.

06 선진국에서는 유해 물질이나 유해 물질을 생산하는 공장들의 규제가 강화되면서 본국의 공장들을 규제가 허술하고 가난한 나라들로 이전하고 있다. A 기업의 본국은 선진국이고, 인도는 상대적으로 경제가 낙후된 나라로 일자리가 생기고 세입이 늘 것을 생각해 유해성이 있음에도 불구하고 살충제 공장을 받아들였다.

07 일회용품이나 비닐 봉투의 사용 증가로 인해 쓰레기 문제가 발생한다. 마트에 갈 때 장바구니를 이용하면 일회용 봉투의 사용을 줄여 환경 문제 해결에 도움이 된다.

08 유전자 재조합 농산물은 맛과 영양을 좋게 하거나 대량 생산이 가능하도록 유전자를 조작하여 재조합한 것이다.

09 유전자 재조합 농산물은 병충해에 강해 생산량이 증가하며, 대량 생산이 가능하여 식량 가격을 낮출 수 있다.
| **오답 피하기** | ㄴ. 사람과 생태계에 미치는 안정성이 아직 검증되지 않았으며, ㄷ. 종자를 가진 국제 곡물 도매상에게 많은 돈을 내야 하므로 다국적 기업에 대한 의존도가 높아지는 단점이 있다.

10 | **예시 답안** | (가): 원자력 발전은 지역 경제 활성화에 도움이 되고, 전력 생산 효율성이 높아 필요하다.
(나) 방사능 오염, 폐기물 처리, 사고 발생 시의 막대한 피해 등 문제가 크다.
| **채점 기준** |

상	(가), (나) 입장의 근거를 모두 정확하게 서술하였다.
중	(가), (나) 입장의 근거를 모두 서술하였으나, 내용이 미흡하다.
하	(가), (나) 입장의 근거 중 한 가지만을 서술하였다.

01 ④	02 ③	03 ㉠ 소음 공해, ㉡ 진동 공해
04 ⑤	05 ①	06 ①	07 ⑤	08 해설 참조
09 해설 참조		

01 환경 문제 해결을 위한 국가적 차원의 노력으로는 환경 관련 법률 제정, 환경 문제 해결을 위한 국제 협약에의 참여 등이 있다.
| **오답 피하기** | 신문지 재활용과 쓰레기 분류 배출, 친환경 제품 사용, 대중교통과 자전거 이용 활성화는 개인 혹은 가정에서 할 수 있는 노력이다.

02 (가)는 간척 사업이다. 간척 사업은 연안 갯벌을 육지화하는 사업으로, 용지 공급 면에서 효용가치가 크나 어민의 생존권 및 생태계에 큰 위협이 된다.

03 소음 공해는 소음에 의해 심리적 장애를 주는 공해로 '보이지 않는 살인마'라는 별명을 가지고 있다. 진동 공해는 소음 공해와 유사한 점이 있지만, 물리적인 현상을 동반한다는 점에서 기본적으로 다르다.

04 A는 네덜란드, B는 케냐이다. 네덜란드의 화훼 기업들은 본국의 환경 기준이 강화되고 장미 생산 비용이 증가하자, 상대적으로 규제가 약하고 인건비가 저렴한 케냐로 화훼 농장을 이전하였다. 케냐는 장미 농장을 유치하여 외화를 벌어들이고 일자리 증가 등 경제적 이익을 보았지만 , 물 부족 문제와 농약 사용으로 인한 환경 오염 등이 발생하고 있다.
| **오답 피하기** | 네덜란드는 선진국, 케냐는 개발 도상국이다.

05 전자 제품의 사용주기가 단축되면서 전자 쓰레기의 양이 증가하고 있다. 따라서 기업에 새로운 전자 제품 개발 비용을 지원하는 것은 적절한 해결 방안이 아니다.

06 유전자 재조합 농산물(GMO)은 병충해에 강하고 상대적으로 많은 양을 수확할 수 있어 식량 문제에 큰 도움이 될 수 있다. 하지만 동물 실험 결과 부작용이 나타나면서 인체 유해성 여부를 두고 논란이 벌어지고 있다.

07 (가)는 소음 공해, (나)는 진동 공해이다. 진동 공해는 심할 경우 건물을 훼손할 수도 있으며, 물리적인 현상을 동반한다는 점에서 소음 공해와 다르다. 하지만 소음 공해와 진동 공해 모두 동물에게 심리적 장애를 준다는 측면은 같다.
| **오답 피하기** | ㄱ. 소음 공해는 방조제가 아닌 방음벽을 설치함으로써 줄일 수 있다. 방조제는 바다로부터 농지를 보호하고 간척 사업을 위해 쌓은 제방을 말한다.

10단원 | 환경 문제와 지속 가능한 환경 **285**

08 | **예시 답안** | (1) 바젤 협약 (2) 바젤 협약은 개발 도상국이 선진국의 '폐기물 처리장'이 된다는 위기의식에서 출발하였으며, 유해 폐기물의 국제적 이동에 관한 통제와 규제를 목적으로 한다.

| 채점 기준 |

상	바젤 협약의 목적을 유해 폐기물, 국제적 이동, 규제 등의 용어를 포함하여 적절하게 서술하였다.
하	바젤 협약의 목적을 서술하였으나, 내용이 미흡하였다.

09 | **예시 답안** | 전자 쓰레기의 주요 수출국은 선진국으로 일찍이 산업이 발달해 경제 성장을 이루었으며, 오늘날 개발보다 환경에 더 많은 관심이 있고 산업 폐기물을 배출하는 공장에 대하여 엄격한 규제를 적용하고 있다. 반면, 전자 쓰레기의 주요 수입국은 개발 도상국으로 빠른 산업화를 통한 경제 성장이 우선이었기 때문에 선진국의 산업을 가리지 않고 유치하였다. 개발 도상국은 공해 유발 산업을 규제하는 법적 장치를 제대로 갖추지 못한 경우가 많다.

| 채점 기준 |

상	전자 쓰레기의 주요 수출국과 수입국의 특징을 모두 정확하게 서술하였다.
중	전자 쓰레기의 주요 수출국과 수입국의 특징을 서술하였으나, 내용이 미흡하였다.
하	전자 쓰레기의 주요 수출국은 선진국, 주요 수입국은 개발 도상국임만을 서술하였다.

대단원 마무리

자신만만 적중문제 186~187쪽

01 ① 02 ② 03 ③ 04 ⑤ 05 ⑤
06 ④ 07 해설 참조 08 해설 참조
09 해설 참조

01 해수면 상승의 직접적인 원인과 지구의 평균 기온이 높아지는 현상은 지구 온난화에 대한 설명이다. 지구 복사를 흡수하여 발생하는 현상이자 자연적으로는 지구의 평균 기온을 유지하는 역할을 하는 것은 온실 효과이다.

02 물의 도시라는 별명과 함께 400여 개의 다리가 섬과 섬 사이를 이어주는 장관을 연출하는 곳은 베네치아이며, 산맥과 대지, 빙하가 어우러져 있었으나 지금은 빙하가 많이 녹아내린 곳은 파타고니아이다.

03 탄소 배출권 거래 제도는 온실가스 방출량을 줄이기 위해 만들어진 제도로 온실가스 배출 권리가 시장에서 거래된다. 배출권은 국제 연합(UN)에서 확인해주며 정해진 기간 안에 배출량을 줄이지 못하면 다른 기업으로부터 배출권을 사와야 한다. 탄소 배출권 거래 제도는 1997년 도쿄 의정서에서 도입되었다.

04 제시된 신문 기사는 인도의 보팔 지방에서 발생한 가스 누출 참사와 관련된 자료이다. 환경 오염을 유발하는 공장의 이전으로 발생한 참사로 유독 물질이 누출되어 수많은 사상자를 남겼지만, 보상이 제대로 이루어지지 않았다. ○○ 기업의 본국은 미국으로, 미국 정부가 유해 물질이나 유해 물질을 생산하는 공장들을 규제하면서 관련 기업들이 규제가 허술하고 가난한 나라들로 이전하고 있다. 인도는 경제적으로 미국보다 낙후된 나라로 일자리와 세입 증가라는 경제적 이득을 위해 오염 유발 공장을 받아들였다.

05 (가)는 독일, (나)는 말레이시아이다. 석면은 1급 발암 물질로, 석면 공장들이 환경 관련 규제가 강력한 선진국에서 규제가 약하고 경제적으로 덜 발전한 개발 도상국으로 이전하였다.

06 유전자 재조합 농산물(GMO)은 병충해를 극복하여 식량 생산량을 늘림으로써 세계의 식량 문제를 해결할 수 있다. 또한, 유전자를 조작하여 영양 성분을 강화할 수도 있다. 하지만 식품에 대한 안전성은 아직 검증되지 않았다.

07 | **예시 답안** | 방사능 오염, 폐기물 처리, 사고 발생 시의 막대한 피해 등 문제가 크다.

| 채점 기준 |

상	근거를 두 가지 모두 정확하게 서술하였다.
하	근거를 한 가지만 정확하게 서술하였다.

08 | **예시 답안** | 간척 사업은 갯벌 생태계가 심각하게 파괴되며, 어민의 생존권이 위협받는다.

| 채점 기준 |

상	근거를 두 가지 모두 정확하게 서술하였다.
하	근거를 한 가지만 정확하게 서술하였다.

09 | 예시 답안 | 유전자 재조합 농산물(GMO), 유전자 재조합 농산물은 생태계 교란의 위험성이 있고, 인체에 대한 안정성 여부가 불확실하므로 위험하다.

| 채점 기준 |

상	적절한 환경 쟁점 사례를 선택하고, 그에 대한 의견을 근거를 들어 정확하게 서술하였다.
하	적절한 환경 쟁점 사례를 선택하였으나, 근거가 미흡하다.

최고난도 문제   188쪽

01 ⑤   02 ⑤

01 자료는 이산화 탄소의 증가로 지구의 기온이 높아져 지구 온난화 현상이 발생하고 있음을 보여주고 있다. 침엽수림은 대부분 냉대림이므로 지구 온난화가 계속되면, 상대적으로 저위도 지역은 침엽수림의 분포 범위가 풀어들고, 고위도 지역은 범위가 늘어날 것이다.

02 ㉠은 선진국, ㉡은 개발 도상국이다. 선진국은 환경 관련 법규의 강화로 환경 문제 유발 산업을 국외로 이전하고 있다. 개발 도상국의 온실가스 배출 공장은 대부분 선진국 소유이다. 개발 도상국은 상대적으로 환경 보호에 관련된 규제나 법규가 미약하다. 과거의 선진국은 경제 발전을 위해 별다른 제재 없이 온실가스를 배출하였다.

함정 피하기 ⑤ 파리 협정은 국제법적인 구속력을 가지고 있지 않다.

11 세계 속의 우리나라

01 우리나라의 영역과 독도

기초튼튼 기본문제   192~193쪽

01 ②   02 ④   03 ④   04 ⑤   05 ③
06 (다) 마라도, (라) 독도   07 독도   08 ④
09 ①   10 ②   11 해설 참조

01 (가)는 영공, (나)는 영해에 대한 설명이다. 그림에서 A는 영공, B는 영토, C는 영해이다.

02 기선으로부터 200해리 중 영해 12해리를 제외한 수역이 배타적 경제 수역이다.
| 오답 피하기 | ① 통상 기선은 최저 조위선으로 썰물 때의 해안선이다. ② 직선 기선은 최외곽 도서를 연결한 선이다. ③ 대한 해협의 영해 설정 기준은 직선 기선이다. ⑤ 영해에서는 우리나라의 경제적 주권 뿐만 아니라 영유권도 인정된다.

03 우리나라의 서해안과 남해안, 남해에서 동해로 이어지는 동해안의 일부분은 직선 기선, 나머지 동해안의 대부분은 통상 기선을 적용한다.
| 오답 피하기 | 울릉도와 독도, 제주도는 통상 기선을 적용하여 영해를 정한다.

04 대한 해협은 우리나라와 일본 영토가 너무 가까워 각각 기선으로부터 3해리씩 영해를 정하여 사용하고 있다.
| 오답 피하기 | ㄱ. 대한 해협에서는 직선 기선을 적용한다. ㄴ. 우리나라의 극남은 마라도이다.

05 우리나라의 위도는 북위 33~43°로 모든 영토가 적도 이북인 북반구에 해당한다.

06 마라도는 제주특별자치도, 독도는 경상북도에 속하며, 각각 우리나라의 극남과 극동에 해당한다.

07 독도는 우리나라 영토 중 가장 동쪽에 위치한 동해상의 작은 바위섬이다.

08 독도는 동경 131° 52′으로 우리나라 영토 중 가장 동쪽에 위치한다. 행정 구역상 경상북도 울릉군에 해당하며, 이곳에서 가장 가까운 섬은 울릉도이다. 독도 주변 해역은 우리나라의 영해로 통상 기선이 적용된다.
| 오답 피하기 | ㄴ. 독도에서 가장 가까운 섬은 울릉도이다.

09 조경 수역은 수온이 다른 바닷물이 섞이는 곳이기 때문에 수온에 따라 다양한 어류가 서식하여 어업 하기에 좋은 곳이다.

10 독도 의용 수비대는 한국 전쟁 이후 전쟁 참전 용사들이 만든 독도 지킴이 민간단체로 독도를 침탈하는 일본 순시선을 물리치는 등 독도를 지키는 활동을 다양하게 전개하였다.
| 오답 피하기 | ①, ③ 안용복의 활동에 대한 설명이다. ④ 독도 연구소의 활동 내용이다. ⑤ 사이버 외교 사절단 반크에 대한 내용이다.

11 **| 예시 답안 |** 러시아와 일본이 마주 보는 동해에 위치하여 군사 안보적인 면에서 중요한 가치가 있다.

| 채점 기준 |

상	독도의 지정학적 위치 특성을 바르게 서술하였다.
중	러시아와 일본 사이에 있다는 내용만 서술하였다.
하	'전쟁에 유리한 위치이다' 수준으로만 서술하였다.

실력쑥쑥 **실전문제** **194~195쪽**

01 ③ 02 ③ 03 ㉠ 12, ㉡ 직선, ㉢ 통상 04 ①
05 ③ 06 ④ 07 ① 08 ④ 09 ④
10 해설 참조 11 해설 참조 12 해설 참조

01 영공은 영토와 영해의 수직적 상공이다.

02 (가)는 우리나라의 극서, (나)는 극북, (다)는 극남, (라)는 극동이다. 백령도는 같은 위도의 지역에서는 가장 서쪽에 위치한 섬이지만, 우리나라 전체 영토에서 가장 서쪽은 평안북도 용천군 마안도이다.

03 영해는 일반적으로 기선으로부터 12해리까지의 수역이다. 통상 기선은 썰물 때의 해안선, 즉 최저 조위선을 말하며, 직선 기선은 섬이 많은 지역에서 가장 바깥쪽에 있는 섬들을 직선으로 이은 기선이다.

04 대한 해협은 일본과의 사이가 좁아 영해가 중복될 수 있기 때문에 직선 기선으로부터 3해리까지를 영해로 정하고 있다.

05 우리나라의 울릉도와 독도에서는 통상 기선을 적용한다.
| 오답 피하기 | ①, ② 남해와 황해에서는 해안선이 아닌 가장 바깥에 위치한 섬을 직선으로 이은 직선 기선에서 12해리까지가 영해이다. ④ 대한 해협에서는 우리나라와 일본의 쓰

시마섬이 가까이 위치해 있어 예외적으로 직선 기선에서 3해리까지를 영해로 설정한다. ⑤ 통상 기선은 밀물이 아닌 썰물 때의 해안선을 기준으로 영해를 설정한다.

06 독도는 우리나라에서 가장 오래된 화산섬으로 해저에서 화산 활동으로 형성되었으며, 수면 위에는 분화구에 해당하는 독도만 있고 수면 아래에 거대한 화산의 본체가 있다.

07 제시된 자료는 지구 온난화로 북극 항로가 이용되기 시작하면서 독도 인근 해역이 북극 항로로 접근하기에 유리한 해상 교통의 요지로 주목 받고 있는 점을 보여 준다.

08 ㉠은 울릉도와 인접한 위치, ㉡은 행정 구역상 위치, ㉢은 경위도상의 위치를 나타낸다.
| 오답 피하기 | ㉣은 현재 독도가 우리 주민이 사는 우리 영토임을 말할 수 있는 내용이다. ㉤은 역사적으로 독도가 우리 땅임을 증명하는 데 도움이 되는 내용이다.

09 제시된 자료는 독도 의용 수비대가 일본이 세워 놓은 푯말을 제거하고 동도의 절벽에 한국 영토임을 나타내는 의미로 '한국령'이라고 새긴 글을 찍은 사진이다.

10 **| 예시 답안 |** 독도와 울릉도의 거리는 일본에서 독도와 가장 가까운 오키섬에서 독도까지 거리의 절반 정도밖에 안 될 정도로 우리나라와 더 가까우며, 일본의 옛 문헌 기록에도 독도를 일본의 땅으로 보지 않고 있다. 독도는 대한민국의 영토이다.

| 채점 기준 |

상	지도 자료와 일본의 옛 문헌 자료를 모두 활용하여 독도가 우리 땅임을 적절하게 서술하였다.
하	지도 자료와 옛 문헌 자료의 내용 중 한 가지만을 활용하여 서술하였다.

11 **| 예시 답안 |** 가장 바깥쪽에 있는 섬들을 선인 직선 기선으로부터 12해리까지를 영해로 정한다.

| 채점 기준 |

상	직선 기선이라는 용어와 그 의미, 12해리를 모두 사용하여 정확하게 서술하였다.
중	직선 기선, 12해리 두 가지를 모두 포함하였지만, 내용이 미흡하였다.
하	직선 기선, 12해리 중 한 가지만을 서술하였다.

12 **| 예시 답안 |** 해저에서 화산 활동으로 형성된 거대한 화산 지형으로 해저 화산 지형 연구에 도움이 되는 지질학적 가치가 있다.

채점 기준	
상	해저 화산 활동, 지질학적 가치 등 핵심 용어를 사용하여 서술하였다
중	해저에서 화산 활동으로 형성된 사실만 서술 또는 지질학적 가치가 있다는 내용만 서술하였다.
하	화산 활동 또는 화산섬이라는 내용만 서술하였다.

02 / 03 우리나라 여러 지역의 경쟁력 / 통일 이후 국토 공간

기초튼튼 기본문제   198~199쪽

01 ⑤	02 ④	03 세계 자연 유산	04 ②
05 지역 브랜드	06 ④	07 ⑤	08 ④
09 ②	10 ⑤	11 해설 참조	

01 동해안에 대한 설명이다. 동해안은 해돋이와 해수욕장으로 유명한 곳으로 지도의 (마)에 해당한다.

02 제시된 사진은 경주 불국사이다. 경주 불국사는 세계 문화유산으로 지정되어 있다. 지도의 (라)가 경주에 해당한다.

03 제주도는 화산과 용암동굴 등 화산 지형의 가치가 매우 뛰어나 유네스코 세계 자연 유산으로 지정되었다.

04 지역화 전략은 지역의 고유성을 바탕으로 정체성과 특성을 살려 지역을 발전시키려는 것이다.
| 오답 피하기 | ① 지역화 전략은 지역 스스로 잠재력을 발굴하여 지역을 발전시키려고 한다는 점에서 국가 주도의 획일적인 개발 방식과 구별된다. ③ 지역 상품 판매를 촉진하고, 기업의 투자를 유치할 수 있어서 다른 산업의 성장에도 이바지하게 된다. ④ 다른 지역과 차별화하려는 것이다. ⑤ 부정적인 지역 이미지를 없애고, 긍정적이며 매력적인 지역 이미지를 만들게 된다.

05 지역 브랜드는 다른 지역과 차별화하려고 사용하는 이름, 기호, 상징물 등으로 잘 개발한 지역 브랜드는 독특하고 매력적인 지역 이미지의 형성에 도움을 준다.

06 (가)는 충청남도 보령에서 매년 여름에 개최되고 있는 머드 축제이다. (나)는 강원도 평창에 대한 설명이다. 평창은 산지 지형이 많고 겨울철에 눈이 많이 내려 스키 등의 동계 스포츠를 하기에 적합하다. 지도의 D는 보령, C는 평창이다.
| 오답 피하기 | A는 강화, B는 횡성, E는 남원이다.

07 유라시아 대륙 동안, 태평양과 인접한 곳에 위치한 우리

나라는 대륙 횡단 철도를 이용하여 멀리 유럽까지 육로 교통으로 교류할 수 있으며, 태평양으로 진출하여 바다를 통해 세계 여러 지역과 교류하는 데 유리한 위치이다.

08 분단으로 인해 남과 북 간에 대립과 갈등이 증가했으며, 한국 전쟁 이후 군사력 유지에 큰 비용을 지출하고 있다.

09 국토 분단으로 인해 가족끼리 만나지 못하는 아픔은 민족 통합의 걸림돌로 작용한다.

10 사진은 분단으로 남북 간에 군사적으로 대치하고 있는 모습이다. 통일이 되면 한반도에 평화가 정착되며, 경제적 성장과 정치적 안정 등을 바탕으로 동아시아는 물론 세계 속에서 우리나라의 위상이 높아질 것으로 기대된다.

11 | 예시 답안 | 남북을 연결하는 철도나 도로를 복원해야 하며, 이를 바탕으로 남북 간에 교류와 협력이 증가하면 북한의 풍부한 자원을 이용하여 경제 성장에 도움이 될 것이다.

채점 기준	
상	과제와 좋은 점을 제시된 자료와 부합되게 서술하였다.
중	과제와 기대 효과 중 한 가지만 바르게 서술하였다.
하	과제와 기대 효과 중 한 가지만 서술했으나 자료와 부합되는 점이 미흡하다.

실력쑥쑥 실전문제   200~201쪽

01 ③	02 ④	03 랜드 마크	04 ⑤	
05 ⑤	06 ③	07 ⑤	08 ②	09 ②
10 해설 참조		11 해설 참조		12 해설 참조

01 (가)는 남해안의 다도해, (나)는 서해안의 갯벌, (다)는 동해안에 위치한 해수욕장 모습이다.

02 지도에 표시된 곳 중에서 세계 자연 유산으로 등재된 곳은 제주도인 (다)이고, 세계 문화유산으로 등재된 곳은 경주인 (라)이다.
| 오답 피하기 | 지도의 (가)는 충남 보령, (나)는 전남 고흥, (마)는 강원도 강릉이다.

03 랜드마크란 지역을 대표하는 상징물로 주로 건축물이 많이 이용된다. 서울의 엔 서울 타워, 뉴욕의 자유의 여신상이 대표적이다.

04 제시된 지역 브랜드는 평창을 나타내는 로고이다. 평창

에서는 2018년 동계 올림픽이 개최되었다. 겨울철 내리는 많은 눈과 높은 해발 고도의 산지 지형이 동계 올림픽 개최의 바탕이 되었다.

05 (가)는 강화도로 고인돌 축제, (나)는 보령으로 갯벌을 이용한 머드 축제, (다)는 남원으로 춘향제가 유명하다.

06 화천은 겨울철 기온이 낮아 하천이 얼면 얼음에 구멍을 뚫어 산천어 낚시를 하는 축제를 진행한다.
| **오답 피하기** | ①, ②, ④, ⑤는 지역의 역사·문화와 관련된 축제이다.

07 우리나라는 분단으로 인해 대륙으로 진출하여 세계 여러 지역과 교류할 수 있는 장점을 살리지 못하고 있다.

08 북한의 풍부한 자원을 이용하면, 외국에서 수입하던 자원에 대한 의존도가 낮아질 것으로 기대된다.

09 국토 분단으로 국토 이용의 효율성이 낮아졌으며 언어, 관습 등 문화적 이질성이 심화하였다.

10 | **예시 답안** | 강화군은 고대 유적과 유물이 많은 고장의 역사·문화적 특성, 횡성군은 지역 특산품을 소재로 지역 축제를 하고 있다.
| **채점 기준** |

상	두 지역의 지역화 전략 배경을 모두 바르게 서술하였다.
중	두 지역 중 한 지역만 바르게 서술하였다.
하	한 지역만 서술하였으나 내용이 미흡하다.

11 | **예시 답안** | 대륙과 바다를 통해 세계 여러 지역과 교류하기에 유리한 지리적 장점이 있으나, 분단으로 이러한 장점을 활용하지 못하고 있다. 이를 위해 통일이 이루어져야 한다.
| **채점 기준** |

상	장점과 과제 모두 바르게 서술하였다.
중	장점과 과제 중 한 가지만 바르게 서술하였다.
하	장점과 과제 중 한 가지만 서술하였으나 내용이 미흡하다.

12 | **예시 답안** | 이산가족의 슬픔을 사라지게 하고, 남북 간의 군사적 대립 문제를 해결함으로써 동아시아의 평화와 안정에 이바지할 수 있다.
| **채점 기준** |

상	두 가지 이상을 바르게 서술하였다.
중	한 가지만 바르게 서술하였다.
하	한 가지만 서술하였으나 내용이 미흡하다.

자신만만 · 적중문제   202~203쪽

01 ①	02 ⑤	03 ⑤	04 ④	05 ①
06 ②	07 ②	08 ⑤	09 해설 참조	
10 해설 참조		11 해설 참조		

01 일반적으로 기선으로부터 12해리까지를 영해로 정하고 있지만, 예외적으로 대한 해협은 일본과 가까워 기선으로부터 3해리까지를 영해로 정하고 있다.

02 가사를 통해 독도의 수산 자원이 풍부함을 알 수 있다. 독도 주변 해역은 차가운 바닷물과 따뜻한 바닷물이 교류하여 다양한 어류가 잡힌다.

03 동해안은 해돋이와 해수욕장으로 인기를 누리고 있다.
| **오답 피하기** | ①, ③ 서해안의 충남 보령에 어울리는 홍보 문구이다. ② 남해안에 해상 국립 공원에 어울리는 홍보 문구이다. ④ 진도는 서해와 남해가 만나는 곳에 위치해 있다.

04 제주도는 화산 활동으로 형성된 화산섬으로 다양한 화산 지형이 분포하고 있다. 양동마을은 경주에 위치한 마을이며, 세계 문화유산에 등재되어 있다.

05 제시된 자료는 강화군에서 진행하는 고인돌 축제 홍보 캐릭터이다. 강화군에서는 고대 문화를 주제로 한 이색 관광 축제로 고인돌 축제가 개최되며, 고인돌 등 고대 유적과 유물이 많은 고장의 역사적 특성을 널리 알리는 다양한 행사가 펼쳐진다.
| **오답 피하기** | 지도의 (나)는 충남 보령, (다)는 전남 진도, (라)는 경남 거제도, (마)는 강원 횡성이다.

06 지도는 우리나라가 삼면이 바다로 둘러싸인 반도국으로 유라시아 대륙의 동쪽이자 태평양과 인접한 곳에 자리 잡아 대륙과 해양으로 진출하기에 유리한 지리적 장점이 있음을 보여 주고 있다. 그러나 현재 우리나라는 분단으로 인해 이러한 지리적 장점을 살리지 못하고 있다.

07 분단으로 인해 우리나라의 지리적 장점을 살리지 못하고 국토 공간을 효율적으로 이용하지 못하는 등 경쟁력이 향상하는 데 한계가 있다.

08 통일로 국토의 동질성이 회복되고, 국민의 삶의 질이 향상되며, 한반도의 지리적 이점이 회복된다. 또한 동아시아에 평화와 안정이 찾아오며, 분단 비용을 경제 개발에 이용할 수 있다.

09 | 예시 답안 | (가) 지역은 대한 해협으로, 가장 바깥의 섬들을 이은 선인 직선 기선으로부터 3해리까지를 영해로 설정한다. 그 이유는 일본 영토인 쓰시마섬과 가까워 12해리를 서로 적용하면 영해가 중복되기 때문이다.

| 채점 기준 |

상	영해 설정 방식과 이유를 모두 바르게 서술하였다.
하	둘 중 한 가지만 바르게 서술하였다.

10 | 예시 답안 | (가)는 충남 보령의 머드 축제, (나)는 전북 남원의 춘향제이다. 이러한 지역 축제를 통해 다른 지역과 차별화된 이미지를 만들고, 지역을 발전시킬 수 있다.

| 채점 기준 |

상	(가), (나)의 지명과 축제 이름을 모두 바르게 쓰고, 지역 축제의 영향을 정확하게 서술하였다.
하	(가), (나)의 지명과 축제 이름만을 썼다.

11 | 예시 답안 | 통일은 분단으로 말미암아 왜곡된 국토의 모습을 바로 잡고, 민족을 통합하여 발전과 번영을 이루는 데 필요하다. 또한, 이산가족의 고통을 해소하고, 우리나라에서의 긴장을 없애 동아시아의 평화를 구축하는 데에도 통일은 필요하다.

| 채점 기준 |

상	두 가지 모두 바르게 서술하였다.
하	한 가지만 바르게 서술하였다.

최고난도 문제 204쪽

01 ③   02 ⑤

01 노래 가사는 독도의 지정학적 위치의 중요성을 나타낸다. 함정 피하기 ① 조경 수역으로 좋은 어장으로서의 가치이다. ② 북극 항로를 이용하기에 유리한 해상 교통의 요지로서의 가치이다. ④ 독도 주변 바다에 매장되어 있는 메테인하이드레이트 사진으로 지하자원이 풍부함을 보여 주는 경제적 가치이다. ⑤ 해저 화산 지형으로 지질학적 가치이다.

02 함평군은 환경친화적인 나비 축제를 개최하여 매년 100만 명 이상의 관광객이 찾는 곳이 되었다. 함평군은 나비가 사는 밝고 따뜻한 청정 지역이라는 이미지도 갖게 되면서 지역에서 생산되는 농산물의 판매량도 늘어나고 있다. 이는 모두 성공적인 지역화 전략의 성과물이다.

12 더불어 사는 세계

01 지구상의 다양한 지리적 문제

기초튼튼 기본문제 208~209쪽

01 ②	02 ③	03 ③	04 옥수수	05 ④
06 ④	07 ②	08 ⑤	09 ④	10 ④

11 해설 참조

01 아프리카는 현재 국경선과 부족 경계선이 일치하지 않아 부족 간 갈등으로 인한 내전과 분쟁이 잦다.

02 지역 분쟁은 자원 개발을 둘러싼 이해관계의 대립, 종교나 민족 간의 갈등이 심화하면서 발생한다.
| 오답 피하기 | 유엔 국제 평화군의 역할 확대, 선진국의 개발 도상국에 대한 경제적 지원 확대는 지역 분쟁을 해결하고 국제 평화를 유지하기 위한 노력 중 하나이다.

03 A는 북극해, B는 카스피해이다. 두 지역 모두 석유, 천연가스 등이 풍부하게 매장되어 있어 이의 개발을 둘러싼 인근 국가 간의 분쟁이 발생하고 있다.

04 세계 3대 식량 작물 중 하나인 옥수수는 최근 바이오 에너지의 원료, 가축 사료용으로 사용되는 비중이 증가하면서 수요가 크게 늘어 가격이 상승하고 있다.

05 쿠릴 열도(D)는 일본과 러시아와의 영유권 분쟁 지역으로, 천연가스와 석유 등 지하자원이 풍부하게 매장되어 있다. 지도의 A는 북아일랜드, B는 다르푸르 지역, C는 카슈미르 지역, E는 포클랜드이다.

06 카슈미르(C)는 이슬람교를 믿는 주민들과 힌두교를 믿는 주민들 간의 갈등이 발생하고 있는 지역이다. 카슈미르 지역의 분쟁 당사국은 인도와 파키스탄이다.

07 기상 이변(홍수, 가뭄 등), 곡물 가격의 급등으로 저개발국의 식량 공급 사정이 나빠지는 것은 기아 문제를 악화하는 요인에 해당한다.

08 중앙아메리카에 위치한 저개발국인 아이티는 2000년 대지진 이후 진흙으로 과자를 구워 만들어 먹을 정도로 식량난이 매우 심화하였다.

09 생물 다양성이 감소하는 주된 이유는 다양한 생물종이 분포하는 열대림의 파괴, 자원 소비량의 증가 등을 들 수 있다.
| 오답 피하기 | 천연기념물 보존 현황과 멸종 생물 개체 수

변화는 생물 다양성 감소의 원인이나 배경이 아니라 현황을 조사하기 위한 항목이다.

10 생물 다양성은 열대림이 넓게 분포하는 저위도 지역이 중위도나 고위도 지역보다 풍부하다. 남아메리카는 세계 최대의 열대 우림 분포 지역인 아마존강 유역을 중심으로 생물 종 개체 수가 가장 많다.

11 **| 예시 답안 |** 기아 상태가 심각한 아프리카나 남부 아시아 지역은 다른 지역들에 비해 저개발국이 많다. 이들 지역은 인구 증가율이 매우 높으며, 문맹률과 유아 사망률도 매우 높다.

| 채점 기준 |

상	기아 상태가 심각한 지역들을 정확하게 찾아내고, 저개발국의 지역적 특징을 정확하게 서술하였다.
중	저개발국의 일반적인 특징을 서술하였다.
하	기아 상태가 심각한 지역들을 찾아냈지만, 저개발국의 일반적인 특징은 제대로 서술하지 못하였다.

실력쑥쑥 실전문제 210~211쪽

01 ②	02 ③	03 ④	04 포클랜드 제도
05 ②	06 ③	07 ③	08 ⑤	09 해설 참조
10 해설 참조		11 해설 참조	

01 최근 세계의 인구는 급속하게 증가하고 있다. 따라서 인구 감소는 주요 지리적 문제라고 볼 수 없다.

02 A는 국경을 둘러싼 분쟁 지역으로 포클랜드 제도나 쿠릴 열도 분쟁이 해당한다. B는 자원 개발을 둘러싼 분쟁 지역으로 카스피해, 북극해 분쟁 지역이 이에 해당한다. C는 민족·종교 갈등이 발생하고 있는 지역으로 팔레스타인, 북아일랜드 분쟁 지역이 해당한다.

03 (가)는 센카쿠 열도, (나)는 난사 군도이다. 두 지역 모두 석유와 천연가스 개발을 둘러싼 주변 국가 간의 갈등이 발생하고 있다. 두 지역의 공통된 분쟁 당사국은 중국과 타이완이다.

| 오답 피하기 | ㄱ. 센카쿠 열도는 현재 일본이 지배하고 있다. ㄷ. 센카쿠 열도의 분쟁 당사국은 일본, 중국, 타이완이며, 난사 군도의 분쟁 당사국은 중국, 필리핀, 말레이시아, 베트남, 브루나이이다. 따라서 분쟁 당사국 수는 (나)가 (가)보다 더 많다.

04 포클랜드 제도는 아르헨티나와 영국 간의 영유권 분쟁 지역이며, 현재 영국이 지배 중이다. 1982년에 아르헨티나가 영유권을 주장하면서 두 국가 간에 전쟁이 발생하였다.

05 카슈미르 지역은 이슬람교도가 상대적으로 많음에도 불구하고 인도의 지배하에 놓이게 되면서 인도와 이슬람교 신자 수가 많은 파키스탄 간의 갈등이 지속하고 있다.

06 아프리카는 강대국의 이해관계에 따라 국경선이 설정되어 국경선과 부족 경계가 일치하지 않는다. 그로 인해 한 국가를 구성하고 있는 여러 부족이나 종족들이 권력을 독점하기 위해 갈등을 빚고 있다.

07 국제 식량 작물의 가격은 다국적 곡물 기업들의 독과점, 이상 기후로 인한 생산량의 변화, 가축 사료나 바이오 에너지 원료로 이용되는 비중 증가 등으로 인해 급등하고 있다. ③ 세계 인구는 지속해서 증가하고 있다.

08 혼획을 지속할 경우 참치뿐 아니라 많은 수의 어종들이 마구잡이로 잡히면서 개체 수가 급감하고 멸종 위기에 처하게 될 것이다.

09 **| 예시 답안 |** A는 벨기에, B는 캐나다 퀘벡주이다. 두 지역 모두 서로 다른 언어를 사용하는 주민들 간의 갈등이 발생하고 있다.

| 채점 기준 |

상	두 지역이 벨기에, 퀘벡임을 확인하고, 두 지역의 분쟁 발생 원인을 정확하게 서술하였다.
중	두 지역의 분쟁 발생 원인만을 서술하였다.
하	두 지역이 벨기에, 퀘벡임을 확인하였지만, 분쟁 발생 원인은 서술하지 못하였다.

10 **| 예시 답안 |** 기아 문제는 이상 기후나 전쟁 등으로 인한 식량 생산량 변화, 바이오 에너지의 원료나 가축 사료로 이용되는 식량 작물 비중의 증가, 다국적 곡물 기업의 횡포 등으로 인해 발생하고 있다.

| 채점 기준 |

상	기아 문제의 발생 원인 두 가지를 정확하게 서술하였다.
중	기아 문제의 발생 원인을 한 가지만 서술하였다.

11 **| 예시 답안 |** 열대림은 지구상에서 생물 다양성이 가장 풍부한 지역이다. 따라서 열대림을 보호하는 것은 생물 다양성 유지에 있어 매우 중요하다.

채점 기준	
상	열대림 분포와 생물 다양성 분포의 관련성을 설명하고, 열대림 보호의 중요성을 정확하게 서술하였다.
하	열대림 분포와 생물 다양성 분포의 관련성은 설명하지 못하였지만, 열대림 보호의 중요성을 정확하게 서술하였다.

02 / 03	발전 수준의 지역 차 / 지역 간 불평등 완화를 위한 노력

기초튼튼 기본문제   214~215쪽

01 ④	02 ③	03 ①	04 국민 총 행복 지수
05 ③	06 ②	07 ③	08 ③ 09 ③
10 해설 참조			

01 아이티는 중앙아메리카에 위치한 저개발국으로 2010년 대지진 발생 이후 극심한 식량난에 시달리고 있다.

02 산업화 시기가 빠르고 기술 발달 정도가 높은 국가들은 경제 발전 수준이 매우 높다.
| **오답 피하기** | ㄱ. 사망률은 지역 간 발전 수준의 차이에 영향을 미치는 요인이 아니라 지역 간 발전 수준을 파악할 수 있는 지표에 해당한다. ㄹ. 쾌적한 자연환경은 지역 간 발전 수준의 차이를 유발하는 요인이 아니다.

03 인간 개발 지수에는 1인당 소득 수준이 반영되기 때문에 경제 발전 수준에 비례한다. 따라서 선진국인 캐나다는 인도보다 인간 개발 지수가 높게 나타난다.
| **오답 피하기** | ㄷ. 아시아에 속하는 우리나라는 유럽인 영국이나 프랑스보다 인간 개발 지수가 높게 나타난다. ㄹ. 기대 수명이 낮은 국가들은 대체로 인간 개발 지수가 낮다.

04 국민 총 행복 지수(GNH)는 국내 총생산을 대체하기 위해 부탄에서 고안한 지표로 삶의 질과 국민의 행복도를 측정한다.

05 (가)는 영국, (나)는 에티오피아이다. 저개발국인 에티오피아는 선진국인 영국보다 유아 사망률이 높다.

06 국제 연합(UN) 산하 기관은 정부 간 국제기구들로 비정부 기구에 해당하지 않는다.

07 (가)는 부탄이 도입한 국민 총 행복 지수이다. 국민 총 행복 지수는 국민의 삶의 질을 측정하기 위해 고안된 지표이다.

| **오답 피하기** | ① 국민 총 행복 지수는 질적인 성장 지표이다.

08 제시된 자료는 Q 드럼 물통으로 물이 부족하여 아이들이 멀리까지 식수를 구하러 다니는 아프리카 지역 주민들을 위한 적정 기술이다.

09 연평균 경제 성장률은 저개발국이 많은 아프리카나 아시아, 라틴 아메리카가 선진국이 많은 유럽이나 앵글로아메리카보다 높게 나타난다.
| **오답 피하기** | 평균 기대 수명과 1인당 국내 총생산, 1가구당 자동차 보유 대수와 고등 교육 기관 졸업자 비율은 선진국이 많은 앵글로아메리카와 유럽이 아프리카나 아시아보다 높게 나타난다.

10 | **예시 답안** | 공정 무역 제품은 아직 널리 알려져 있지 않고 생산자들과의 연계가 미흡하여 판매량이 매우 저조하나. 따라서 적극적인 홍보와 지개발국의 생산 조합·생산자들과의 활발한 연계 노력이 필요하다.

채점 기준	
상	한계점과 해결 방안을 모두 정확하게 서술하였다.
하	한계점과 해결 방안 중 한 가지만 정확하게 서술하였다.

실력쑥쑥 실전문제   216~217쪽

01 ②	02 ⑤	03 인간 개발 지수(HDI)	04 ①	
05 ③	06 ④	07 ②	08 ③	09 해설 참조
10 해설 참조		11 해설 참조		

01 저개발국과 선진국 간의 경제적 불평등을 해소하기 위해서는 국제 협력 기구의 저개발국에 대한 지원 확대와 비정부 기구의 봉사활동 지원 등의 노력이 필요하다.
| **오답 피하기** | 선진국에 대한 지원이나 다국적 기업의 활동에 대한 지원이 강화될 경우 선진국이 더욱 성장하게 되면서 저개발국과의 격차는 더욱 벌어지게 된다.

02 (가)는 상대적으로 경제 발전 수준이 낮은 지역이며, (나)는 경제 발전 수준이 높은 지역이다. 인간 개발 지수는 1인당 소득 수준, 교육 수준 등을 바탕으로 산출되기 때문에 (나)가 (가)보다 높게 나타난다.

03 인간 개발 지수(HDI)는 매년 문자 해독률, 평균 기대 수명, 1인당 실질 국민 소득 등을 토대로 발전 정도를 평가하는 지수이다.

04 하루 1.25달러 미만으로 사는 사람들의 비율은 아프리카와 아시아가 유럽이나 앵글로아메리카보다 높다. 이를 통해 지역 간 경제적 격차가 매우 큼을 확인할 수 있다.

05 공정 무역은 선진국과 저개발국 간의 불공정한 무역으로 발생하는 구조적인 빈곤 문제를 해결해 나가려는 세계적인 시민운동이자 사업이다. 공정 무역의 목표는 생산자들에 대한 이익 확대와 저개발국의 발전 기회 제공이다.

06 공적 개발 원조는 선진국의 정부나 공공 기관이 저개발국의 발전을 위해 자본 및 기술을 지원하는 것이다.

| **오답 피하기** | ㄱ. 공적 개발 원조는 무상 지원뿐 아니라 유상 지원으로도 이루어진다. ㄷ. 선진국의 정부나 공공 기관이 중심이 되어 진행된다.

07 인간 개발 지수는 1인당 소득 수준과 교육 수준이 높은 노르웨이, 오스트레일리아 등의 선진국이 니제르, 중앙아프리카 공화국 등의 저개발국에 비해 높게 나타난다.

| **오답 피하기** | ① 합계 출산율은 저개발국이 선진국보다 높게 나타난다. ② 국민 총 행복 지수는 부탄이 자국민들의 삶의 질을 측정하기 위해 개발한 지표이다. ③ 1인당 국내 총생산 1위 국가는 서유럽의 룩셈부르크이다. ⑤ 연평균 경제 성장률은 저개발국이 선진국보다 높다.

08 제시된 자료는 공정 무역의 사례이다. 공정 무역을 통한 수익은 생산자들의 권리 보호와 이익 증진, 저개발국의 각종 발전 기금으로 재투자되기 때문에 공정 무역이 지속될 경우 저개발국의 경제 발전 및 교육 수준, 의료 수준의 개선이 이루어질 것이다. 문맹률은 배우지 못하여 글을 읽거나 쓸 줄 모르는 사람의 비율이다.

09 | **예시 답안** | 적정 기술이다. 적정 기술은 해당 지역의 자연·문화적 조건을 고려하여 개발되며, 지속 가능하게 이용될 수 있도록 한다.

| **채점 기준** |

상	적정 기술의 개념과 특징을 모두 정확히 서술하였다.
하	적정 기술의 개념을 소개하지 않고 특징만 서술하였다.

10 | **예시 답안** | 유상 원조를 통한 투자로 급속한 경제 성장을 이룰 수 있지만, 장기적으로는 막대한 이자 부담으로 인해 경제난을 악화시킬 수 있다.

| **채점 기준** |

상	유상 원조의 장단점을 모두 정확히 서술하였다.
하	유상 원조의 장단점 중 한 가지만 정확히 서술하였다.

11 | **예시 답안** | 회원국들끼리 교류를 활성화하여 공동으로 경제를 발전시키고, 선진국에 대응하기 위한 기반을 조성하기 위해서이다.

| **채점 기준** |

상	경제 협력 체제의 결성 사유를 교류 활성화와 선진국에 대응하는 측면을 중심으로 정확히 서술하였다.
하	경제 협력 체제의 결성 사유를 교류 활성화 측면에서만 서술하였다.

대단원 마무리

자신만만 적중문제   218~219쪽

01 ②   **02** ③   **03** ④   **04** ②   **05** ③
06 ①   **07** ④   **08** 해설 참조   **09** 해설 참조
10 해설 참조

01 카스피해(B)에 대한 설명이다. 카스피해는 많은 양의 석유와 천연가스가 매장되어 있어 이의 개발을 둘러싼 주변 국가 간의 갈등이 발생하고 있다. 지도의 A는 벨기에, C는 난사 군도, D는 퀘벡주, E는 포클랜드이다.

02 벨기에(A)는 네덜란드어와 프랑스어를 사용하는 주민들 간의 갈등이 발생하고 있으며, 퀘벡(D)은 영어를 사용하는 주민들과 프랑스어를 사용하는 주민들 간의 갈등이 발생하고 있다.

03 생물 다양성은 산업화로 인한 개발과 이를 통한 자연환경 훼손, 무분별한 남획, 외래종의 유입으로 인한 토착종의 멸종 등으로 인해 점차 감소하고 있다.

04 (가)는 쿠릴 열도, (나)는 시사 군도, (다)는 센카쿠 열도 분쟁에 대한 자료이다. 지도의 A는 쿠릴 열도, B는 센카쿠 열도, C는 시사 군도이다.

05 A는 아프리카의 차드, B는 중국, C는 오스트레일리아이다. 차드는 저개발국으로 선진국인 오스트레일리아보다 영양 결핍 인구 비율이 더 높게 나타난다. 평균 소득 수준은 오스트레일리아가 차드보다 높다.

| **오답 피하기** | ㄱ. 중국은 세계에서 인구가 가장 많다. 따라서 총인구는 B가 A보다 많다. ㄹ. 오스트레일리아는 국토 면적에 비해 인구수가 매우 적다. 따라서 중국보다 인구 밀도가 낮다.